사주명리학,
논리로 읽다

사주명리학, 논리로 읽다

ⓒ 임근복, 2026

초판 1쇄 발행 2026년 2월 20일

지은이	임근복
펴낸이	이기봉
편집	좋은땅 편집팀
펴낸곳	도서출판 좋은땅
주소	서울특별시 마포구 양화로12길 26 지월드빌딩 (서교동 395-7)
전화	02)374-8616~7
팩스	02)374-8614
이메일	gworldbook@naver.com
홈페이지	www.g-world.co.kr

ISBN 979-11-388-5387-3 (03180)

입문부터 실전까지 사주명리학 완벽 길잡이

사주명리학, 논리로 읽다

임근복(**林根福**) 지음

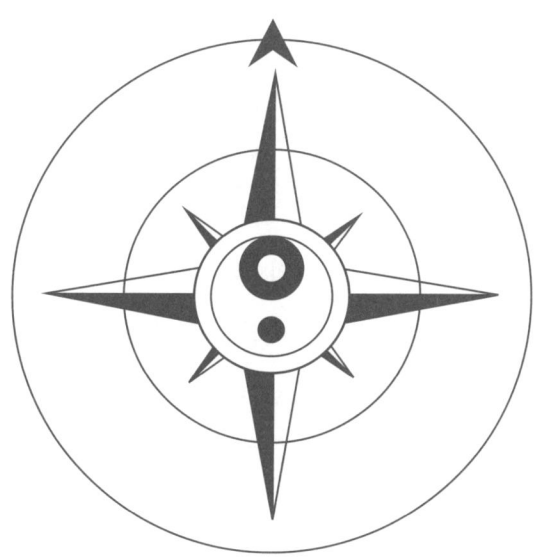

좋은땅

머리말

사주명리학(四柱命理學)은 오랜 세월 동안 사람들의 삶을 이해하고 미래를 예측하는 지혜로 전해져 왔습니다. 수많은 세대를 거치며 삶의 방향을 제시해 온 소중한 전통이지만, 오늘날 사주명리학(四柱命理學) 이론에는 여전히 논리성과 합리성, 그리고 일관성이 부족한 부분이 많습니다.

그래서 많은 분들이 사주명리학(四柱命理學)을 열심히 공부했음에도 실제 상담에 나서지 못하거나, 상담을 하더라도 해석에 확신을 갖지 못해 스스로 불안해하고, 상담자마다 다른 해석을 하는 경우가 적지 않습니다. 이러한 한계 때문에 사주명리학(四柱命理學)은 학문으로서 확고히 자리 잡지 못하고, 점술(占術)로 취급받아 온 것도 사실입니다.

사주는 오행(五行)을 음양(陰陽)으로 나눈 천간(天干)과, 계절을 시작 · 절정 · 전환기로 구분한 지지(地支)의 구조 속에서 이해해야 하지만, 기존 이론은 이를 오행(五行) 중심으로 풀어내다 보니 천간(天干)과 지지(地支)의 본래 의미를 놓치는 경우가 많습니다. 특히 음간(陰干) 부분의 해석은 계절의 흐름과 맞지 않아 오류가 발생합니다. 또한, 많은 이론이 사주 원국만을 중시하지만, 실제 삶에서는 운(運)이 사주 원국 전체를 감싸고 있는 현실적 환경이므로, 사주 원국은 반드시 운(運)의 흐름에 따라 해석되어야 합니다.

이 책은 기존 이론을 단순히 답습하는 데 그치지 않고, 자연의 법칙에 맞추어 사주를 보다 논리적이고 합리적으로 해석함으로써 사주명리학(四柱命理學)을 현대적으로 이해할 수 있는 길을 제시하고자 합니다. 특히 이 책의 전반적인 흐름은 '나이스 사주명리' 맹기옥 선생의 이론에 많은 영향을 받았으며, 이를 학습자들이 쉽게 이해할 수 있도록 체계적으로 정리하고 재구성하였습니다.

무엇보다 이 책이 사주명리학(四柱命理學)을 공부하는 과정에서 이론의 부족한 논리성과 일관성 때문에 계속 '공부를 이어가야 할지, 포기해야 할지' 고민하는 분들께 길잡이가 되기를 바랍니다. 더 나아가 사주명리학(四柱命理學)이 단순한 점술이 아니라, 누구나 납득할 수 있는 합리적인 학문으로 자리 잡아 세상에 올바르게 자리매김하기를 기대합니다.

2026. 2. 20.

임근복

목차

제1장

사주명리학
(四柱命理學)이란

사주명리학(四柱命理學) 개요

1. 사주명리학(四柱命理學)의 정의

세상에 존재하는 모든 것은 시간이 지나면 변하지만, 자연의 법칙은 변하지 않는다. 봄이 지나면 여름이 오고, 여름이 지나면 가을이 오며, 가을이 지나면 겨울이 오는 흐름은 변하지 않는 진리이다. 마찬가지로, 아침이 지나면 낮이 오고, 낮이 지나면 저녁이 오며, 저녁이 지나면 밤이 오고, 밤이 지나면 다시 아침이 오는 자연의 흐름도 일정하다. 사주명리학(四柱命理學)은 이처럼 변하지 않는 자연의 법칙에 기초하여 인간의 삶을 예측하는 학문이다. 즉, 자연의 일정한 순환 원리를 통해 인간의 삶에서 일어나는 변화를 이해하고, 이를 바탕으로 미래를 예측하여 나아갈 방향을 제시하는 학문이다.

2. 사주명리학(四柱命理學)의 기본 원리

사주명리학(四柱命理學)은 우주가 끊임없이 변화하는 것처럼, 인간도 우주의 변화에 따라 변화를 겪는다는 전제에서 출발한다. 즉, 자연의 변화를 기반으로 인간이 살아가면서 경험할 수 있는 다양한 상황을 예측한다. 이를 통해 인간은 자신의 미래를 준비하고, 어떻게 행동해야 할지를 결정할 수 있다. 봄에는 더운 날도 있고 추운 날도 있지만, 봄이 지나면 반드시 여름이 오는 것처럼 변하지 않는 자연의 법칙을 기준으로 인간의 삶의 방향을 제시하는 것이 사주명리학(四柱命理學)의 기본 원리이다.

이와 달리, 내일의 날씨나 기온 같은 미시적인 상황을 예측하는 것은 사주명리학(四柱命理學)의 영역이 아니라, 점술(占術)의 영역이다.

3. 사주명리학(四柱命理學)은 학문이다

사주명리학(四柱命理學)은 우주(하늘)의 기운인 천간(天干)과 지구(땅)의 기운인 지지(地支)를 연구하여 인간의 삶에 적용하는 학문이다.

우주의 기운을 음양(陰陽)으로 나누고, 음양(陰陽)을 세분화하여 木, 火, 土, 金, 水 오행(五行)으로 나누며, 오행(五行)을 다시 음양(陰陽)으로 나누어 10개의 천간(天干) 甲, 乙, 丙, 丁, 戊, 己, 庚, 辛, 壬, 癸로 구분한다. 이 천간(天干)은 우주의 기운을 상징하며, 인간의 생각과 마음에 해당한다.

지구의 기운도 음양(陰陽)으로 나누어지며, 음양(陰陽)을 세분화하여 봄, 여름, 가을, 겨울 사계절(四季節)로 나누고, 사계절을 다시 초기(初期), 중기(中期), 말기(末期)로 나누어 12개의 지지(地支) 子, 丑, 寅, 卯, 辰, 巳, 午, 未, 申, 酉, 戌, 亥로 구분한다. 지지(地支)는 지구의 기운을 상징하며, 인간의 현실과 환경에 해당한다.

사주명리학(四柱命理學)은 자연현상을 세분화한 천간(天干)과 지지(地支)를 통해 사람의 성향, 직장, 재물, 대인관계 등 다양한 측면에서 삶의 방향을 제시하고, 미래를 대비할 수 있도록 도와주는 역할을 하는 학문이다.

이처럼 사주명리학(四柱命理學)은 단순한 미신이나 비과학적인 점술의 영역이 아닌, 변하지 않는 자연의 법칙을 천간(天干)과 지지(地支)로 세분화하여 인간의 삶에 적용하고 미래의 방향성을 제시하는 학문이므로 논리적, 객관적, 합리적으로 설명할 수 있어야 하며, 일관성이 있어야 한다.

4. 사주(四柱)와 운(運)의 상호 작용

사주명리학(四柱命理學)에서 '사주(四柱)'는 사람이 태어난 연월일시(年月日時)를 나타내며, 이는 변하지 않는 타고난 성향과 자질을 의미한다. 반면 '운(運)'은 사주(四柱)에 닥치는 외부 환경이나 계절의 변화를 의미하며, 운(運)에 따라 사람의 삶의 방향이 변화하게 된다.

사주명리학(四柱命理學)에서는 사주(四柱)와 운(運)의 흐름을 바탕으로 개인의 삶의 흐름을 분석한다. 사주(四柱)가 나무라면 운(運)은 그 나무가 자라날 수 있는 환경과 같다. 비옥한 땅에서는 나무가 잘 자라고, 척박한 땅에서는 나무가 잘 자라지 못하는 것처럼, 사람도 운(運)이 좋으면 자신의 능력을 최대한 발휘할 수 있고, 운(運)이 나쁘면 어려움을 겪을 수 있는 것이다.

5. 순행(順行)과 역행(逆行)

우주의 자연현상은 일정한 주기를 가지고 순환하며 변화를 겪는다. 인간도 자연현상의 일부이기 때문에 자연의 흐름에 맞춰 순환하며 변화한다. 만약 인간이 자연의 변화에 맞추어 순행(順行)한다면 평안하고 행복한 삶을 살 수 있지만, 그 흐름을 거슬러 역행(逆行)한다면 불편하고 불행할 수 있다. 예를 들어, 포장도로에서는 승용차를 운행하고, 비포장도로에서는 사륜구동을 운행한다면 이는 순행(順行)하는 것이고, 반대로 포장도로에서는 사륜구동을 운행하고, 비포장도로에서는 승용차를 운행한다면 역행(逆行)하는 것이다. 또한, 포장도로에서는 자동차의 속도를 높이고, 비포장도로에서는 속도를 줄인다면 이는 순행(順行)하는 것이고, 반대로 포장도로에서는 속도를 줄이고, 비포장도로에서는 속도를 높인다면 역행(逆行)하는 것이다.

이처럼 운(運)의 흐름에 맞는 자질과 방법을 사용하면 순행(順行)하여 편안하고, 운(運)의 흐름에 맞지 않는 자질과 방법을 사용하면 역행(逆行)하여 불편한 것이다.

사주명리학(四柱命理學)의 역사

1. 중국 고대 명리학(命理學)의 기원

사주명리학(四柱命理學)의 기원은 중국 고대 전설 시대인 삼황오제(三皇五帝) 시대로 거슬러 올라간다. 이 시기에는 세상 만물이 음양(陰陽)으로 구성된다는 개념이 형성되었으며, 음양(陰陽)을 세분화하여 오행(五行)을 만들었다.

삼황 중 하나인 복희씨(伏羲氏)는 하도(河圖)의 용마(龍馬)를 통해 오성(五星)의 이치를 발견하여 선천팔괘(先天八卦)를 고안하였고, 황제(皇帝)는 십천간(十天干)과 십이지지(十二地支)를 창조해 사주명리학(四柱命理學)의 기본 틀을 완성했다.

2. 은나라, 시간의 기록과 60갑자(六十甲子)의 탄생

은나라(BC 1751~BC 1111) 시대에 이르러서는 갑골문자(甲骨文字)가 창조되면서, 사주(四柱)의 근간이 되는 연월일시를 기록하기 시작했다. 이 시기에 비로소 1년을 12달로 나누는 체계가 확립되었으며, 하늘의 기운을 상징하는 십천간(十天干)과 땅의 기운을 상징하는 십이지지(十二地支)를 결합하여 60갑자(甲子)가 탄생했다.

3. 주나라, 팔괘(八卦)의 완성 그리고 《주역(周易)》의 탄생

주나라(BC 1111~BC 221) 시대에는 문왕(文王)이 자연의 이치를 담은 거북의 등껍질 무늬를 관찰하여 후천팔괘(後天八卦)와 64효(爻)를 정립하였으며, 그의 아들 주공은 이를 더욱 발전시켜 384효(爻)를 완성했다. 이는 동양 철학의 중요한 경전인 《주역(周易)》의 기초를 마련하는 계기가 되었다. 《주역(周易)》은 사주명리학(四柱命理學)의 이론적 기반을 더욱 풍부하고 깊이 있게 발전시켰다.

4. 춘추전국시대, 절기력(節氣曆) 확립과 오행(五行) 이론의 심화

춘추전국시대(BC 770~BC 221)는 자유로운 사상적 논의와 학문적 발전을 꽃피웠던 시기였다. 공자(公子)의 유가(儒家) 사상, 노자(老子)의 도가(道家) 사상, 묵자(墨子)의 묵가(墨家) 사상 등이 이 시기에 정립되었다. 또한, 이 시기에는 동양의 태양력(太陽曆)인 절기력(節氣曆)이 완성되어 사주명리학(四柱命理學)의 시간적 기준을 확립했으며, 오행(五行) 이론 또한 더욱 심오하게 발전하여 한의학(韓醫學)을 비롯한 다양한 분야에 영향을 미쳤다.

5. 제나라 추연, 음양오행(陰陽五行)으로 운명(運命)을 읽다

춘추전국시대 제나라의 학자 추연(騶衍)은 음양오행설(陰陽五行說)을 바탕으로 처음으로 군주와 일반 백성의 운명(運命)과 길흉화복(吉凶禍福)을 예견하기 시작했다. 그는 자연의 끊임없는 순환과 변화 속에서 인간의 운명(運命)을 해석하고 예측하는 독창적인 방식을 제시하며, 후대 사주명리학(四柱命理學)이 인간의 미래를 예측하는 학문으로 자리매김하는 데 중요한 초석을 놓았다.

6. 당나라 이허중, 년주(年柱) 중심 당사주(唐四柱) 완성

화려한 문화를 꽃피웠던 당나라(618~907) 시대에는 이허중(李虛中)이 이전의 사주명리학(四柱命理學) 이론들을 종합적으로 정리하고, 태어난 해를 기준으로 인간의 운명을 분석하는 당사주(唐四柱)를 완성했다. 이허중의 사주 이론은 음양(陰陽)과 오행(五行)의 상생상극(相生相剋) 관계를 활용하여 인간의 운명을 체계적으로 분석하는 틀을 제시했으며, 이는 사주명리학(四柱命理學) 발전의 중요한 발판이 되었다.

7. 오대십국 서자평, 일간(日干) 중심 명리학(命理學) 체계 확립

혼란스러운 시대였던 오대십국(五代十國) 시기(907~960)에 이르러 서자평(徐子平)은 사주명리학(四柱命理學)에 오행(五行)의 상생상극(相生相剋) 이론을 더욱 심오하고 체계적으로 도입하여, 기존의 년주(年柱) 중심에서 태어난 날의 천간(天干)인 일간(日干)을 중심으로 운명을 분석하는 혁신적인 이론 체계를 확립했다. 그의 저서 《연해자평(淵海子平)》은 오늘날 우리가 배우는 현대 사주명리학(四柱命理學)의 핵심적인 기초가 되었다.

8. 명나라, 사주명리학(四柱命理學) 이론의 체계화

명나라(1367~1644) 시대의 유기(劉基)는 사주명리학(四柱命理學)의 교과서라고 불리는 《적천수(滴天髓)》를 저술하여 사주명리학(四柱命理學) 이론의 깊이를 더했으며, 만민영(萬民英)은 방대한 내용을 담은 《삼명통회(三命通會)》를 저술하여 사주명리학(四柱命理學)을 집대성했다.

9. 청나라, 다양한 저술과 사상의 확산

청나라(1616~1912) 시대에도 사주명리학(四柱命理學) 연구는 꾸준히 이어졌다. 이 시기에는 《난강망(欄江網)》, 《궁통보감(窮通寶鑑)》, 《자평진전(子平眞詮)》 등 다양한 명리학(命理學) 저서들이 출판되었으며, 이러한 활발한 저술 활동을 통해 사주명리학(四柱命理學) 이론은 더욱 세분화되고 체계적으로 발전하였다.

10. 중국 공산당 시대, 문화혁명과 명리학(命理學)의 암흑기

그러나 20세기 중반, 중국에 공산당 정권이 들어서면서 전통적인 사상과 학문은 탄압의 대상이 되었고, 사주명리학(四柱命理學) 또한 예외는 아니었다. 특히 문화혁명 시기에는 과거의 모든 유산이 부정되고 파괴되었으며, 많은 명리학자(命理學者)가 탄압을 피해 대만으로 망명했다.

11. 대만, 명리학(命理學)의 부흥과 현대적 재조명

중국 본토에서 억압받던 사주명리학(四柱命理學)은 대만으로 건너간 학자들에 의해 새로운 활력을 얻고 현대적으로 재해석되기 시작했다. 특히 서락오(徐樂吾)는 사주명리학(四柱命理學)의 고전인 《적천수》, 《자평진전》, 《궁통보감》을 현대적인 시각으로 깊이 있게 주석하여 현대 명리학(命理學) 이론의 토대를 확립했다. 이 외에도 원수산(袁樹珊), 위천리(韋千里) 등 수많은 명리학자자(命理學者)가 다양한 저술 활동을 통해 사주명리학(四柱命理學)의 현대적인 발전에 크게 이바지했다.

우리나라 사주명리학(四柱命理學)의 역사

1. 고구려, 태학(太學)에서 《주역(周易)》을 가르치다

우리나라 사주명리학(四柱命理學)의 역사는 고구려 시대로 거슬러 올라간다. 고구려 소수림왕 2년(서기 372년)에 설립된 교육기관인 태학(太學)에서 《주역(周易)》을 가르쳤다는 기록이 남아 있다. 이는 이미 삼국시대부터 사주명리학(四柱命理學)의 근간이 되는 음양오행(陰陽五行) 사상과 우주의 원리를 이해하려는 학문적 노력이 존재했음을 시사한다.

2. 고려 시대, 전문 학문으로 발돋움하다

고려 시대에 이르러 사주명리학(四柱命理學)은 더욱 발전된 양상을 보인다. 고려사에 따르면, 고려 태조 13년(930년) 서경에 세워진 학교에서 의업(醫業)과 함께 복업(卜業)을 교육했다는 기록이 있다. 더욱 주목할 만한 것은 광종 9년 과거 제도에 '복업과(卜業課)'를 두어 전문적으로 복술(卜術)에 종사할 인재를 선발했다는 사실이다. 이는 사주명리학(四柱命理學)이 단순한 미신이나 점술의 차원을 넘어 국가적으로 인정받는 전문적인 학문 분야로 성장했음을 명확히 보여 준다.

3. 조선 시대, 제도권 학문으로 자리매김하다

조선 시대에 들어서면서 사주명리학(四柱命理學)은 국가적으로 더욱 중요한 학문으로 확고히 자리 잡았다. 조선 초기부터 성균관(成均館)과 같은 주요 교육기관에서 사주명리학(四柱命理學)의 핵심 이론인 《주역(周易)》을 필수적으로 가르쳤으며, 과거 시험 과목에도 명과학(命課學)이 포함되었다. 이는 사주명리학(四柱命理學)이 조선 사회의 제도권 학문으로 깊숙이 뿌리내렸음을 의미한다. 또한, 이 시기에는 무학대사의 《무학비결》, 서경덕의 《홍연진결》, 남사고의 《격암일고》, 그리고 이지함의 《토정비결》 등 다양한 명리학(命理學) 관련 저서들이 출간되었다.

4. 일제강점기, 학문에서 점술(占術)로 전락하다

일제강점기에 이르러 사주명리학(四柱命理學)은 제도권 학문에서 배제되고, 점술(占術)로만 취급받는 암울한 시기를 맞이하게 된다. 일제의 식민 통치 정책하에 사주명리학(四柱命理學)의 학문적 명맥은 끊어졌으며, 무속인(巫俗人)과 점술가(占術家)들이 사주명리학(四柱命理學)을 상업적인 목적으로 활용하면서 본래의 학문적 가치는 훼손되고 점차 점술(占術)로 전락하게 되었다. 이 시기부터 신점(神占)이나 무속(巫俗) 활동에 사주명리학(四柱命理學)이 왜곡된 형태로 사용되었다.

5. 비법(祕法) 중심의 개인 교육으로 명맥을 잇다

사주명리학(四柱命理學)이 제도권에서 완전히 소외되면서 학문적인 체계는 더욱 약화되고 비법(祕法) 위주의 개인적인 교육 형태로 그 명맥을 이어 가게 된다. 현대에 이르러서도 일부 교육기관이나 사설 교습소에서 이루어지는 사주명리학(四柱命理學) 교육 중 상당수는 학문적 접근보다는 점술(占術)적 기법을 교육하는 경우가 많다. 이러한 현실은 사주명리학(四柱命理學)이 학문으로서의 본질을 잃고, 단순히 특정한 결과를 '맞히기' 위한 도구로 전락하는 결과를 초래했다.

6. 해방 이후, 학문적 부활과 제도권 진입을 향한 노력

광복 이후, 억압되었던 전통 학문에 관한 관심이 되살아나면서 사주명리학(四柱命理學)에 관한 학문적인 연구 또한 활발하게 진행되기 시작했다. 이석영의《사주첩경》, 박재완의《명리요강》등 현대적인 관점에서 사주명리학(四柱命理學) 이론을 정리한 저서들이 출간되었다. 특히 최근에는 디지털대학을 비롯하여 여러 대학의 대학원 석박사 과정에 사주명리학(四柱命理學) 관련 학과가 정식으로 개설되어 제도권 학문으로 다시 자리 잡기 시작했다. 또한, 많은 대학의 평생교육원에서도 일반인들을 대상으로 사주명리학(四柱命理學) 강좌를 개설하여 그 저변을 확대하고 있다. 특히 맹기옥의《다시 쓰는 명리학(命理學)》과 같은 저서는 현대적인 논리와 합리적인 해석을 통해 사주명리학(四柱命理學) 이론을 재정립하고, 논리적이고 일관성 있는 학문으로 발전시키는 데 크게 기여하고 있다.

제2장

운명(運命)이란

운명(運命)의 개요

1. 명(命)

명(命)은 타고난 사주팔자(四柱八字)이다. 명(命)은 인간이 세상에 처음 태어나는 순간부터 주어지는 고유한 기운이며, 변하지 않는 본질적인 성향과 자질이다. 태어난 연(年), 월(月), 일(日), 시(時)라는 네 개의 시간 축은 각각 하늘의 기운인 천간(天干)과 땅의 기운인 지지(地支)로 구성되는 사주팔자(四柱八字)로 표현되고, 이는 개인의 타고난 자질, 성향을 나타낸다. 명(命)에 의해 그 사람이 타고난 그릇의 모양과 크기가 결정되며, 명(命)에서 주어진 그 사람의 가장 강한 기운을 격(格)이라고 한다.

2. 운(運)

운(運)은 명(命)에게 닥치는 환경이다. 운(運)은 불변하는 명(命)이 놓이는 환경으로 삶의 무대를 의미한다. 운(運)은 일정한 주기에 따라 개인에게 다가오는 환경의 변화를 나타낸다. 사람이 살아가면서 마주하는 환경의 변화가 바로 운(運)의 흐름이다. 운(運)에는 대운(大運, 10년 단위), 세운(歲運, 1년 단위), 월운(月運, 1월 단위), 일운(日運, 1일 단위), 시운(時運, 2시간 단위)이 있다.

3. 명(命)과 운(運)의 상호 작용

사람의 삶은 타고난 자질인 명(命)과 살아가며 겪게 되는 환경인 운(運)이 상호 작용하는 과정에서 전개된다. 명(命)은 사람이 태어날 때부터 가지고 태어난 고유한 능력과 성향을 의미하며, 운(運)은 시간의 흐름 속에서 끊임없이 변화하는 환경을 뜻한다. 결국, 인생의 방향은 이 두 가지 요소가 어떻게 작용하느냐에 따라 달라진다고 할 수 있다.

명(命)이 태어날 때부터 정해진 것이라면, 운(運)은 대운(大運, 10년 단위), 세운(歲運, 1년 단위), 월운(月運, 1월 단위), 일운(日運, 1일 단위), 시운(時運, 2시간 단위) 등 다양한 시간의 흐름 속에서 계속해서 변동하며 사람의 삶에 영향을 미친다. 이처럼 운(運)은 유동적이며, 그로 인해 사람의 운명(運命) 또한 고정된 것이 아니라 시시각각 달라질 수 있다.

4. 운(運)이 명(命)을 지배한다

아무리 뛰어난 자질의 명(命)을 가지고 태어났다 하더라도 그것이 현실에서 실현되기 위해서는 '자질을 잘 활용할 수 있는 환경' 즉, 운(運)의 도움이 필요하다.

사주명리학(四柱命理學)에서는 운(運)과 사주(四柱)의 관계를 군신(君臣) 관계로 비유하기도 한다. 운(運)이 왕이고 사주(四柱)는 신하에 해당하며, 신하는 왕의 뜻에 따라야 한다. 다시 말해, 아무리 훌륭한 사주를 지녔다 하더라도 운(運)이 이를 제대로 받쳐 주지 않으면 그 능력은 제힘을 발휘하기 어렵다. 반면, 사주가 조금 부족하더라도 운(運)의 흐름을 잘 따른다면 기대 이상의 결과를 만들어 낼 수 있는 것이다.

이러한 이유로 사람들은 종종 인생의 전환점에서 운(運)이 좋았다, 혹은 운(運)이 나빴다라는 표현을 사용한다. 이는 곧, 좋은 사주(四柱)를 가졌든 그렇지 않든 간에, 결국 운(運)의 흐름에 따라 좌우된다는 의미이다. 운(運)은 자질을 꽃피우게도 하고, 반대로 감춰 버리기도 한다.

5. 운(運)에 맞는 자질의 선택과 활용

중요한 것은 자신이 가지고 있는 자질을 무조건 사용하는 것이 아니라, 운(運)이라는 흐름에 맞는 자질을 선택하고 사용하는 것이다. 예를 들어 넓은 고속도로에서는 대형 승용차가 유리하지만, 좁은 골목길에서는 소형차가, 비포장 산길에서는 사륜구동 차량이 더 적합하다는 것이다.

제3장

음양(陰陽)이란

음양(陰陽)의 개요

1. 동양 철학의 핵심 이론

음양(陰陽)은 사주명리학(四柱命理學)뿐만 아니라 동양 철학의 기본이 되는 핵심 이론이다. 음양(陰陽)은 세상의 만물을 이루는 두 가지 기본 요소로, 서로 반대되면서도 상호 보완적인 관계를 형성한다. 서양에서 플러스(+)와 마이너스(−)가 상반되면서도 하나의 체계를 이루듯이, 음양(陰陽) 역시 상반되는 특성을 가지면서 조화를 이룬다. 음(陰)과 양(陽)은 각각 독자적인 성질을 갖지만, 끊임없이 변하면서 균형을 이루는 순환적 특성을 보인다. 낮이 지나면 밤이 오고, 겨울이 지나면 봄이 오는 것처럼 음양(陰陽)은 계속해서 순환하며 질서를 유지하게 된다.

2. 음양(陰陽)의 순환과 우주의 기운

우주의 기운은 음양(陰陽)의 순환 때문에 생성되고 유지된다. 양(陽)은 안에서 밖으로 나오는 운동을 하고, 음(陰)은 밖에서 안으로 들어가는 운동을 한다. 이 두 가지 운동이 교대로 일어나면서 기운이 순환하게 된다. 상승하고 확산하는 양(陽)의 운동과 하강하고 수축하는 음(陰)의 운동을 통해 반복적 순환을 이루며, 이는 인간의 삶을 포함한 모든 자연현상에 영향을 미친다.

3. 음양(陰陽)의 총량과 비율

음양(陰陽)의 운동은 각각이 반대 방향으로 이루어지지만, 전체적으로 보면 음(陰)과 양(陽)의 총량은 5:5로 그 크기가 항상 같아 균형을 이룬다. 또한, 음양(陰陽)은 태극무늬와 같이 항상 섞여 있으며 비율만 다를 뿐이다. 음(陰)의 운동 속에도 양(陽)의 기운이 포함되어 있고, 양(陽)의 운동 속에도 음(陰)의 기운이 포함되어 있다. 따라서 음(陰)과 양(陽)으로 표현하는 것은 음(陰) 운동과 양(陽) 운동 중에서 비율이 많은 것을 나타낸다.

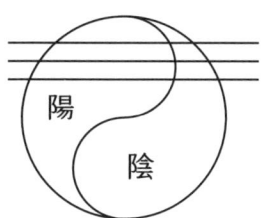 음양은 전체 비율이 5:5로 같지만 항상 섞여 있으며 음양의 비율이 다를 뿐이다.

4. 음양(陰陽)의 균형과 생명력 유지

음(陰)과 양(陽)의 기운이 균형을 이룰 때, 생명력과 활력이 유지된다. 음양(陰陽)의 균형이 맞지 않아 어느 한쪽으로 치우치게 되면, 생명력이 감소하고 다양한 문제와 어려움을 겪게 된다. 예를 들어, 일한 뒤에 충분한 휴식을 취해야 활력을 유지할 수 있지만, 끊임없이 일만 한다면 활력과 생명력이 떨어지게 된다. 화초가 햇빛을 과도하게 받으면 양(陽)의 기운이 많아 시들지만, 물을 주어 음(陰)의 기운을 보충하면 다시 활력을 찾는 것처럼, 음양(陰陽)의 조화는 생명력과 활력을 유지하는 데 필수적이다.

5. 음양(陰陽)의 균형을 중시하는 지혜

사람들은 눈에 보이는 양(陽)의 영역을 중시하는 경향이 있지만, 음(陰)의 영역 또한 중요하다. 음양(陰陽)은 5:5의 균형을 이루므로, 양(陽)의 활동뿐만 아니라 음(陰)의 역할을 이해하고 조화롭게 다루어야 전체를 볼 수 있다. 리더는 이와 같은 음양(陰陽)의 균형을 이해하여야만 성공적인 전략과 전술을 구사할 수 있으며, 수험생 또한 문제의 표면적 내용뿐 아니라 출제자의 의도를 파악해야 좋은 성적을 얻을 수 있다.

음양(陰陽)의 특성

1. 음양(陰陽)은 서로 반대 운동을 한다

음(陰)과 양(陽)의 운동은 본질적으로 서로 반대되는 속성을 지니지만, 그 반대됨 속에서 끊임없이 상호 작용하며 균형을 이룬다. 양(陽)의 기운이 왕성해지면 음(陰)의 기운은 자연스럽게 쇠퇴하고, 반대로 음(陰)의 기운이 강해지면 양(陽)의 기운은 약화하는 방식으로 균형을 유지한다. 또한, 상승하는 양(陽)의 움직임과 하강하는 음(陰)의 움직임, 열리는 양(陽)의 속성과 닫히는 음(陰)의 속성처럼, 서로 반대되는 방향으로 작용하며 전체적인 조화를 끌어낸다. 양(陽)이 시작하면 음(陰)은 마무리하고, 양(陽)이 키우면 음(陰)은 줄이며, 한쪽이 활발하게 움직일 때는 다른 한쪽이 휴식을 취하여 서로를 보완한다.

2. 음(陰)과 양(陽)의 변화는 점진적

음(陰)과 양(陽)의 변화는 급격하고 단절적으로 이루어지는 것이 아니라, 마치 계절의 변화나 하루의 시간 흐름처럼 서서히 그리고 점진적으로 진행되는 특징을 지닌다. 봄에서 여름으로, 여름에서 가을로, 가을에서 겨울로 이어지는 사계절의 변화는 순식간에 이루어지지 않으며, 아침에서 낮으로, 낮에서 저녁으로, 저녁에서 밤으로 이어지는 하루의 변화 역시 부드럽게 이어진다. 이처럼 음양(陰陽)의 변화는 급격한 변화보다는 서서히 점진적으로 진행된다.

3. 양(陽)은 시작, 음(陰)은 마무리

음양(陰陽) 운동의 시작은 양(陽)이 하고, 마무리는 음(陰)이 한다. 양(陽)이 상승 확산하여 시작하면, 음(陰)은 하강 수축하여 마무리하고, 양(陽)이 하강 수축하여 시작하면, 음(陰)은 상승 확산하여 마무리한다. 이처럼 양(陽)이 시작하면, 음(陰)은 마무리하여 전체적인 흐름을 완성한다.

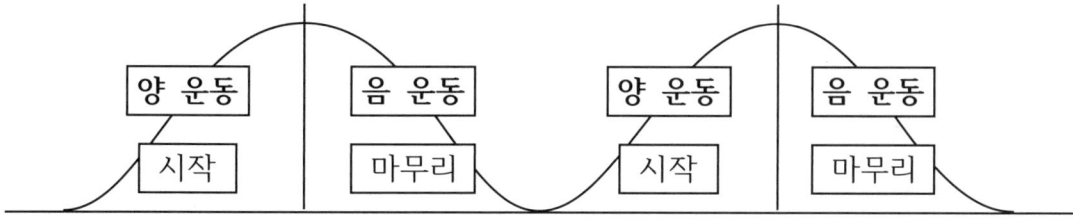

4. 양(陽)은 밖에서, 음(陰)은 안에서 활동

양(陽)의 기운은 안에서 밖으로 나가는 운동성을 지니므로, 밖에서 보이는 육체적 활동 성향을 나타낸다. 반대로, 음(陰)의 기운은 밖에서 안으로 들어가는 운동성을 가지므로, 안에서 보이지 않는 정신적 활동 성향을 나타낸다.

5. 드러나는 양(陽)과 드러나지 않은 음(陰)

양(陽)의 기운은 외부로 드러나는 활동적인 속성을 지니므로, 눈에 보이는 활동을 한다. 예를 들어, 역동적인 움직임을 보여 주는 운동선수나 화려한 외형으로 대중의 시선을 사로잡는 연예인의 활동은 양(陽)의 기운과 관련이 깊다.

반면, 음(陰)의 기운은 내면에서 조용히 진행되는 속성을 지니므로 보이지 않는 활동을 한다. 예를 들어, 감독이나 작곡가처럼 직접 외부에 드러나지는 않지만, 기획이나 연출을 통해 임무를 수행한다.

6. 기준과 상황에 따라 변화하는 음양(陰陽)의 속성

음(陰)과 양(陽)의 특성은 절대적으로 고정된 것이 아니라, 기준과 상황에 따라 끊임없이 변화하는 가변적인 속성을 지닌다. 예를 들어, 양(陽)의 기운이 넘치던 번화가도 세월이 흐르면 음(陰)의 기운이 가득한 슬럼가가 되고, 왕성한 양(陽)의 기운을 자랑하던 젊은 사람도 나이가 들면서 점차 음(陰)의 기운이 강해지는 변화를 겪게 된다. 이처럼 음양(陰陽)은 시간의 흐름과 주변 환경의 변화에 따라 그 비율과 영향력을 달리한다.

7. 보이지 않는 힘, 보이는 것을 움직인다

겉으로 드러나는 활동, 즉 양(陽)의 작용은 종종 눈에 보이지 않는 음(陰)의 힘에 의해 뒷받침되고 조절되는 경우가 많다. 예를 들어, 경기장에서 활약하는 운동선수는 보이지 않는 코치의 전략과 지시를 따르고, 화려한 무대 위의 연예인은 매니저나 프로듀서의 도움을 받는다. 국가의 지도자 역시 국민에게 보이는 양(陽)의 역할을 수행하지만, 실제로는 보이지 않는 참모들의 조언을 통해 결정을 내린다. 이처럼 음(陰)의 기운은 직접 드러나지는 않지만, 양(陽)의 활동을 조율하고 움직이는 중요한 역할을 수행한다.

8. 음양(陰陽) 운동의 확장과 응용

음양(陰陽)의 운동은 상황에 따라 더 세부적인 요소로 나뉜다. 음양(陰陽)을 세 가지로 나누면 상(上), 중(中), 하(下)나 천(天), 인(人), 지(地)로 구분된다. 음양(陰陽)을 다섯 가지로 나누면 木, 火, 土, 金, 水로 이루어진 오행(五行)이 되며, 이때 木과 火는 양(陽)에 속하고, 土는 중간에 위치하며, 金과 水는 음(陰)에 속한다. 음양(陰陽)을 네 가지로 나누면 아침, 낮, 저녁, 밤이 되고, 봄, 여름, 가을, 겨울이라는 사계절이 된다. 음양(陰陽)을 더 세분화하여 열 가지로 나누면 십천간(十天干)이 되고, 열두 가지로 나누면 십이지지(十二地支)가 된다. 음양(陰陽)을 여덟 개로 나누면 《주역》의 팔괘(八卦)가 되는데, 건(乾 ☰) 태(兌 ☱) 이(離 ☲) 진(震 ☳)은 양(陽) 운동이고, 손(巽 ☴) 감(坎 ☵) 간(艮 ☶) 곤(坤 ☷)은 음(陰) 운동이다. 음양(陰陽)은 점차 세분되어 24절기(節氣), 64괘(卦), 384효(爻)로 나누어지며, 동양철학(東洋哲學)과 사주명리학(四柱命理學)의 기본 원리로 활용된다.

※음양(陰陽)의 형상

시간(時間)				
양(陽)	낮	아침	봄	여름	청년
음(陰)	밤	저녁	가을	겨울	장년

양(陽)	소년	시작	선(先)
음(陰)	노년	끝	후(後)

공간(空間)				
양(陽)	상(上)	좌(左)	전(前)	외(外)	동(東)
음(陰)	하(下)	우(右)	후(後)	내(內)	서(西)
양(陽)	남(南)	종(縱)	장(長)	홀	대(大)
음(陰)	북(北)	횡(橫)	단(短)	짝	소(小)
양(陽)	무(無)	고(高)	명(明)	허(虛)	보인다
음(陰)	유(有)	저(低)	암(暗)	실(實)	보이지 않는다

운동(運動)				
양(陽)	승(昇)	팽창	직선	출(出)	개(開)
음(陰)	강(降)	수축	곡선	입(入)	폐(閉)

양(陽)	전진	비(飛)	동(動)	급(急)
음(陰)	후퇴	주(走)	정(靜)	완(緩)

정신(精神)				
양(陽)	남	정신	명분	선(善)	길(吉)
음(陰)	여	육체	실리	악(惡)	흉(凶)

양(陽)	진(眞)	공(公)	공(攻)	기(氣)	청(淸)
음(陰)	가(假)	사(私)	수(守)	질(質)	탁(濁)

양(陽)	후(厚)	경(輕)	문(文)	귀(貴)	신(神)
음(陰)	박(薄)	중(重)	무(武)	천(賤)	귀(鬼)

제4장

오행(五行)이란

오행(五行)의 개요

1. 오행(五行)의 정의

오행(五行)은 하늘에서의 음(陰)과 양(陽)의 운동성을 운동 방향에 따라 木, 火, 土, 金, 水 다섯 가지 형상으로 세분화하여 표현한 것이다.

① 목행(木行)은 상승하고 확산하는 양(陽) 운동이 시작되는 단계이다. 마치 새싹이 땅을 뚫고 솟아오르는 것처럼 역동적인 시기를 나타낸다.

② 화행(火行)은 상승하고 확산하는 양(陽) 운동이 최고조에 달한 상태이다. 작열하는 태양처럼 에너지가 최고조에 이르는 시기를 나타낸다.

③ 토행(土行)은 상승하는 양(陽) 운동을 멈추고 하강하는 음(陰) 운동으로 전환하는 단계이다. 정상에서 오르는 것을 멈추고 내려갈 준비를 하는 것처럼 음양(陰陽)의 변화를 준비하는 시기를 나타낸다.

④ 금행(金行)은 하강하고 수축하는 음(陰) 운동이 시작되는 단계이다. 가을에 열매가 단단해지는 것처럼 내실을 다지는 시기를 나타낸다.

⑤ 수행(水行)은 하강하고 수축하는 음(陰) 운동이 최고조에 달한 상태이다. 휴식을 취하고 다음 시작을 준비하는 시기를 나타낸다.

2. 오행(五行)의 운동성

우주의 음양(陰陽) 운동을 5단계로 나눈 오행(五行)의 흐름을 보면, 木과 火는 양(陽)의 운동을 하고 金과 水는 음(陰)의 운동을 하며, 土는 양(陽)에서 음(陰)으로 전환하는 중간 역할을 한다. 예를 들어, 오행(五行)의 운동을 산행에 비유하면, 木은 산을 오르기 시작하는 단계이고, 火는 본격적으로 산을 오르는 단계이며, 土는 정상에서 쉬면서 내려갈 준비를 하는 단계이고, 金은 산에서 내려가기 시작하는 단계이며, 水는 산에서 내려와 휴식을 취하는 단계에 해당한다.

3. 오행(五行)의 순환

우주는 오행(五行)의 운동을 통해 끊임없이 순환하며 반복한다. 木의 기운이 성장하다 쇠퇴하면 火의 기운이 성장하고, 火의 기운이 쇠퇴하면 土의 기운이 성장하는 식으로 각 오행이 차례로 이어진다. 土의 기운이 쇠퇴하면 金의 기운이 성장하고, 金이 쇠퇴하면 水의 기운이 성장한다. 水가 쇠퇴하면 다시 木의 기운이 성장하여 오행(五行)의 순환은 계속 반복된다.

4. 경계가 없는 오행(五行)의 흐름

오행(五行)의 운동은 뚜렷한 경계선을 가지는 것이 아니라, 마치 계절의 흐름처럼 끊임없이 점진적으로 이어지는 특징을 지닌다. 봄이 여름으로, 여름이 가을로 넘어가는 계절의 경계가 명확히 구분되지 않고 점진적으로 이루어지는 것처럼, 木, 火, 土, 金, 水 오행(五行)의 흐름 또한 점진적으로 부드럽게 이어진다.

오행(五行)의 특성

1. 木의 특성

木은 솟아나는 새싹처럼 양(陽) 운동의 시작을 나타내며, 봄과 아침, 동쪽을 상징한다. 이 기운은 어린이와 같이 새롭게 시작하는 생동감 넘치는 에너지를 나타낸다. 木의 기운은 시작과 출발, 성장과 확산을 특징으로 하며, 이로 인해 활동적이고 미래지향적인 성향을 갖게 된다.

木의 기운을 가진 사람은 단순하고 솔직하며 순수한 성격으로, 희망적이고 긍정적이다. 또한, 자기 주관이 강하고 융통성이 부족하여 다른 사람과의 협력에서 어려움을 겪을 수 있으며, 자제력이나 인내심이 약해 쉽게 지칠 수 있다. 이러한 특성으로 인해 木의 기운을 가진 사람은 시작은 잘하지만, 마무리에 약하다는 특징을 보이기도 한다.

2. 火의 특성

火는 불꽃처럼 타오르는 양(陽) 운동의 절정을 나타내며, 여름과 낮, 남쪽을 상징한다. 이는 성장과 확산이 최고조에 달하는 상태로, 청년기의 열정과 활동성을 나타낸다. 火의 기운은 활동 영역이 넓고, 에너지가 강하게 퍼져 나가는 것이 특징이다.

火의 기운을 가진 사람은 정열적이고, 활력과 추진력이 뛰어나며, 밝고 화려하다. 하지만 지나치게 감정적이거나 충동적인 행동을 할 때가 많고 욱하는 성향이 있다.

3. 土의 특성

土는 양(陽)의 정상에서 양(陽)의 운동을 멈추고 음(陰)으로 전환하는 기운을 상징한다. 이는 모든 것을 중재하고 조절하는 역할을 하며, 중심과 조화를 의미한다. 土는 중앙, 중년기, 그리고 조화와 균형을 나타내며, 정상에서 상승하는 양(陽)의 기운을 멈추고 음(陰)의 기운으로 전환하는 역할을 한다.

土의 기운을 가진 사람은 어느 한쪽으로 치우치지 않고 중용을 지키며, 타인과의 관계에서 뛰어난 협상력과 조정 능력을 발휘한다. 그러나 지나치게 신중하고 조심스러운 성향으로 인해 때로는 결단력이 부족하거나 우유부단한 모습을 보일 수도 있다.

4. 金의 특성

金은 가을에 영글어 가는 열매처럼 음(陰) 운동의 시작을 나타내며, 가을과 저녁, 서쪽을 상징한다. 金의 기운은 장년기에 해당하고, 결실과 수확을 의미하며, 실용적이고 현실적인 성격이다.

金의 기운을 가진 사람은 마무리와 실속을 중요시하는 경향이 있다. 이들은 냉정하고 결단력이 있으며, 때로는 이해타산적이거나 이기적인 태도를 보이기도 한다.

5. 水의 특성

水는 끝없이 아래로 흐르는 물처럼 음(陰) 운동의 절정을 나타내며, 겨울과 밤, 북쪽을 상징한다. 이는 휴식과 응축, 내면의 지혜를 뜻하며, 정신적인 활동이 활발한 노년기의 기운과도 연결된다. 水의 기운은 모든 것을 정리하고 응축하여 다음 생명의 준비를 돕는다.

水의 기운을 가진 사람은 육체적인 활동력은 약하지만, 정신적 활동력이 강하여, 경험을 바탕으로 내면의 깊이를 쌓아 간다. 水의 기운은 비밀스럽고 속내를 잘 드러내지 않으며, 외적으로는 소박하고 초라해 보일 수 있으나 강한 실속을 가지고 있다.

오행(五行)의 상징과 역할

1. 오행(五行)의 자연현상 상징

오행(五行)은 다양한 자연현상을 상징한다. 계절로 보면, 木은 봄, 火는 여름, 土는 전환기, 金은 가을, 水는 겨울에 해당한다. 하루로 보면, 木은 아침, 火는 낮, 土는 중간, 金은 저녁, 水는 밤을 나타낸다. 오행(五行)은 각 방향도 상징한다. 木은 동쪽, 火는 남쪽, 土는 중앙, 金은 서쪽, 水는 북쪽을 나타낸다.

2. 오행(五行)과 인간의 성장 과정

오행(五行)은 사람의 성장 과정을 상징한다. 木은 어린 시절, 火는 청년기, 土는 중년, 金은 장년, 水는 노년기를 나타낸다. 木의 시기에는 몸이 성장하고, 火의 시기에는 활력이 넘치며, 土의 시기에는 중심을 잡고 균형을 이루며, 金의 시기에는 성숙하고 단단한 열매를 맺는다. 水의 시기는 몸이 점차 약해지지만, 지혜와 경험이 깊어지는 시기이다.

3. 오행(五行)과 식물의 성장 과정

오행(五行)은 동식물의 성장 과정을 상징한다. 木은 씨앗이 싹을 틔우고 새싹이 돋아나는 시작의 단계이며, 火는 새싹이 꽃으로 피어나는 단계로, 활짝 펼쳐진 생명력과 아름다움을 상징한다. 土는 꽃이 수정되어 열매가 맺히기 전 안정적인 상태를 나타낸다. 金은 열매가 단단하게 익어가는 수확의 시기로, 결실을 보는 단계이며, 水는 열매가 떨어져 씨앗이 되는 과정으로, 다음 생명을 위한 준비와 저장을 상징한다.

4. 오행(五行)과 신체 부위, 분비물

오행(五行)은 신체의 특정 장기나 분비물을 상징한다. 木은 간과 담, 火는 심장과 소장, 土는 비장과 위장, 金은 폐와 대장, 水는 신장과 방광에 해당한다. 분비물로 보면, 木은 눈물, 火는 땀, 土는 침, 金은 콧물, 水는 오줌에 해당한다.

5. 오행(五行)과 색깔, 맛

오행(五行)은 색깔과 맛을 상징한다. 木은 청색과 신맛, 火는 적색과 쓴맛, 土는 황색과 단맛, 金은 백색과 매운맛, 水는 흑색과 짠맛을 나타낸다. 사주(四柱)에서 부족한 오행(五行)이 있다면, 그 오행(五行)에 해당하는 색깔의 물건을 가까이하거나 그 맛을 가진 음식을 섭취함으로써 기운을 보충할 수 있다.

6. 오행(五行)과 숫자, 자음

오행(五行)은 숫자와 한글의 자음을 상징한다. 숫자로는 木은 3과 8, 火는 2와 7, 土는 5와 0, 金은 4와 9, 水는 1과 6을 나타낸다. 한글 자음으로는 木은 ㄱ, ㅋ, 火는 ㄴ, ㄷ, ㄹ, ㅌ, 土는 ㅇ, ㅎ, 金은 ㅅ, ㅈ, ㅊ, 水는 ㅁ, ㅂ, ㅍ에 해당한다. 이러한 자음과 숫자의 오행(五行)적 특성은 작명(作名)과 같은 분야에서도 활용된다.

7. 오행(五行)과 오상(五常), 육수(六獸)

오행(五行)은 동양 철학에서 오상(五常)과 육수(六獸)를 상징하기도 한다. 木은 인(仁), 火는 예(禮), 土는 신(信), 金은 의(義), 水는 지(智)를 상징하여 인간의 다섯 가지 덕목을 나타낸다. 오행(五行)은 동물과도 연관되어 木은 동쪽의 청룡(青龍), 火는 남쪽의 주작(朱雀), 土는 중앙의 구진(句陳)과 등사(騰蛇), 金은 서쪽의 백호(白虎), 水는 북쪽의 현무(玄武)로 상징된다.

8. 오행(五行)과 사상(四象)

오행(五行)은 사상(四象)과 연결되어 음양(陰陽)의 성격을 구체화한다. 木은 양(陽)의 시작으로 소양(少陽)을 상징하며, 火는 양(陽)의 절정인 태양(太陽)을 나타낸다. 土는 양(陽)과 음(陰)의 중간 역할을 한다. 金은 음(陰)의 시작인 소음(少陰)을 나타내며, 水는 음(陰)의 절정인 태음(太陰)을 상징한다.

9. 오행(五行)과 천간(天干), 지지(地支)

오행(五行)은 천간(天干)과 지지(地支)로 표현된다. 천간(天干)으로는 木은 甲乙, 火는 丙丁, 土는 戊己, 金은 庚辛, 水는 壬癸에 해당한다. 지지(地支)로는 木은 寅卯, 火는 巳午, 土는 辰戌丑未, 金은 申酉, 水는 亥子에 해당한다.

※ 오행(五行) 상징 표

성성 \ 오행	木	火	土	金	水
계절	봄(春)	여름(夏)	환절기	가을(秋)	겨울(冬)
천간(天干)	갑을(甲乙)	병정(丙丁)	무기(戊己)	경신(庚辛)	임계(壬癸)
지지(地支)	인묘(寅卯)	사오(巳午)	진술축미 (辰戌丑未)	신유(申酉)	해자(亥子)
한글 자음	ㄱ ㅋ	ㄴ ㄷ ㄹ ㅌ	ㅇ ㅎ	ㅅ ㅈ ㅊ	ㅁ ㅂ ㅍ
숫자	3, 8	2, 7	5, 0	4, 9	1, 6
시간(時間)	아침	낮	사이(間)	저녁	밤
오방(五方)	동(東)	남(南)	중앙(中央)	서(西)	북(北)
오기(五氣)	풍(風)	열(熱)	습(濕)	조(燥)	한(寒)
오색(五色)	청(靑)	적(赤)	황(黃)	백(白)	흑(黑)
육신(六神)	청룡(靑龍)	주작(朱雀)	구진(句陳) 등사(騰蛇)	백호(白虎)	현무(玄武)
용모	미려	광채	중후	견강	색채
위치	신도시 /시작한 곳	번화가 /밝은 곳	중심가 /사통팔달	구도심 /한물간 곳	시골 /어두운 곳
모양	직(直)	고(高)	광(廣)	각(角)	저(底)
직업	문관	예술	농업	무관	수산업
오음(五音)	각(角)	징(徵)/치	궁(宮)	상(商)	우(羽)
오미(五味)	산(酸, 신맛)	고(苦, 쓴맛)	감(甘, 단맛)	신(辛, 매운맛)	함(鹹, 짠맛)
오지(五志)	노경(怒驚)	희(喜)	사비(思悲)	우(憂)	공(恐)
오장(五臟)	간장	심장	비장	폐	신장
육부(六腑)	담	소장	위	대장	방광

성품(性品)	자상	명랑	과묵	예리	엉큼
오성(五聲)	아(牙)	설(舌)	후(喉)	치(齒)	순(脣)
오궁(五窮)	눈	혀	입	코	귀
행동성향	생산, 추진, 번식	활동, 선전	중계, 화해, 노력	지배, 통치, 수확	지략, 계획, 저장
오성(五性)	인애	강맹	관용	살벌	유화
오상(五常)	인(仁)	예(禮)	신(信)	의(義)	지(智)
신앙	유교	기독교	토속신앙	불교	도교

오행(五行)의 상생(相生)과 상극(相剋)

1. 상생(相生)과 상극(相剋)의 정의

오행(五行)은 상생(相生)과 상극(相剋) 운동을 통해 서로 영향을 주고받으며 끊임없이 변화한다. 상생(相生)은 다섯 가지 기운이 서로를 돕고 키워 주며 성장시키는 긍정적인 관계를 의미한다. 반면, 상극(相剋)은 서로를 억제하고 억누르는 통제적인 관계를 나타낸다. 이 상생(相生)과 상극(相剋)의 역동적인 관계는 우주와 자연의 끊임없는 순환 속에서 반복된다.

2. 상생(相生)의 원리

상생(相生) 운동은 한 오행(五行)이 다른 오행(五行)으로 나아가는 운동이다. 木은 火를 생(生)하고, 火는 土를, 土는 金을, 金은 水를, 水는 다시 木을 생(生)한다. 이러한 상생(相生) 운동은 기운을 자연스럽게 이어 가며, 서로를 보완하고 성장시킨다.

3. 상극(相剋)의 원리

상극(相剋) 운동은 한 오행(五行)이 다른 오행(五行)을 제압하고 억제하는 운동이다. 木은 土를 극(剋)하고, 土는 水를, 水는 火를, 火는 金을, 金은 다시 木을 극(剋)한다. 상극(相剋)은 오행(五行) 간의 긴장감을 유지하게 하여, 서로가 균형을 잃지 않도록 조정하는 역할을 한다.

4. 상생(相生)과 상극(相剋)의 작동

오행(五行)의 상생(相生)과 상극(相剋)은 양쪽의 힘이 적절한 균형을 이루어야 원활하게 작동한다. 만약 힘의 균형이 깨지고 한쪽으로 힘이 지나치게 쏠리게 되면, 강한 오행(五行)이 약한 오행(五行)을 일방적으로 억압하거나 지배하게 된다. 이러한 불균형은 태과(太過), 반극(反剋), 회극(回剋)과 같은 다양한 부조화 현상을 초래한다.

오행(五行)의 상생(相生) 운동

1. 상생(相生) 운동의 개념

오행(五行)의 상생(相生) 운동은 한 오행(五行)이 다른 오행(五行)을 돕고 성장시키는 작용을 의미한다. 상생(相生) 운동에서는 뒤에 있는 오행(五行)이 앞에 있는 오행(五行)에 기운을 제공하며, 이를 "생(生)한다"고 한다. 반대로, 앞에 있는 오행(五行)은 뒤에 있는 오행(五行)의 기운을 흡수하면서 "설(泄)한다"고 표현한다.

특히, 앞에 있는 오행(五行)이 자연스럽게 뒤에 있는 오행(五行)의 기운을 빼내는 과정을 설기(泄氣)라 하고, 앞선 오행(五行)이 지나치게 강하여 뒤에 있는 오행(五行)의 기운을 강제로 빼앗는 경우를 도기(盜氣)라고 한다.

2. 상생(相生) 운동의 순환 과정

오행(五行)의 상생(相生) 운동은 우주가 끊임없이 순환하며 조화를 이루는 근본적인 원리를 보여 준다. 각 오행(五行)은 특정한 시점에서 기운이 최고조에 달하면 자연스럽게 다음 오행(五行)으로 그 흐름을 이어 간다. 이는 마치 봄, 여름, 가을, 겨울의 계절 변화처럼, 거스를 수 없는 자연스러운 기운의 흐름을 형성한다.

① **수생목(水生木)**: 물(水)이 나무(木)를 적셔 생장을 돕듯, 물(水)은 나무(木)의 생명을 키워 주는 근원이다.

② **목생화(木生火)**: 나무(木)는 불(火)을 태워 그 기운을 돋우듯, 나무(木)는 불(火)의 기운을 키우는 근원이 된다.

③ **화생토(火生土)**: 불(火)이 모든 것을 태우고 남긴 재가 흙(土)이 되듯, 불(火)은 흙(土)을 만들어 내는 근원이 된다.

④ **토생금(土生金)**: 흙(土)이 단단히 굳어 바위(金)로 변하듯, 흙(土)은 금(金)의 기운을 만들어 내는 근원이 된다.

⑤ **금생수(金生水):** 바위(金)의 틈새에서 물(水)이 스며 나오듯, 금(金)은 물(水)의 기운을 만들어 내는 근원이 된다.

3. 상생(相生) 운동 중 기운의 변화

상생(相生) 운동에서 생(生)을 받는 오행(五行)은 기운이 강해지고, 생(生)을 하는 오행(五行)은 기운이 약해진다. 이를 통해 오행(五行) 간의 기운 균형이 이루어지며 자연이 흐름이 원활히 유지된다.

① **수생목(水生木):** 물(水)이 나무(木)를 생(生)하면, 생을 받는 木의 기운은 강해지고 생을 하는 水의 기운은 약해진다.

② **목생화(木生火):** 나무(木)가 불(火)을 생(生)하면, 생을 받는 火의 기운은 강해지고 생을 하는 木의 기운은 약해진다.

③ **화생토(火生土):** 불(火)이 흙(土)을 생(生)하면, 생을 받는 土의 기운은 강해지고 생을 하는 火의 기운은 약해진다.

④ **토생금(土生金):** 흙(土)이 금속(金)을 생(生)하면, 생을 받는 金의 기운은 강해지고 생을 하는 土의 기운은 약해진다.

⑤ **금생수(金生水):** 금속(金)이 물(水)을 생(生)하면, 생을 받는 水의 기운은 강해지고 생을 하는 金의 기운은 약해진다.

이처럼 약한 오행(五行)이 생(生)을 받으면 부족했던 기운이 보충되어 긍정적인 결과를 얻을 수 있지만, 강한 오행(五行)이 생(生)을 받으면 지나치게 강해져 자만하거나 조화를 해칠 수 있다. 반대로, 강한 오행(五行)이 생(生)을 하면 강한 기운을 빼내어 좋지만, 약한 오행(五行)이 생(生)을 하면 기운이 지나치게 소모되어 더욱 약화될 수 있다.

4. 상생(相生) 운동의 상호 보호 관계

생(生)을 받는 오행(五行)은 생(生)을 하는 오행(五行)을 보호하는 역할도 한다. 이는 단순한 도움 관계를 넘어, 상호 보완적인 성격을 가진다는 것을 보여 준다.

① **수생목(水生木):** 나무(木)는 물(水)이 정체되거나 썩지 않도록 움직임을 유도하듯이, 木은 水를 설기(泄氣)하여 보호한다.

② **목생화(木生火):** 태양(火)은 나무(木)의 광합성 작용을 도와 성장과 열매 맺음을 촉진하듯이, 火는 木을 설기(泄氣)하여 보호한다.

③ **화생토(火生土):** 흙(土)은 불(火)이 꺼지지 않도록 감싸 보호하듯이, 土는 火를 설기(泄氣)하여 보호한다.

④ **토생금(土生金):** 금속(金)이 흙(土)을 통하게 하여 활력을 불어넣듯이, 金은 土를 설기(泄氣)하여 보호한다.

⑤ **금생수(金生水):** 물(水)이 금속(金)을 세척하여 빛나게 하듯이, 水는 金을 설기(泄氣)하여 보호한다.

5. 상생(相生) 운동에서 기운의 균형

오행(五行)의 상생(相生) 운동이 원활하게 이루어지려면, 양쪽 오행(五行)의 기운이 균형을 이루어야 한다. 양쪽 오행(五行)의 기운이 균형을 이루지 못하면, 기운이 약한 오행(五行)은 강한 오행(五行)에 복종하여야 하며, 복종하지 않으면 생(生)의 과잉이나 설(泄)의 과잉이 발생할 수 있다.

오행(五行)의 상극(相剋) 운동

1. 오행(五行) 상극(相剋) 운동의 개념과 원리

오행(五行)의 상극(相剋) 운동은 서로를 억제하고 제어하는 작용이다. 상생(相生) 운동이 만물의 성장과 발전을 촉진하지만, 상극(相剋) 운동은 지나친 팽창을 막고 적절한 통제를 가하여 우주의 질서와 생명력을 유지하는 역할을 한다. 상극(相剋) 운동이 존재하기 때문에 오행(五行) 간에는 적절한 긴장감이 유지되고, 한쪽으로 치우치지 않는 조화로운 흐름이 가능해진다.

상극(相剋) 운동에서 극(剋)을 당하는 오행(五行)은 통제와 억제 속에서 긴장감을 유지하게 된다. 이러한 관계는 단순히 억압적인 것이 아니라, 오히려 생명력과 활력을 강화하고 우주의 자연스러운 순환을 돕는 긍정적인 측면을 내포한다.

2. 상극(相剋) 운동의 관계

오행(五行)의 상극(相剋) 운동은 각 오행(五行)이 서로를 억제함으로써 균형을 이루고, 생명력과 활력을 유지하기 위한 자연스러운 흐름이다.

① **목극토(木剋土):** 나무(木)는 자기 뜻대로 흙(土)에 뿌리를 내리고 헤집어 억제한다.
② **토극수(土剋水):** 흙(土)은 자기 뜻대로 물(水)의 흐름을 막거나 방향을 바꾸어 억제한다.
③ **수극화(水剋火):** 물(水)은 자기 뜻대로 불(火)을 식히거나 꺼뜨려 억제한다.
④ **화극금(火剋金):** 불(火)은 자기 뜻대로 쇠(金)를 녹이고 형태를 바꾸어 억제한다.
⑤ **금극목(金剋木):** 쇠(金)는 자기 뜻대로 나무(木)를 자르거나 다듬어 억제한다.

3. 상극(相剋) 운동이 주는 의미

상극(相剋) 운동은 단순히 억제하고 제약하는 부정적인 의미만을 내포하는 것이 아니다. 만약 우주에 상생(相生) 운동만 존재한다면, 무서운 게 없으니 오행(五行) 간의 긴장 감이 사라지고 각 오행(五行)은 지나치게 팽창하여 게으름과 무기력함에 빠질 수 있다. 그러나 상극(相剋) 운동이 존재하기 때문에 각 오행(五行)은 살아남기 위해 머리를 쓰고, 끊임없이 경계하며 민첩하게 움직여 생명력과 활력을 유지할 수 있는 것이다. 넓은 미꾸라지 양식장에 메기를 함께 풀어놓으면 미꾸라지들이 끊임없이 움직이며 생존력을 키우는 것처럼, 상극(相剋) 운동은 적절한 긴장 속에서 각 오행(五行)의 잠재력을 끌어내고 생명력을 북돋우는 역할을 수행한다.

4. 상극(相剋) 운동이 만드는 조화와 기운의 흐름

오행(五行)의 상극(相剋) 운동은 서로 반대되는 기운을 적절히 통제하고 조절하여 전체적인 조화를 만들어 낸다. 예를 들어, 차갑고 하강하는 水의 기운이 뜨겁고 확산하는 火의 기운을 억제함으로써 지나친 과열을 막고 적절한 휴식과 균형을 제공한다. 이는 마치 뜨겁게 타오르는 불길을 차가운 물로 적절히 식혀 주는 원리와 같다.

또한, 뜨겁게 타오르는 火의 기운은 단단하고 변화를 싫어하는 金의 기운을 억제하여 유연성을 만들어 낸다. 날카로운 金의 기운은 부드럽고 유연한 木의 기운을 억제하고, 활기차게 성장하려는 木의 기운은 멈추고 정지하려는 土의 기운을 억제하며, 멈추고 정지하려는 土의 기운은 자유롭게 흐르려는 水의 기운을 억제한다.

5. 상극(相剋) 운동 중 기운의 변화

상극(相剋) 운동에서 극(剋)을 하는 오행(五行)은 기운을 소모하여 약해지고, 극(剋)을 당하는 오행(五行) 역시 제 기운을 쓰지 못해 약해진다. 따라서 강한 오행(五行)이 극(剋)을 당하면 과도한 기운이 조절되어 좋지만, 약한 오행(五行)이 극(剋)을 당하면 기운이 지나치게 약해져 불리하다. 반대로 강한 오행(五行)이 극(剋)을 하면 기운이 빠져 균형이 잡히지만, 약한 오행(五行)이 극(剋)을 하면 기운을 과도하게 소모해 좋지 않다.

6. 상극(相剋) 운동에서 기운의 균형

　오행(五行)의 상극(相剋) 운동은 양쪽 오행(五行)의 기운이 균형을 이룰 때 가장 효과적으로 작용한다. 극(剋)을 하는 오행(五行)이 지나치게 강하면 극(剋)의 태과(太過)가 일어나고, 극(剋)을 당하는 오행(五行)이 지나치게 강할 경우 반극(反剋)이 일어난다. 사주(四柱)나 운(運)에서 오행(五行)의 힘이 균형을 이루지 못하면, 약한 오행(五行)은 강한 오행(五行)에 복종해야 한다.

※ 오행(五行)의 생극 흐름도

오행(五行)이 강할 때의 특성

1. 木이 강할 때의 특성

木이 강한 상태는 시작과 출발, 생명의 봄과 같은 기운이 많은 상태를 의미한다. 木이 강한 사람은 긍정적이고 유연하며 창의적인 성향을 지니게 된다. 창작, 발명, 기획, 광고와 같은 창의적 활동에 적합하며, 새로운 일을 시작하는 데 적극적이다. 그러나 이 특성이 지나칠 경우, 종종 충동적으로 행동하거나 "아니면 말고" 식의 태도로 이어질 위험이 있다.

건강상으로는 간과 담이 약해질 가능성이 크고, 木의 과잉으로 인해 土를 극(剋)하여 위와 비장의 기능도 저하될 수 있다.

2. 火가 강할 때의 특성

火가 강한 상태는 낮, 여름, 절정과 같은 에너지가 많은 상태를 뜻한다. 火가 강한 사람은 밝고 쾌활한 성향으로 열정적이고 활동적이며, 예(禮)와 명예를 중시한다. 정치, 사업, 방송 등 화려한 분야에서 두각을 나타낼 가능성이 크다.

그러나 건강상으로는 심장과 소장이 약화할 가능성이 있으며, 순환기 질환에 유의해야 한다. 火가 과다하면 金을 극(剋)하여 폐와 대장의 기능이 저하될 위험이 있다.

3. 土가 강할 때의 특성

土가 강한 상태는 중심과 균형, 중화의 기운이 많은 상태를 의미한다. 土가 강한 사람은 중화력과 중재력, 타협 능력이 뛰어나며, 성격이 둔중하고 안정적이다. 중재자, 상담가, 브로커와 같은 역할에서 두각을 나타낼 수 있다.

그러나 土가 지나치게 많으면 건강상으로 위와 비장이 약화할 가능성이 크며, 水를 극(剋)하여 신장, 방광, 생식기와 같은 기관에 부담을 줄 수 있다.

4. 金이 강할 때의 특성

金이 강한 상태는 결실과 마무리의 기운이 많은 상태를 뜻한다. 金이 강한 사람은 강한 결단력과 의리를 강조하며, 타협을 거부하는 단호한 태도를 나타낸다. 이러한 성향은 법률, 세무, 군인, 경찰과 같은 엄격함과 결단력이 요구되는 분야에서 적합할 수 있다.

金의 과잉은 건강상으로 폐와 대장의 기능이 저하될 위험이 있으며, 木을 억제하여 간과 담의 건강도 해칠 위험이 있다.

5. 水가 강할 때의 특성

水가 강한 상태는 밤과 어둠, 멈춤의 기운이 많은 상태를 의미한다. 水가 강한 사람은 정신력과 지혜, 정보력, 생식과 생산 능력의 강화로 나타나며, 무역, 외교, 숙박, 유흥 등과 관련된 활동에서 탁월한 능력을 발휘할 수 있다.

그러나 水가 지나치면 火가 약해져 열정과 활동성이 떨어질 수 있고, 건강상으로는 신장과 방광에 부담이 가중될 수 있으며, 火를 극(剋)하여 심장과 소장의 기능이 약화될 수도 있다.

오행(五行)이 없을 때의 특성

1. 木이 없을 때의 특성

木이 없다는 것은 시작과 출발, 그리고 생명의 봄과 같은 기운이 부족한 상태를 의미한다. 木이 없는 사람은 생기가 부족하고, 진취적인 태도나 적극성이 약화될 수 있다. 또한 긍정적인 사고, 창의력, 기획력 등이 부족하여 새로운 일을 시도하거나 아이디어를 내는 데 어려움을 겪는다. 건강상으로는 간과 담이 약해질 수 있다.

2. 火가 없을 때의 특성

火가 없다는 것은 여름, 낮, 청년기의 활발한 에너지가 부족한 상태를 뜻한다. 이로 인해 열정과 활동성이 부족하며, 사교성이 떨어지고 소극적이고 내성적인 성격이 나타날 수 있다. 또한, 사회적 활동에서 적극적으로 나서지 못하고 소극적인 태도를 보일 수 있다. 건강상으로는 심장과 소장이 약해질 수 있다.

3. 土가 없을 때의 특성

土가 없다는 것은 중심과 균형, 안정감이 부족한 상태를 뜻한다. 이는 참을성이 약해지고 조절 능력이 떨어지며, 정착력이 부족해지는 것으로 나타난다. 직업이나 생활의 변화가 잦아질 수 있으며, 건강상으로는 위와 비장이 약해질 수 있다.

4. 金이 없을 때의 특성

金이 없다는 것은 가을, 결실, 마무리와 같은 기운이 결핍된 상태를 의미한다. 이는 실용성이 부족하고 재물과의 인연이 약해지는 것으로 나타나며, 일을 끝까지 마무리하지 못하고 결단력이 약한 태도를 보이며, 건강상으로는 폐와 대장이 약해질 수 있다.

5. 水가 없을 때의 특성

水가 없다는 것은 겨울, 밤, 휴식과 응축의 기운이 부족한 상태를 뜻한다. 이는 쉬지 않고 일을 하게 되어 피로가 쌓이고 지속성과 연속성이 떨어지는 결과를 가져올 수 있다. 지혜와 준비성이 부족하며, 건강상으로는 신장, 방광, 자궁 등이 약해질 수 있다.

▶ 관련 용어

- **생화극제(生化剋制)**: 생하고 극하여 변화시키고 통제하여 쓸모 있게 만든다.
- **파극(破剋), 극상(剋傷)**: 파괴하고 깨트리고 다치게 만든다.
- **아극(我剋)**: 내가 상대를 극하는 것, 내가 내 맘대로 주무르고 처분하는 것, 살아가고 존재하는 이유이다.
- **피극(彼剋)**: 내가 상대에게 극을 당하는 것, 남이 시키는 대로 하는 것, 나를 역동적으로 움직이게 만들고 변화하게 한다. 피극이 없으면 제멋대로 행동한다.
- **설기(泄氣)**: 기운을 자연스럽게 빼내는 것이다.
- **도기(盜氣)**: 기운을 강제적으로 빼내는 것이다. 강한 기운이 약한 기운을 자기 마음대로 빼앗아 간다.
- **탐생망극(貪生亡剋)**: 사주에 상극과 상생이 같이 있으면 오행은 상극보다 상생을 좋아해서 상극 작용이 약해진다.

제5장

사계절(四季節)이란

사계절(四季節)의 개요

사계절(四季節)은 지구의 자전축이 23.5도 기울어진 상태로 태양 주위를 공전하면서 만들어지는 지구의 고유한 운동이다. 지구가 태양을 한 바퀴 도는 데 걸리는 1년의 시간 동안, 지구와 태양의 상대적 위치 변화로 인해 봄(春), 여름(夏), 가을(秋), 겨울(冬)의 사계절(四季節)이 형성된다.

1. 음양(陰陽) 운동과 사계절(四季節)의 관계

사계절(四季節)은 지구가 태양을 공전하며 만드는 음양(陰陽) 운동을 양(陽)의 기운이 강한 봄과 여름, 음(陰)의 기운이 강한 가을과 겨울로 나누어 표현한다. 이는 우주에서의 오행(五行) 운동 흐름과 유사하게, 지구에서의 봄과 여름은 양(陽)의 기운이 더 강해지는 시기, 가을과 겨울은 음(陰)의 기운이 더 강해지는 시기를 나타낸다.

참고로 지구가 한 번 자전하는 데 걸리는 시간을 하루라 하며, 하루 중 양의 기운이 강한 시간을 아침과 낮, 음의 기운이 강한 시간을 저녁과 밤이라 한다.

2. 사계절(四季節)과 하루의 순환

지구는 끊임없이 자전하고 공전하므로 사계절(四季節)과 하루는 반복하며 순환된다. 봄이 지나면 여름이 오고, 여름이 지나면 가을이 오며, 가을이 지나면 겨울이 오고, 겨울이 지나면 다시 봄이 시작된다. 마찬가지로 아침이 지나면 낮이 오고, 낮이 지나면 저녁이 오며, 저녁이 지나면 다시 밤이 오고, 밤이 지나면 다시 아침이 된다. 이러한 주기적인 변화는 끊임없이 반복되며, 사계절(四季節)과 하루의 순환이 이어진다.

3. 사계절(四季節) 운동의 점진성

사계절(四季節)의 변화는 점진적으로 이루어진다. 봄에서 여름, 여름에서 가을, 가을에서 겨울, 겨울에서 다시 봄으로 이어지는 변화는 서서히 진행되며, 그 경계가 뚜렷하지 않다. 하루의 아침과 낮, 저녁과 밤도 마찬가지로 서서히 변화하며 그 경계가 명확하지 않다.

이러한 점진적인 변화를 통해 자연스럽게 다음 계절이나 시간으로 넘어가게 되며, 활동성도 점진적으로 자연스럽게 바뀌게 된다.

4. 사계절(四季節)의 해석

사주명리학(四柱命理學)에서 사계절(四季節)은 현실적인 환경이나 외적 조건을 상징한다. 사계절(四季節)은 지구에서 일어나는 음양(陰陽) 운동의 결과이므로, 현실에서의 환경이나 외적 조건을 의미한다. 반면에 오행(五行)은 우주에서 일어나는 운동이므로 사람의 생각이나 마음을 의미한다. 실제 사주 상담에서는 사계절(四季節)을 현실적인 환경이나 외적 조건으로 해석하고, 오행(五行)을 하고 싶은 생각이나 마음으로 풀이한다.

사계절(四季節)의 특성

1. 봄

봄은 양(陽)의 기운이 시작되는 따뜻한 시기로, 성장과 새로운 시작을 뜻한다. 모든 생명이 싹트는 시기이며, 순수하고 깨끗한 기운이 왕성한 시기이다. 봄은 어린아이처럼 새롭게 피어나는 유치원이나 신흥 도시와 같이 힘차게 성장하는 환경이다.

양(陽)의 기운이 강해지는 봄에는 상승 확산 운동을 하므로 키우는 활동을 한다.

2. 여름

여름은 양(陽)의 기운이 절정에 달하는 시기로, 활기차고 뜨거운 기운이 넘쳐난다. 청년기와 같은 강렬한 열정의 시기이며, 사회 활동이나 신체 활동 등이 매우 활발한 시기이다. 도시의 번화가나 도심과 같이 화려하고 활력이 넘치는 환경이다.

양(陽)의 기운이 매우 강한 여름에는 상승 확산 운동이 강하여 키우는 활동을 한다.

3. 가을

가을은 음(陰)의 기운이 시작되는 시기로, 경험과 성숙을 나타낸다. 가을은 성숙한 열매가 무르익는 결실의 시기이며, 중장년기와 같은 지혜가 축적되는 시기이다. 한물간 구도심이나 오래된 중소도시와 같이 여유로움과 안정감을 주는 환경이다.

음(陰)의 기운이 강해지는 가을에는 하강 수축 운동을 하므로 줄이는 활동을 한다.

4. 겨울

겨울은 음(陰)의 기운이 절정에 달해 깊은 휴식과 내면을 강화해야 하는 시기이며, 재충전과 준비의 시기로, 삶의 에너지를 비축하는 역할을 한다. 노년기와 같이 차분하고 조용하며 마치 변두리나 시골처럼 한적하고 고요한 환경이다.

음(陰)의 기운이 매우 강한 겨울에는 하강 수축 운동이 강하여 줄이는 활동을 한다.

사계절(四季節)과 오행(五行)의 관계

1. 봄의 오행(五行) 활동

봄은 木 기운의 활동성이 강한 시기이다. 木은 상승하고 확산하는 기운을 가지고 있으며, 새싹이 돋아나는 것처럼 상승하고 확산하는 기운이 넘친다. 따라서 봄에는 이러한 木의 기운이 최고의 활동성을 발휘할 수 있는 시기이다.

2. 여름의 오행(五行) 활동

여름은 火와 土 기운의 활동성이 강한 시기이다. 火는 불처럼 뜨겁게 더 상승하고 더 확산하는 기운을 가지고 있으며, 여름에는 작열하는 태양이나 무성한 큰 산처럼 더 상승하고 더 확산하는 火와 土의 기운이 절정에 이르는 시기이다.

3. 가을의 오행(五行) 활동

가을은 金 기운의 활동성이 강한 시기이다. 金은 하강하고 수축하는 기운을 가지고 있으며, 가을에는 열매가 단단해지는 것처럼 하강하고 수축하는 기운이 넘친다. 따라서 가을에는 金 기운의 활동성이 절정에 달하는 시기이다.

4. 겨울의 오행(五行) 활동

겨울은 水 기운의 활동성이 강한 시기이다. 水는 더 하강하고 더 수축하는 기운을 가지고 있으며, 겨울에 온 세상이 꽁꽁 얼어붙는 것처럼 더 하강하고 더 수축하는 기운이 넘친다. 따라서 차가운 겨울에는 水의 활동성이 절정에 달하는 시기이다.

사계절(四季節)의 상생(相生)과 상극(相剋)

1. 사계절의 상생(相生) 작용

사계절(四季節) 중 가까이 있는 계절끼리는 상생(相生)의 작용을 한다. 예를 들어, 봄은 여름을 생(生)하고, 여름은 가을을 생(生)하며, 가을은 겨울을 생(生)하고, 겨울은 다시 봄을 생(生)한다. 이러한 상생(相生)의 원리는 기운이 비슷한 계절끼리 서로 밀어주고 끌어 주는 역할을 하게 된다.

2. 사계절의 상극(相剋) 작용

반대로, 사계절(四季節) 중 떨어져 있는 계절끼리는 상극(相剋)의 작용을 한다. 봄은 가을을 극(剋)하고, 여름은 겨울을 극(剋)하며, 가을은 봄을 극(剋)하고, 겨울은 여름을 극(剋)한다. 이러한 상극(相剋) 작용은 기운이 서로 반대되는 계절끼리 충돌하면서 발생한다.

※ 사계절(四季節)의 음양(陰陽) 운동

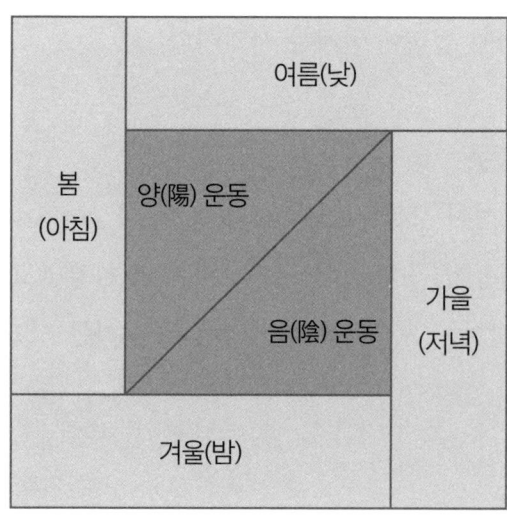

제6장

천간(天干)이란

천간(天干)의 개요

1. 천간(天干)의 정의

천간(天干)은 하늘의 기운을 나타내는 열 가지 기본 요소로, 甲, 乙, 丙, 丁, 戊, 己, 庚, 辛, 壬, 癸로 구성된다. 각각의 천간(天干)은 고유한 특성을 보이며, 음양(陰陽)과 오행(五行)의 특성을 간직하고 있나. 사주명리학(四柱命理學)에서 사주팔자(四柱八字)와 운(運)은 천간(天干)과 지지(地支)로 구성되어 있다.

2. 천간(天干)의 구성 원리

천간(天干)의 구성은 하늘에서 이루어지는 음양(陰陽)의 운동을 바탕으로 한다. 하늘의 음양(陰陽) 운동은 오행(五行) 운동으로 나뉘며, 오행(五行)은 다시 음(陰)과 양(陽)으로 세분화되어 열 개의 천간(天干)이 형성된다.

예를 들어, 木 운동은 음양(陰陽)으로 나누어 양(陽)의 木은 甲이 되고, 음(陰)의 木은 乙이 된다. 火 운동의 경우 양(陽)의 火는 丙이 되고 음(陰)의 火는 丁이 된다. 土 운동의 경우 양(陽)의 土는 戊가 되고 음(陰)의 土는 己가 되며, 金 운동의 경우 양(陽)의 金은 庚이 되고 음(陰)의 金은 辛이 된다. 마지막으로 水 운동의 경우 양(陽)의 水는 壬이 되고 음(陰)의 水는 癸가 된다.

3. 천간(天干)의 의미와 역할

사주명리학(四柱命理學)에서 천간(天干)은 사람의 생각이나 마음을 상징한다. 천간(天干)은 하늘의 기운을 음양(陰陽)으로 나누어 설명한 것이기 때문에, 주로 사람의 정신적 활동과 연결된다. 반면, 지지(地支)는 지구에서의 사계절(四季節) 운동을 초기, 중기, 말기로 나누어 놓은 것으로 현실적인 환경이나 외적 조건을 상징한다.

사주명리학(四柱命理學)은 이러한 천간(天干)과 지지(地支)로 구성된 사주팔자(四柱八字)와 운(運)의 흐름을 분석하여 미래를 예측하고 삶의 방향을 제시하는 학문이다.

양간(陽干)과 음간(陰干)

열 개의 천간(天干)은 음양(陰陽)에 따라 다시 양간(陽干)과 음간(陰干)으로 나눌 수 있다. 천간(天干) 중에서 甲, 丙, 戊, 庚, 壬은 양(陽)의 기운을 지닌 양간(陽干)에 해당하고, 乙, 丁, 己, 辛, 癸는 음(陰)의 기운을 지닌 음간(陰干)에 해당한다.

1. 오행(五行) 운동의 시작은 양간(陽干), 마무리는 음간(陰干)

오행(五行) 운동의 시작은 보이는 양간(陽干)이 하고, 마무리는 보이지 않는 음간(陰干)이 한다. 木 운동은 양간(陽干)인 甲木이 시작하고, 음간(陰干)인 乙木이 마무리한다. 火 운동은 양간(陽干)인 丙火가 시작하고, 음간(陰干)인 丁火가 마무리하며, 土 운동은 양간(陽干)인 戊土가 시작하고, 음간(陰干)인 己土가 마무리한다. 金 운동은 양간(陽干)인 庚金이 시작하고, 음간(陰干)인 辛金이 마무리하며, 水 운동은 양간(陽干)인 壬水가 시작하고, 음간(陰干)인 癸水가 마무리한다.

2. 양간(陽干)과 음간(陰干)의 운동 방향

양간(陽干)인 甲, 丙, 戊, 庚, 壬은 보이게 안에서 밖으로 나오는 운동을 하고, 음간(陰干)인 乙, 丁, 己, 辛, 癸는 보이지 않게 밖에서 안으로 들어가는 운동을 한다.

3. 양간(陽干)은 보이는 운동, 음간(陰干)은 보이지 않는 운동

양간(陽干)인 甲, 丙, 戊, 庚, 壬은 밖에서 보이는 운동을 하고, 음간(陰干)인 乙, 丁, 己, 辛, 癸는 안에서 보이지 않는 운동을 한다.

4. 오행(五行) 운동은 보이는 양간(陽干)이 대변

오행(五行) 운동은 밖에서 드러나는 운동을 하는 양간(陽干)이 대변하고, 안에서 보이지 않는 운동을 하는 음간(陰干)은 오행(五行) 운동을 대변하지 못한다. 甲木은 상승 확산을 시작하는 木 운동을 대변하고, 丙火는 더 상승, 더 확산하는 火 운동을 대변하며, 戊土는 양(陽)의 절정에서 멈추어 음(陰)으로 전환하는 土 운동을 대변한다. 庚金은 하강 수축을 시작하는 金 운동을 대변하고, 壬水는 더 하강, 더 수축하는 水 운동을 대변한다.

5. 양간(陽干)은 육체적 활동, 음간(陰干)은 정신적 활동

양간(陽干)인 甲, 丙, 戊, 庚, 壬은 외부로 드러나는 활동을 하므로 주로 육체적 활동을 하며, 음간(陰干)인 乙, 丁, 己, 辛, 癸는 안에서 보이지 않는 활동을 하므로 주로 정신적 활동을 한다.

6. 양간(陽干)과 음간(陰干)의 상반된 운동성

양간(陽干)과 음간(陰干)은 상호 보완적이면서도 상반된 운동을 한다. 甲木이 상승과 확산하여 木 운동을 시작하면, 乙木은 하강과 수축하여 木 운동을 마무리한다. 丙火가 더 상승, 더 확산하여 火 운동을 시작하면, 丁火는 더 하강, 더 수축하여 火 운동을 마무리한다. 戊土가 상승 확산에서 하강 수축으로 전환하는 土 운동을 시작하면, 己土는 이를 이어 하강 수축에서 상승 확산으로 전환하여 土 운동을 마무리한다. 庚金이 하강 수축하여 金 운동을 시작하면, 辛金이 상승 확산을 통해 金 운동을 마무리하며, 壬水가 더 하강, 더 수축하여 水 운동을 시작하면, 癸水는 더 상승, 더 확산을 통해 水 운동을 마무리하여 완성한다.

7. 천간(天干)의 특성에 따른 명분과 실리

천간(天干)은 상승 확산하는 천간(天干)과 하강 수축하는 천간(天干)으로 구분되며, 甲, 丙, 戊, 辛, 癸는 상승과 확산을 통해 확장하고 키우는 활동을 주로 하고 명분을 중시한다. 이들은 그럴듯하고 화려하지만, 실속이 없는 경우가 많다. 반면에 乙, 丁, 己, 庚, 壬은 하강과 수축하여 줄이는 활동을 주로 하며, 실리를 중시한다. 이들은 외적으로는 초라하고 볼품이 없지만, 내실이 강한 특성을 보인다.

천간(天干)별 운동성

1. 甲木의 운동성

甲木은 木 오행(五行)의 양간(陽干)으로 상승 확산을 시작하는 木 운동을 대변한다. 甲木은 木 운동을 시작하여 절정에 달할 때까지 보이게 밖에서 상승과 확산하는 운동을 한다. 마치 쭉쭉 솟아오르는 전나무나 메타세쿼이아처럼 甲木은 보이게 밖에서 상승 확산한다.

甲木은 안에서 밖으로 나가며 상승 확산 운동을 하여, 밖에서 보이게 키우는 활동을 하므로, 실리보다 명분을 중시하고 폼을 잡는 특성이 있다.

예시)

시주	일주	월주	년주
○	甲	甲	○
○	○	○	○

(해석)

甲木이 둘이니 보이게 상승 확산 운동을 한다. 甲木은 양간(陽干)이니 안에서 밖으로 나가는 운동을 하여, 밖에서 보이게 키우는 활동을 하므로 실리보다 명분을 중시한다.

2. 乙木의 운동성

乙木은 木 오행(五行) 중 음(陰)의 기운을 상징하며, 甲이 시작한 상승 확산하는 木 운동을 보이지 않게 안에서 하강 수축하여 마무리한다. 乙木은 마치 열매 속에 조그맣게 들어 있는 부드러운 씨눈처럼 보이지 않게 안에서 하강 수축한다.

乙木은 밖에서 안으로 들어가며 하강 수축 운동을 하여, 안에서 보이지 않게 줄이는 활동을 하므로 내실을 기하고 실속을 챙기는 특성이 있다.

예시)

시주	일주	월주	년주
O	乙	O	乙
O	O	O	O

(해석)

乙木이 둘이니 보이지 않게 하강 수축 운동을 한다. 乙木은 음간(陰干)이니 밖에서 안으로 들어가는 운동을 하여, 안에서 보이지 않게 줄이는 활동을 하므로 명분보다 실리를 중시한다.

3. 丙火의 운동성

丙火는 火 오행(五行)의 양간(陽干)으로 더 상승, 더 확산하는 火 운동을 대변한다. 丙火는 火 운동을 시작하여 절정에 달할 때까지 보이게 밖에서 더 상승과 더 확산하는 운동을 한다. 마치 태양이 뜨거운 열기를 뿜어내며 세상을 비추는 것처럼, 丙火는 보이게 밖에서 더 상승, 더 확산한다.

丙火는 안에서 밖으로 나가며 더 상승, 더 확산 운동을 하여, 밖에서 보이게 키우는 활동을 하므로, 실리보다 명분을 중시하고 폼을 잡는 특성이 있다.

예시)

시주	일주	월주	년주
O	丙	丙	O
O	O	O	O

(해석)

丙火가 둘이니 보이게 더 상승, 더 확산 운동을 한다. 丙火는 양간(陽干)이니 안에서 밖으로 나가는 운동을 하여, 밖에서 보이게 키우는 활동을 하므로 실리보다 명분을 중시한다.

4. 丁火의 운동성

丁火는 火 오행(五行) 중 음(陰)의 기운을 상징하며, 丙이 시작한 더 상승, 더 확산하는 火 운동을 보이지 않게 안에서 더 하강, 더 수축하여 마무리한다. 마치 어둡고 조그만 공간을 은은하게 밝히는 촛불이나 겨울에 조그만 공간을 따뜻하게 하는 난로처럼 丁火는 보이지 않게 안에서 더 하강, 더 수축한다.

丁火는 밖에서 안으로 들어가며 더 하강, 더 수축 운동을 하여, 안에서 보이지 않게 줄이는 활동을 하므로 명분보다 내실을 기하고 실속을 챙기는 특성이 있다.

예시)

시주	일주	월주	년주
O	丁	O	丁
O	O	O	O

(해석)

丁火가 둘이니 보이지 않게 더 하강, 더 수축 운동을 한다. 丁火는 음간(陰干)이니 밖에서 안으로 들어가는 운동을 하여, 안에서 보이지 않게 줄이는 활동을 하므로 명분보다 실리를 중시한다.

5. 戊土의 운동성

戊土는 土 오행(五行) 중 양(陽)의 기운을 상징하며, 양(陽)의 정상에서 멈추어 음(陰)의 기운으로 전환하는 土 운동을 대변한다. 戊土는 土 운동을 시작하여 절정에 달할 때까지 보이게 밖에서 더 상승, 더 확산하는 운동을 한다. 마치 큰 산과 같이 戊土는 보이게 밖에서 더 상승, 더 확산한다.

戊土는 정상에서 멈추어 음(陰)의 기운으로 전환하는 운동을 하므로, 대외적으로는 실리보다 명분을 중시하고 그럴듯하게 폼을 잡는 특성이 있으나, 개인적으로는 명분보다 실리를 추구하는 특성이 있다.

예시)

시주	일주	월주	년주
○	戊	戊	○
○	○	○	○

(해석)

戊土가 둘이니 보이게 더 상승, 더 확산 운동을 한다. 戊土는 양간(陽干)이니 안에서 밖으로 나가는 운동을 하여, 대외적으로는 실리보다 명분을 중시하고 그럴듯하게 폼을 잡는 특성이 있으나, 정상에서 멈추어 음(陰)의 기운으로 전환하는 운동을 하므로 개인 적으로는 명분보다 실리를 추구하는 특성이 있다.

6. 己土의 운동성

己土는 土 오행(五行) 중 음(陰)의 기운을 상징하며, 戊가 시작한 양(陽)의 정상에서 멈추어 음(陰) 운동으로 전환하는 土 운동을, 보이지 않게 음(陰)의 정상에서 멈추어 양(陽) 운동으로 전환하여 마무리한다. 마치 깊고 어두운 산속의 계곡처럼, 己土는 보이지 않게 안에서 더 하강, 더 수축한다.

己土는 밖에서 안으로 들어가며 더 하강, 더 수축 운동을 하여, 안에서 보이지 않게 줄이는 활동을 하므로 명분보다 내실을 기하고 실속을 챙기는 특성이 있다.

예시)

시주	일주	월주	년주
○	己	○	己
○	○	○	○

(해석)

己土가 둘이니 보이지 않게 더 하강, 더 수축 운동을 한다. 己土는 음간(陰干)이니 밖에서 안으로 들어가는 운동을 하여, 안에서 보이지 않게 줄이는 활동을 하므로 명분보다 실리를 중시한다.

7. 庚金의 운동성

庚金은 金 오행(五行)의 양간(陽干)으로 하강 수축을 시작하는 金 운동을 대변한다. 庚金은 金 운동을 시작하여 절정에 달할 때까지 보이게 밖에서 하강 수축하는 운동을 한다. 마치 익어가는 열매처럼, 庚金은 보이게 밖에서 하강 수축한다. 庚金은 안에서 밖으로 나오며 하강 수축 운동을 하여, 밖에서 보이게 줄이는 활동을 하므로 명분보다 내실을 기하고 실속을 챙긴다.

예시)

시주	일주	월주	년주
O	庚	庚	O
O	O	O	O

(해석)

庚金이 둘이니 보이게 하강 수축 운동을 한다. 庚金은 양간(陽干)이니 안에서 밖으로 나오는 운동을 하여, 밖에서 보이게 줄이는 활동을 하므로 명분보다 실리를 중시한다.

8. 辛金의 운동성

辛金은 金 오행(五行) 중 음(陰)의 기운을 상징하며, 庚이 시작한 하강 수축하는 金 운동을 보이지 않게 안에서 상승 확산하여 마무리한다. 마치 쑥쑥 크는 나무줄기의 심지처럼, 辛金은 보이지 않게 안에서 상승 확산한다.

辛金은 밖에서 안으로 들어가며 상승 확산 운동을 하여, 안에서 보이지 않게 키우는 활동을 하므로 실리보다 명분을 중시하고 그럴듯하게 폼을 잡는 특성이 있다.

예시)

시주	일주	월주	년주
O	辛	辛	O
O	O	O	O

(해석)

辛金이 둘이니 보이지 않게 상승 확산 운동을 한다. 辛金은 음간(陰干)이니 밖에서 안으로 들어가는 운동을 하여, 안에서 보이지 않게 키우는 활동을 하므로 명분을 실리보다 중시한다.

9. 壬水의 운동성

壬水는 水 오행(五行)의 양간(陽干)으로 더 하강, 더 수축을 하는 水 운동을 대변한다. 壬水는 水 운동을 시작하여 절정에 달할 때까지 보이게 밖에서 더 하강, 더 수축하는 운동을 한다. 마치 씨앗이나 꽁꽁 얼어붙은 얼음처럼, 壬水는 보이게 밖에서 더 하강, 더 수축한다.

壬水는 안에서 밖으로 나오며 더 하강, 더 수축 운동을 하여, 밖에서 보이게 줄이는 활동을 하므로 명분보다 내실을 기하고 실속을 챙기는 특성이 있다.

예시)

시주	일주	월주	년주
O	壬	壬	O
O	O	O	O

(해석)

壬水가 둘이니 보이게 더 하강, 더 수축 운동을 한다. 壬水는 양간(陽干)이니 안에서 밖으로 나오는 운동을 하여, 밖에서 보이게 줄이는 활동을 하므로 명분보다 실리를 중시한다.

10. 癸水의 운동성

癸水는 水 오행(五行) 중 음(陰)의 기운을 상징하며, 壬이 시작한 더 하강, 더 수축하는 水 운동을 보이지 않게 안에서 더 상승, 더 확산하여 마무리한다. 마치 수증기나 땀처럼, 癸水는 보이지 않게 안에서 더 상승, 더 확산한다.

癸水는 밖에서 안으로 들어가며 더 상승, 더 확산 운동을 하여, 안에서 보이지 않게 키우는 활동을 하므로 실리보다 명분을 중시하고 그럴듯하게 폼을 잡는 특성이 있다.

예시)

시주	일주	월주	년주
○	癸	癸	○
○	○	○	○

(해석)

癸水가 둘이니 보이지 않게 더 상승, 더 확산 운동을 한다. 癸水는 음간(陰干)이니 밖에서 안으로 들어가는 운동을 하여, 안에서 보이지 않게 키우는 활동을 하므로 명분을 실리보다 중시한다.

천간(天干)별 특성

1. 甲木의 특성

甲木은 목행(木行)의 시작을 나타내며, 양(陽)의 기운을 지니고 있다. 이는 상승하고 확산하는 기운의 시작으로, 봄에 솟아나는 새싹과 같아 봄에 바쁘고 빛이 난다. 甲木은 시작의 의미를 지니고 있어 순수하고 깨끗한 어린아이와 같은 성향을 갖고 있다. 甲木은 새싹이 언 땅을 뚫고 위로 솟아 나오는 것처럼 일직선으로 곧게 앞으로 뻗어가는 기운이므로 솔선수범하며 리더십도 뛰어나지만, 고집이 세고 경직된 면도 있다. 甲木은 자존심이 강하고 융통성이 없어, 실패를 경험하면 재기하는 데 많은 시간이 필요하다. 甲木은 밖에서 상승하고 확산하여 보이게 키우는 활동을 하므로, 스케일이 크고 그럴듯한 모습을 지향한다. 甲木은 남에게 보이는 명분을 실리보다 중요시하여 실속이 부족할 수 있다.

甲木이 선호하는 천간(天干)은 己土이며, 갑기합(甲己合)을 한다. 甲木은 신체의 쓸개(담)에 해당한다.

2. 乙木의 특성

乙木은 음(陰)의 성질을 가지고 있으며, 보이게 상승 확산하는 甲木의 기운을 보이지 않게 하강 수축하여 목행(木行)을 마무리한다. 乙木은 하강 수축하여 줄이는 운동을 하므로 열매 속의 씨눈처럼 가을에 바쁘고 빛이 난다. 乙木은 부드럽고 유연한 성향을 가지고 있으며, 남에게 보이는 명분보다 보이지 않는 실속을 중시한다. 乙木은 안에서 하강 수축하니 보이지 않게 줄이려고 하며, 보이는 육체적 활동보다 안에서 보이지 않는 정신적 활동이 강하다. 乙木은 생명력이 강하고 유연성이 뛰어나, 사교성이 좋고 처세를 잘하여 자기보다 강한 사람과도 잘 어울리는 특성이 있다.

乙木이 선호하는 천간(天干)은 庚金이며, 을경합(乙庚合)을 한다. 乙木은 신체의 간에 해당한다.

3. 丙火의 특성

丙火는 화행(火行)의 시작으로, 양(陽)의 기운을 지니고 있다. 이는 더 상승하고 더 확산하는 양(陽)의 기운의 절정으로, 작열하는 태양과 같아 여름에 바쁘고 빛이 난다. 丙火는 밖에서 상승하고 확산하여 보이게 키우고 확대하는 경향이 강하므로 스케일이 크고 그럴듯한 모습이다. 丙火는 보이게 활동하는 성향을 가지고 있어, 밝고 활달한 성격을 지닌다. 이로 인해 솔직하고 모든 것이 드러나며, 겉보기에 화려하지만, 허세가 섞여 있을 수 있다. 丙火는 남에게 보이는 명분을 실리보다 중요시하여 실속이 부족할 수 있다. 丙火는 정열적이고 화끈한 성격을 지니고 있으며, 공사가 분명하고 비밀이 없는 성향이다.

丙火가 좋아하는 천간(天干)은 辛金이며, 병신합(丙辛合)을 한다. 丙火는 신체의 소장에 해당한다.

4. 丁火의 특성

丁火는 화행(火行)의 마무리로 음(陰)의 성질을 지니고 있다. 이는 보이게 더 상승하고 더 확산하는 丙火의 기운을 보이지 않게 더 하강, 더 수축하여 마무리하는 역할을 한다. 丁火는 밤에 빛나는 촛불이나 겨울에 활동하는 난로와 같아서 겨울에 바쁘고 빛이 난다. 丁火는 보이지 않게 하강 수축 활동을 하여, 남에게 보이는 명분보다 실속을 중요시하며, 육체적 활동보다 정신적 활동이 강하다. 丁火는 어둠을 밝히는 불과 같아서 옳고 그름을 따지는 정의감이 강하며, 감성적인 면모를 보인다.

丁火가 좋아하는 천간은 壬水로, 정임합(丁壬合)을 한다. 丁火는 신체의 심장에 해당한다.

5. 戊土의 특성

戊土는 토행(土行)의 시작으로 양(陽)의 성질을 지니며, 이는 양(陽)의 정상에서 상승을 멈추고 하강으로 전환하는 기운이다. 戊土는 마치 높은 산과 같이 양(陽)의 정상에 있으므로 여름에 바쁘고 빛이 난다. 戊土는 상승 확산하여 양(陽)의 정상에 있으므로 대외적으론 명분을 중시하지만, 상승을 멈추고 하강으로 전환하므로 개인적으론 실리를 중시하는 경향이 있다. 戊土는 멈추어 있는 상태이므로 평온하고 중립적인 특성을 지니며,

안정된 환경을 조성하려는 경향이 있다. 戊土는 남에게 의지하지 않고 스스로 문제를 해결하려는 태도를 갖추고 있지만. 자기주장이 강하고 변화를 싫어하는 경우도 있다.

戊土가 좋아하는 천간(天干)은 계수(癸水)로, 무계합(戊癸合)을 한다. 戊土는 신체의 위에 해당한다.

6. 己土의 특성

己土는 토행(土行)의 마무리를 나타내며, 음(陰)의 성질을 가진다. 이는 양(陽)의 정상에서 상승을 멈추고 하강으로 전환하는 戊土의 기운을 음(陰)의 정상에서 하강을 멈추고 상승으로 전환하여 마무리하는 역할을 한다. 己土는 깊은 계곡처럼 보이지 않게 하강 수축하여 음(陰)의 정상에 있으므로 겨울에 바쁘고 빛이 난다. 己土는 보이지 않게 하강 수축 활동을 하여, 남에게 보이는 명분보다 실리를 중시하여 실속을 챙기며, 육체적 활동보다 보이지 않는 정신적 활동이 강하다.

己土가 좋아하는 천간(天干)은 갑목(甲木)이며, 갑기합(甲己合)을 한다. 己土는 신체의 비장에 해당한다.

7. 庚金의 특성

庚金은 금행(金行)의 시작으로 양(陽)의 성질을 가진다. 庚金은 하강 수축하는 음(陰)의 기운의 시작을 나타낸다. 庚金은 단단히 익어가는 열매와 같아서 가을에 바쁘고 빛이 난다. 庚金은 밖에서 하강 수축하는 기운으로 보이게 줄이려는 경향이 있어 남에게 보이는 명분보다 실속을 중요시한다. 庚金은 음(陰)의 기운이 시작되므로 줄어들어 단단하고 야무진 성향이 있으며, 외형의 성장보다 내실을 기하는 실용적인 경향이 있다. 庚金은 밖에서 하강 수축하므로 견제하고 단속하려 하며, 보수적이고 변화를 싫어하는 성향을 보인다.

庚金이 좋아하는 천간(天干)은 乙木이며, 을경합(乙庚合)을 한다. 庚金은 신체의 대장에 해당한다.

8. 辛金의 특성

辛金은 금행(金行)의 마무리로 음(陰)의 성질을 가진다. 보이게 하강 수축하는 庚金의 기운을 辛金은 보이지 않게 상승 확산하여 마무리한다. 이는 봄에 솟아나는 나무의 심이나 자라는 어린이의 뼈와 같아서 봄에 바쁘고 빛이 난다. 辛金은 잘 보이지 않는 작은 보석이 빛을 발하는 것처럼, 안에서 보이지 않게 키우려는 성향이 있으므로 실리보다 명분을 중요시한다. 辛金은 보석처럼 완벽을 추구하는 경향이 있고, 상대에게도 완벽을 요구하여 까칠하고 차가울 수 있다.

辛金이 좋아하는 천간(天干)은 丙火이며, 병신합(丙辛合)을 한다. 辛金은 신체의 폐에 해당한다.

9. 壬水의 특성

壬水는 수행(水行)의 시작으로 양(陽)의 성질을 지니고 있다. 강물이 끝없이 밑으로 내려가는 것처럼 더 하강, 더 수축하는 음(陰)의 기운의 절정이다. 이는 겨울에 꽁꽁 얼어붙은 얼음과 같아서 겨울에 바쁘고 빛이 난다. 壬水는 밖에서 보이게 하강 수축하여 줄이려고 하여, 남에게 보이는 명분보다 실리를 중요시하여 실속을 추구한다. 壬水는 겉으로 보기에는 스케일이 작고 볼품이 없지만 알차고 실속이 있다. 壬水는 속마음을 잘 드러내지 않고, 현실적, 실리적이며 물질적인 면을 중요시한다.

壬水가 좋아하는 천간(天干)은 丁火이며, 정임합(丁壬合)을 한다. 壬水는 신체의 방광에 해당한다.

10. 癸水의 특성

癸水는 수행(水行)의 마무리를 나타내며, 음(陰)의 성질을 지닌다. 보이게 더 하강, 더 수축하는 壬水의 기운을 癸水는 보이지 않게 더 상승, 더 확산하여 마무리한다. 癸水는 보이지 않게 상승 확산하는 수증기와 같아서 여름에 바쁘고 빛이 난다. 癸水는 마치 아지랑이가 피어나는 것처럼 보이지 않게 더 상승, 더 확산하니 명분을 실리보다 중시한다.

癸水가 좋아하는 천간(天干)은 戊土이며, 무계합(戊癸合)을 한다. 癸水는 신체의 신장에 해당한다.

천간(天干)의 계절적 활동

봄과 여름은 상승과 확산의 계절로서, 봄과 여름에 활동하는 천간(天干)도 상승과 확산의 키우는 특성을 보인다. 반면 가을과 겨울은 하강 수축하는 계절로서, 가을과 겨울에 활동하는 천간(天干) 역시 하강과 수축의 줄이는 특성을 가진다.

1. 甲木과 乙木의 계절적 활동

① 甲木의 봄철 활동

목행(木行)을 대변하는 천간(天干)인 甲木은 봄(寅卯辰)에 활동성이 좋다. 봄은 새싹이 돋아나고 성장하는 시기로, 에너지가 상승하며 확산하는 특성을 가진다. 甲木은 봄에 상승과 확산하는 활동을 하여 '키우는 일'을 한다. 甲木은 봄철에 돋아나는 새싹과 유사하다.

② 乙木의 가을철 활동

목행(木行)을 마무리하는 천간(天干)인 乙木은 가을(申酉戌)에 활동성이 좋다. 가을은 자연이 결실을 보고 정리하는 시기로, 에너지가 하강하고 수축하는 특성을 가진다. 乙木은 가을에 하강과 수축하는 활동을 하여 '줄이는 일'을 한다. 乙木은 가을철 열매 속에 들어 있는 조그만 씨눈과 유사하다.

2. 丙火와 戊土, 丁火와 己土의 계절적 활동

① 丙火와 戊土의 여름철 활동

화·토행(火·土行)을 대변하는 천간(天干)인 丙火와 戊土는 여름(巳午未)에 활동성이 좋다. 여름은 태양이 작열하고 모든 생명체가 성장하는 시기로, 에너지가 상승하며 확산하는 특성을 가진다. 丙火와 戊土는 여름철에 더 상승과 더 확산하는 활동을 하여 '키우는 일'을 한다. 丙火는 여름철 태양이 작열하는 것과 유사하고, 戊土는 여름철 큰 산의 무성함과 유사하다.

② 丁火와 己土의 겨울철 활동

화·토행(火·土行)을 마무리하는 천간(天干)인 丁火와 己土는 겨울(亥子丑)에 활동성이 좋다. 겨울은 모든 것이 휴면기에 들어가는 시기로, 에너지가 하강하고 수축하는 특성을 가진다. 丁火와 己土는 겨울철에 더 하강과 더 수축하는 활동을 하여 '줄이는 일'을 한다. 丁火는 어두운 밤 작은 공간을 밝히는 촛불이나 겨울철 작은 공간을 녹이는 난로와 유사하고, 己土는 겨울철 꽁꽁 얼어붙은 계곡과 유사하다.

3. 庚金과 辛金의 계절적 활동
① 庚金의 가을철 활동

금행(金行)을 대변하는 천간(天干)인 庚金은 가을(申酉戌)에 활동성이 좋다. 가을은 자연이 결실을 보고 정리하는 시기로, 에너지가 하강 수축하는 특성을 가진다. 庚金은 가을철에 하강 수축하는 활동을 하여 '줄이는 일'을 한다. 庚金은 가을철 단단해지는 열매와 유사하다.

② 辛金의 봄철 활동

금행(金行)을 마무리하는 천간(天干)인 辛金은 봄(寅卯辰)에 활동성이 좋다. 봄은 새싹이 돋아나고 성장하는 시기로, 에너지가 상승하며 확산하는 특성을 가진다. 辛金은 봄에 상승 확산하는 활동을 하여 '키우는 일'을 한다. 辛金은 봄철 솟아나는 나무줄기 속의 심지와 유사하다.

4. 壬水와 癸水의 계절적 활동
① 壬水의 겨울철 활동

수행(水行)을 대변하는 천간(天干)인 壬水는 겨울(亥子丑)에 활동성이 좋다. 겨울은 모든 것이 휴면기에 들어가 기운을 축적하는 시기이므로, 壬水도 겨울철에 더 하강과 더 수축하는 활동을 하여 '줄이는 일'을 한다. 壬水는 겨울철 응축하여 얼어붙은 대지나 깡마른 씨앗과 유사하다.

수행(水行)을 마무리하는 천간(天干)인 癸水는 여름(巳午未)에 활동성이 좋다. 여름은 태양이 작열하고 모든 생명체가 성장하는 시기로, 에너지가 상승하며 확산하는 특성을 가진다. 癸水는 여름철에 더 상승과 더 확산하는 활동을 하여 '키우는 일'을 한다. 癸水는 여름철 상승 확산하는 수증기나 땀, 수액과 유사하다.

제7장

지지(地支)란

지지(地支)의 개요

1. 지지(地支)의 정의

지지(地支)는 지구의 기운을 나타내는 12가지 기본 요소로, 계절의 흐름을 상징한다. 천간(天干)이 하늘의 기운으로 생각이나 마음을 상징한다면, 지지(地支)는 지구의 기운으로 환경과 현실을 나타낸다. 지지(地支)는 사계절을 시작과 절정, 그리고 환절기로 나누어 寅卯辰 巳午未 申酉戌 亥子丑의 12가지로 구성된다.

2. 지지(地支)의 구성

① 봄(春)의 지지(地支)는 봄의 시작, 절정, 환절기로 나누어 寅, 卯, 辰이 된다.
② 여름(夏)의 지지(地支)는 여름의 시작, 절정, 환절기로 나누어 巳, 午, 未가 된다.
③ 가을(秋)의 지지(地支)는 가을의 시작, 절정, 환절기로 나누어 申, 酉, 戌이 된다.
④ 겨울(冬)의 지지(地支)는 겨울의 시작, 절정, 환절기로 나누어 亥, 子, 丑이 된다.

3. 봄 여름 지지는 양(陽), 가을 겨울 지지는 음(陰)

① 봄과 여름에 해당하는 지지(地支)는 양(陽)의 성질을 가지고 있다. 즉 寅卯辰(봄)과 巳午未(여름)는 양(陽)의 성질을 가지며, 상승하고 확산하는 특성을 나타낸다. 이 계절들은 생명이 움트고 무성해지는 시기이므로 성장하고 키우는 활동이 강하다.
② 가을과 겨울에 해당하는 지지(地支)는 음(陰)의 성질을 가지고 있다. 즉 申酉戌(가을)과 亥子丑(겨울)은 음(陰)의 성질을 가지며, 하강하고 수축하는 특성을 나타낸다. 가을과 겨울은 만물이 영글고 정리되는 시기이므로 유지하고 줄이는 활동이 강하다.

4. 지지(地支)가 상징하는 시간과 공간, 방향

지지(地支)는 시간과 공간, 방향을 나타내며, 이를 통해 그 사람의 생활 환경과 현실적 상태를 이해할 수 있다.

① 봄을 나타내는 지지(地支) 寅卯辰은 아침(03:30~09:30) 시간대에 해당하며, 공간적으로는 새롭게 지어진 건물이나 신도시, 생동감 넘치는 장소 등을 의미한다. 방향으로는 동쪽을 상징한다.

② 여름을 나타내는 지지(地支) 巳午未는 낮(09:30~15:30) 시간대에 해당하며, 공간적으로는 중심부나 번화가, 대도시와 같이 열기가 넘치고 화려한 장소를 의미한다. 방향으로는 남쪽을 상징한다.

③ 가을을 나타내는 지지(地支) 申酉戌은 저녁(15:30~21:30) 시간대에 해당하며, 공간적으로는 한물간 오래된 도시나 구도심, 한산하고 서늘한 장소를 의미한다. 방향으로는 서쪽을 상징한다.

④ 겨울을 나타내는 지지(地支) 亥子丑은 밤(21:30~03:30) 시간대에 해당하며, 공간적으로는 변두리나 시골처럼 춥고 조용하고 어두운 장소를 나타낸다. 방향으로는 북쪽을 상징한다.

※지지(地支)의 상징

계절	지지(地支)	시간	공간	방향
봄	寅卯辰	03:30 ~ 09:30 아침	새롭게 지어진 건물, 신도시, 생동감 넘치는 장소	동쪽
여름	巳午未	09:30 ~ 15:30 낮	중심부, 번화가, 대도시와 같이 열기가 넘치고 화려한 장소	남쪽
가을	申酉戌	15:30 ~ 21:30 저녁	한물간 오래된 도시, 구도심, 한산하고 서늘한 장소	서쪽
겨울	亥子丑	21:30 ~ 03:30 밤	변두리, 시골처럼 춥고 조용하고 어두운 장소	북쪽

계절별 지지(地支)의 특성

1. 봄의 지지(地支) 寅卯辰의 특성

봄의 지지(地支)는 寅卯辰으로 이루어져 있으며, 새로운 시작과 생동감을 상징한다. 이는 동쪽과 아침의 기운을 지니며, 따뜻하고 생기가 넘치는 계절이다. 봄은 만물이 싹트고 활발히게 자라는 시기이므로, 새로운 출발과 시작을 상징하며, 주로 신도시나 신개발지, 어린이가 많은 지역과 같은 생동감 넘치는 장소를 나타낸다. 이 시기에 甲木의 기운은 밖에서, 辛金의 기운은 안에서 키우는 활동을 한다.

2. 여름의 지지(地支) 巳午未의 특성

여름의 지지(地支)는 巳午未로, 뜨겁고 열정적인 에너지가 강한 계절이다. 이는 남쪽과 낮의 기운을 상징하며, 활발하고 왕성하게 자라는 시기이다. 여름은 열정과 활기가 넘치는 시기이므로, 번화가나 활기찬 도시의 이미지와 연결되며, 대도시 중심가, 청년들이 많은 번잡하고 화려한 장소를 나타낸다. 이 시기에 丙火와 戊土의 기운은 밖에서, 癸水의 기운은 안에서 키우는 활동을 한다.

3. 가을의 지지(地支) 申酉戌의 특성

가을의 지지(地支)는 申酉戌로, 한산하고 서늘한 기운을 지닌 계절이다. 이는 서쪽과 저녁의 기운을 상징하며, 만물이 서서히 줄어들며 열매를 맺는 시기이다. 가을은 만물이 성숙하고 열매를 맺는 시기이므로, 구도심이나 오래된 중소도시, 한산한 장소, 성숙한 중년층과 어울리는 환경이다. 이 시기에 庚金의 기운은 밖에서, 乙木의 기운은 안에서 줄이는 활동을 한다.

4. 겨울의 지지(地支) 亥子丑의 특성

겨울의 지지(地支)는 亥子丑으로, 차갑고 조용한 기운이 흐르는 계절이다. 이는 북쪽과 밤의 기운을 상징하며, 모든 활동이 멈추고 응축되는 시기이다. 겨울은 만물이 활동을 멈추고 휴식을 취하며 준비하는 시기이므로, 시골이나 변두리, 전통시장, 노인들과 어울리는 조용하고 한적한 환경이다. 이 시기에 壬水의 기운은 밖에서, 丁火와 己土의 기운은 안에서 줄이는 활동을 한다.

지지(地支)의 오행(五行)

1. 지지(地支)와 오행(五行)의 관계

지지(地支)는 각각의 계절을 따라 오행(五行)과 연결된다. 만물이 생동하는 봄의 지지(地支) 寅과 卯는 목행(木行)을 상징하고, 꽃이 피고 뜨거운 여름의 지지(地支) 巳와 午는 화행(火行)을 상징한다. 결실의 계절 가을의 지지(地支) 申과 酉는 금행(金行)을 상징하고, 차갑게 응축하는 겨울의 지지(地支) 亥와 子는 수행(水行)을 상징한다. 환절기 지지(地支)인 辰, 戌, 丑, 未는 토행(土行)을 상징한다.

2. 지지(地支) 오행(五行)의 특성

지지(地支)는 천간(天干)과 유사한 오행적 특성을 지니고 있다. 천간(天干)은 하늘의 기운을 나타내고 지지(地支)는 지구의 기운을 나타내지만, 둘 다 오행의 기본 속성을 가지고 있다.

① 지지(地支)의 寅卯 木은 천간(天干)의 甲木과 비슷하여 양(陽) 운동을 시작하는 목행(木行)의 특성을 갖는다.
② 지지(地支)의 巳午 火는 천간(天干)의 丙火와 비슷하여 양(陽) 운동이 절정에 이르는 화행(火行)의 특성을 갖는다.
③ 지지(地支)의 申酉 金은 천간(天干)의 庚金과 비슷하여 음(陰) 운동을 시작하는 금행(金行)의 특성을 갖는다.
④ 지지(地支)의 亥子 水는 천간(天干)의 壬水와 비슷하여 음(陰) 운동이 절정에 이르는 수행(水行)의 특성을 갖는다.
⑤ 지지(地支)의 辰戌丑未 土는 계절을 전환하므로 천간(天干)의 戊己 土와 같이 토행(土行)이라고는 하지만 전혀 다른 특성을 갖는다.

천간(天干)의 戊己 土가 음(陰)과 양(陽)을 전환하는 역할을 한다면, 지지(地支)의 辰戌 丑未는 사계절의 환절기를 나타내며 계절과 계절을 잇는 역할을 한다.

참고로 未土는 여름에서 가을로 가는 환절기에 해당하므로, 木火 양(陽) 운동을 金水 음(陰) 운동으로 전환하는 천간(天干) 戊土와 가장 비슷하다고 할 수 있다.

반대로, 丑土는 겨울에서 봄으로 가는 환절기에 해당하므로, 金水 음(陰) 운동을 木火 양(陽) 운동으로 전환하는 천간(天干) 己土와 가장 비슷하다고 할 수 있다.

3. 계절별 지지(地支)의 음양(陰陽)

각 계절의 시작은 양(陽)의 기운을 지니며, 계절의 절정은 음(陰)의 기운을 가지고 있다. 계절의 전환기는 음양(陰陽)을 키우는 지지(地支)는 양(陽)이 되고, 음양(陰陽)을 마무리하는 지지(地支)는 음(陰)이 된다.

① 봄을 시작하는 寅木은 양(陽), 봄의 절정인 卯木은 음(陰)의 기운을 지닌다.
② 여름의 시작인 巳火는 양(陽), 여름의 절정인 午火는 음(陰)의 기운을 지닌다.
③ 가을의 시작인 申金은 양(陽), 가을의 절정인 酉金은 음(陰)의 기운을 지닌다.
④ 겨울의 시작인 亥水는 양(陽), 겨울의 절정인 子水는 음(陰)의 기운을 지닌다.
⑤ 계절의 전환기인 土는 양(陽)의 기운을 키우는 지지(地支)인 辰土와 음(陰)의 기운을 키우는 지지(地支)인 戌土는 양(陽)이 되고, 양(陽)의 기운을 마무리하는 지지(地支)인 未土와 음(陰)의 기운을 마무리하는 지지(地支)인 丑土는 음(陰)이 된다.

지지(地支)별 특성

1. 子水의 특성

子水는 한겨울의 대설(大雪) 이후 약 한 달간, 밤 23:30부터 새벽 01:30까지의 시간대와 북쪽 방향, 쥐를 상징한다. 이 시기는 음(陰)의 기운이 가장 강해지는 절정기에 해당하며, 음(陰)의 절정인 동지(冬至)와 자정이 포함되어 있다. 子水의 기운은 오음(五陰) 일양(一陽)으로 음(陰)이 가득한 상태에서 양(陽)의 기운이 시작되는 시기이다. 또한, 子水는 외형상 양(陽)의 水 기운을 가졌으나, 겨울을 마무리하므로 음(陰)의 水로 사용되며, 이와 대칭되는 지지(地支)는 午火이다.

2. 丑土의 특성

丑土는 소한(小寒) 이후 약 한 달간, 새벽 01:30부터 03:30시까지의 시간대와 북북동쪽 방향, 소를 상징한다. 이 시기는 겨울에서 봄으로, 밤에서 아침으로 넘어가는 전환기에 해당하며. 사음(四陰) 이양(二陽)으로, 음(陰)의 기운이 매우 강한 시기를 나타낸다. 丑土는 겨울에서 봄으로 음양(陰陽)이 전환되므로 변화가 크다. 또한, 가을과 겨울의 음(陰) 운동을 마무리하므로 음(陰)의 土로 사용되며, 반대되는 지지(地支)는 未土이다.

3. 寅木의 특성

寅木은 입춘(立春) 이후 약 한 달간, 새벽 03:30부터 05:30까지의 시간대와 동동북쪽 방향, 호랑이를 상징한다. 이 시기는 봄이 시작되는 시기이자 하루가 시작되는 시간대에 해당하며, 삼양(三陽) 삼음(三陰)으로 구성되어 음양(陰陽)의 기운이 균등하게 조화를 이루는 시기이다. 寅木은 봄의 새싹과 같이 활발히 솟구치며, 힘차게 상승하는 기운이 넘친다. 또한, 寅木은 봄을 시작하므로 양(陽)의 木으로 사용되며, 반대되는 지지(地支)는 申金이다.

4. 卯木의 특성

卯木은 경칩(驚蟄) 이후 한 달간, 아침 05:30부터 07:30까지의 시간대와 동쪽 방향, 토끼를 상징한다. 이 시기는 봄이 절정에 이르러 잎과 가지가 무성하게 자라고 아침해가 떠오르는 시간대에 해당하며, 사양(四陽) 이음(二陰)으로 양(陽)의 기운이 강하게 작용하는 시기이다. 卯木은 봄철의 기운이 한창 무르익어 활발히 움직이고 생동감이 넘친다. 또한 卯木은 봄의 절정이므로 음(陰)의 木으로 사용되며, 대칭되는 지지(地支)는 酉金이다.

5. 辰土의 특성

辰土는 청명(淸明) 이후 한 달간, 오전 07:30부터 09:30까지의 시간대와 동동남쪽 방향, 용을 상징한다. 이 시기는 봄에서 여름으로 아침에서 낮으로 넘어가는 환절기에 해당하며, 오양(五陽) 일음(一陰)으로 양(陽)의 기운이 매우 강한 시기이다. 辰土는 환절기이므로 변화의 기운이 강하게 나타나는 때이다. 또한, 봄의 木 기운이 여름의 火 기운으로 전환되면서 양(陽)의 기운을 키우므로, 辰土는 양(陽)의 土로 사용하며, 반대되는 지지(地支)는 戌土이다.

6. 巳火의 특성

巳火는 입하(立夏) 이후 한 달간, 오전 09:30부터 11:30까지의 시간대와 남남동쪽 방향, 뱀을 상징한다. 이 시기는 여름이 시작되는 시기이자 낮이 시작되는 시간대에 해당하며, 육양(六陽)으로 양(陽)의 기운이 가득한 시기이다. 巳火는 작열하는 태양처럼 강렬하고 뜨거운 열정적 기운을 상징한다. 또한, 巳火는 여름의 시작이므로 양(陽)의 火로 사용하며, 반대되는 지지(地支)는 亥水이다.

7. 午火의 특성

午火는 망종(芒種) 이후 약 한 달간, 오전 11:30부터 오후 13:30까지의 시간대와 남쪽 방향, 말을 상징한다. 이 시기는 양(陽)의 기운이 가장 강해지는 절정기에 해당하며, 양(陽)의 절정인 하지(夏至)와 정오가 포함되어 있다. 午火는 오양(五陽) 일음(一陰)으로 양

(陽)이 가득한 상태에서 음(陰)의 기운이 시작되는 시기이다. 午火는 외형적으로 양(陽)의 火로 보이지만, 여름의 절정이므로 음(陰)의 火로 사용되며, 대칭되는 지지(地支)는 子水이다.

8. 未土의 특성

未土는 소서(小暑) 이후 한 달간, 오후 13:30부터 15:30까지의 시간대와 남남서쪽 방향, 양을 상징한다. 이 시기는 여름에서 가을로 낮에서 저녁으로 넘어가는 환절기에 해당하며, 사양(四陽) 이음(二陰)으로 양(陽)의 기운이 매우 강한 시기이다. 未土는 여름에서 가을로 음양(陰陽)이 전환되므로 변화가 크다. 또한, 未土는 봄과 여름의 양(陽) 운동을 마무리하므로 음(陰)의 土로 사용되며, 반대되는 지지(地支)는 丑土이다.

9. 申金의 특성

申金은 입추(立秋) 이후 한 달간, 오후 15:30부터 17:30까지의 시간대와 서서남쪽 방향, 원숭이를 상징한다. 이 시기는 가을이 시작되는 시기이자 저녁이 시작되는 시간대에 해당하며, 삼양(三陽) 삼음(三陰)으로 음양(陰陽)의 기운이 균등하게 조화를 이루는 시기이다. 申金은 가을에 열매가 영그는 것과 같이 단단하고 견고하게 하강 수축한다. 申金은 가을을 시작하므로 양(陽)의 金으로 사용되며, 반대되는 지지(地支)는 寅木이다.

10. 酉金의 특성

酉金은 백로(白露) 이후 한 달간, 오후 17:30부터 19:30까지의 시간대와 서쪽 방향, 닭을 상징한다. 이 시기는 가을의 절정에 해당하여 결실이 완성되고 열매가 단단히 익어가고 해가 지는 시간대에 해당하며, 이양(二陽) 사음(四陰)으로 음(陰)의 기운이 강한 시기이다. 酉金은 수확과 결실의 때로 매서운 서리가 내리고 나뭇잎이 떨어지기 시작한다. 또한, 酉金은 가을의 절정이므로 음(陰)의 金으로 사용되며, 반대되는 지지(地支)는 卯木이다.

11. 戌土의 특성

戌土는 한로(寒露) 이후 한 달간, 저녁 19:30부터 21:30까지의 시간대와 서서북쪽 방향, 개를 상징한다. 이 시기는 가을에서 겨울로 저녁에서 밤으로 넘어가는 환절기에 해당하며, 일양(一陽) 오음(五陰)으로 음(陰)의 기운이 매우 강한 시기이다. 戌土는 환절기이므로 변화의 기운이 강하게 나타나는 때이다. 戌土는 가을의 金 기운이 겨울의 水 기운으로 전환되면서 음(陰)의 기운을 키우므로, 戌土는 양(陽)의 土로 사용하며, 대칭되는 지지(地支)는 辰土이다.

12. 亥水의 특성

亥水는 입동(立冬) 이후 한 달간, 밤 21:30부터 23:30까지의 시간대와 북북서쪽 방향, 돼지를 상징한다. 이 시기는 겨울이 시작되는 시기이자 밤이 시작되는 시간대에 해당하며, 육음(六陰)으로 음(陰)의 기운이 가득한 시기이다. 亥水는 만물이 휴식에 들어가며 에너지를 충전하고 새로운 생명을 준비하는 시기를 상징한다. 亥水는 겨울을 시작하므로 양(陽)의 水로 사용되며, 반대되는 지지는 巳火이다.

지지(地支)의 생왕묘지(生旺墓地)

1. 지지(地支)의 생왕묘지(生旺墓地) 정의

지지(地支)의 생왕묘지(生旺墓地)는 계절의 흐름과 연관되어 지지(地支)들을 각각 계절의 시작, 절정, 환절기에 맞추어 묶어 놓은 개념이다. 계절의 시작을 나타내는 지지를 생지(生地), 계절의 절정을 나타내는 지지를 왕지(旺地), 계절의 전환기를 나타내는 지지를 묘지(墓地)라 한다. 생왕묘지(生旺墓地)로 분류된 지지(地支)들은 각기 고유한 특성과 기운을 가진다.

2. 생지(生地)의 특성

생지(生地)는 계절의 시작을 의미하며, 寅(봄), 巳(여름), 申(가을), 亥(겨울)의 지지(地支)로 구성된다. 이 지지(地支)들은 각 계절의 시작점에 위치하며, 새롭게 기운이 뻗어나가는 첫 단계의 역할을 한다.

① 계절의 시작이라는 점에서 생지(生地)는 어린아이의 시기와 비슷하여 기운이 활발하고 움직임이 많으며, 호기심과 활동성이 풍부하다. 이들은 서로 가까이 있을 때 쉽게 친해지기도 하고, 때로는 쉽게 다투는 특성을 보인다.

② 생지(生地)인 寅, 巳, 申, 亥는 계절을 새롭게 시작하기 때문에 이 지지(地支)가 많은 사람은 이사를 자주 하거나 직장을 자주 옮기는 등 변화와 새로운 시작을 좋아하는 경향이 있다.

③ 생지(生地)는 어떤 일을 시작하는 데 있어서 적극적이고 추진력이 강하지만, 마무리하는 데는 약간의 미흡함을 보이기도 한다.

3. 왕지(旺地)의 특성

왕지(旺地)는 계절의 절정을 상징하며, 子(겨울), 午(여름), 卯(봄), 酉(가을)의 지지(地

支)로 구성된다. 이 지지(地支)들은 각 계절의 한가운데 위치하여 기운이 가장 강하게 뻗어 나가는 시기이므로, 강한 기운과 자존감을 나타낸다.

① 왕지(旺地)는 강한 기운을 지니고 있으므로 자존심이 높고 남에게 지기 싫어하는 성격이 나타난다. 강한 의지와 기운을 바탕으로 조직이나 사회에서 리더십을 발휘하는 성향이 있다.
② 왕지(旺地)는 남에게 지지 않으려는 특성이 강하여, 다투게 되면 충격이 크고 그 여파가 크다.
③ 왕지(旺地) 중에서도 午는 여름의 절정으로 특히 강한 기운을 발산하며, 활기와 에너지가 매우 강하여 다른 왕지(旺地)보다 활동성이 두드러지는 지지(地支)로 볼 수 있다.

4. 묘지(墓地)의 특성

묘지(墓地)는 계절의 끝을 상징하며, 辰(봄), 戌(가을), 丑(겨울), 未(여름)의 지지(地支)로 구성된다. 이들은 각 계절이 끝나는 환절기에 위치하여, 마무리와 새로운 계절로의 전환을 담당하는 특성을 보이고 있다.

① 묘지(墓地)는 하나의 계절이 끝나고 다음 계절이 시작되는 전환기 역할을 하여 기운의 변화가 매우 심하므로, 복잡하고 이중적인 성향으로 나타날 수 있다.
② 묘지(墓地)의 지지(地支)는 변화가 많은 시기이기 때문에 충돌이나 다툼이 생겨도 여파가 크지 않고, 갈등이 비교적 쉽게 해소되는 경향이 있다.
③ 사주에 辰, 戌, 丑, 未가 많으면 인생에 변화가 많을 수 있으니, 커브 길에서 속도를 늦추듯 신중하게 접근해야 한다.

천간(天干)과 지지(地支)의 운동성 비교

1. 木行의 천간(天干) 및 지지(地支)의 운동성 비교

① 甲木의 특성

甲木은 양간(陽干)으로 木 운동을 시작하기 때문에 안에서 밖으로 나오면서 상승 확산하는 운동을 한다. 甲木은 새로운 시작과 성장을 상징하며, 매우 적극적이고 진취적인 운동성을 지닌다. 나무가 땅을 뚫고 힘차게 솟아오르듯이, 상승 확산하여 키우는 성향이 강하므로 실리보다 명분을 추구한다. 甲木은 火를 생(生)하고 갑기합(甲己合)을 하며, 보이게 상승 확산하는 기운으로 전나무나 메타세쿼이아에 비유한다.

② 乙木의 특성

乙木은 음간(陰干)으로 木 운동을 마무리하기 때문에 밖에서 안으로 들어가면서 하강 수축하는 운동을 한다. 乙木은 부드럽고 유연한 성질을 지니며 외부로 드러나지 않지만 내적으로 알차고 실속 있게 줄이는 운동성을 지녀 명분보다 실리를 추구한다. 乙木은 을경합(乙庚合)을 하며, 보이지 않게 하강 수축하는 기운으로 씨앗 속의 씨눈에 비유한다.

③ 寅木의 특성

寅木은 봄의 생지(生地)로 양(陽)의 기운을 나타낸다. 봄의 시작이므로 강한 생명력과 성장의 기운을 나타내며, 모든 생명이 힘차게 발아하는 시기이다. 寅木은 매우 활동적이고 진취적인 성향을 지니며, 기운이 외부로 뻗어 나가는 상승 확산의 운동성을 보인다. 寅木은 寅午戌 삼합(三合)을 하여 丙火를 추구하며, 지지(地支)의 음양합(陰陽合)으로 인해합(寅亥合)을 한다.

④ 卯木의 특성

卯木은 봄의 절정으로 음(陰)의 기운을 나타낸다. 봄의 절정이므로 나무가 왕성하게 자라며, 조화를 이루는 시기이다. 외부로 상승 확산하는 운동성이 점점 강해진다. 卯木은 亥卯未 삼합(三合)을 하여 甲木을 추구하며, 지지(地支)의 음양합(陰陽合)으로 묘술합(卯戌合)을 한다.

※ 목행(木行)의 천간(天干) 및 지지(地支)의 운동성

천간(天干)		지지(地支)	
甲木	乙木	寅木	卯木
목(木) 운동 시작	목(木) 운동 마무리	봄의 시작	봄의 절정
밖에서	안에서	寅卯辰 方合	寅卯辰 方合
안에서 밖으로 나온다	밖에서 안으로 들어간다	寅午戌 三合	亥卯未 三合
보인다	안 보인다	三合에서 丙火 추구	三合에서 甲木 추구
상승 확산	하강 수축	寅亥合	卯戌合
명분 추구	실리 추구	建祿(甲木)	旺地(甲木)
키운다	줄인다	生地(丙火)	浴地(丙火)
갑기합(甲己合)	을경합(乙庚合)	絶地(庚金)	胎地(庚金)

2. 火行의 천간(天干) 및 지지(地支)의 운동성 비교

① 丙火의 특성

丙火는 양간(陽干)으로 火 운동을 시작하기 때문에 안에서 밖으로 나오면서 더 상승, 더 확산 운동을 한다. 丙火는 태양처럼 강한 에너지를 외부로 발산하는 성질을 가지고 있다. 丙火는 매우 열정적이고 외향적이며, 보이게 키우는 운동성이 강하여 실리보다 명분을 추구한다. 丙火는 土를 생(生)하고 병신합(丙辛合)을 하며, 보이게 더 상승, 더 확산하는 기운으로 태양에 비유한다.

② 丁火의 특성

丁火는 음간(陰干)으로 火 운동을 마무리하므로 밖에서 안으로 들어가면서 더 하강, 더 수축하는 운동을 한다. 丁火는 외부로 드러나지 않지만 내적으로 알차고 실속 있게 줄이는 운동을 하므로 명분보다 실리를 추구한다. 丁火는 정임합(丁壬合)을 하며, 보이지 않

게 더 하강, 더 수축하는 기운으로 어둡고 조그만 공간을 밝히는 촛불이나 차갑고 조그만 공간을 덥히는 난로에 비유한다.

③ 巳火의 특성

巳火는 여름의 생지(生地)로 양(陽)의 기운을 나타낸다. 여름의 시작이므로 에너지가 빠르게 성장하고 외부로 강하게 발산되는 시기이다. 매우 활동적이고 활발하며 화려한 운동성을 보인다. 巳火는 巳酉丑 삼합(三合)을 하여 庚金을 추구하며, 지지(地支)의 음양합(陰陽合)으로 사신합(巳申合)을 한다.

④ 午火의 특성

午火는 여름의 절정으로 음(陰)의 기운을 나타낸다. 여름의 절정이므로 에너지가 최고조에 달하는 시점으로 매우 강렬하고 화려한 활동성을 나타낸다. 성장 확산의 기운이 매우 강하다. 午火는 寅午戌 삼합(三合)을 하여 丙火를 추구하며, 지지(地支)의 음양합(陰陽合)으로 오미합(午未合)을 한다.

※ 화행(火行)의 천간(天干) 및 지지(地支)의 운동성

천간(天干)		지지(地支)	
丙火	丁火	巳火	午火
화(火) 운동 시작	화(火) 운동 마무리	여름의 시작	여름의 절정
밖에서	안에서	巳午未 方合	巳午未 方合
안에서 밖으로 나온다	밖에서 안으로 들어간다	巳酉丑 三合	寅午戌 三合
보인다	안 보인다	三合에서 庚金 추구	三合에서 丙火 추구
상승 확산	하강 수축	巳申合	午未合
명분 추구	실리 추구	建祿(丙火)	旺地(丙火)
키운다	줄인다	生地(庚金)	浴地(庚金)
병신합(丙辛合)	정임합(丁壬合)	絶地(壬水)	胎地(壬水)

3. 土行의 천간(天干) 및 지지(地支)의 운동성 비교

① 戊土의 특성

戊土는 양간(陽干)으로 土 운동을 시작하기 때문에 보이게 양(陽)의 절정에서 멈추고 음(陰)으로 전환하는 운동을 한다. 戊土는 매우 안정적이고 강한 지지력을 상징한다. 戊土는 포용력과 균형감을 가지고 있으며, 외부에서 상승 확산하여 안정적인 성향을 보이므로 실리보다 명분을 추구한다. 戊土는 金을 생(生)하고 무계합(戊癸合)을 하며, 보이게 더 상승, 더 확산하여 안정한 기운으로 큰 산에 비유한다.

② 己土의 특성

己土는 음간(陰干)으로 土 운동을 마무리하므로 보이지 않게 음(陰)의 절정에서 멈추고 양(陽)으로 전환하는 운동을 한다. 己土는 보이지 않게 내적으로 하강 수축하여 안정된 성향을 보이므로 명분보다 실리를 추구한다. 己土는 갑기합(甲己合)을 하며, 보이지 않게 하강 수축하여 안정한 기운으로 깊은 계곡에 비유한다.

③ 辰土의 특성

辰土는 봄에서 여름으로 가는 전환기로 양(陽)의 기운을 키우므로 양(陽)의 土를 나타낸다. 辰土는 따뜻한 봄을 마무리하고 뜨거운 여름으로 전환하니 상승 확산의 기운이 더욱 강해져 강한 성장을 추구한다. 이는 기운이 전환되는 시점으로 변화를 중시하는 운동성을 가지고 있다. 辰土는 申子辰 삼합(三合)을 하여 壬水를 추구하며, 지지(地支)의 음양합(陰陽合)으로 진유합(辰酉合)을 한다.

④ 戌土의 특성

戌土는 가을에서 겨울로 가는 전환기로 음(陰)의 기운을 키우므로 양(陽)의 土를 나타낸다. 戌土는 서늘한 가을을 마무리하고 차가운 겨울로 전환하니 하강 수축의 기운이 더욱 강해진다. 戌土는 기운이 전환되는 시점으로 변화를 중시하는 운동성을 가지고 있다. 戌土는 寅午戌 삼합(三合)을 하여 丙火를 추구하며, 지지(地支)의 음양합(陰陽合)으로 묘술합(卯戌合)을 한다.

⑤ 丑土의 특성

丑土는 겨울에서 봄으로 가는 전환기로 음(陰)의 기운을 양(陽)의 기운으로 바꾸니 음(陰)의 土를 나타낸다. 丑土는 겨울의 마무리로 차갑게 얼어붙는 계절이므로 하강 수축의 기운이 매우 강하다. 차가운 겨울을 마무리하고 따뜻한 봄으로 전환하니, 이는 기운이 전환되는 시점으로 변화를 중시하는 운동성을 가지고 있다. 丑土는 巳酉丑 삼합(三合)을 하여 庚金을 추구하며, 지지(地支)의 음양합(陰陽合)으로 자축합(子丑合)을 한다.

⑥ 未土의 특성

未土는 여름에서 가을로 가는 전환기로 양(陽)의 기운을 음(陰)의 기운으로 바꾸니 음(陰)의 土를 나타낸다. 未土는 여름의 마무리로 뜨거운 계절이므로 상승 확산의 기운이 매우 강하다. 뜨거운 여름을 마무리하고 서늘한 가을로 전환하니, 이는 기운이 전환되는 시점으로 변화를 중시하는 운동성을 가지고 있다. 未土는 亥卯未 삼합(三合)을 하여 甲木를 추구하며, 지지(地支)의 음양합(陰陽合)으로 오미합(午未合)을 한다.

※ 토행(土行)의 천간(天干) 및 지지(地支)의 운동성

천간(天干)		지지(地支)			
戊土	己土	辰土	未土	戌土	丑土
토(土) 운동 시작	토(土) 운동 마무리	봄의 끝	여름의 끝	가을의 끝	겨울의 끝
밖에서	안에서	寅卯辰 方合	巳午未 方合	申酉戌 方合	亥子丑 方合
안에서 밖으로 나온다	밖에서 안으로 들어간다	申子辰 三合	亥卯未 三合	寅午戌 三合	巳酉丑 三合
보인다	안 보인다	三合에서 壬水 추구	三合에서 甲木 추구	三合에서 丙火 추구	三合에서 庚金 추구
상승 확산	하강 수축	辰酉合	午未合	卯戌合	子丑合

명분 추구	실리 추구	冠帶(丙)	冠帶(庚)	冠帶(壬)	冠帶(甲)
키운다	줄인다	衰地(甲)	衰地(丙)	衰地(庚)	衰地(壬)
무계합(戊癸合)	갑기합(甲己合)	墓地(壬)	墓地(甲)	墓地(丙)	墓地(庚)

4. 金行의 천간(天干) 및 지지(地支)의 운동성 비교

① 庚金의 특성

庚金은 양간(陽干)으로 金 운동을 시작하기 때문에 안에서 밖으로 나오면서 하강 수축 운동을 한다. 庚金은 가을의 열매와 같이 매우 단단하고 강한 성향을 가지고 있다. 庚金은 매우 실용적이며 현실적인 운동성을 지녀 명분보다 실리를 추구한다. 庚金은 水를 생(生)하고 을경합(乙庚合)을 하며, 보이게 하강 수축하는 기운으로 쇳덩이나 가을의 열매에 비유한다.

② 辛金의 특성

辛金은 음간(陰干)으로 金 운동을 마무리하기 때문에 밖에서 안으로 들어가면서 상승 확산하는 운동을 한다. 辛金은 내적으로 성장, 발전하여 키우고 확장하는 기운으로 실리보다 명분을 추구한다. 辛金은 병신합(丙辛合)을 하며, 보이지 않게 상승 확산하는 기운으로 쑥쑥 자라는 나무줄기의 심지, 어린아이 뼈에 비유한다.

③ 申金의 특성

申金은 가을의 생지(生地)로 양(陽)의 기운을 나타낸다. 가을의 시작이므로 에너지가 수축하고, 결실을 보기 시작하는 시기로, 매우 실리적이고 실용적인 운동성을 보인다. 申金은 申子辰 삼합(三合)을 하여 壬水를 추구하며, 지지(地支)의 음양합(陰陽合)으로 사신합(巳申合)을 한다.

④ 酉金의 특성

酉金은 가을의 절정으로 음(陰)의 기운을 나타낸다. 가을의 절정이므로 결실이 완성되는 시기로, 하강 수축의 기운이 점차 강해진다. 酉金은 하강 수축하는 운동성이 점점 강해져 실리적이고 실용적인 성향이 강하다. 酉金은 巳酉丑 삼합(三合)을 하여 庚金을 추구하며, 지지(地支)의 음양합(陰陽合)으로 진유합(辰酉合)을 한다.

※ 금행(金行)의 천간(天干) 및 지지(地支)의 운동성

천간(天干)		지지(地支)	
庚金	辛金	申金	酉金
금(金) 운동 시작	금(金) 운동 마무리	가을의 시작	가을의 절정
밖에서	안에서	申酉戌 方合	申酉戌 方合
안에서 밖으로 나온다	밖에서 안으로 들어간다	申子辰 三合	巳酉丑 三合
보인다	안 보인다	三合에서 壬水 추구	三合에서 庚金 추구
상승 확산	하강 수축	巳申合	辰酉合
실리 추구	명분 추구	建祿(庚)	旺地(庚)
줄인다	키운다	生地(壬)	浴地(壬)
을경합(乙庚合)	병신합(丙辛合)	絶地(甲)	胎地(甲)

5. 水行의 천간(天干) 및 지지(地支)의 운동성 비교

① 壬水의 특성

壬水는 양간(陽干)으로 水 운동을 시작하기 때문에 안에서 밖으로 나오면서 더 하강, 더 수축 운동을 한다. 壬水는 아래로 흘러 고이는 물처럼 보이게 더 하강, 더 수축하여 초라하고 볼품이 없지만, 매우 실리적이고 실용적인 기운을 나타내므로 명분보다 실리를 추구한다. 壬水는 木을 생(生)하고 정임합(丁壬合)을 하며, 보이게 더 하강, 더 수축하는 기운으로 아래로 고이는 호수나 응축된 얼음, 씨앗에 비유한다.

② 癸水의 특성

癸水는 음간(陰干)으로 水 운동을 마무리하기 때문에 밖에서 안으로 들어가면서 더 상승, 더 확산하는 운동을 한다. 癸水는 내적으로 성장, 발전하여 키우는 운동을 하므로 실리보다 명분을 추구한다. 癸水는 무계합(戊癸合)을 하며, 보이지 않게 더 상승, 더 확산하는 기운으로 수증기나 땀, 수액에 비유한다.

③ 亥水의 특성

亥水는 겨울의 생지(生地)로 양(陽)의 기운을 나타낸다. 겨울의 시작으로 차갑게 얼어붙는 계절이므로 하강 수축의 기운이 매우 강하다. 에너지가 내적으로 수렴되고 준비하는 운동성을 보인다. 亥水는 亥卯未 삼합(三合)을 하여 甲木을 추구하며, 지지(地支)의 음양합(陰陽合)으로 인해합(寅亥合)을 한다.

④ 子水의 특성

子水는 겨울의 절정으로 음(陰)의 기운을 나타낸다. 겨울의 절정이므로 모든 사물이 응축하는 시기로 하강 수축의 기운이 매우 강하다. 매우 실용적이고 실리적인 성향을 나타낸다. 子水는 申子辰 삼합(三合)을 하여 壬水를 추구하며, 지지(地支)의 음양합(陰陽合)으로 자축합(子丑合)을 한다.

※ 수행(水行)의 천간(天干) 및 지지(地支)의 운동성

천간(天干)		지지(地支)	
壬水	癸水	亥水	子水
수(水) 운동 시작	수(水) 운동 마무리	겨울의 시작	겨울의 절정
밖에서	안에서	亥子丑 方合	亥子丑 方合
안에서 밖으로 나온다	밖에서 안으로 들어간다	亥卯未 三合	申子辰 三合
보인다	안 보인다	三合에서 甲木 추구	三合에서 壬水 추구
상승 확산	하강 수축	寅亥合	子丑合
실리 추구	명분 추구	建祿(壬)	旺地(壬)
줄인다	키운다	生地(甲)	浴地(甲)
정임합(丁壬合)	무계합(戊癸合)	絶地(丙, 戊)	胎地(丙, 戊)

제8장

지장간(地藏干)이란

지장간(地藏干)의 개요

1. 지장간(地藏干)의 정의

지장간(地藏干)은 지지(地支) 속에 감춰진 우주의 기운으로 지지(地支) 속에 들어 있는 천간(天干)을 말한다. 지장간(地藏干)은 지지(地支) 속에서 겉으로 드러나지 않은 상태로 존재하는 천간(天干)이다. 지장간(地藏干)은 마치 땅속에 묻혀 있는 지하자원처럼 숨겨져 있다가 특정한 조건에서 드러나게 된다.

천간(天干)이 표정, 말투처럼 겉으로 드러나는 성격을 나타낸다면, 지장간(地藏干)은 내면의 생각이나 감춰진 마음을 상징하며, 형충(刑沖) 등 특정한 상황에서만 그 기운이 발현된다. 지장간(地藏干)은 평소에는 지지(地支) 속에 숨어 있다가, 운(運)의 흐름에 따라 드러나면 천간(天干)처럼 작용하여 현실에 영향을 미친다.

2. 지지(地支)별 지장간(地藏干)

① 봄의 시작인 寅의 지장간(地藏干)은 戊, 丙, 甲이다.

② 봄의 절정인 卯의 지장간(地藏干)은 甲, 乙, 乙이다.

③ 봄의 마무리인 辰의 지장간(地藏干)은 乙, 癸, 戊이다.

④ 여름의 시작인 巳의 지장간(地藏干)은 戊, 庚, 丙이다.

⑤ 여름의 절정인 午의 지장간(地藏干)은 丙, 己, 丁이다.

⑥ 여름의 마무리인 未의 지장간(地藏干)은 丁, 乙, 己이다.

⑦ 가을의 시작인 申의 지장간(地藏干)은 戊, 壬, 庚이다.

⑧ 가을의 절정인 酉의 지장간(地藏干)은 庚, 辛, 辛이다.

⑨ 가을의 마무리인 戌의 지장간(地藏干)은 辛, 丁, 戊이다.

⑩ 겨울의 시작인 亥의 지장간(地藏干)은 戊, 甲, 壬이다.

⑪ 겨울의 절정인 子의 지장간(地藏干)은 壬, 癸, 癸이다.

⑫ 겨울의 마무리인 丑의 지장간(地藏干)은 癸, 辛, 己이다.

3. 지장간(地藏干)의 구성 원리

지장간(地藏干)은 지지(地支)별로 초기(初氣), 중기(中氣), 말기(末氣)로 세 개의 천간(天干)으로 이루어진다.

① 초기(初氣)의 구성

지장간(地藏干)의 초기(初氣)는 지지(地支)의 지장간(地藏干) 첫 번째 글자이며, 앞에 있는 지지(地支)의 오행(五行)과 같다.

예를 들어, 寅의 지장간(地藏干)에서 초기(初氣) 기운은 戊이다. 이는 寅의 앞의 지지(地支)인 丑의 오행(五行)과 같다.

② 중기(中氣)의 구성

지장간(地藏干) 중기(中氣)는 지지(地支)의 지장간(地藏干) 두 번째 글자이며, 해당 지지(地支)가 속한 삼합(三合)이 추구하는 오행(五行)과 같다.

예를 들어, 寅의 중기(中氣) 기운은 丙이다. 寅은 寅午戌 삼합(三合)을 하므로 사회적으로 추구하는 꿈이 丙火인 것을 나타낸다.

③ 말기(末氣)의 구성

지장간(地藏干) 말기(末氣)는 지지(地支)의 지장간(地藏干) 마지막 글자이며, 해당 지지(地支)의 오행(五行)과 같다.

예를 들어, 寅의 말기(末氣) 기운은 甲이다. 이는 寅이 가진 본래의 기운이 木行임을 의미한다.

4. 지장간(地藏干)의 음양

① 지장간(地藏干)의 초기(初氣)

지장간(地藏干)의 초기(初氣)는 앞에 있는 지지(地支)의 말기(末氣)와 같은 오행(五行)을 쓰지만 寅申巳亥 생지(生地)는 계절의 시작을 의미하므로 양간(陽干)을 쓴다.

예를 들어, 寅과 申의 앞의 지지(地支)인 丑과 未의 지장간(地藏干) 말기(末氣)는 己土이지만, 寅과 申은 계절의 시작을 나타내는 생지(生地)이므로 지장간(地藏干) 초기(初氣)에 음간(陰干)인 己土 대신 양간(陽干)인 戊土를 쓴다.

② 지장간(地藏干)의 중기(中氣)

지장간(地藏干)의 중기(中氣)는 삼합(三合)의 오행을 쓰는데, 寅申巳亥 생지(生地)는 양간(陽干)을 쓰고, 子午卯酉 왕지(旺地)와 辰戌丑未 묘지(墓地)는 음간(陰干)을 쓴다.

예를 들어, 申子辰 삼합은 水를 추구하는데, 申은 생지(生地)이므로 지장간(地藏干) 중기(中氣)는 양간(陽干)인 壬水가 되고, 子와 辰은 왕지(旺地)와 묘지(墓地)이므로 지장간(地藏干) 중기(中氣)는 음간(陰干)인 癸水가 된다.

참고로 인오술(寅午戌) 삼합에서 왕지(旺地)인 午의 중기(中氣)에 丁火 대신 己土를 사용한 것은 火의 무한한 확산을 조절하고 음양(陰陽)을 순환할 수 있게 하기 위함이다.

③ 지장간(地藏干)의 말기(末氣)

지장간(地藏干)의 말기(末氣)는 해당 지지(地支)의 오행(五行)과 음양(陰陽)이 같은 천간(天干)을 쓴다.

예를 들어, 寅은 양(陽)의 木이므로 寅의 지장간(地藏干) 말기(末氣)는 木의 양간(陽干)인 甲이 되고, 卯는 음(陰)의 木이므로 卯의 지장간(地藏干) 말기(末氣)는 木의 음간(陰干)인 乙이 된다.

※ 지장간(地藏干) 암기법

地支	지장간(地藏干)	암기 방법
子	壬, 癸, 癸	子야! 壬선생 癸시냐?
丑	癸, 辛, 己	丑선생도 癸 申 己요.
寅	戊, 丙, 甲	寅간이 戊 丙 장수하려고 꼴甲을 떤다.
卯	甲, 乙, 乙	卯한 것은 甲돌이가 乙지로에 있는 것.
辰	乙, 癸, 戊	辰한 맛乙 내려면 癸란에 戊즙을 넣어.
巳	戊, 庚, 丙	巳戊라이가 庚찰에게 맞아 丙원에 갔다.
午	丙, 己, 丁	午마담이 丙이 난 것은 己丁사실이다.
未	丁, 乙, 己	未우면 고운 丁乙 己대하지 마라.
申	戊, 壬, 庚	申사가 戊壬승차하면 庚찰에게 맞는다.
酉	庚, 辛, 辛	酉리하게 庚辛하라.
戌	辛, 丁, 戊	戌은 辛丁에 戊적 먹는다.
亥	戊, 甲, 壬	亥 저戊는 甲판에서 壬 그리워 운다.

지장간(地藏干)의 사령기간(司令期間)

　지장간(地藏干)의 사령기간(司令期間)이란 해당 지지(地支)의 기간 동안 지장간(地藏干)의 초기(初氣), 중기(中氣), 말기(末氣)가 각각 담당하는 일수를 의미한다.

1. 생지(生地)의 사령기간

　생지(生地)에 해당하는 寅, 申, 巳, 亥 월은 30일을 기준으로 초기(初氣) 7일, 중기(中氣) 7일, 말기(末氣) 16일로 구성된다.

　예를 들어, 인월(寅月)은 입춘(立春)부터 7일 동안은 초기(初氣)인 戊土가 사령하고, 다음 7일 동안은 중기(中氣)인 丙火가 사령하며, 나머지 16일 동안은 말기(末氣)인 甲木이 사령한다.

2. 왕지(旺地)의 사령기간

　왕지(旺地)에 해당하는 子, 午, 卯, 酉 월은 30일을 기준으로 초기(初氣), 중기(中氣), 말기(末氣)의 사령기간이 각각 10일로 균등하게 분배된다.

　예를 들어, 자월(子月)에서는 초기(初氣)인 10일 동안은 壬水가, 중기(中氣)인 10일과 말기(末氣)인 10일 동안은 癸水가 사령한다.

3. 묘지(墓地)의 사령기간

　묘지(墓地)에 해당하는 辰, 戌, 丑, 未 월은 30일을 기준으로 초기(初氣) 9일, 중기(中氣) 3일, 말기(末氣) 18일로 구성된다. 묘지(墓地)의 초기(初氣)는 전월이 왕지(旺地)이기 때문에 기운이 강하게 작용한다. 중기(中氣)는 묘지(墓地)가 노인과 같아 사회생활에 해당하는 중기(中氣)가 짧고 약하게 나타난다.

　예를 들어, 진월(辰月)의 경우, 초기(初氣)인 9일 동안은 乙木이 사령하고, 중기(中氣)인 3일 동안은 癸水가 사령하며, 말기(末氣)인 18일 동안은 戊土가 사령한다.

지장간(地藏干)의 개고(開庫)

1. 지장간(地藏干) 개고(開庫)의 정의

지장간(地藏干)은 사주 내 지지(地支) 속에 감춰진 기운으로, 겉으로 드러나지 않는 잠재된 능력이나 속마음을 상징한다. 이러한 지장간(地藏干)은 외부로 드러나야만 활용할 수 있는 기운으로서, 형(刑)이나 충(沖) 등 외부의 자극이나 특정 조건에 의해 비로소 드러나게 된다. 지지(地支) 속에 감춰진 기운이 드러나는 것을 개고(開庫)라 하며, 개고(開庫)가 이루어지면 지장간(地藏干)이 천간(天干)으로 작용하여 마음이나 생각, 감정으로 표현된다.

2. 개고(開庫)의 발생 조건

지지(地支)가 형(刑)이나 충(沖)을 받을 때 지장간(地藏干)이 개고(開庫)되어 외부로 드러난다. 예를 들어, 지지(地支)에 寅이 있고 운(運)에서 申이 오면 寅과 申이 충(沖)하면서 지지(地支) 寅 속에 감춰진 지장간(地藏干) 戊丙甲이 개고(開庫)되어 드러난다. 또한 지지(地支)에 寅과 申이 있고 운(運)에서 巳가 오면 寅巳申 삼형살(三刑殺)을 이루어 寅의 지장간(地藏干) 戊丙甲과 申의 지장간(地藏干) 戊壬庚이 개고(開庫)되어 외부로 드러난다.

3. 개고(開庫)의 작용과 변화

개고(開庫)가 발생하면 지장간(地藏干)이 천간(天干)의 역할을 하게 되며, 숨겨져 있던 내면의 생각이나 마음이 드러난다. 개고(開庫)로 인해 드러난 지장간(地藏干)은 사주 내 다른 천간(天干)과 상호 작용을 하여 합(合)을 이루거나 충돌하기도 한다.

예를 들어, 지지(地支)에 寅이 있고 운(運)에서 申이 오면 寅과 申이 충(沖)하면서 지지(地支) 寅 속에 감춰진 지장간(地藏干) 戊丙甲이 드러난다. 이때 사주의 천간(天干)에 癸가 있으면 드러난 戊와 무계합(戊癸合)을 이루어 지지(地支) 환경이 변하게 된다.

기존 지장간(地藏干) 이론 검토

1. 기존 지장간(地藏干) 정의

기존 이론에서는 지장간(地藏干)을 지지(地支) 속에 감춰진 우주의 기운, 즉 지지(地支) 속에 숨겨진 천간(天干)으로 정의한다. 지지(地支) 속에는 오직 지장간(地藏干)에 해당하는 특정 천간(天干)만이 존재한다고 보는 것이다. 지장간(地藏干)은 각 지지(地支)마다 초기(初氣), 중기(中氣), 말기(末氣)로 구성된 세 개의 천간(天干)으로 이루어진다.

2. 기존 지장간(地藏干)의 발현 조건

기존 이론에서 사주 원국의 지지(地支) 속에 있는 지장간(地藏干)은 평소에는 그 기운이 외부로 드러나지 않지만, 운(運)에서 오는 지지(地支)와 형(刑)이나 충(沖)이 발생하면 지장간(地藏干)이 개고(開庫)되어 외부로 드러나 천간(天干)처럼 작용한다.

3. 기존 지장간(地藏干) 정의 오류

지지(地支) 속에는 지장간(地藏干)에 해당하는 천간(天干)뿐만 아니라, 모든 천간(天干)이 각기 다른 형태로 존재한다고 보는 것이 사주명리학(四柱命理學)의 기준인 자연의 법칙에 더 부합한다. 예를 들어, 봄의 시작인 인월(寅月)에는 지장간(地藏干)인 무병갑(戊丙甲)뿐만 아니라, 甲에서 癸까지 열 가지 천간(天干)이 각각 다른 모습으로 존재한다고 보는 것이 합리적이다. 다시 말해, 나무(甲木)는 특정 시기에만 존재하는 것이 아니라 모든 계절에 존재하며, 봄의 나무(甲木)와 가을의 나무(甲木)가 다르듯 각기 다른 모습으로 존재하는 것이다.

따라서 기존 지장간(地藏干) 이론은 자연의 법칙에 부합하지 않으며, 이를 사주 풀이에 적용하면 상황에 따라 해석이 달라져 일관성을 잃고 신뢰도 또한 떨어지게 된다. 이러한 지장간(地藏干) 이론의 오류는 통근(通根), 투출(透出), 신강(身强)과 신약(身弱), 억부용신(抑扶用神), 격국(格局) 등 파생 이론에도 연쇄적인 오류를 일으킨다.

지장간(地藏干) 이론의 재해석

1. 지장간(地藏干)의 정의

새로운 이론에서는 지장간(地藏干)이 지지(地支) 속에 감춰져 있는 천간(天干)이 아니라, 지장간(地藏干) 초기(初氣)는 앞에 있는 지지(地支)의 기운, 지장간(地藏干) 중기(中氣)는 해당 지지(地支)의 삼합(三合)의 기운, 지장간(地藏干) 말기(末氣)는 해당 지지(地支)의 기운으로만 본다.

2. 지장간(地藏干)의 구성 및 역할

① 초기(初氣)

초기(初氣)는 지장간(地藏干)에서 첫 번째 글자로, 앞에 있는 지지(地支)의 오행(五行)을 나타낸다. 이는 앞 계절의 기운이 다음 계절로 자연스럽게 이어지도록 하여, 각 계절 간의 연속성을 나타낸다.

예를 들어, 寅의 지장간(地藏干)인 戊丙甲에서 초기(初氣)인 戊土는 앞에 있는 지지(地支)인 丑의 오행(五行)을 계승하여 土로 나타낸다. 이는 곧 丑의 성질이 寅으로 이어짐을 의미한다. 마찬가지로 卯의 지장간(地藏干) 甲乙乙의 초기 甲木은 앞 지지(地支)인 寅의 오행(五行)을 계승하여 木으로 나타내며, 이렇게 하여 寅의 성질이 卯로 자연스럽게 이어진다.

② 중기(中氣)

지장간 중기(中氣)는 가운데에 위치한 글자로, 해당 지지(地支)가 속한 삼합(三合) 오행(五行)을 나타내며, 이는 사회적 활동을 나타내는 요소이다. 중기(中氣)는 한 사람의 대인관계나 직업적 성향, 사회적 역할, 취미 활동 등 사회적 관계에서 표현되는 특성을 나타낸다.

예를 들어, 申의 지장간(地藏干) 중기(中氣) 壬水는 申子辰 삼합(三合)의 사회적 활동이 水의 기운임을 나타내며, 마찬가지로 巳의 지장간(地藏干) 중기(中氣) 庚金은 巳酉丑 삼합(三合)의 사회적 활동이 金의 기운임을 나타낸다.

③ 말기(末氣)

말기(末氣)는 지장간(地藏干)의 마지막 글자로, 해당 지지(地支)의 오행(五行)과 음양(陰陽)을 나타낸다. 말기(末氣)는 그 지지(地支)를 대표하는 기운이며, 다음 지지(地支)로 이어지는 연결고리 역할을 한다.

예를 들어, 亥의 지장간(地藏干) 말기(末氣)는 壬水로, 亥가 수행(水行)에 속하며 양(陽)의 속성을 띤다는 점을 나타낸다. 또한 亥의 지장간(地藏干) 말기(末氣) 壬水는 다음에 오는 지지(地支) 子의 지장간(地藏干) 壬癸癸의 초기(初氣)가 된다.

3. 지장간(地藏干) 이론의 재해석에 따른 기대효과

새로운 이론에서 지장간(地藏干)은 초기(初氣)·중기(中氣)·말기(末氣)의 기운을 각각 앞의 지지(地支)의 기운, 삼합(三合)의 기운, 그리고 해당 지지(地支)의 기운으로 본다. 이러한 해석은 지지(地支) 속에는 모든 천간(天干)이 각기 다른 형태로 존재함에도 불구하고 특정 천간(天干)만 존재한다고 보던 기존 지장간(地藏干) 이론의 논리적 모순과 복잡성을 해소할 뿐만 아니라, 해석의 기준을 명확히 하여 누구나 같은 원리에 따라 일관되게 적용할 수 있도록 한다. 이러한 체계적인 접근은 자연의 법칙에 어긋나는 지장간(地藏干)의 해석 오류를 바로 잡아 상담자의 주관적 해석 차이를 줄이고, 상담 결과의 신뢰도를 높일 수 있다. 나아가 사주명리학(四柱命理學)이 점술이 아닌 논리적이고 합리적인 학문으로 자리매김하는 데에도 기여할 것이다.

제9장

24절기(節氣)란

24절기(節氣)의 개요

1. 24절기(節氣)의 정의

24절기(節氣)는 중국 주(周)나라 시대 화북 지방에서 농사와 생활 리듬을 조절하기 위해 만들어진 것으로, 태양의 움직임과 거의 일치하여 양력(陽曆)에 가깝다. 천문학적으로 태양의 황경(黃經: 태양이 1년 동안 지나는 경로)이 0°일 때를 춘분(春分)으로 삼고, 이후 15° 이동할 때마다 청명(淸明), 곡우(穀雨) 등으로 구분하여 총 24개의 절기(節氣)로 나누는 것이다.

황경(黃經)이 0°는 춘분(春分), 90°는 하지(夏至), 180°는 추분(秋分), 270°는 동지(冬至)를 의미한다. 절기력(節氣曆)에서는 1년을 봄, 여름, 가을, 겨울의 사계절로 나누고, 각 계절을 다시 6등분 하여 한 달에 두 개의 절기(節氣)를 배치한다. 이 절기(節氣)의 명칭은 태양의 움직임에 따른 농경 사회의 기상(氣象) 및 동식물의 변화를 반영하고 있다.

2. 절기(節氣), 명리학(命理學)의 기준력(基準曆)

① 절기(節氣)는 명리학(命理學)에서 년, 계절, 월의 기준

명리학(命理學)에서는 절기력(節氣曆)을 기준력(基準曆)으로 사용한다. 양력(陽曆)이나 음력(陰曆)이 아닌 절기력(節氣曆)을 기준으로 하여 년, 계절, 월의 변화를 구분한다. 절기력(節氣曆)에서 입춘(立春)은 새해의 시작을 나타내는 중요한 기준이 된다. 입춘(立春)은 양력(陽曆)으로 2월 4일경이며, 입춘(立春)을 기준으로 한 해의 띠와 간지(干支)가 바뀐다. 24절기(節氣) 중에서 12절기(節氣)는 월(月)이 바뀌는 기준이 된다.

예를 들어, 2026년 병오년(丙午年)은 2026년 2월 4일 입춘일(立春日)에 시작된다. 따라서 2026년 2월 3일 이전에 태어난 아이는 을사년(乙巳年) 뱀띠에 해당하고, 2026년 2월 4일 이후에 태어난 아이는 병오년(丙午年) 말띠생이다.

따라서 양력(陽曆)이나 음력(陰曆)으로 새해가 되었더라도, 입춘일(立春日) 이전이면 년의 간지(干支)와 띠는 바뀌지 않으며, 입춘일(立春日)부터 간지(干支)와 띠가 바뀐다.

대운(大運)이 바뀌는 나이를 나타내는 대운수(大運數)는 생일에서 다가오는 절기(節氣) 또는 지나간 절기(節氣)까지의 기간을 3으로 나누어 산출한다.

3. 태양력(太陽曆)과 태음력(太陰曆)

① 태양력(太陽曆)은 지구의 태양 공전 주기를 기준으로 한 달력이다. 지구의 태양 공전 주기는 365.2422일로, 이를 기준으로 1년을 365일로 정한다. 다만 실제 주기보다 매년 약 1/4일이 부족하므로, 이를 보정하기 위해 4년마다 한 번씩 2월을 29일로 하는 윤년을 둔다.

② 태음력(太陰曆)은 달의 지구 공전 주기를 기준으로 한다. 달의 공전 주기는 29.53일이며, 이를 기준으로 한 달을 29일과 30일로 나눈다. 실제 태양 공전 주기인 365.2422일보다 한 해에 약 10일이 부족하므로, 이를 보정하기 위해 2~3년에 한 번씩 윤달을 둔다.

계절별 절기(節氣)

1. 봄(春)의 절기(節氣)

① 입춘(立春)은 봄의 첫 번째 절기(節氣)로 양력으로 2월 4일경이며, 봄의 시작을 알린다. 입춘(立春)이 지나면 따뜻한 바람이 불기 시작하며, 만물이 서서히 생기를 되찾는다.

② 우수(雨水)는 양력으로 2월 19일경이며, 봄비가 내리면서 얼어붙었던 대지가 녹고 새싹이 움트는 시기이다.

③ 경칩(驚蟄)은 양력으로 3월 6일경이며, 겨울잠을 자던 개구리와 곤충들이 깨어나 본격적으로 생명이 움직이기 시작한다.

④ 춘분(春分)은 양력으로 3월 21일경이며, 낮과 밤의 길이가 같아지는 시기이다. 낮이 점점 길어지며, 날씨는 따뜻해진다.

⑤ 청명(淸明)은 양력으로 4월 5일경이며, 하늘이 맑아지고 농사를 준비하기에 적합한 시기이다.

⑥ 곡우(穀雨)는 봄의 마지막 절기로 양력으로 4월 20일경이며, 농작물에 유익한 비가 내리며 본격적인 농사의 시작을 알린다.

2. 여름(夏)의 절기(節氣)

① 입하(立夏)는 여름의 첫 절기(節氣)로 양력으로 5월 5일경이며, 여름의 시작을 알리는 시기이다. 이때부터 기온이 점차 상승하며 여름의 기운이 감돌기 시작한다.

② 소민(小滿)은 양력으로 5월 21일경이며, 이 시기에는 곡식의 이삭이 차오르기 시작하며 초여름의 느낌이 강해진다.

③ 망종(芒種)은 양력으로 6월 5일경이며, 논밭에 씨를 뿌리기 적합한 시기이다. 농부들은 바쁜 농사일을 시작한다.

④ 하지(夏至)는 양력으로 6월 21일경이며, 1년 중 낮이 가장 길고 밤이 가장 짧은 날

이다. 여름이 본격적으로 시작된다.

⑤ 소서(小暑)는 양력으로 7월 7일경이며, 본격적인 더위의 시작을 알린다.

⑥ 대서(大暑)는 양력으로 7월 23일경이며, 1년 중 가장 더운 시기로 불볕더위가 극에 달한다.

3. 가을(秋)의 절기(節氣)

① 입추(立秋)는 가을의 첫 절기로 양력으로 8월 7일경이며, 가을의 시작을 알린다. 이 시기부터 날씨가 점차 선선해지고 농작물을 수확하기 위한 준비가 시작된다.

② 처서(處暑)는 양력으로 8월 23일경이며, 더위가 완전히 물러가며 가을의 기운이 본격적으로 느껴지는 시기이다.

③ 백로(白露)는 양력으로 9월 7일경이며, 밤이 서늘해지며 이슬이 맺히는 때이다. 이는 가을이 깊어지고 있음을 나타낸다.

④ 추분(秋分)은 양력으로 9월 22일경이며, 낮과 밤의 길이가 같아지는 시기이다. 밤이 점점 길어지며 서늘함이 짙어진다.

⑤ 한로(寒露)는 양력으로 10월 8일경이며, 찬 이슬이 내리는 시기로, 수확이 절정에 이른다.

⑥ 상강(霜降)은 가을의 마지막 절기로 양력으로 10월 23일경이며, 서리가 내리며 겨울의 징조가 보이기 시작한다.

4. 겨울(冬)의 절기(節氣)

① 입동(立冬)은 겨울의 첫 번째 절기로 양력으로 11월 7일경이며, 겨울의 시작을 알린다. 이 시기부터 기온이 낮아지고 추위가 본격화된다.

② 소설(小雪)은 양력으로 11월 22일경이며, 이른 겨울에 첫눈이 내리기 시작한다.

③ 대설(大雪)은 양력으로 12월 7일경이며, 눈이 많이 내리는 때로 겨울의 기운이 짙어진다.

④ 동지(冬至)는 겨울의 한가운데인 양력으로 12월 21일경이며, 1년 중 밤이 가장 길고

낮이 가장 짧은 날이다. 이 시기를 기점으로 점차 낮이 길어지며 새로운 한 해를 준비한다.

⑤ 소한(小寒)은 양력으로 1월 5일경이며, 겨울의 본격적인 추위를 나타낸다.

⑥ 대한(大寒)은 마지막 절기로 양력으로 1월 20일경이며, 1년 중 가장 추운 시기로, 계절의 끝을 알린다.

계절(季節)	절기(節氣)	대강의 날짜	의미
봄(春)	입춘(立春)	양력 2월 4일	寅月, 봄의 시작
	우수(雨水)	양력 2월 19일	봄비가 내리고 싹이 튼다
	경칩(驚蟄)	양력 3월 6일	卯月, 개구리, 벌레가 겨울잠에서 깸
	춘분(春分)	양력 3월 21일	낮이 길어지기 시작한다
	청명(淸明)	양력 4월 5일	辰月, 봄 농사를 준비한다
	곡우(穀雨)	양력 4월 20일	농사를 위한 비가 내린다
여름(夏)	입하(立夏)	양력 5월 5일	巳月, 여름의 시작
	소만(小滿)	양력 5월 21일	본격적으로 농사를 시작한다
	망종(芒種)	양력 6월 5일	午月, 씨 뿌리는 시기
	하지(夏至)	양력 6월 21일	낮이 가장 긴 시기
	소서(小暑)	양력 7월 7일	未月, 본격적인 무더위의 시작
	대서(大暑)	양력 7월 23일	더위가 가장 심한 시기
가을(秋)	입추(立秋)	양력 8월 7일	申月, 가을의 시작
	처서(處暑)	양력 8월 23일	더위가 물러간다
	백로(白露)	양력 9월 7일	酉月, 이슬이 내리기 시작한다
	추분(秋分)	양력 9월 22일	밤이 길어지기 시작한다
	한로(寒露)	양력 10월 8일	戌月, 찬 이슬이 내리기 시작한다
	상강(霜降)	양력 10월 23일	서리가 내리기 시작한다
겨울(冬)	입동(立冬)	양력 11월 7일	亥月, 겨울의 시작
	소설(小雪)	양력 11월 22일	눈이 내리기 시작한다
	대설(大雪)	양력 12월 7일	子月, 많은 눈이 내린다
	동지(冬至)	양력 12월 21일	밤이 가장 긴 시기
	소한(小寒)	양력 1월 5일	丑月, 본격적인 추위의 시작
	대한(大寒)	양력 1월 20일	추위가 가장 심한 시기

제10장

간지(干支)란

간지(干支)의 개요

1. 간지(干支)의 정의

간지(干支)는 하늘의 기운을 상징하는 천간(天干)과 땅의 기운을 상징하는 지지(地支)가 결합한 것이다. 천간(天干)과 지지(地支)의 결합이므로 생각이나 마음과 현실이나 환경의 관계를 나타낸다. 간지(干支)는 음양(陰陽)이 같은 천간(天干)과 지지(地支)로 이루어지며, 사주명리학(四柱命理學)에서 사주팔자(四柱八字)와 운(運)은 간지(干支)로 구성된다.

2. 간지(干支) 구성 원리와 체(體), 용(用)의 차이

간지(干支)는 음양(陰陽)이 같은 천간(天干)과 지지(地支)로 구성된다. 음(陰)의 천간(天干)은 음(陰)의 지지(地支)와 짝을 이루고, 양(陽)의 천간(天干)은 양(陽)의 지지(地支)와 짝을 이룬다.

간지(干支)는 천간(天干)과 지지(地支)의 겉모습인 체(體)에 해당하고, 실제 사용하는 용도는 용(用)에 해당한다. 대부분 겉모습인 체(體)와 용도인 용(用)이 같지만, 巳午火와 亥子水의 경우 체(體)와 용도인 용(用)이 다르다. 巳午火와 亥子水는 간지(干支)를 연결할 때와 사용할 때 음양(陰陽)의 속성이 다르게 적용된다. 겉모습인 체(體)로서 간지(干支)를 연결할 때는 子와 午가 양(陽)으로 취급되지만, 실제 사용하는 용도인 용(用)으로는 음(陰)으로 작용한다. 반대로 巳와 亥는 간지(干支) 연결 시에는 음(陰)으로 취급되지만, 사용할 때는 계절의 시작에 해당하여 양(陽)으로 작용한다. 참고로 사용할 때 지지(地支)의 오행(五行)과 음양(陰陽)은 지장간(地藏干) 말기(末氣)로 알 수 있는데, 子와 午의 지장간(地藏干) 말기(末氣)는 癸와 丁으로 음간(陰干)이고, 巳와 亥의 지장간(地藏干) 말기(末氣)는 丙과 壬으로 양간(陽干)이다.

3. 사주명리학(四柱命理學)에서 운명(運命)은 간지(干支)로 표현

사주명리학(四柱命理學)에서 사주팔자(四柱八字)와 운(運)은 간지(干支)로 표현된다. 사주팔자(四柱八字)는 그 사람이 태어난 해, 월, 일, 시에 해당하는 간지(干支)다. 대운(大運)은 사람마다 다른 고유의 간지(干支)이지만, 년운(年運)은 매년, 월운(月運)은 매월, 일운(日運)은 매일, 시운(時運)은 2시간마다 누구에게나 공통으로 찾아오는 간지(干支)다.

4. 간지(干支)의 의미

간지(干支)는 천간(天干)이 처한 환경을 보여 주며, 이를 통해 천간의 상태를 알 수 있다. 예를 들어 천간(天干)이 甲이고 지지(地支)가 寅이면 봄의 甲木으로 기운이 왕성하지만, 천간(天干)이 甲이고 지지(地支)가 申이면 가을의 甲木으로 기운이 쇠약하다. 이처럼 간지(干支)를 통해 천간(天干)이 어떤 현실과 환경 속에 있는지를 이해할 수 있다.

육십간지(六十干支)

1. 육십간지(六十干支)의 개요

육십간지(六十干支)는 10개의 천간(天干)과 12개의 지지(地支)가 천간(天干)의 순서와 지지(地支)의 순서에 따라 결합하여 간지(干支)를 이루는 주기이다. 첫 번째 간지(干支)인 甲子부터 마지막 간지(干支)인 癸亥까지 차례로 이어지며, 모든 간지(干支)는 60회를 주기로 순환하여 육십간지(六十干支)라 한다.

2. 회갑(回甲)

육십간지(六十干支)의 주기를 사람의 생애와 연결해, 태어난 해의 간지(干支)가 다시 돌아오는 해를 회갑(回甲)이라 부르며, 이는 인생의 새로운 시작과 같은 의미로 받아들여져 전통적으로 축하를 받는다.

※ 육십간지(六十干支) 표

1	2	3	4	5	6	7	8	9	10
甲子	乙丑	丙寅	丁卯	戊辰	己巳	庚午	辛未	壬申	癸酉
11	12	13	14	15	16	17	18	19	20
甲戌	乙亥	丙子	丁丑	戊寅	己卯	庚辰	辛巳	壬午	癸未
21	22	23	24	25	26	27	28	29	30
甲申	乙酉	丙戌	丁亥	戊子	己丑	庚寅	辛卯	壬辰	癸巳
31	32	33	34	35	36	37	38	39	40
甲午	乙未	丙申	丁酉	戊戌	己亥	庚子	辛丑	壬寅	癸卯
41	42	43	44	45	46	47	48	49	50
甲辰	乙巳	丙午	丁未	戊申	己酉	庚戌	辛亥	壬子	癸丑
51	52	53	54	55	56	57	58	59	60
甲寅	乙卯	丙辰	丁巳	戊午	己未	庚申	辛酉	壬戌	癸亥

간지(干支) 찾기와 활용법

1. 출생년도(出生年度) 간지(干支) 찾기

출생년도(出生年度)에서 기준년도(基準年度)인 1923년 또는 1983년을 뺀 후, 육십간지(六十干支) 표에서 해당 번호를 찾아 확인하는 방식이다.

예를 들어, 1955년생이라면 1923을 빼고 남은 32라는 숫자를 육십간지(六十干支) 표에서 찾아 乙未를 확인할 수 있다. 마찬가지로 2025년생이라면 1983을 빼고 남은 42라는 숫자를 육십간지(六十干支) 표에서 찾으면 乙巳임을 알 수 있다.

2. 특정 나이 간지(干支) 찾기

특정 나이의 간지(干支)를 찾기 위해서는 출생년도(出生年度)에서 기준년도(基準年度)를 뺀 다음 현재 나이를 더하여 육십간지(六十干支) 번호를 찾는 방식을 쓴다.

예를 들어, 1900년생의 20세 간지(干支)를 찾으려면, 1900에서 1863을 빼고 만 나이 19를 더하면 나오는 56을 육십간지(六十干支) 표에서 찾으면 己未이다. 따라서 1900년생의 20세 간지(干支)는 己未이다.

3. 간지(干支)로 출생년도(出生年度) 찾기

간지(干支)를 알고 있다면 출생년도(出生年度)를 알 수 있다. 예를 들어, 을유(乙酉)년생이라면 육십간지(六十干支) 표에서 22번째이므로, 기준년도(基準年度) 1923년 또는 1983년에 22를 더하여 1945년생 또는 2005년생임을 확인할 수 있다.

체(體)와 용(用)

1. 체(體)와 용(用)의 개념

체(體)는 사물의 근본 바탕을 의미하며, 이는 고정된 기본적인 자질로서 기능을 한다. 체(體)는 흔들리지 않는 안정된 기반을 의미하며, 건물, 머리, 외관, 이론, 가족에 해당한다. 반면 용(用)은 근본 바탕을 실제로 활용하는 방식이다. 용(用)은 용도, 손발, 쓰임새, 응용, 회사에 해당한다. 사주 원국이나 대운(大運)은 개인의 고유한 자질이므로 체(體)로 볼 수 있고, 매년 변하는 년운(年運)이나 월운(月運), 일운(日運), 시운(時運)은 그 자질을 어떻게 활용할지에 해당하는 용(用)이다.

2. 체(體) 중심설

체(體) 중심설은 튼튼한 기반이 되어야 용(用)을 잘 사용할 수 있다고 주장한다. 예를 들어, 사람이 몸이 튼튼해야 손발을 잘 활용하여 일할 수 있는 것처럼, 기초적 자질과 기반이 단단할 때 활용 가능성도 커진다는 뜻이다.

3. 용(用) 중심설

용(用) 중심설은 주어진 체(體)가 아무리 좋아도 이를 적절하게 활용하지 못하면 빛을 발할 수 없다고 본다. 예를 들어, 체격이 좋다 해도 체격에 맞는 운동이나 활동을 해야 진정한 능력이 발휘될 수 있으며, 건물이 아무리 좋아도 용도에 맞게 사용해야 빛을 발할 수 있다.

4. 체(體)와 용(用)의 균형

사주명리학(四柱命理學)에서 사주(四柱)는 변하지 않는 자질과 특성을 담은 체(體)를, 세운(歲運)은 그 자질을 어떻게 발휘할지를 결정하는 용(用)을 의미하므로 사주(四柱)와 세운(歲運)이 조화를 이뤄야 편안하고 행복한 삶을 살 수 있다.

제11장

사주팔자(四柱八字)란

사주팔자(四柱八字)의 개요

1. 사주팔자(四柱八字)의 정의

사주팔자(四柱八字)는 사람이 태어난 년, 월, 일, 시를 네 개의 간지(干支)로 표시한 것이다. 남자의 사주(四柱)는 건명(乾命) 또는 남명(男命)이라 하고, 여자의 사주(四柱)는 곤명(坤命) 또는 여명(女命)이라 부른다. 사주팔자(四柱八字)는 사람이 태어날 때 받은 우주의 기운으로 명(命)이라 하며, 그 사람의 타고난 자질과 성향을 나타낸다. 마치 각기 다른 크기와 종류의 그릇처럼, 사람마다 다른 성향과 자질을 갖게 된다. 이처럼 그 사람의 그릇의 크기와 종류는 사주팔자(四柱八字)에서 결정된다.

2. 사주팔자(四柱八字)의 역할

사주팔자(四柱八字)는 그 사람이 태어나는 순간에 받은 기운이므로, 한번 정해진 사주팔자(四柱八字)는 변하지 않는다. 시간이 지나고 운(運)이 바뀌더라도 사주팔자(四柱八字)의 기운은 그대로 유지된다. 사주팔자(四柱八字)에서 타고난 기운 중 가장 두드러진 자질을 '격(格)'이라 한다. 격(格)을 잘 쓰면서 살 수 있다면, 타고난 자질을 잘 사용하면서 사는 것이니 편안하고 행복할 것이다.

3. 사주팔자(四柱八字)의 활용

사주팔자(四柱八字)에서 어떤 자질을 어떻게 활용할지는 운(運)에 따라 달라지며, 운(運)에 따라 자질이 발휘되기도 하고 제약을 받기도 한다. 조그만 그릇으로 태어난 사람은 운(運)에서 조그만 그릇을 사용할 환경이 오면 편안하고 행복하지만, 큰 그릇을 사용할 환경이 오면 불편하고 불행한 것이다. 반대로 큰 그릇으로 태어난 사람은 운(運)에서 큰 그릇을 사용할 환경이 오면 편안하고 행복하지만, 조그만 그릇을 사용할 환경이 오면 불편하고 행복하지 못하다. 아무리 좋은 품종의 꽃나무라도 운(運)에서 봄이 오지 않으면 꽃을 피우지 못하는 것처럼, 아무리 좋은 자질을 타고났더라도 운(運)이 따르지 않으면 그 자질을 발휘할 수 없는 것이다.

4. 사주팔자(四柱八字)의 구성

사주(四柱)는 천간(天干)과 지지(地支)로 이루어진 총 네 개의 기둥으로 구성되는데, 이를 년주(年柱), 월주(月柱), 일주(日柱), 시주(時柱)라고 한다.

① 년주(年柱): 태어난 해를 나타내며, 천간(天干)인 년간(年干)과 지지(地支)인 년지(年支)로 이루어진다.
② 월주(月柱): 태어난 달을 나타내며, 월간(月干)과 월지(月支)로 이루어진다.
③ 일주(日柱): 태어난 날을 나타내며, 일간(日干)과 일지(日支)로 이루어진다.
④ 시주(時柱): 태어난 시간을 나타내며, 시간(時干)과 시지(時支)로 이루어진다.

5. 사주팔자(四柱八字)의 자리별 특성

사주팔자(四柱八字)의 각 기둥은 자리별로 고유한 특성을 보인다. 년지(年支)와 월지(月支)는 지구의 공전을 나타내고, 일지(日支)와 시지(時支)는 지구의 자전을 나타낸다. 년지(年支)는 지구가 태양을 한 바퀴 도는 시간을 나타내며, 월지(月支)는 이를 열두 부분으로 나눈 것이다. 일지(日支)는 지구가 자전을 완료하는 시간이고, 시지(時支)는 이를 다시 열두 부분으로 나눈 것이다.

사주(四柱)는 시간적 선후에 따라 년주(年柱), 월주(月柱), 일주(日柱), 시주(時柱)의 순서로 흐른다. 년주(年柱)와 월주(月柱)는 부모의 지배를 받는 시기이고, 일주(日柱)와 시주(時柱)는 본인이 주도하여 살아가는 시기이다. 특히, 년주(年柱), 월주(月柱)에 있는 기운은 어린 시절부터 작용하므로 인생 전체에 미치는 영향이 크다. 반면, 일주(日柱)와 시주(時柱)에 있는 기운은 부모로부터 독립 이후의 전성기와 노년에 미치는 영향이 크다.

① 년주(年柱)

조상과 뿌리를 상징하며 어린 시절과 터전을 의미한다. 가장 윗사람과의 관계를 나타내고, 인성(印星)과 관련이 깊다.

② 월주(月柱)

부모의 보호 아래 성장하는 시기를 나타내며, 기본 성품과 기질을 형성하는 시기이다. 활동 공간과 직장, 그리고 관성(官星)과 관련이 있다.

③ 일주(日柱)

현재를 나타내며, 자신이 주도하여 살아가는 방식을 나타낸다. 가정과 배우자 관계를 상징하며, 재물 활동을 포함한 재성(財星)과 관련이 있다.

④ 시주(時柱)

미래와 희망을 나타내며, 자녀와의 관계, 그리고 꿈과 목표를 상징한다. 신도, 아랫사람, 일의 결실 등을 포함하고, 말년(末年)의 운세(運世)를 의미한다.

6. 사주팔자(四柱八字)의 종류

이 세상에는 525,600개의 사주팔자(四柱八字)가 존재한다. 육십갑자(六十甲子)를 기준으로 1년 365일에 각각 12개의 시지(時支)가 있으며, 여기에 대운(大運)의 순행(順行)과 역행(逆行)을 더하면 총 525,600가지의 조합이 나온다. 계산식은 60세(육십갑자) × 365(일) × 12(시지) × 2(대운 순행 · 역행) = 525,600이다.

※ 사주팔자(四柱八字)의 자리별 특성

구분	시주(時柱)	일주(日柱)	월주(月柱)	년주(年柱)
초목	실(實), 열매	화(花), 꽃	묘(苗), 싹	근(根), 뿌리
사물	정(貞)	이(利)	형(亨)	원(元)
인생	노년 시절	장년 시절	청년 시절	어린 시절
가족	자식	나(배우자)	부모, 형제	조상, 가풍
직책	부하 직원	자신	중간관리자	사장
조직	아래 자리	내 자리	부서	회사, 단체
계절	겨울	가을	여름	봄
하루	밤	저녁	낮	아침
시간	미래	현재	근접 과거	오래전 과거
공간	입체	면	선	점
집 안	자녀 방	안방	거실	현관
주택	대문 밖, 앞뜰	집, 주방	기둥, 뒤뜰	집터
마을	도로, 노상	우리 집	옆집	동네
국가	방	가정	사회	국가
시사	문화	사회	경제	정치
사람	사족, 생식기	배, 허리	어깨, 흉부	머리, 정신
육신	식상(食傷)	재성(財星)	관성(官星)	인성(印星)

일간(日干)

1. 일간(日干)은 사주(四柱) 해석의 기준

사주(四柱)에서 일간(日干)은 나를 대표하는 기운이자 사주(四柱)를 해석하는 기준이 된다. 일간(日干)은 나의 성격, 내면, 본성을 나타내며, 사주(四柱)의 다른 요소와의 관계를 살피는 출발점이다.

2. 일간(日干)은 십신(十神)을 정하는 기준

일간(日干)을 기준으로 나머지 천간(天干)과의 관계가 십신(十神)으로 정해진다. 일간(日干)과 나머지 천간(天干)과의 생극(生剋)과 음양(陰陽)에 따라 비견(比肩), 겁재(劫財), 식신(食神), 상관(傷官), 정재(正財), 편재(偏財), 정관(正官), 편관(偏官), 정인(正印), 편인(偏印) 등 십신(十神)이 된다.

3. 일간(日干)은 사주 해석의 중심축

년주(年柱)와 월주(月柱)는 주로 어린 시절이나 부모와의 관계를 나타내고, 일주(日柱)와 시주(時柱)는 독립적인 삶과 관계를 나타낸다. 이러한 배경에서 일간(日干)은 나의 자립적 성향을 정의하며, 전체 사주(四柱)의 해석 방향을 결정하는 중심축이 된다.

월지(月支)

1. 월지(月支)는 사주(四柱) 사령부

월지(月支)는 사주를 총괄하는 사령부로서, 사주팔자(四柱八字) 전체에 미치는 영향이 가장 크다. 월지(月支)는 계절에 해당하므로 모든 간지(干支)는 월지(月支)에 따라 모습이 달라진다. 따라서 사주의 강한 기운과 약한 기운은 월지(月支)에 의해 결정된다. 같은 나무라도 봄철 나무와 가을철 나무는 다르고, 같은 태양이라도 여름철 태양과 겨울철 태양은 다르다.

이처럼 월지(月支)는 사주(四柱) 내에서 각 기둥의 기운을 지배하는 통제자 역할을 하므로, 이를 월령(月令)이라고 한다.

2. 천간(天干)에 미치는 지지(地支)의 힘

사주(四柱)의 천간(天干)에 미치는 지지(地支)의 힘은 월지(月支)의 영향력이 가장 크다. 월지(月支) 다음으로 시지(時支), 일지(日支), 년지(年支) 순으로 천간(天干)에 미치는 힘이 강하다. 월지(月支)는 태어난 달에 해당하는 지지(地支)이기 때문에, 계절의 특성을 반영하여 천간(天干)에 직접적인 영향을 미친다. 시지(時支)는 태어난 시간대에 해당하며, 오전, 오후, 저녁, 밤과 같은 시간적 흐름을 나타내므로, 시지(時支)의 기운이 천간(天干)에 미치는 영향력은 월지(月支) 다음으로 크다. 일지(日支)와 년지(年支)는 오늘과 내일, 올해와 내년에 해당하여 음양(陰陽)의 차이가 크지 않으므로 천간(天干)의 모습이 크게 달라지지 않는다.

사주(四柱) 작성법

1. 사주(四柱) 작성의 기본 원칙

① 실제 태어난 시간과 장소

사주(四柱)는 사람이 태어난 시간과 장소에 맞춰 작성해야 한다. 사주(四柱)는 태어난 순간의 자연적 기운을 반영하는 것이므로, 출생 당시의 환경을 정확히 고려하여 작성해야 한다. 예를 들어, 외국에서 태어난 사람의 사주(四柱)는 그 나라의 날짜와 시간을 기준으로 하여, 해당 지역의 자연적 기운을 고려해 작성해야 한다.

② 절기력(節氣曆) 기준

사주(四柱)는 중국 화북 지방에서 농업을 목적으로 개발된 절기력(節氣曆)을 기준으로 한다. 태양의 움직임을 기준으로 하는 절기력(節氣曆)을 기본으로 삼아, 각 시기의 자연적 기운이 사주(四柱)에 적용된다.

③ 시간 보정: 동경시와 실제 시간 차이

우리나라가 사용하는 표준시는 일본 동경을 기준으로 한 동경시(東經時)이다. 하지만 동경시(東經時)와 한국의 실제 시간이 약 30분 차이가 나므로, 사주(四柱) 작성 시 이를 보정해야 한다. 예를 들어, 실제 태어난 시간이 오전 9시 20분인 경우, 사주(四柱)를 작성할 때에는 30분을 빼서 8시 50분으로 적용해 辰時(진시)에 해당하는 시간으로 작성한다. 자정 이후도 마찬가지로 30분을 빼서 실시간에 맞추어 정리한다.

또한, 1988년 서울올림픽 전후 서머타임 실시 기간에 태어난 사람은 서머타임에 해당하는 1시간을 추가로 빼서 보정한다.

2. 사주(四柱)의 시작 기준

① 년(年)의 시작: 입춘(立春)

사주(四柱)에서 새해의 시작은 양력(陽曆) 설이나 음력(陰曆) 설이 아닌 입춘(立春)을 기준으로 한다. 입춘(立春)은 매년 2월 4일 무렵이며, 이는 한 해의 간지(干支)와 띠를 결정하는 기준이 된다.

예를 들어 2026년 출생자라도 입춘(2월 4일) 전에 태어났다면, 2025년도 간지(干支)와 띠를 사용하여 乙巳년 뱀띠에 해당하고, 입춘(2월 4일) 이후에 태어났다면 2026년 간지(干支)와 띠를 사용하여 丙午년 말띠가 된다.

② 월(月)의 시작: 인월(寅月)

사주(四柱)에서 월은 인월(寅月)부터 시작되며, 그 시작일은 입춘(立春)이다. 이를 기준으로 인월(寅月)부터 축월(丑月)까지 각 월에 맞는 간지(干支)가 차례대로 이어진다.

③ 일(日)의 시작: 자시(子時)

사주(四柱)에서 하루의 시작은 자시(子時)로, 자시(子時)는 00:00~01:00와 23:00~24:00 두 번에 걸쳐 나타난다. 이를 구분하기 위해 00:00~01:00를 조자시(朝子時), 23:00~24:00를 야자시(夜子時)라고 한다. 같은 자시(子時)라도, 하루를 시작하는 자시(子時)와 하루를 마감하는 자시(子時)는 다르므로 정확한 시간 적용을 위해 조자시(朝子時)와 야자시(夜子時)로 구분하는 것이다.

3. 사주(四柱)의 각 기둥 정하는 법

① 년주(年柱) 작성법

년주(年柱)는 태어난 해의 천간(天干)과 지지(地支)로 구성된다. 이는 사주팔자(四柱八字)의 첫 번째 기둥이며, 개인의 조상과 근본을 나타낸다. 예를 들어, 2026년은 병오년(丙午年)이므로, 이 해에 태어난 사람의 년주(年柱)는 모두 병오(丙午)가 된다.

② 월주(月柱) 작성법

월주(月柱)는 태어난 달의 천간(天干)과 지지(地支)로 구성된다. 월간(月干)은 년간(年干)의 합화오행(合化五行) 중 양간(陽干)으로 하고, 월지(月支)로는 辰을 쓴다. 진월(辰月)의 월간(月干)이 기준이 되어 월지(月支)에 따라 월간(月干)도 연동되어 바뀐다.

예시) 庚子년 寅월에 태어난 경우 월주(月柱)는?

시주	일주	월주	년주
○	丙	戊	庚
○	○	寅	子

(해석)

庚子년의 월주(月柱)를 정하는 기준은 을경합화(乙庚合化) 金이므로 월간(月干)은 金의 양간(陽干)인 庚이 되고, 월지(月支)는 辰을 써서 월주(月柱)는 庚辰이 기준이 된다. 寅월에 태어났으니 庚辰을 기준으로 하여 연동하면 월주(月柱)는 戊寅이 된다.

③ 일주(日柱) 작성법

일주(日柱)는 태어난 날의 천간(天干)과 지지(地支)로 구성된다. 예를 들어, 갑자일(甲子日)에 태어난 사람의 경우, 일간(日干)은 甲木이고 일지(日支)는 子水로 구성된다.

④ 시주(時柱) 작성법

시주(時柱)는 태어난 시간을 나타내며, 하루를 12시진(時辰)으로 나누어 구성된다. 시간(時干)은 일간(日干)의 합화오행(合化五行) 중 양간(陽干)으로 선택하고, 시지(時支)로는 辰을 사용한다. 진시(辰時)의 시간(時干)이 기준이 되어 시지(時支)에 따라 시간(時干)도 연동되어 바뀐다.

참고로 자시(子時)의 경우, 조자시(朝子時)가 기준이 되고, 야자시(夜子時)의 경우 일주(日柱)는 변하지 않고 시간(時干)만 다음 양간(陽干)으로 바뀌게 된다.

예를 들어, 00:00~01:00에 해당하는 조자시(朝子時)가 己卯일 甲子時였다면, 23:00~24:00에 해당하는 야자시(夜子時)에는 己卯일 丙子時가 되는 것이다.

예시 1) 戊辰일 寅時에 태어난 경우 시주(時柱)는?

시주	일주	월주	년주
O	戊	O	O
寅	辰	O	O

(해석)

戊辰일의 시주(時柱)를 정하는 기준은 무계합화(戊癸合化) 火이므로 시간(時干)은 火의 양간(陽干)인 丙이 되고, 시지(時支)는 辰을 써서 시주(時柱)는 丙辰이 기준이 된다. 戊辰일 寅時에 태어난 경우, 丙辰을 기준으로 하여 연동하면 시주(時柱)는 甲寅이 된다.

예시 2) 丙戌일 23:50에 태어난 경우 시주(時柱)는?

시주	일주	월주	년주
O	丙	O	O
子	戌	O	O

(해석)

丙戌일의 시주(時柱)를 정하는 기준은 병신합화(丙辛合化) 水이므로 시간(時干)은 水의 양간(陽干)인 壬이 되고, 시지(時支)는 辰을 써서 시주(時柱)는 壬辰이 기준이 된다. 丙戌일 23:50에 태어난 경우 야자시(夜子時)에 해당하므로, 시간(時干)에 조자시(朝子時)의 다음 양간(陽干)을 쓴다. 따라서 壬辰을 기준으로 하여 연동하면 조자시(朝子時)의 시주(時柱)는 戊子가 되고, 야자시(夜子時)의 시주(時柱)는 시간(時干)에 다음 양간(陽干)을 써서 庚子가 된다.

제12장

운(運)이란

운(運)의 개요

1. 운(運)의 정의

① 운(運)은 사주(四柱)가 살아가는 환경

운(運)은 사람이 타고난 사주(四柱)가 살아가며 겪어야 할 환경과 여건을 의미한다. 사주(四柱)는 타고난 자질과 성향이므로 변하지 않지만, 운(運)은 외부 환경이므로 시간의 흐름에 따라 끊임없이 변화한다. 따라서 사주(四柱)는 시간이 지남에 따라 변하는 운(運)의 흐름에 영향을 받는다. 예를 들어, 벚나무로 태어날 수도 있고 국화로 태어날 수도 있지만, 벚나무는 봄이 와야 꽃을 피울 수 있고, 국화는 가을이 와야 꽃을 피울 수 있는 것처럼, 사람도 자신의 사주(四柱)와 어울리는 운(運)이 도래해야 타고난 자질을 발휘할 수 있다.

② 운(運)이 사주(四柱)를 지배

사주(四柱)와 운(運)의 관계는 마치 왕과 신하의 관계와 같다. 운(運)은 환경이므로 사주(四柱) 전체를 지배하며, 사주(四柱)는 운(運)의 흐름에 맞추어 살아야 편안하고 행복하다. 예를 들어 사주(四柱)가 자동차라면, 운(運)은 자동차가 달려야 할 도로에 비유될 수 있다. 도로가 험난할 때와 매끄러울 때의 주행 방식이 다르듯이, 사주(四柱)의 자질도 운(運)의 환경에 따라 맞춰 활용되어야 한다. 또한, 사주(四柱)가 자질이라면 운(運)은 사람에게 주어진 시간표와 같다. 국어를 잘하는 학생도 영어 시간에는 영어를 공부해야 하듯, 운(運)의 흐름에 따라야 편안하다.

2. 운(運)의 종류

① 운(運)의 종류 및 주기

- **대운(大運):** 10년 단위로 바뀌며, 개인마다 고유하게 주어지는 운(運)이다.
- **년운(年運):** 매년 바뀌는 운(運)으로, 세운(歲運)이라 불리기도 하며, 모두에게 공통

으로 적용되는 운(運)이다.

- **월운(月運):** 한 달 단위로 바뀌는 운(運)으로, 모든 사람에게 공통으로 적용되는 운 (運)이다.

- **일운(日運):** 매일 바뀌는 운(運)으로, 일진(日辰)이라고도 불리며, 모든 사람에게 공 통으로 적용되는 운(運)이다.

- **시운(時運):** 2시간마다 바뀌는 운(運)으로, 모든 사람에게 공통으로 적용되는 운(運) 이다.

② 다섯 가지 운(運)의 체계

대운(大運) 속에 년운(年運)이, 년운(年運) 속에 월운(月運)이 있으며, 월운(月運) 속에 는 일운(日運)이, 일운(日運) 속에는 시운(時運)이 포함되는 체계이다. 이러한 관계 속에 서 시운(時運)은 일운(日運)과 월운(月運), 년운(年運), 대운(大運)의 영향을 받고, 일운 (日運)은 월운(月運)과 년운(年運), 대운(大運)의 영향을 받는다. 월운(月運)은 년운(年 運), 대운(大運)의 영향을 받고, 년운(年運)은 대운(大運)의 영향을 받는다.

※ 대운(大運) 〉 년운(年運) 〉 월운(月運) 〉 일운(日運) 관계도

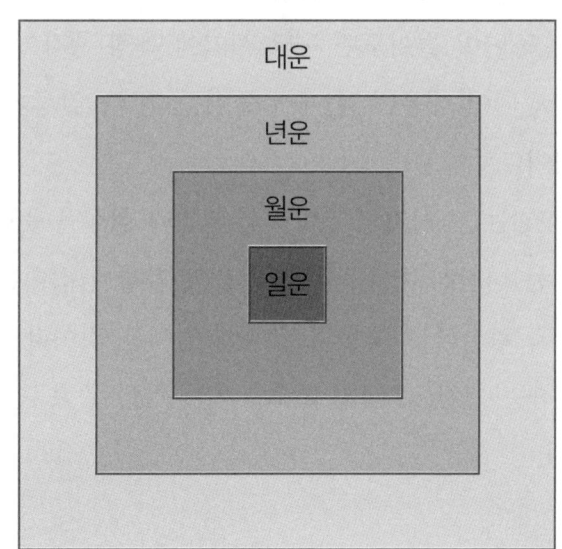

대운(大運)

1. 대운(大運)의 정의

대운(大運)은 10년 단위로 찾아오는 개인의 고유한 운(運)으로, 이 기간 동안에 그 사람의 전반적인 환경을 형성한다. 대운(大運)은 마치 계절과 같아 해당 기간 동안 전체 사주(四柱)에 강력한 영향을 미친다.

대운(大運)은 그 사람에게 주어진 인생의 시간표와 같다. 좋아하는 과목이든 그렇지 않은 과목이든 시간표대로 수업은 진행된다. 시간표에 맞추어 공부하듯이 타고난 사주(四柱)는 대운(大運)에 따라야 한다. 대운(大運)에 맞는 자질을 사용하면 타고난 자질을 제대로 발휘할 수 있어 좋다. 하지만 대운에 맞지 않은 자질을 사용하면 타고난 자질을 발휘할 수 없으니 좋지 않다. 비록 타고난 자질이 아니더라도, 그 시기의 대운(大運)에 맞는 자질을 사용해야 삶이 편안하다. 마치 영어 공부를 잘하는 학생은 영어 시간이 오면 즐겁지만, 국어 시간이 오면 어렵더라도 국어 공부를 해야 하는 것이다.

2. 대운(大運)에서 오는 천간(天干)과 지지(地支)

대운(大運)에서 천간(天干)이 들어오면 해당 시기에 특정 생각이나 마음이 생긴다. 사주(四柱)에 없는 천간(天干)이 대운(大運)에서 들어올 경우, 일상에서 없던 새로운 생각이나 마음이 생기는 것이다.

대운(大運)의 지지(地支)는 그 시기의 전반적인 환경과 현실을 뜻한다. 대운(大運)이 亥子丑이라면 사주(四柱)는 하강하고 수축하는 겨울의 환경에 접어든 것이며, 대운(大運)이 巳午未라면 상승하고 확산하는 여름의 환경에 접어든 것이다. 따라서 대운(大運)이 巳午未에는 상승 확산하는 천간(天干)을 쓰고, 대운(大運)이 亥子丑에는 하강 수축하는 천간(天干)을 써야 한다.

3. 대운(大運)과 사주(四柱)의 상호 작용

대운(大運)은 사주(四柱)와 합(合)하거나 충(沖)할 수 있다. 다섯 번째 대운(大運)의 천간(天干)은 사주(四柱)의 월간(月干)과 합(合)이 되고, 여섯 번째 대운(大運)의 지지(地支)는 월지(月支)와 충(沖)이 된다. 따라서 여섯 번째 대운(大運) 시기인 60세 전후에는 인생에서 큰 변화가 일어날 수 있으며, 기본적인 환경이 바뀔 수 있다. 이는 60세 전후에 직장에서 은퇴하고 지금까지와는 다른 제2의 인생을 사는 것과 같다.

4. 대운(大運)의 흐름과 적용

대운(大運)은 가장 큰 환경으로 계절이 바뀌는 것과 같아, 년운(年運), 월운(月運), 일운(日運)은 모두 대운(大運)의 영향을 받는다.

예를 들어, 대운(大運)이 겨울에 해당하는 亥子丑일 때, 년운(年運)에서 여름에 해당하는 巳午未를 만나더라도 겨울철 속의 따뜻한 날로만 작용할 뿐, 전체적으로 겨울의 기운이 지배한다. 반대로 대운(大運)이 巳午未라면 년운(年運)이 亥子丑이더라도 여름 환경속에서 시원한 날에 해당하는 것이다.

5. 접목대운(椄木大運)

대운(大運)의 지지(地支)가 진술축미(辰戌丑未)일 때 이를 접목대운(椄木大運)이라 부르며, 이는 계절이 바뀌는 환절기에 해당하여 변화가 심하다. 접목대운(椄木大運)의 시기는 마치 고속도로의 인터체인지와 같아, 결혼, 이혼, 직업 변동과 같은 큰 변화가 발생할 수 있으며, 예기치 않은 사건들이 일어나기 쉽다.

6. 대운(大運) 작성 방법

대운(大運)은 월주(月柱)를 기준으로 작성하되, 태어난 사람의 성별(性別)과 년간(年干)의 음양(陰陽)에 따라 순행(順行)하거나 역행(逆行)한다.

① 년간(年干)이 양간(陽干)인 남자와 년간(年干)이 음간(陰干)인 여자의 대운(大運)은

월주(月柱)를 기준으로 미래절(未來節)로 순행(順行)한다. 예를 들어, 년간(年干)이 양간(陽干)인 남자의 경우, 월주(月柱)가 壬戌이라면 대운(大運)은 癸亥부터 시작된다.

② 반대로, 년간(年干)이 음간(陰干)인 남자와 년간(年干)이 양간(陽干)인 여자의 대운(大運)은 월주(月柱)를 기준으로 과거절(過去節)로 역행(逆行)한다. 예를 들어, 년간(年干)이 음간(陰干)인 남자의 경우, 월주(月柱)가 壬戌이라면 대운(大運)은 辛酉부터 시작된다.

예시) 다음 戊戌년 壬戌월생 남자 사주의 대운은?

시주	일주	월주	년주
丙	辛	壬	戊
O	O	戌	戌

(해석)

년간(年干)이 양간(陽干)인 남자이므로 대운(大運)은 월주(月柱) 壬戌을 기준으로 미래절로 순행하여 癸亥부터 시작한다.

庚	己	戊	丁	丙	乙	甲	癸	
午	巳	辰	卯	寅	丑	子	亥	**大運**

7. 대운수(大運數)

① 대운수(大運數) 정의

대운수(大運數)는 각 대운(大運)이 시작되는 나이를 의미한다. 대운(大運)은 10년 마다 바뀌기 때문에, 대운수(大運數)도 10씩 늘어난다. 따라서 대운수(大運數)가 설정된 나이부터 해당 대운(大運)의 기운이 10년간 사주 주인공에게 영향을 미친다.

② 대운수(大運數) 산출 방법

대운수(大運數)는 출생일로부터 가까운 절기(節氣)까지의 일수를 3으로 나누어 계산한다. 남자와 여자의 음양(陰陽)에 따라 순행(順行)과 역행(逆行)으로 구분하여 미래 절기(節氣)나 과거 절기(節氣)까지의 기간을 기준으로 대운수(大運數)를 산출한다.

- 년간(年干)이 양간(陽干)인 남자와 년간(年干)이 음간(陰干)인 여자는 태어난 시점부터 돌아오는 미래절기(未來節氣)까지의 기간을 3으로 나누어 대운수(大運數)를 산출한다.
- 년간(年干)이 음간(陰干)인 남자와 년간(年干)이 양간(陽干)인 여자는 태어난 시점부터 지나간 과거절기(過去節氣)까지의 기간을 3으로 나누어 대운수(大運數)를 산출한다.
- 이때 산출된 값이 1보다 작으면 1로 보고, 나머지는 반올림하여 대운수(大運數)를 결정한다.

예시 1) 1958년 10월 27일에 태어난 남자의 대운수(大運數)는?

(해석)

1958년은 戊戌년으로 년간(年干)이 戊 양간(陽干)인 남자이므로, 대운수(大運數)는 생일(10월 27일)부터 미래 절기인 입동(11월 7일)까지의 기간을 3으로 나눈 값이 된다. 산출 식은 11/3=3.66으로 반올림하면 4가 되므로, 대운수(大運數)는 4이다.

예시 2) 1958년 10월 27일에 태어난 여자의 대운수(大運數)는?

(해석)

1958년은 戊戌년으로 년간(年干)이 戊 양간(陽干)인 여자이므로, 대운수(大運數)는 생일(10월 27일)부터 과거 절기인 한로(10월 8일)까지의 기간을 3으로 나눈 값이 된다. 산출 식은 19/3=6.33으로 반올림하면 6이 되므로, 대운수(大運數)는 6이다.

년운(年運), 월운(月運), 일운(日運), 시운(時運)

1. 년운(年運)

① 년운(年運)의 정의

년운(年運)은 해당 연도의 간지(干支)로 1년간 모든 사람에게 공통으로 적용되는 기운이다. 년운(年運)은 누구에게나 동일하게 영향을 미치지만, 각 사람의 사주(四柱)에 따라 그 작용은 다르게 나타난다.

② 년운(年運)의 기능

년운(年運)은 개인의 사주(四柱)와 대운(大運)에 작용하여, 특정 사건이나 상황이 일어날 가능성을 제시한다. 년운(年運)은 대운(大運)의 범위 내에서만 작용하며, 대운(大運)의 제한을 벗어날 수 없다. 예를 들어, 대운(大運)이 겨울의 기운이라면, 년운(年運)에서 여름이 들어와도 겨울의 차가운 기운을 전체적으로 유지하는 가운데 조금 따뜻한 날씨가 되는 것이다.

③ 년운(年運)이 주는 영향

년운(年運)은 대운(大運)이 포괄하는 기운 안에서 단기적 변화를 일으킨다. 따라서 사람들은 대운(大運)보다 년운(年運)의 영향을 더 빠르게 실감할 수 있으며, 년운(年運)을 통해 한 해 동안의 구체적인 사건과 변화를 경험하게 된다. 예를 들어, 대운(大運)이 어려운 상황일지라도, 년운(年運)이 긍정적인 흐름을 보이면 그해에는 기회를 잡을 가능성이 커지기도 한다.

2. 월운(月運)

월운(月運)은 특정 월(月) 동안 작용하는 기운으로, 해당 월(月)의 간지(干支)를 기준으로 한다. 월운(月運)은 주인공의 사주(四柱)와 대운(大運), 년운(年運)과 연계하여 당해

월(月)의 상황을 결정한다. 월운(月運)은 특정 사건이나 변화를 유도하는 짧은 흐름으로, 대운(大運)과 년운(年運) 내에서 세부적인 영향력을 발휘한다.

3. 일운(日運)

일운(日運)은 하루 동안 작용하는 기운으로, 해당 일(日)의 간지(干支)를 기준으로 한다. 일운(日運)은 주로 하루 중 어떤 일이 발생할지에 대한 예측에 사용된다. 일운(日運)은 사주(四柱)와 대운(大運), 년운(年運), 월운(月運) 속에서 작용하여 사소한 사건에서부터 의미 있는 하루를 만들어 내기도 한다. 예를 들어, 중요한 결정일이나 거래일의 기운을 판단하는 데 도움을 줄 수 있다.

4. 시운(時運)

시운(時運)은 두 시간 단위로 작용하는 기운이며, 해당 시(時)의 간지(干支)를 기준으로 한다. 시운(時運)은 하루 중 특정 시간의 상황을 판단할 때 사용된다. 시운(時運)은 일운(日運)과 월운(月運) 등의 영향을 받으며, 사소한 사건에서부터 특정한 시간대에 일어날 일을 세부적으로 예측하는 데 유용하다.

5. 소운(小運)

소운(小運)은 대운(大運)이 시작되기 전에 적용되는 운(運)으로, 대운(大運)이 시작되기 전의 어린 시절에 해당하는 운(運)이다. 대운수(大運數)가 대운(大運)이 시작되는 나이를 의미한다면, 소운(小運)은 그 이전의 기간에 해당하는 운(運)이다.

소운(小運)은 월주(月柱) 그 자체로 보는데, 이는 대운(大運)이 월주(月柱)에서 시작하기 때문이다.

소운(小運)은 대운(大運)의 준비 단계로, 대운(大運)이 본격적으로 시작되기 전까지 영향을 미치는 중요한 요소이다. 어린 시절의 환경적 기운을 나타내며, 대운(大運)에 들어가기 전까지 초기 성격과 자질 형성에 영향을 준다.

제13장

육친(六親)이란

육친(六親)의 개요

1. 육친(六親)의 정의

육친(六親)은 일간(日干)의 오행(五行)을 기준으로 다른 천간(天干)의 오행(五行)과의 상생(相生)과 상극(相剋) 관계를 개인의 일상적 관계로 변환하여 사주(四柱)와 운(運)을 해석하는 도구이다. 다시 말해, 육친(六親)은 일간(日干)을 기준으로 사주(四柱)와 운(運)의 오행(五行)을 일상적 관계로 변환하는 것이다. 사주(四柱)와 운(運)은 육친(六親)을 통하여 개인별 실제 상담에 적용되기 때문에 육친(六親)을 사주(四柱) 분석의 꽃이라고도 한다.

2. 육친(六親)의 종류

육친(六親)에는 일간(日干)을 포함하여 비겁(比劫), 식상(食傷), 재성(財星), 관성(官星), 인성(印星)이 있다.

① 비겁(比劫)은 일간(日干)과 같은 오행(五行)을 뜻하며, 주로 형제, 자매나 가까운 친구와 같은 관계로 해석된다. 나와 대등하거나 경쟁의 위치에 있는 관계를 상징한다.
② 식상(食傷)은 일간(日干)이 생(生)해 주는 오행(五行)으로, 나의 생각, 감정, 솜씨를 외부로 표현하는 것을 의미한다. 식상(食傷)은 내가 주는 것이므로 내가 하고 싶은 일을 하는 것이다.
③ 재성(財星)은 일간(日干)이 극(剋)하는 오행(五行)으로, 내가 괴롭힐 수 있는 것이다. 재성(財星)은 내가 내 맘대로 주무르고 다룰 수 있는 대상이므로 나의 소유물이나 재산, 또는 관계에서 내 의지를 발휘할 수 있는 부분을 뜻한다.
④ 관성(官星)은 일간(日干)을 극(剋)하는 오행(五行)으로, 나를 억제하고 억누르며 괴롭히는 것이다. 관성(官星)은 나를 통제하고 괴롭히는 것이며, 남이 시키는 일을 하는 것이다.

⑤ 인성(印星)은 일간(日干)을 생(生)해 주는 오행(五行)으로 나에게 주는 것이고, 나를 기쁘게 하는 것이다. 인성(印星)은 나에게 주는 것이니, 나를 지지하고 보호해 주는 것이다.

3. 오행(五行)별 육친(六親)

① 목(木) 일간(日干)의 육친(六親)

일간(日干)이 목행(木行)인 사람은 일간(日干)과 같은 오행(五行)인 木이 비겁(比劫)이고, 일간(日干)이 생(生)하는 火가 식상(食傷)이다. 일간(日干)이 극(剋)하는 土가 재성(財星)이고, 일간(日干)을 극(剋)하는 金이 관성(官星)이며, 일간(日干)을 생(生)하는 水가 인성(印星)이다.

② 화(火) 일간(日干)의 육친(六親)

일간(日干)이 화행(火行)인 사람은 火行과 같은 오행(五行)인 火가 비겁(比劫)이고, 일간(日干)이 생(生)하는 土가 식상(食傷)이다. 일간(日干)이 극(剋)하는 金이 재성(財星)이고, 일간(日干)을 극(剋)하는 水가 관성(官星)이며, 일간(日干)을 생(生)하는 木이 인성(印星)이다.

③ 토(土) 일간(日干)의 육친(六親)

일간(日干)이 토행(土行)인 사람은 土行과 같은 오행(五行)인 土가 비겁(比劫)이고, 일간(日干)이 생(生)하는 金이 식상(食傷)이다. 일간(日干)이 극(剋)하는 水가 재성(財星)이고, 일간(日干)을 극(剋)하는 木이 관성(官星)이며, 일간(日干)을 생(生)하는 火가 인성(印星)이다.

④ 금(金) 일간(日干)의 육친(六親)

일간(日干)이 금행(金行)인 사람은 金行과 같은 오행(五行)인 金이 비겁(比劫)이고, 일간(日干)이 생(生)하는 水가 식상(食傷)이다. 일간(日干)이 극(剋)하는 木이 재성(財星)이고, 일간(日干)을 극(剋)하는 火가 관성(官星)이며, 일간(日干)을 생(生)하는 土가 인성(印星)이다.

⑤ 수(水) 일간(日干)의 육친(六親)

일간(日干)이 수행(水行)인 사람은 水行과 같은 오행(五行)인 水가 비겁(比劫)이고, 일간(日干)이 생(生)하는 木이 식상(食傷)이다. 일간(日干)이 극(剋)하는 火가 재성(財星)이고, 일간(日干)을 극(剋)히는 土가 관성(官星)이며, 일간(日干)을 생(生)하는 金이 인성(印星)이다.

육친(六親)의 특성

1. 비겁(比劫)의 특성

비겁(比劫)은 나와 같은 오행(五行)으로 구성되어 나와 대등한 관계에 있다. 이는 일간(日干)과 같은 성질을 지니므로, 나의 형제자매, 친구 등을 나타내며, 동료이자 경쟁자와도 같은 위치에 있다. 비겁(比劫)이 있으면, 자기주장, 주관, 고집, 주체성, 자신감, 자존심, 경쟁심, 승부욕 등이 강해진다. 비겁(比劫)은 일간(日干)과 힘을 합해 외부에 대응하거나, 때로는 경쟁 관계에서 견제하며 발전하는 역할을 한다.

비겁(比劫)이 강하면, 스스로에 대한 확신이 강하고, 독립적인 성향을 띠며 자신의 의견을 굽히지 않는 경우가 많다. 이로 인해 타인과 갈등을 일으킬 가능성도 있지만, 긍정적으로는 확고한 주관과 결단력을 발휘할 수 있다. 비겁(比劫)이 강하면 자기 주관과 자존심이 강하여 소비성이 있을 뿐만 아니라, 재물을 나누어 줄 형제자매나 친구가 많아 재물을 쌓기 어려워질 수 있다. 비겁(比劫)이 강한 사람은 이기려는 승부욕이 강하므로 전문직이나 공직에 가면 법대로 일을 처리하여, 자기주장이나 고집을 접고 능력을 발휘할 수 있다.

비겁(比劫)이 부족하면 자기 주관이 약하여 타인의 의견에 쉽게 휘둘리거나 의존적인 성향을 지닐 수 있으며, 자신감이나 승부욕이 약하고 결단력이 저하될 수 있다.

2. 식상(食傷)의 특성

식상(食傷)은 일간(日干)이 생(生)하는 오행(五行)으로, 내가 주는 것이다. 식상(食傷)은 나의 생각, 감정, 솜씨를 말, 글, 몸짓, 행동 등으로 표현하고 실천하는 것이다. 식상(食傷)은 내가 하고 싶은 대로 자유롭게 표현하고자 하므로, 식상(食傷)이 강한 사람은 자신의 의견과 감정을 숨기기보다 적극적으로 표현하는 성향을 지니게 된다. 식상(食傷)이 강하면 표현력과 창의력이 뛰어나 예술, 창작 등의 분야에 적합하다.

식상(食傷)이 강하면, 내가 하고 싶은 대로 일을 하려 하니 기존 틀에 얽매이지 않고 자신만의 생각을 펼치려는 성향이 강하여, 직장 생활이 힘들고 개인 사업을 하고 싶어 할 수 있다. 식상(食傷)이 강한 사람은 관성(官星)을 무시하는 경향이 있어, 직장과 같은 규칙적이고 구조화된 환경에서는 어려움을 느낄 수 있다. 식상(食傷)이 지나치게 강하면, 기존의 법이나 규칙을 무시하려 하고, 독립적이며 진보적인 성향이 짙어진다. 또한 구체적인 계획 없이 우선 일을 저지르고 보는 경향이 있다.

식상(食傷)이 약하면, 자기표현 능력이나 실천력이 부족하고, 다른 사람의 생각을 쉽게 따르는 경향이 있다. 창의적인 발상이나 실천력이 떨어질 수 있으며, 기존 질서에 순응하면서 안정적인 삶을 추구하는 보수적인 성향이 강하다.

3. 재성(財星)의 특성

재성(財星)은 일간(日干)이 극(剋)하는 오행(五行)으로, 자신이 다루거나 통제할 수 있는 대상을 의미한다. 재성(財星)은 내가 주도하고 소유할 수 있는 것들을 나타내며, 일반적으로 돈이나 재물, 남자의 배우자와 같은 개념으로 표현된다. 재성(財星)은 내가 내 맘대로 다룰 수 있는 것이므로 나의 소유물이나 재산이라도 내가 내 맘대로 처분할 수 없는 것은 재성(財星)이 아니다.

재성(財星)이 강하면, 스스로 성취하려는 욕구가 강하여 결과를 낼 가능성이 크므로 목표를 세우고 도전해야 한다. 어린아이가 재성(財星)이 강하면 인성(印星)을 극(剋)하므로 불효하기 쉽고 공부하기 싫어할 수 있다. 남자가 재성(財星)이 강하면 여자가 많아 바람을 피울 수 있다고 하나, 여자가 많은 집안에서 자란 남자처럼 여자와 대화를 하거나 일을 하는 것이 어색하지 않고 자연스러울 수 있는 것이다. 반대로, 남자가 재성(財星)이 없으면 여자가 없는 집안에서 자란 남자처럼 여자와 대화를 하거나 일을 하는 것이 쑥스럽고 어색할 수 있다.

재성(財星)이 약하면, 일에 관한 결과가 약할 수 있으므로 장기 계획을 세워 일을 추진하되, 하루하루 단기 목표를 세워 달성함으로써 결과를 내어 보완해야 한다.

4. 관성(官星)의 특성

관성(官星)은 일간(日干)을 극(剋)하는 오행(五行)으로 나를 억제하고 억누르며 괴롭히는 것이다. 관성(官星)은 나를 괴롭히는 것이니 내가 하기 싫어도 해야 하는 일이므로, 법을 지키는 일이나 기존 틀을 지키는 일, 남이 시키는 일을 하는 것이다.

관성(官星)은 나를 괴롭히는 것이므로 내가 지켜야 하는 법, 질서이고, 남이 시키는 일을 해야 하는 직장이며, 여자가 따라야 하는 남편이나 남자 등을 나타낸다.

관성(官星)이 강하면, 규율과 질서를 중요시하며, 사회적 틀과 규칙을 준수하려는 성향이 강하다. 관성(官星)이 강한 사람은 보수적인 태도를 지니고, 규범을 따르며, 시키는 일을 잘하니 조직 생활에서 성공할 가능성이 크다. 관성(官星)이 강하면 법, 질서를 잘 지키므로 어디서 무슨 일을 하든 합법적인 일을 해야 한다. 관성(官星)이 강하면 시키는 일이 많으므로 직장 생활이 힘들 수 있지만, 시키는 일을 잘하니 직장에서 인정받을 수 있다. 관성(官星)이 강하면 어려서부터 시키는 대로 잘 따르니 공부를 잘하고 모범생이 될 수 있다. 여자가 관성(官星)이 강하면 남자가 많아 결혼을 늦게 해야 한다고 하나, 남자가 많은 집안에서 자란 여자처럼 남자와 대화를 하거나 일을 하는 것이 어색하지 않고 자연스러울 수 있다는 것이다.

관성(官星)이 없으면 나를 괴롭히는 것이 없으니, 무서울 게 없어 자기 맘대로 하려는 성향이 강하다. 여자가 관성(官星)이 없으면 남자가 없는 집안에서 자란 여자처럼 남자와 대화를 하거나 일을 하는 것이 쑥스럽고 어색할 수 있다.

5. 인성(印星)의 특성

인성(印星)은 일간(日干)을 생(生)하는 오행(五行)으로 나에게 주는 것이고, 내가 받는 것이다. 인성(印星)은 내가 받는 것이므로 나를 도와주고 밀어주어 나를 기쁘게 하는 것이다. 인성(印星)은 내가 받아들이는 것이니 학문, 지식, 아이디어 등에 해당할 수 있다. 인성(印星)은 나를 기쁘게 하는 것이므로 승진, 임용, 계약, 문서, 서류, 부동산, 학위, 자격증, 표창, 인품, 명예 등을 의미한다.

인성(印星)이 강하면, 학문이나 지식, 아이디어, 자격증, 실력, 능력 등을 활용한 일을 해야 한다. 인성(印星)이 강한 사람은 계획과 준비는 철저하지만 실천력이 부족해 결과가 약할 수 있으므로, 시작하면 반드시 실천하여 결과를 보아야 한다.

인성(印星)이 약하면, 학문이나 지식에 대한 집중력이 떨어지고, 인내심이 부족해 학문적 성취가 약해질 수 있다. 인성(印星)이 약하면 받아들이는 힘이 약하여 즉흥적으로 행동할 수 있으며, 참고 견디는 인내심이 약하여 공부에 어려움을 겪을 수 있다. 인성(印星)이 약하면, 나에게 주는 게 약하므로 젊어서 학위, 자격증, 표창 등 문서로써 나를 인증해 주는 것을 많이 확보하는 게 좋으며, 나이가 들어 양친 부모님이 돌아가시면 종교를 갖는 것도 좋다.

육친(六親)의 생극(生剋)

1. 육친(六親)의 생(生) 관계

① 생(生)의 원리

육친(六親)은 오행(五行)의 생극(生剋) 관계를 변용한 것이므로 육친(六親) 간에도 생극(生剋) 관계가 발생하는데, 육친(六親)의 생(生)은 힘을 전해 주는 관계이다. 일간(日干)과 비겁(比劫)은 식상(食傷)을 생(生)하고, 식상(食傷)은 재성(財星)을 생(生)하며, 재성(財星)은 관성(官星)을, 관성(官星)은 인성(印星)을 생(生)한다. 마지막으로 인성(印星)은 일간(日干)과 비겁(比劫)을 생(生)하여 순환이 완성된다.

② 생(生)의 작용

육친(六親)에서 생(生)을 할 때는 힘이 빠지고, 반대로 생(生)을 받을 때는 힘이 강해진다. 따라서 약한 것이 생(生)을 받으면 힘이 강해져 좋지만, 강한 것이 생(生)을 받으면 힘이 지나쳐 좋지 않다. 반대로 강한 것이 생(生)을 하면 힘을 빼 주는 효과가 있어 좋지만, 약한 것이 생(生)을 하면 힘이 더 약해져 좋지 않다.

• 아생식(我生食)

일간(日干)과 비겁(比劫)이 식상(食傷)을 생하는 것을 아생식(我生食)이라 한다. 나의 힘이 강할 때는 식상(食傷)을 생(生)하여 힘을 빼 주는 것이 도움이 된다.

• 식생재(食生財)

식상(食傷)이 재성을 생(生)하는 것을 식생재(食生財)라 하며, 일을 통해 재물을 얻는 것이므로 바람직한 흐름으로 볼 수 있다.

• 재생관(財生官)

재성(財星)이 관성(官星)을 생(生)하는 것은 재생관(財生官)이라 하며, 재물의 여유가 관직이나 권위에 도움이 되는 상황을 의미한다.

• 관인상생(官印相生)

관성(官星)이 인성(印星)을 생(生)하는 것은 관인상생(官印相生)으로 불리며, 이는 시키는 일을 잘 수행하여 명예나 승진, 표창을 얻는 상태를 의미한다.

• 인생아(印生我)

인성(印星)이 일간(日干)을 생(生)하는 것을 인생아(印生我)라고 하며, 학위, 표창, 승진, 자격증, 부동산을 취하여 나의 명예를 높이고 나를 기쁘게 하는 것이다.

2. 육친(六親)의 극(剋) 관계

① 극(剋)의 원리

육친(六親)의 극(剋)은 힘을 억누르고 통제하는 관계를 의미한다. 일간(日干)과 비겁(比劫)은 재성(財星)을 극(剋)하고, 식상(食傷)은 관성(官星)을 극(剋)하며, 재성(財星)은 인성(印星)을, 관성(官星)은 일간(日干)과 비겁(比劫)을, 인성(印星)은 식상(食傷)을 극(剋)하는 방식으로 상호 작용한다.

② 극(剋)의 작용

육친(六親) 관계에서 극(剋)을 하면 힘이 빠지고, 극(剋)을 받으면 힘이 약해진다. 강한 것이 극(剋)을 받으면 힘이 약해져 좋을 때도 있으나, 약한 것이 극(剋)을 받으면 더욱 힘이 약해져 좋지 않은 결과로 이어질 수 있다.

• 아극재(我剋財)

일간(日干)과 비겁(比劫)이 재성(財星)을 극(剋)하는 것을 아극재(我剋財)라 하며, 이는 나의 힘을 들여 재물을 얻거나 부하를 억누르는 것이다.

• 재극인(財剋印)

재성(財星)이 인성(印星)을 극(剋)하는 것을 재극인(財剋印)이라 하며, 재물에 대한 과도한 집착이 명예를 추락시키거나, 배우자가 시어머니와 갈등을 일으키는 것이다.

• 인극식(印剋食)

인성(印星)이 식상(食傷)을 극(剋)하는 것은 인극식(印剋食)이라 하며, 어른이 아이를 억누르거나 생각이 지나쳐 실행을 막는 것이다.

• 식극관(食剋官)

식상(食傷)이 관성(官星)을 극(剋)하는 것은 식극관(食剋官)이라 하며, 창의적인 발상이 기존의 질서를 무너뜨리거나, 자식이 남편을 억누르는 것이다.

• 관극아(官剋我)

관성(官星)이 일간(日干)과 비겁(比劫)을 극(剋)하는 것은 관극아(官剋我)라 하며, 이는 직장, 법, 규칙 등이 나를 억제하고 통제하는 상황을 나타내며, 자식이 아버지(나)를 힘들게 하는 것이다.

오행(五行)별 육친(六親)

1. 오행(五行)별 비겁(比劫)의 특성

① **木木 비겁(比劫):** 상승 확산하는 기운이 함께하니, 서로 협력과 경쟁을 통해 성장하고 자립을 추구한다. 특히 나무처럼 끊임없이 위로 뻗어 나가려는 열정이 강해 활기차고 진취적이다.

② **火火 비겁(比劫):** 더 상승, 더 확산하는 기운이 함께하니, 불꽃처럼 활활 타오르는 성향이 강해 열정과 경쟁심이 높다. 서로의 열정이 부딪힐 때 갈등이 일어날 수 있지만, 이를 통해 더욱 강한 에너지를 발휘한다.

③ **土土 비겁(比劫):** 정상에서 상승 확산의 기운을 멈추는 기운이 함께하니 중후하고 묵직하다. 서로를 지탱하고 견고하게 만드는 성향이 있다.

④ **金金 비겁(比劫):** 하강 수축하는 기운이 함께하니, 실리적이고 실용적인 면이 강하다. 차분하면서도 냉정하며, 외형의 성장보다 내실을 기하여 실속이 있다.

⑤ **水水 비겁(比劫):** 더 하강, 더 수축하는 기운이 함께하니, 보이는 외형이나 명분보다 실리와 실용을 추구한다. 보기엔 초라하지만 알차고 실속이 있다.

2. 오행(五行)별 식상(食傷)의 특성

① **木火 식상(食傷):** 木 일간(日干)이 펼치고 싶은데 火 식상(食傷)이 끌어 주니 기쁨을 느낀다. 상승 확산의 기운이 함께하니 내가 하고 싶은 일을 하는데 매우 활동적이다. 목화통명(木火通明)이라 한다.

② **火土 식상(食傷):** 火 일간(日干)의 더 상승과 더 확산의 기운이 土 식상(食傷) 때문에 제동이 걸리니 불편하다. 내가 하고 싶은 일을 하는데 활동성에 제약을 받으면서도 안정감을 추구한다.

③ **土金 식상(食傷):** 土 일간(日干)의 머물고자 하는 기운과 金 식상(食傷)의 하강 수축하는 기운이 부딪치므로 내가 하고 싶은 일을 하는데 불편함을 느낀다.

④ **金水 식상(食傷):** 金 일간(日干)이 하강 수축하고자 하는데 水 식상(食傷)이 앞에서 끌어 주니 잘 어울린다. 내가 하고 싶은 일을 하는데 외형의 성장보다 실리적 활동으로 내실을 기한다.

⑤ **水木 식상(食傷):** 水 일간(日干)의 더 하강, 더 수축하고 싶어 하는 성질과 木 식상(食傷)의 상승 확산의 기운이 상반되므로 내가 하고 싶은 일을 하는데 피곤함을 느낄 수 있다.

3. 오행(五行)별 재성(財星)의 특성

① **木土 재성(財星):** 木 일간(日干)이 土를 재성(財星)으로 취하는 것은 중간적 위치에서 재물을 찾는다. 중앙 지역에서 일하거나, 중산층, 중계, 상담, 장년층을 대상으로 하는 재물 활동이 잘 어울린다.

② **土水 재성(財星):** 土 일간(日干)이 水를 재성(財星)으로 취하니, 밑바닥에 돈이 있다. 시골, 변두리, 지하, 외국, 어둠, 겨울, 노인층을 대상으로 하는 재물 활동이 잘 어울린다.

③ **水火 재성(財星):** 水 일간(日干)이 火를 재성(財星)으로 취하는 것은 밝고 활기찬 곳에서 재물을 얻는다. 번화가나 활기찬 환경 속에서 청년층을 대상으로 하는 재물 활동에 잘 어울린다.

④ **火金 재성(財星):** 火 일간(日干)이 金을 재성(財星)으로 취하니, 전성기를 지난 한물간 곳에 돈이 있다. 구도심이나 오래된 중소도시에서 중년층을 대상으로 하는 재물 활동이 잘 어울린다.

⑤ **金木 재성(財星):** 金 일간(日干)이 木을 재성(財星)으로 쓰니, 새로움과 활력을 지닌 곳에 재물이 있다. 신도심이나 신도시에서 신규 사업이나 어린이를 대상으로 하는 재물 활동이 잘 어울린다.

4. 오행(五行)별 관성(官星)의 특성

① **木金 관성(官星):** 木 일간(日干)에 金을 관성(官星)으로 두니, 구도심이나 한물간 부

서에서 안정적으로 관직(官職)을 수행한다.

② **火水 관성(官星):** 火 일간(日干)에 水를 관성(官星)으로 두니, 변두리나 시골 같은 외딴 지역의 관심 없는 한직에서 관직(官職)을 수행한다.

③ **土木 관성(官星):** 土 일간(日干)에 木을 관성(官星)으로 두니, 커 가는 신도심이나 신생 부서에서 활기차게 관직(官職)을 수행한다.

④ **金火 관성(官星):** 金 일간(日干)에 火를 관성(官星)으로 두니, 바쁘고 인기 있는 주요 부서에서 활발하게 관직(官職)을 수행한다.

⑤ **水土 관성(官星):** 水 일간(日干)에 土를 관성(官星)으로 두니, 잘 알려진 중앙 부처나 중간 위치에서 안정적으로 관직(官職)을 수행한다.

5. 오행(五行)별 인성(印星)의 특성

① **水木 인성(印星):** 상승 확산하는 木 일간(日干)이 앞으로 나아가려고 하는데 더 하강, 더 수축하는 水 인성(印星)이 잡아당기며 나에게 주니 행동에 제약을 받는다.

② **木火 인성(印星):** 더 상승, 더 확산하는 火 일간(日干)이 빨리 올라가려고 하는데 木 인성(印星)이 따라오지 못하며 나에게 주니 행동에 제약을 받는다.

③ **火土 인성(印星):** 土 일간(日干)이 멈추려고 하는데 더 상승, 더 확산하는 火 인성(印星)이 밀고 올라오며 나에게 주니 행동에 제약을 받는다.

④ **土金 인성(印星):** 金 일간(日干)이 내려가려고 하는데 土 인성(印星)이 멈추려고 잡아당기며 나에게 주니 행동에 제약을 받는다.

⑤ **金水 인성(印星):** 더 하강, 더 수축하는 水 일간(日干)이 빨리 내려가려는데 하강 수축하는 金 인성(印星)이 걸리적 거리며 나에게 주니 행동에 제약을 받는다.

육친(六親)과 운(運)

1. 육친(六親)의 운(運)에 따른 변화

육친(六親)은 사주(四柱) 원국의 생극(生剋) 관계로부터 출발하지만, 대운(大運), 세운(世運)과 같은 운(運)의 흐름 속에서 그 본래의 성격이 변화한다. 육친(六親)은 운(運)에 따라 각기 다른 모습으로 존재하므로, 운(運)에 순응하여 사용하여야 한다. 다시 말하면, 운(運)에 맞는 육친(六親)은 드러나게 쓰고, 운(運)과 반대되는 육친(六親)은 드러나지 않게 써야 한다.

2. 육친(六親)과 대운(大運)의 관계

대운(大運)은 개인의 삶에 큰 영향을 미치는 10년 주기의 운(運)으로, 마치 계절처럼 큰 환경적 변화를 제공한다. 따라서 육친(六親)은 대운(大運)의 흐름에 맞추어 활용되어야 한다. 육친(六親)이 대운(大運)의 흐름에 따르는 것은 계절에 따라 옷을 입고 벗는 것과 유사하다. 여름이 되면 여름에 맞는 가벼운 옷을 입고 겨울옷은 보이지 않는 곳에 두듯이, 대운(大運)에 맞는 육친(六親)은 드러나게 활용하고, 반대되는 육친(六親)은 드러나지 않게 활용해야 한다. 여름에 겨울옷을 입거나, 겨울에 여름옷을 입으면 불편하듯이, 대운(大運)의 흐름에 맞지 않는 육친(六親)을 사용하면 삶이 불편하고 불행할 수 있다.

3. 육친(六親)별 대운(大運)에서의 특성

① 비겁(比劫) 대운(大運)의 특성

비겁(比劫) 대운(大運)이 들어오면 나와 같은 동료나 경쟁자가 강해지며, 나의 주도권과 추진력이 향상되게 된다. 이로 인해 자신감이 높아지고 내 생각대로 일을 추진하고자 하는 욕구가 강해진다. 하지만 이러한 강한 추진력은 때로는 경쟁으로 인한 스트레스나 금전적 손실로 이어질 수 있다.

② 식상(食傷) 대운(大運)의 특성

식상(食傷) 대운(大運)이 오면 자신이 하고 싶은 활동을 활발히 펼칠 수 있는 시기가 된다. 이때는 법이나 규율에 얽매이지 않고, 내가 하고 싶은 대로 일을 추진하고자 하는 마음이 강해지며, 자율적이고 창의적인 영역에서 일하려는 욕구가 커진다. 또한, 이러한 시기에는 직장 생활보다는 개인적인 사업을 꿈꿀 수 있다.

③ 재성(財星) 대운(大運)의 특성

재성(財星) 대운(大運)이 들어오면 물질적 안정과 재산에 관한 관심이 증가하게 된다. 이 시기에는 금전적인 안정감을 추구하며, 투자나 자산 관리에 관심을 가질 수 있다. 하지만 지나치게 물질을 중시하다가 명예나 도덕성을 잃을 위험이 있을 수 있다. 남자는 여자와 인연이 생기고, 여자는 남편에게 다정하게 대할 가능성이 크다.

④ 관성(官星) 대운(大運)의 특성

관성(官星) 대운(大運)은 나를 억누르고 통제하는 성향이 강해지는 시기이다. 기존의 법과 질서를 지키고자 하는 마음이 강해지며, 올바르게 행동하고자 노력한다. 이 시기에는 직장과의 인연이 깊어지며, 여자의 경우 남자와의 인연이 강화된다. 다만 관성(官星) 대운(大運)은 남이 시키는 일을 해야하므로 피로감과 스트레스를 동반하기 쉬워 건강 관리에 특히 신경을 써야 한다.

⑤ 인성(印星) 대운(大運)의 특성

인성(印星) 대운(大運)이 들어오면 학문과 지식, 아이디어, 명예와 관련된 영역이 활발해진다. 새로운 배움이나 자격증, 승진, 취업 등 명예에 관한 관심이 높아진다. 인성(印星) 대운(大運)은 주로 정신적이고 내면적인 안정을 강조하기 때문에 활동성이 둔화하지만, 집중력과 인내심이 강화되는 시기이다.

육친(六親)의 가족적 의미

육친(六親)은 오행(五行)의 생극(生剋) 관계를 바탕으로 가족 관계로 변환된 개념이다. 일간(日干)을 기준으로 오행(五行) 간의 생극(生剋) 관계를 부모, 형제, 배우자, 자녀 등 다양한 가족 구성원들로 변환하여 상담 시 활용토록 한 것이다.

1. 비겁(比劫)의 가족적 의미

비겁(比劫)은 일간(日干)과 같은 오행(五行)을 지닌 육친(六親)으로, 나와 경쟁적이거나 동등한 관계를 의미한다. 형제, 자매, 친구, 동료처럼 경쟁자가 되기도 하고, 때로는 협력자가 되기도 하는 사람이 비겁(比劫)이다.

여자 입장에서는 남편(관성, 官星)을 낳은 시어머니(재성, 財星)를 극(剋)하는 시아버지가 비겁(比劫)에 해당하고, 남자 입장에서는 처(재성, 財星)를 극하는 며느리가 비겁(比劫)에 해당한다.

2. 식상(食傷)의 가족적 의미

식상(食傷)은 일간(日干)이 생(生)하는 오행(五行)으로, 내가 힘을 주는 관계를 의미한다. 후배, 아랫사람, 여자의 경우 자녀처럼 내가 도움을 주거나 돌봐야 하는 사람이 식상(食傷)이다.

남자 입장에서는 처를 낳은 장모가 식상(食傷)에 해당한다. 또한, 남자는 관성(官星)에 해당하는 딸을 억제하는 사위가 식상(食傷)이다. 여자 입장에서는 자신의 자식이 식상(食傷)에 해당한다.

3. 재성(財星)의 가족적 의미

재성(財星)은 일간(日干)이 극(剋)하는 오행(五行)으로, 나의 소유물이나 마음대로 할 수 있는 존재를 의미한다. 직장의 부하나 군대의 졸병처럼 내 영향력이 미치는 사람이 재성(財星)이다.

남녀 모두 아버지가 재성(財星)에 해당하고, 여자 입장에서는 시어머니가 재성(財星)에 해당하며, 남자 입장에서는 처가 재성(財星)에 해당한다.

4. 관성(官星)의 가족적 의미

관성(官星)은 일간(日干)을 극(剋)하는 오행(五行)으로, 나를 통제하거나 억제하는 관계이다. 경찰이나 공무원처럼 나를 억누르고 통제할 수 있는 사람이 관성(官星)이다.

여자 입장에서는 남편이 관성(官星)에 해당하며, 남자 입장에서는 자식이 관성(官星)에 해당한다.

5. 인성(印星)의 가족적 의미

인성(印星)은 일간(日干)을 생(生)하는 오행(五行)으로, 나를 보호하고 힘을 주는 관계를 나타낸다. 어머니, 윗사람, 선배처럼 나에게 도움과 지지를 제공할 수 있는 사람이 인성(印星)이다.

나(비겁, 比劫)를 낳고 보호하는 어머니와 어머니의 시아버지인 할아버지가 인성(印星)에 해당한다.

6. 육친(六親)의 가족적 의미 확장

육친(六親)의 관계는 다양한 형태로 확장된다. 예를 들어, 어머니는 인성(印星)이므로 어머니 인성(印星)을 극(剋)하는 재성(財星)이 아버지가 되고, 아버지 재성(財星)을 극(剋)하는 비겁(比劫)은 내가 된다. 또한 여자가 결혼을 하면 남편이 관성(官星)에 해당하며, 남편이 여자를 극(剋)하지만 여자가 자식 식상(食傷)을 생산하면, 자식 식상(食傷)이 남편 관성(官星)을 극(剋)하므로 여자는 자식 식상(食傷)을 믿고 남편 관성(官星)에게 큰소리를 치게 된다.

7. 사주(四柱) 내 위치에 따른 육친(六親)의 해석

사주(四柱)에서 육친(六親)의 위치는 가족 내 역할을 다르게 해석하는 기준이 된다. 예를 들어 년주(年柱)와 월주(月柱)는 부모와 함께 사는 삶을 의미하며, 일주(日柱)와 시주(時柱)는 독립적인 삶을 나타내므로, 년주(年柱)와 월주(月柱)에 있는 재성(財星)은 아버지를 뜻하고, 일주(日柱)와 시주(時柱)에 있는 재성(財星)은 배우자를 의미하는 식으로 해석하게 된다.

※ 육친(六親)의 가족관계 표

官星	印星	比劫	食傷	財星
외할머니 (庚, 辛)	할아버지 (壬, 癸)		할머니, 외할아버지 (丙, 丁)	삼촌, 고모 (戊, 己)
	어머니, 장인 (壬, 癸)	형제, 자매 시아버지 (甲, 乙)	장모 (丙, 丁)	아버지, 시어머니 (戊, 己)
(여)남편 (庚, 辛)	어머니, 이모 (여)사위 (壬, 癸)	본인 (甲, 乙)	(여)자식 (丙, 丁)	처 (戊, 己)
(남)자식 (庚, 辛)		며느리 (甲, 乙)	(남)사위 (丙, 丁)	
손자의 처 (庚, 辛)	외손자 (壬, 癸)		손자 (丙, 丁)	

육친(六親) 이론 검토

1. 육친(六親)의 정의

육친(六親) 이론은 사주명리학(四柱命理學)에서 오행(五行)의 생극(生剋) 관계를 개인의 일상적 관계로 변환하여 상담에 활용할 수 있도록 변형한 것으로 사주(四柱) 분석의 꽃으로 불린다.

2. 육친(六親) 이론의 한계

사주(四柱)는 오행(五行)을 음양(陰陽)으로 구분한 천간(天干)과 지지(地支)로 구성되는데, 육친(六親)은 음양(陰陽)의 구분 없이 오행(五行)의 생극(生剋) 관계를 기반으로 해석하여 사주명리학(四柱命理學)의 기본 원리와 상충하는 부분이 있다.

사주명리학(四柱命理學)은 사주(四柱)와 운(運)을 구성하는 천간(天干)과 지지(地支)를 분석하여 개인의 성향이나 자질을 파악하고 미래를 예측하는 학문이다. 그러나 육친(六親)은 오행(五行)의 생극(生剋) 관계만을 활용하기 때문에, 천간(天干)과 지지(地支)의 구체적 관계를 완전히 이해하기 어렵다. 따라서 육친(六親)을 중심으로 사주(四柱)를 해석할 경우, 음양(陰陽)의 차이를 충분히 반영하지 못한다. 그 결과, 오행(五行)의 특성을 대변하는 양간(陽干) 영역에서는 정확한 해석이 가능하지만, 음간(陰干)과 관련된 부분에서는 오류가 발생할 가능성이 크다.

마찬가지로 육친(六親)은 운(運)의 흐름을 해석하는 데도 명확한 한계가 있다. 운(運)의 흐름은 천간(天干)과 지지(地支) 간의 상호 작용을 통해 해석되어야 하지만, 육친(六親)은 오행(五行)의 생극(生剋) 관계만을 중심으로 해석하여 운(運)의 흐름을 정확히 해석할 수 없다.

제14장

십신(十神)이란

십신(十神)의 개요

1. 십신(十神)의 정의

십신(十神)은 육친(六親)을 음양(陰陽)으로 나누어 더 세밀하게 분석하는 개념이다. 오행(五行)을 음양(陰陽)으로 나눈 것이 천간(天干)이라면, 육친(六親)을 음양(陰陽)으로 나눈 것이 십신(十神)이다. 다시 말해, 십신(十神)은 사주(四柱)의 일간(日干)을 중심으로 다른 천간(天干)과의 생극(生剋) 관계를 인간관계, 재산, 직업, 명예 등 개인의 일상적인 관계로 변환하여 사주(四柱)와 운(運)의 흐름을 해석하는 도구라 할 수 있다.

2. 일간(日干)과 지지(地支) 간의 관계는 십신(十神)이 아니다

십신(十神)은 일간(日干)과 다른 천간(天干) 간의 관계이며, 일간(日干)과 지지(地支) 간의 관계는 십신(十神)이 아니다. 지지(地支)는 일간(日干)과 십신(十神)이 살아갈 환경과 현실을 나타내는 것이므로, 일간(日干)과 지지(地支) 간의 관계는 십신(十神)이라고 할 수 없다.

지지(地支)를 십신(十神)으로 보는 경우, 서로 반대 기운을 지닌 지지(地支)를 같은 십신(十神)으로 해석하는 오류를 범할 수 있다. 예를 들어, 지지(地支)를 십신(十神)으로 본다면 甲木 일간(日干)의 丑과 未는 같은 정재(正財)로 해석한다. 丑과 未는 서로 반대 기운임에도 같은 정재(正財)로 풀이하는 오류를 범하게 되는 것이다.

지지(地支)는 십신(十神)이 아니라, 천간(天干)의 상태를 나타내는 것이다. 丑(늦겨울)은 甲木의 힘이 강해지는 관대지(冠帶地)에 해당하고, 未(늦여름)는 甲木의 힘이 약해지는 묘지(墓地)에 해당하여, 상승 확산하는 甲木의 활동성은 丑(늦겨울)이 未(늦여름)보다 더 강하다. 실제 사주(四柱) 상담에서 많은 이들이 지지(地支)를 십신(十神)으로 해석하는 오류를 범하고 있는데, 이는 천간(天干)과 지지(地支)의 근본적 차이를 제대로 이해하지 못한 데서 비롯된 것이다.

십신(十神)의 종류 및 구성

십신(十神)은 일간(日干)을 기준으로 다른 천간(天干)과의 음양(陰陽)과 생극(生剋) 관계에 따라 정해지며, 비견(比肩), 겁재(劫財), 식신(食神), 상관(傷官), 편재(偏財), 정재(正財), 편관(偏官), 정관(正官), 편인(偏印), 정인(正印)으로 나뉜다.

1. 비견(比肩)과 겁재(劫財)

① 비견(比肩)은 일간(日干)과 오행(五行)과 음양(陰陽)이 같은 천간(天干)이다. 예를 들어, 일간(日干)이 甲木이면 甲木과 같은 목행(木行) 중 음양(陰陽)이 같은 甲木이 비견(比肩)이 된다.

② 겁재(劫財)는 일간(日干)과 오행(五行)이 같고 음양(陰陽)이 다른 천간(天干)이다. 예를 들어, 일간(日干)이 甲木일 때, 甲木과 같은 목행(木行) 중 음양(陰陽)이 다른 乙木이 겁재(劫財)가 된다.

2. 식신(食神)과 상관(傷官)

① 식신(食神)은 일간(日干)이 생(生)하는 오행(五行) 중 음양(陰陽)이 같은 천간(天干)이다. 예를 들어, 일간(日干)이 甲木일 때, 甲木이 생(生)하는 화행(火行) 중 음양(陰陽)이 같은 丙火가 식신(食神)이 된다.

② 상관(傷官)은 일간(日干)이 생(生)하는 오행(五行) 중 음양(陰陽)이 다른 천간(天干)이다. 예를 들어, 일간(日干)이 甲木일 때, 甲木이 생(生)하는 화행(火行) 중 음양(陰陽)이 다른 丁火가 상관(傷官)이 된다.

3. 편재(偏財)와 정재(正財)

① 편재(偏財)는 일간(日干)이 극(剋)하는 오행(五行) 중 음양(陰陽)이 같은 천간(天干)이다. 예를 들어, 일간(日干)이 甲木일 때, 甲木이 극(剋)하는 토행(土行) 중 음양(陰

陽)이 같은 戊土가 편재(偏財)가 된다.

② 정재(正財)는 일간(日干)이 극(剋)하는 오행(五行) 중 음양(陰陽)이 다른 천간(天干)이다. 예를 들어, 일간(日干)이 甲木일 때, 甲木이 극(剋)하는 토행(土行) 중 음양(陰陽)이 다른 己土가 정재(正財)가 된다.

4. 편관(偏官)과 정관(正官)

① 편관(偏官)은 일간(日干)을 극(剋)하는 오행(五行) 중 음양(陰陽)이 같은 천간(天干)이다. 예를 들어, 일간(日干)이 甲木일 때, 甲木을 극(剋)하는 금행(金行) 중 음양(陰陽)이 같은 庚金이 편관(偏官)이 된다.

② 정관(正官)은 일간(日干)을 극(剋)하는 오행(五行) 중 음양(陰陽)이 다른 천간(天干)이다. 예를 들어, 일간(日干)이 甲木일 때, 甲木을 극(剋)하는 금행(金行) 중 음양(陰陽)이 다른 辛金이 정관(正官)이 된다.

5. 편인(偏印)과 정인(正印)

① 편인(偏印)은 일간(日干)을 생(生)하는 오행(五行) 중 음양(陰陽)이 같은 천간(天干)이다. 예를 들어, 일간(日干)이 甲木일 때, 甲木을 생(生)하는 수행(水行) 중 음양(陰陽)이 같은 壬水가 편인(偏印)이 된다.

② 정인(正印)은 일간(日干)을 생(生)하는 오행(五行) 중 음양(陰陽)이 다른 천간(天干)이다. 예를 들어, 일간(日干)이 甲木일 때, 甲木을 생(生)하는 수행(水行) 중 음양(陰陽)이 다른 癸水가 정인(正印)이 된다.

십신(十神)의 특성

1. 비견(比肩)

① 비견(比肩)의 일반적 특성

비견(比肩)은 일간(日干)과 같은 오행(五行)이며, 음양(陰陽) 또한 같다. 비견(比肩)은 나와 같은 위치에 있는 사람, 즉 형제나 동료, 친구처럼 대등한 관계를 나타낸다. 비견(比肩)은 서로 돕고 협력하는 사회성과 경쟁하는 관계를 통해 나의 성장을 도와주는 존재이며, 주로 나의 자신감, 자존감과 자립심을 강화하는 역할을 한다. 비견(比肩)은 동료 달리기 선수와 같이 상대방을 꼭 이기지 않더라도 내 기록을 단축하면 만족하는 경쟁자 관계이다.

② 비견(比肩)이 강한 사주(四柱)의 특성

비견(比肩)이 강한 사주(四柱)는 나와 뜻을 같이하는 친구나 형제가 많으니 자신감이 넘쳐 자기주장이 강하고, 고집이 세며, 독립적인 성향을 보인다. 비견(比肩)이 지나치게 강하면, 독단적 성향으로 융통성이 부족하여 주변 사람과 화합하지 못하고, 대인관계가 좋지 않을 수 있다. 특히, 재물에 관해서는 자존심이 강하고 자기 맘대로 하려는 성향이 강하여 소비가 심할 수 있다.

비견(比肩)이 강한 사람은 남의 말을 경청하고, 자만하지 않으며, 스스로 절제하고 겸손해야 한다.

③ 비견(比肩)이 약한 사주(四柱)의 특성

비견(比肩)이 약한 사주(四柱)는 자신감이 부족하고, 자존감이 낮아질 수 있다. 이들은 타인의 의견에 의존하는 경우가 많으며, 스스로 나아가는 힘이 부족할 수 있다. 비견(比肩)이 약하면, 자기주장이 약하고 추진력과 실천력이 떨어져 계획을 미루고 생각과 말뿐인 사람이 될 수 있다. 비견(比肩)이 약할 경우, 자신감과 함께 사회성과 협조성을 키우는 것이 중요하다.

④ 비견(比肩)의 생(生), 설(泄), 극(剋)

- 비견(比肩)이 식신(食神)을 생(生)하면, 식신(食神)의 창의적이고 생산적인 에너지가 비견(比肩)에 의해 강화되어, 자기 생각과 솜씨를 구체적으로 표현하고 이를 생산적인 활동으로 연결할 수 있다. 자신이 하고 싶은 일을 하는데, 솜씨나 창의력을 적극적으로 활용하여 전문저인 일을 해야 한다.

- 비견(比肩)이 상관(傷官)을 생(生)하면, 비견(比肩)의 자기중심적이고 독립적인 성향이 상관(傷官)의 자유롭고 강한 표현력을 지원하여, 자기주장과 의사소통 능력이 강화된다. 본인의 주관을 유지하며 다양한 표현력과 창의력을 발휘한다. 내가 하고 싶은 일을 하되, 다양성 있는 일을 해야 한다.

- 비견(比肩)이 편인(偏印)을 설기(泄氣)하면, 비견(比肩)의 자기중심적이고 독립적인 성향이 편인(偏印)의 독창적인 성향을 흡수하여, 창의성과 특수성을 현실적인 상황에서 활용할 수 있으며, 고유한 능력과 전문성을 적극적으로 발휘할 수 있다. 독특하고 창의적인 생각이나 특수한 기술을 활용하여 자신의 소신을 실행에 옮길 수 있다.

- 비견(比肩)이 정인(正印)을 설기(泄氣)하면, 비견(比肩)의 자기중심적이고 독립적인 성향이 정인(正印)의 안정적이고 대중적인 학문적 성향을 흡수하여, 지식과 경험을 바탕으로 한 계획과 생각을 실행 가능한 형태로 구체화한다. 정인(正印)의 안정적이고 보수적인 특성이 비견(比肩)의 독립적인 성향에 의해 현실화된다.

- 비견(比肩)이 편재(偏財)를 극(剋)하면, 비견(比肩)의 자기중심적이고 독립적인 성향이 편재(偏財)의 유동적이고 외향적인 재물 성향을 제어하여, 재물과 관련하여 지나치게 자신의 몫을 주장하려는 태도를 보일 수 있다. 유동적인 재물의 흐름을 방해하여 갈등을 겪거나 이를 차지하려는 경쟁 구도를 형성할 수 있다.

- 비견(比肩)이 정재(正財)를 극(剋)하면, 비견(比肩)의 자기중심적이고 독립적인 성향이 정재(正財)의 안정적이고 실질적인 재물 성향을 제어하여, 재물 분배 과정에서 지나치게 자신의 몫을 주장할 수 있다. 재물의 안정성과 지속성을 방해하거나, 이를

적극적으로 차지하려는 상황으로 나타날 수 있다.

2. 겁재(劫財)

① 겁재(劫財)의 일반적 특성

겁재(劫財)는 비견(比肩)과 같은 오행(五行)이지만 음양(陰陽)이 반대인 경우이다. 겁재(劫財)는 나와 경쟁하는 사람, 즉 라이벌이나 적을 상징한다. 비견(比肩)이 달리기 선수라면, 겁재(劫財)는 권투 선수와 같이 상대방을 쓰러뜨려야 하는 사이이다. 겁재(劫財)는 수단 방법을 가리지 않고 상대를 쓰러뜨려야 하므로 자신감, 리더십, 보스 기질이 있고, 승부욕이 강한 승부사 기질이 있으며 프로 근성이 있다.

② 겁재(劫財)가 강한 사주(四柱)의 특성

겁재(劫財)가 강한 사주(四柱)는 경쟁에서 승리하려는 의욕이 강하며, 이를 위해 수단과 방법을 가리지 않는다. 겁재(劫財)가 강하면, 승부욕이 강한 프로 근성이 있어 전문가가 되기도 하지만, 경쟁자를 이기기 위해서는 폭력이나 거짓말 또는 술수를 쓰기도 한다. 이러한 성향은 사업이나 재물 관리에서 강한 추진력을 발휘할 수 있지만, 때로는 과도한 경쟁으로 인해 불필요한 갈등이 발생할 수 있다. 겁재(劫財)가 강한 사람은 안정된 재물에 손해를 입히는 무리한 투자나 도박을 할 수 있으며, 재물에 대한 소비성과 소모성이 강하다.

③ 겁재(劫財)가 약한 사주(四柱)의 특성

겁재(劫財)가 약한 사주(四柱)는 쓰러뜨려야 할 경쟁자가 없으니 경쟁심과 투쟁심이 약하다. 자신감과 승부욕이 약하여 주도력과 실천력이 부족하고, 주로 타인에게 의존하는 경향이 강하다. 이들은 자신을 지키기 위한 의지가 약하며, 재물을 지키는 데 어려움을 겪을 수 있다. 겁재(劫財)가 약하면, 하고자 하는 의지와 할 수 있다는 자신감을 키워야 한다.

④ 겁재(劫財)의 생(生), 설(泄), 극(剋)

- 겁재(劫財)가 식신(食神)을 생(生)하면, 겁재(劫財)의 강한 독립심과 경쟁적인 성향이 식신(食神)의 창의적이고 생산적인 기운을 강화하여, 자기 생각과 솜씨를 표현하거나 실질적인 성과를 만들어 낸다. 자신의 아이디어뿐 아니라 주변 사람들의 생각과 능력을 잘 활용하여 현실적인 결과를 만들어 낸다. 경우에 따라서는 목표를 달성하기 위해 법과 규율을 무시할 수도 있다.

- 겁재(劫財)가 상관(傷官)을 생(生)하면, 겁재(劫財)의 강한 추진력과 경쟁적인 성향이 상관(傷官)의 창의적이고 생산적인 기운을 강화하여, 자기 생각을 표현하거나 새로운 아이디어를 실행한다. 강한 승부욕을 바탕으로 목표를 달성하기 위해 적극적으로 행동한다. 목표를 달성하기 위해 수단과 방법을 가리지 않아 때로는 법과 규율을 무시하고 타인과 갈등을 유발할 수 있다.

- 겁재(劫財)가 편인(偏印)을 설기(泄氣)하면, 겁재(劫財)의 강한 독립성과 추진력이 편인(偏印)의 독특한 지식과 기술을 현실적으로 활용하는 방향으로 작용한다. 창의적이고 특화된 아이디어나 능력을 실질적인 결과로 연결할 수 있는 능력을 갖추게 된다. 자신의 독특한 재능이나 전문성을 활용해 문제를 해결하고, 기존의 틀에 얽매이지 않는 독창적인 방식으로 성과를 창출할 수 있다.

- 겁재(劫財)가 정인(正印)을 설기(泄氣)하면, 겁재(劫財)의 강한 추진력과 독립성이 정인(正印)의 학문적이고 안정적인 성향을 현실적인 결과로 연결한다. 자신의 일반적이고 대중적인 생각과 계획을 구체화하고, 실천력과 실행력을 강화하여 현실적인 목표를 이룰 수 있다.

- 겁재(劫財)가 편재(偏財)를 극(剋)하면, 겁재(劫財)의 독립적이고 경쟁적인 성향이 편재(偏財)의 유동적이고 외향적인 재물 성향을 억제하여, 재물과 관련된 상황에서 갈등을 겪거나 자신의 몫을 지나치게 주장할 수 있다. 무리한 사업 확장이나 투자로 인해 재정적 어려움을 겪을 수 있다.

- 겁재(劫財)가 정재(正財)를 극(剋)하면, 겁재(劫財)의 독립적이고 자기중심적인 성향이 정재(正財)의 안정적이고 실질적인 재물 성향을 억제하여, 재물 소유나 분배와 관

련해 타인과 갈등을 겪을 수 있다. 지나친 경쟁이나 소모적인 투자로 인해 재정적 손실이 발생하여 안정적 재정 상황이 위태로워질 수 있다.

3. 식신(食神)

① 식신(食神)의 일반적 특성

식신(食神)은 일간(日干)이 생(生)하는 오행(五行)으로, 음양(陰陽)이 같은 경우이다. 식신(食神)은 내가 주는 것으로 내가 하고 싶은 대로 내 생각이나 내 솜씨를 발휘하는 것이다. 식신(食神)은 내가 하고 싶은 일을 하되, 전문성 있는 일을 하는 것이다. 식신(食神)은 다양하게 표현하는 것이 아니라, 한 분야를 전문적으로 표현하는 것이다. 식신(食神)은 주로 창의력, 예술성, 전문성 등을 나타낸다.

② 식신(食神)이 강한 사주(四柱)의 특성

식신(食神)이 강한 사주(四柱)는 즉흥적 실행력이 뛰어나 임기응변 능력, 상황 대처 능력이 좋다. 내가 하고 싶은 성향이 너무 강하여 계획적이지 못하고 실속이 없을 수 있다. 식신(食神)이 너무 강한 사람은 표현 능력이 강하므로 다재다능하지만, 너무 앞서가거나 허풍을 칠 수 있다. 식신(食神)이 강하면 규정이나 규칙을 지키려 하지 않을 수 있고, 남이 시키는 일을 하지 않을 수 있다.

③ 식신(食神)이 약한 사주(四柱)의 특성

식신(食神)이 약한 사주(四柱)는 표현력과 실천력이 부족하여 자신의 재능을 잘 발휘하지 못할 수 있다. 이들은 자신이 하고 싶은 일에 대해 소극적이며, 실행력이 떨어져 성취를 이루지 못할 가능성이 크다. 식신(食神)이 약한 경우, 계획한 것은 반드시 실천하고 실행하는 습관을 기르는 것이 중요하다.

④ 식신(食神)의 생(生), 설(洩), 극(剋)

• 식신(食神)이 편재(偏財)를 생(生)하면, 식신(食神)의 생산적이고 창의적인 기운이

편재(偏財)의 활동적이고 유동적인 재물 성향을 강화하여, 자신의 아이디어와 노력으로 재물을 창출하거나 활용하려는 경향을 보인다. 기존의 방식에 얽매이지 않고 재물을 창출하려는 경향이 강하다. 식신(食神)이 편재(偏財)를 생(生)하면, 재물의 폭은 넓어질 수 있으나, 지속성과 안정성이 떨어질 수 있다.

- 식신(食神)이 정재(正財)를 생(生)하면, 식신(食神)의 생산적이고 창의적인 기운이 정재(正財)의 안정적이고 실질적인 재물 성향을 강화하여, 자신의 노력을 통해 재물을 안정적으로 축적하거나 성과를 만들어 낸다. 현실적인 목표를 세우고 이를 실질적인 성과로 연결하는 능력을 보인다.

- 식신(食神)이 비견(比肩)을 설기(泄氣)하면, 식신(食神)의 생산적이고 창의적인 기운이 비견(比肩)의 독립적이고 자기중심적인 성향을 흡수하여, 자기주장이 지나치게 강해지는 것을 억제하고 더욱 부드럽고 협력적인 태도를 보인다. 자립적 성향보다는 협력적이고 창의적인 성과를 중시하게 된다. 즉, 주변 사람들과의 협력을 통해 더 창의적이고 생산적인 결과를 낼 가능성이 커진다.

- 식신(食神)이 겁재(劫財)를 설기(泄氣)하면, 식신(食神)의 생산적이고 창의적인 기운이 겁재(劫財)의 경쟁심과 독립적인 성향을 흡수하여, 재물과 관련된 과도한 경쟁을 억제하고, 보다 안정적이고 조화로운 방식으로 행동한다. 경쟁적 성향이 완화되며, 재물 분쟁이 줄어들어 안정적인 재물 축적이 가능하다. 과도한 경쟁 성향이 줄어들고, 협력적인 태도를 보인다.

- 식신(食神)이 편관(偏官)을 극(剋)하면, 식신(食神)의 생산적이고 창의적인 기운이 편관(偏官)의 강한 압박과 도전적인 성향을 제어하여, 위기나 어려운 상황에서도 부드럽고 생산적인 방식으로 문제를 해결한다. 적극적이고 외향적이며, 위기 상황에서 뛰어난 대처 능력을 발휘한다. 특히 강한 통솔력을 바탕으로 상황 변화에 민첩하게 대응할 수 있다.

- 식신(食神)이 정관(正官)을 극(剋)하면, 식신(食神)의 창의적이고 자유로운 기운이 정관(正官)의 규율적이고 원칙적인 성향을 제어하여, 규율과 원칙에 얽매이지 않고 자신의 방식으로 문제를 해결한다. 기존의 틀에 얽매이지 않고, 창의적이고 실천적

인 능력을 활용할 수 있다.

4. 상관(傷官)

① 상관(傷官)의 일반적 특성

상관(傷官)은 식신(食神)과 마찬가지로 일간(日干)이 생(生)하는 오행(五行)이지만, 음양(陰陽)이 반대인 경우이다. 상관(傷官)은 내가 주는 것으로 내가 하고 싶은 대로 내 생각이나 내 솜씨를 발휘하는 것인데 다양하게 표현하는 것이다. 상관(傷官)은 다양하게 표현하므로 창의성과 표현력을 극대화하며, 기존의 질서를 깨고 새로운 것을 만들어 낸다. 상관(傷官)은 기존의 틀에 얽매이지 않고 자유롭게 사고하며, 새로운 아이디어를 바탕으로 변화를 추구한다. 따라서 상관(傷官)이 있으면, 두뇌가 총명하고 아이디어가 풍부하며, 임기응변, 상황 대처 능력, 순간적 재치, 변명, 처세술이 좋다.

② 상관(傷官)이 강한 사주(四柱)의 특성

상관(傷官)이 강한 사주(四柱)는 창의력과 아이디어가 넘치며, 예술적 재능과 혁신적인 사고를 통해 여러 방면에서 두각을 나타낸다. 이들은 기존의 질서에 얽매이지 않고, 자유롭게 자기 생각이나 솜씨를 다양하게 표현하므로 진보적, 개혁적이라 할 수 있다. 그러나 상관(傷官)이 지나치게 강하면 기존의 규칙이나 틀을 무시하여 갈등을 유발할 수 있다.

③ 상관(傷官)이 약한 사주(四柱)의 특성

상관(傷官)이 약한 사주(四柱)는 표현력이 약하므로 창의성과 독창성이 부족하며, 타인의 지시에 따르는 경향이 강하다. 이들은 기존의 틀을 깨기보다는 남들이 만들어 놓은 규칙을 따르며 안정적인 생활을 추구한다. 상관(傷官)이 약한 사람은 기존의 틀을 존중하되, 자신의 아이디어를 자유롭게 표현하고, 새로운 시도를 하려고 노력해야 한다.

④ 상관(傷官)의 생(生), 설(泄), 극(剋)

• 상관(傷官)이 편재(偏財)를 생(生)하면, 상관(傷官)의 창의적이고 자유로운 기운이 편재(偏財)의 활동적이고 유동적인 재물 성향을 강화하여, 독창적이고 혁신적인 방식으로 재물 활동을 한다. 전통적인 방식이 아닌 다양하고 창의적인 방법으로 재물을 얻는다. 사업이나 투기와 같은 유동성이 큰 재물 운용에서 능력을 발휘한다.

• 상관(傷官)이 정재(正財)를 생(生)하면, 상관(傷官)의 창의적이고 자유로운 기운이 정재(正財)의 안정적이고 현실적인 재물 성향을 강화하여, 다양한 아이디어와 노력을 통해 안정적인 재물을 창출한다. 재물을 창출하는 데 그치지 않고, 이를 안정적으로 관리하고 축적하려는 태도를 보인다. 구체적이고 달성 가능한 목표를 설정하고 이를 실현하기 위해 다방면으로 노력한다.

• 상관(傷官)이 비견(比肩)을 설기(泄氣)하면, 상관(傷官)의 창의적이고 자유로운 기운이 비견(比肩)의 독립적이고 자기중심적인 성향을 흡수하여, 과도한 자기주장을 억제하고, 더욱 부드럽고 협력적인 태도를 보인다. 창의적인 아이디어를 실행 가능한 형태로 구체화하며, 자유롭게 자기 생각을 표현하고, 창의적으로 문제를 해결하려 한다. 대인관계에서 더욱 설득력 있는 태도를 보이며, 자신의 견해를 조화롭게 전달한다.

• 상관(傷官)이 겁재(劫財)를 설기(泄氣)하면, 상관(傷官)의 창의적이고 자유로운 기운이 겁재(劫財)의 강한 경쟁심과 독립적인 성향을 흡수하여, 지나친 경쟁심을 완화하고 창의적이고 조화로운 방식으로 문제를 해결한다. 자기 생각과 능력을 설득력 있게 전달하는 능력을 갖추게 된다. 대인관계에서 더욱 유연하고 원활한 소통을 할 수 있다.

• 상관(傷官)이 편관(偏官)을 극(剋)하면, 상관(傷官)의 창의적이고 자유로운 기운이 편관(偏官)의 강압적이고 도전적인 성향을 제어하여, 권위적이고 억압적인 환경에서도 독창적이고 자신만의 방식으로 문제를 해결한다. 기존의 규칙과 권위에 도전하여 더 자유롭고 창의적인 방식을 추구하려는 성향이 나타난다. 지나친 도전과 반항으로 인해 권위와 충돌할 가능성이 크다.

• 상관(傷官)이 정관(正官)을 극(剋)하면, 상관(傷官)의 창의적이고 자유로운 기운이

정관(正官)의 규율적이고 원칙적인 성향을 제어하여, 기존의 규칙과 원칙에 얽매이지 않고 자신만의 독창적인 방식으로 문제를 해결한다. 기존의 제도나 시스템에 맞서 새로운 방법으로 문제를 해결하려는 성향을 보인다. 기존의 틀을 깨고 새로운 방식으로 문제를 해결한다.

5. 편재(偏財)

① 편재(偏財)의 일반적 특성

편재(偏財)는 일간(日干)이 극(剋)하는 오행(五行) 중 음양(陰陽)이 같은 경우이다. 편재(偏財)는 내가 괴롭히는 것, 내가 내 맘대로 할 수 있는 것인데, 일시적, 집중적, 유동적인 것이다. 따라서 편재(偏財)는 일시적이고 유동적인 재물의 흐름을 상징하며, 큰돈을 벌거나 잃을 가능성을 나타낸다. 편재(偏財)가 있는 사람은 대규모 사업이나 투기에서 큰 성과를 얻을 수 있으며, 재물에 대한 융통성과 활용 능력이 좋다.

② 편재(偏財)가 강한 사주(四柱)의 특성

편재(偏財)가 강한 사주(四柱)는 재물의 흐름을 잘 읽고, 이를 통해 큰 이익을 얻을 수 있다. 이들은 사업적 재능이 뛰어나고, 빠른 결단력과 추진력을 바탕으로 재물을 쌓아가는 성향을 보인다. 편재(偏財)가 강하면, 눈치가 빠르고 민첩하며, 친화력과 융통성이 뛰어날 뿐만 아니라, 모험심이 강하고 대범하다. 그러나 편재(偏財)가 지나치게 강하면 유동성 재물만을 추구하여, 큰 손실을 볼 위험이 있으며, 재물을 탐하다 인격이나 명예가 실추될 수 있다.

③ 편재(偏財)가 약한 사주(四柱)의 특성

편재(偏財)가 약한 사주(四柱)는 사업성, 투기성, 모험성, 대범성, 융통성이 없어 유동성 재물을 다루는 데 어려움을 겪으며, 안정적인 소득을 선호하는 경향이 강하다. 이들은 고정적이고 안정적인 수입을 선호하며, 투기성 있는 사업이나 대규모 사업에는 소극적이다.

④ 편재(偏財)의 생(生), 설(泄), 극(剋)

- 편재(偏財)가 편관(偏官)을 생(生)하면, 편재(偏財)의 유동적이고 활동적인 재물 기운이 편관(偏官)의 강렬하고 도전적인 성향을 지원하여, 현실적인 자원을 활용해 권위와 힘을 강화한다. 재물을 통해 사회적 위치를 높이고, 자신의 리더십을 강화하려는 경향을 보인다. 그러나 "재생살(財生殺)"이 되면 재물적으로는 성공하더라도 건강이 나빠지는 등의 부작용이 따를 수 있다.

- 편재(偏財)가 정관(正官)을 생(生)하면, 편재(偏財)의 활동적이고 유동적인 재물 기운이 정관(正官)의 규율적이고 책임감 있는 성향을 지원하여, 재물을 활용해 안정적이고 체계적인 지위를 추구하며, 사회적 신뢰와 책임을 강화한다. 재물을 공정하고 형평성 있게 관리하고 배분하려는 태도를 갖추어 사회적 신뢰를 얻고, 조직 내에서 명예와 권위를 유지할 수 있다.

- 편재(偏財)가 식신(食神)을 설기(泄氣)하면, 편재(偏財)의 활동적이고 유동적인 기운이 식신(食神)의 생산적이고 창의적인 성향을 흡수하여, 창의적인 아이디어와 노력이 재물 운용이나 관리로 이어진다. 창의적인 아이디어나 사업 활동을 통해 현실적이고 구체적인 재물을 성취할 수 있다. 외부의 기회를 활용하고 창의적인 방법으로 재물을 창출하는 능력을 발휘한다.

- 편재(偏財)가 상관(傷官)을 설기(泄氣)하면, 편재(偏財)의 활동적이고 유동적인 기운이 상관(傷官)의 창의적이고 다양한 성향을 흡수하여, 자신의 창의력과 표현력을 재물 활동으로 전환한다. 새로운 기회를 찾아 도전적이고 실험적인 다양한 방식으로 재물을 얻고 이를 효과적으로 운용할 수 있다.

- 편재(偏財)가 편인(偏印)을 극(剋)하면, 편재(偏財)의 활동적이고 유동적인 기운이 편인(偏印)의 창의적이고 특수한 성향을 억제하여, 현실적이고 일반적인 방식으로 문제를 해결하려 한다. 자신의 고유한 아이디어를 충분히 발휘하지 못하여 특수 기술이나 노하우를 활용하는 전문성이 떨어질 수 있다. 자신의 특화된 강점을 잃고 표면적인 성취에 그칠 수 있다.

- 편재(偏財)가 정인(正印)을 극(剋)하면, 편재(偏財)의 활동적이고 유동적인 기운이 정

인(正印)의 학문적이고 안정적인 성향을 제어하여, 지식과 학문적 탐구보다는 실질적인 재물 추구 활동에 집중한다. 학문적 성취보다 재물을 얻기 위한 단기적인 성과에 집착할 가능성이 있다. 재물에 대한 지나친 집착으로 인해 명예가 실추될 수 있다.

6. 정재(正財)

① 정재(正財)의 일반적 특성

정재(正財)는 일간(日干)이 극(剋)하는 오행(五行) 중 음양(陰陽)이 다른 경우를 의미하며, 고정적이고 안정적인 재물의 흐름을 상징한다. 정재(正財)는 내 맘대로 할 수 있는 돈이나 재물 중에서 월급, 이자, 연금과 같은 고정적인 소득을 나타내므로 안정적, 지속적이며, 굴곡이 없다. 정재(正財)는 원칙을 고수하고 성실하며, 책임감 있는 성향을 지닌다. 안정적, 지속적이므로 현 상황을 유지하기 위하여 모험과 투기를 하지 않으며 보수적이다.

② 정재(正財)가 강한 사주(四柱)의 특성

정재(正財)가 강한 사주(四柱)는 성실하게 재물을 모으며, 재정 관리가 뛰어나 안정적인 생활을 유지할 수 있다. 이들은 결과를 중시하며, 재물을 지키기 위한 노력도 아끼지 않는다. 정재(正財)가 강하면, 고정적, 안정적, 지속적으로 결과를 창출하는 곳에 투자해야 한다. 그러나 지나치게 정재(正財)가 강하면 보수적 성향이 강하고, 재물에 과도하게 집착하여 인색해질 수 있으며, 그로 인해 인격이나 명예가 실추될 수 있다.

③ 정재(正財)가 약한 사주(四柱)의 특성

정재(正財)가 약한 사주(四柱)는 안정적이고 지속적인 재물 활동에 어려움을 겪으며, 고정적인 수입이 부족할 수 있다. 고정 수입이 없고, 일시적, 집중적 금전 환경에 노출되어, 재정적으로 불안정한 생활을 할 수 있다. 정재(正財)가 약한 경우, 고정적, 안정적인 소득을 창출하는 방향으로 나아가야 한다.

④ 정재(正財)의 생(生), 설(泄), 극(剋)

- 정재(正財)가 편관(偏官)을 생(生)하면, 정재(正財)의 안정적이고 실질적인 재물 기운이 편관(偏官)의 강렬하고 도전적인 성향을 지원하여, 재물의 안정적인 축적과 활용을 통해 권력과 권위를 강화한다. 재물을 통해 자신의 권위와 사회적 위치를 확립하려는 경향을 보인다. "재생살(財生殺)"의 구조가 형성되어, 열심히 일한 만큼 재물을 얻고 생활이 안정되지만, 그 과정에서 건강상의 문제가 발생할 수 있다.

- 정재(正財)가 정관(正官)을 생(生)하면, 정재(正財)의 안정적이고 현실적인 재물 기운이 정관(正官)의 규율적이고 책임감 있는 성향을 지원하여, 재물을 기반으로 사회적 지위와 명예를 강화한다. 법과 원칙을 고수하며 안정적으로 재물을 지키는 경향을 나타낸다. 이러한 사람은 매사에 정확하고 확실하며, 재물을 다룰 때 신중하게 행동한다. 하지만 고지식하고 융통성이 부족하여 유연한 대처가 필요한 경우 어려움을 겪을 수 있다.

- 정재(正財)가 식신(食神)을 설기(泄氣)하면, 정재(正財)의 안정적이고 실질적인 재물 기운이 식신(食神)의 생산적이고 창의적인 에너지를 흡수하여, 창의적인 아이디어와 자유로운 표현을 바탕으로 안정적인 재물 관리와 성과를 창출한다. 일한 만큼 성과를 얻는 구조로, 공정하고 안정적인 재물 관리와 현실적인 성취를 가져온다. 특히, 전문적인 일을 통해 안정적이고 확실한 실속을 챙기는 경향이 강하다.

- 정재(正財)가 상관(傷官)을 설기(泄氣)하면, 정재(正財)의 안정적이고 실질적인 재물 기운이 상관(傷官)의 창의적이고 다양한 에너지를 흡수하여, 자유롭고 혁신적인 표현을 바탕으로 안정적인 재물 관리와 성과를 창출한다. 재물을 얻는 과정에서 다양한 방법과 아이디어를 활용하여 안정적인 재물을 취한다.

- 정재(正財)가 편인(偏印)을 극(剋)하면, 정재(正財)의 안정적이고 실질적인 재물 기운이 편인(偏印)의 창의적이고 특수한 기운을 억제하여, 독창적인 사고와 특수한 기술보다는 현실적이고 외향적인 재물 관리와 성과 창출에 집중한다. 개인의 창의적이고 독특한 아이디어가 무시되고, 현실적인 성과에만 치중할 수 있다. 특수한 기술이나 능력보다 현실적이고 전통적인 방식으로 재물을 추구한다.

- 정재(正財)가 정인(正印)을 극(剋)하면, 정재(正財)의 안정적이고 실질적인 재물 기운이 정인(正印)의 안정적이고 학문적인 기운을 제어하여, 지식이나 학문적 탐구보다는 실질적인 재물 관리와 안정적인 성과에 더 집중한다. 지식이나 학문적 활동보다 재물적 결과를 더 중요하게 여기며, 지식을 실질적인 성과나 안정적 재물 창출로 연결하려 한다.

7. 편관(偏官)

① 편관(偏官)의 일반적 특성

편관(偏官)은 일간(日干)을 극(剋)하는 오행(五行) 중 음양(陰陽)이 같은 경우이다. 편관(偏官)은 나를 극(剋)하는 것이므로 남이 시키는 대로 해야 하는 것인데 일시적, 집중적, 유동적인 것이다. 편관(偏官)은 일시적, 집중적으로 나를 괴롭히는 것이므로 나를 통제하는 법이나 규칙이 엄격할 수도 있고 느슨할 수도 있다. 편관(偏官)은 직업적으로 일이 있을 때는 많고 없을 때는 없는 프리랜서나 계약직 또는 비상이 걸리면 일시적으로 일이 집중되는 군인, 경찰, 소방관에 해당한다.

② 편관(偏官)이 강한 사주(四柱)의 특성

편관(偏官)이 강한 사주(四柱)는 일시적, 집중적으로 남이 시키는 일을 잘할 수 있으므로, 일복이 많고 임기응변과 상황 대처 능력이 좋다. 편관(偏官)이 강하면, 일시적, 집중적으로 일이 많으니, 직장 생활에 굴곡이 심하고, 직업 전변이 많을 수 있다. 편관(偏官)이 강하면, 매우 권위적이고 책임감이 강하며, 결정력과 추진력이 매우 좋다. 그러나 지나치게 편관(偏官)이 강할 경우 권위주의적 성향이 강화되어, 다른 사람들과 갈등이 발생할 수 있다.

③ 편관(偏官)이 약한 사주(四柱)의 특성

편관(偏官)이 약한 사주(四柱)는 일시적, 집중적, 유동적으로 남이 시키는 일을 하지 않으니, 변함없고 안정적인 삶을 선호한다. 편관(偏官)이 약하면, 융통성과 역동성이 없고 임기응변과 상황 대처 능력이 떨어질 수 있다. 편관(偏官)이 약한 경우, 상황 대처 능력을 기르고, 자기 통제력과 결단력을 키우려는 노력이 필요하다.

④ 편관(偏官)의 생(生), 설(泄), 극(剋)

- 편관(偏官)이 편인(偏印)을 생(生)하면, 편관(偏官)의 강렬하고 도전적인 기운이 편인(偏印)의 창의적이고 독특한 사고를 지원하면서, 도전적이고 특화된 환경에서 창의력과 전문성을 발휘하려는 경향을 보인다. 비상 상황이나 어려운 문제에 대해 특수한 접근 방식으로 해결책을 제시할 수 있다. 특수한 지식이나 기술을 활용하여 조직의 성과를 낼 수 있다.

- 편관(偏官)이 정인(正印)을 생(生)하면, 편관(偏官)의 일시적, 집중적 기운이 정인(正印)의 안정적이고 학문적인 기운을 강화하여, 사회적 신뢰와 명예를 얻는다. 법과 규율을 중시하며 도덕적인 판단을 함으로써, 안정적이고 체계적인 리더십을 발휘한다. 학문적 성취와 지식이 사회적 권위나 직업적 성공을 뒷받침하여 성공과 명예를 얻게 된다. "살인상생(殺印相生)"의 구조가 형성된다.

- 편관(偏官)이 편재(偏財)를 설기(泄氣)하면, 편관(偏官)의 강렬하고 도전적인 기운이 편재(偏財)의 활동적이고 유동적인 재물 성향을 흡수한다. 일시적, 집중적, 유동적인 재물 성취를 바탕으로 도전적이고 단기적인 목표 달성에 역량을 집중한다. 일시적, 집중적인 목표를 달성하기 위한 수단으로 유동적인 재물을 활용한다. "재생살(財生殺)"의 구조가 나타날 수 있다.

- 편관(偏官)이 정재(正財)를 설기(泄氣)하면, 편관(偏官)의 일시적, 집중적인 기운이 정재(正財)의 안정적이고 실질적인 재물 성향을 흡수한다. 재물의 안정적 성취를 바탕으로 일시적, 집중적 과업 수행에 역량을 집중한다. 안정적인 재물 성취를 통해 자신의 권위와 위치를 강화하고, 이를 바탕으로 조직에서 영향력을 행사할 수 있다.

- 편관(偏官)이 비견(比肩)을 극(剋)하면, 편관(偏官)의 강렬하고 통제적인 기운이 비견(比肩)의 주체적이고 독립적인 성향을 억제하여, 외부적인 압박이나 권위의 영향을 강하게 받을 수 있다. 외부에서 오는 강한 압박이나 도전을 극복하려는 과정에서

더 큰 실행력과 도전 정신을 발휘할 수 있다. 법과 규정을 잘 지키고 절제된 태도로 행동하도록 만들어, 함부로 행동하지 않게 한다.

- 편관(偏官)이 겁재(劫財)를 극(剋)하면, 편관(偏官)의 강력한 통제와 권위적 성향이 겁재(劫財)의 자기중심적이고 경쟁적인 성향을 제어하면서, 지나친 경쟁과 갈등을 해소하고 질서를 유지한다. 지나친 독립성이나 자기중심적인 행동을 억제하고, 타인과의 협력과 조화를 중요시하며, 조직 내에서 효과적으로 임무를 수행한다.

8. 정관(正官)

① 정관(正官)의 일반적 특성

정관(正官)은 일간(日干)을 극(剋)하는 오행(五行) 중 음양(陰陽)이 반대인 경우로, 법과 질서, 사회적 책임과 도덕적 기준을 상징한다. 정관(正官)은 나를 극(剋)하는 것이므로 내 맘대로 할 수 없고, 시키는 대로 해야 하는 것인데 고정적, 안정적, 지속적인 것이다. 정관(正官)이 있는 사람은 공정함과 사회적 질서를 중요하게 생각하며, 조직이나 사회에서 중요한 역할을 담당한다. 정관(正官)은 원칙을 고수하고 사무적이며, 융통성이 없으니, 상황 대처 능력이나 추진력이 떨어진다.

② 정관(正官)이 강한 사주(四柱)의 특성

정관(正官)이 강한 사주(四柱)는 사회적 책임감이 매우 강하며, 법과 규율을 잘 따르는 성향을 보인다. 이들은 공정하고 성실하게 자기 일을 처리하며, 사회적 신뢰를 얻는다. 그러나 정관(正官)이 지나치게 강할 경우 지나치게 보수적이거나 원칙에 얽매여 융통성을 잃을 수 있으며, 경직된 사고로 인해 변화를 두려워할 수 있다.

③ 정관(正官)이 약한 사주(四柱)의 특성

정관(正官)이 약한 사주(四柱)는 사회적 책임감이 부족하고, 법과 규율을 따르는 데 어려움을 겪을 수 있다. 이들은 주로 공익보다 개인적인 이익을 우선시하며, 타인에게 신뢰를 얻기 어려울 수 있다. 자신을 절제하지 못하여 재물을 지키지 못할 수 있다. 정관

(正官)이 약할 경우, 스스로 절제하고 사회적 책임을 다하며, 원칙을 지키려는 노력이 필요하다.

④ 정관(正官)의 생(生), 설(泄), 극(剋)

- 정관(正官)이 편인(偏印)을 생(生)하면, 정관(正官)의 규율적이고 책임감 있는 기운이 편인(偏印)의 독창적이고 특수한 성향을 지원하여, 체계적이고 안정적인 기반 위에서 창의적이고 독특한 능력을 발휘한다. 창의적인 사고와 특화된 기술을 체계적으로 활용하여 자리나 직책을 지킨다. 규율과 규정 내에서 창의성과 특수성을 발휘하여 사회적으로 신뢰를 얻는다.

- 정관(正官)이 정인(正印)을 생(生)하면, 정관(正官)의 규율적이고 책임감 있는 기운이 정인(正印)의 안정적이고 일반적인 학문적 성향을 지원한다. 안정적이고 체계적인 방식으로 자신의 지식과 능력을 활용하여 사회적 지위와 명예를 얻는다. 생각이 깊고 언행이 신중하며, 명분에 벗어난 행동을 하지 않는다.

- 정관(正官)이 편재(偏財)를 설기(泄氣)하면, 정관(正官)의 규율적이고 책임감 있는 기운이 편재(偏財)의 활동적이고 유동적인 재물 성향을 흡수하여, 유동적 재물 활동보다는 책임과 규율을 우선시하는 태도를 보인다. 정관(正官)의 규율과 책임감이 편재(偏財)의 집중적이고 유동적인 재물 성향을 억제하여, 재물을 안정적이고 책임감 있게 관리한다.

- 정관(正官)이 정재(正財)를 설기(泄氣)하면, 정관(正官)의 규율적이고 책임감 있는 기운이 정재(正財)의 안정적이고 실질적인 재물 활동을 흡수하여, 재물을 통해 자신의 사회적 지위와 명예를 얻는다. 재물을 활용해 조직 내에서 실질적인 성과를 내고, 안정적으로 임무를 수행한다. 재물 운용에 있어서 단기적인 이익보다는 장기적인 안정성과 지속성을 중시한다.

- 정관(正官)이 비견(比肩)을 극(剋)하면, 정관(正官)의 규율과 책임감 있는 기운이 비견(比肩)의 독립적이고 자기중심적인 성향을 억제하여, 조직이나 대인관계에서 책임감을 느끼고 역할을 다한다. 타인과의 협력과 조직 내 조화를 중시하며, 자신의 역

할에 충실해지려는 태도를 보인다. 스스로를 절제하고 통제하여 소비성과 소모성이 약화되므로 재물을 지켜 낸다.

- 정관(正官)이 겁재(劫財)를 극(剋)하면, 정관(正官)의 규율과 책임감 있는 기운이 겁재(劫財)의 자기중심적이고 경쟁적인 성향을 제어하여, 지나친 경쟁과 갈등을 억제하고 조직적이고 질서 있는 행동을 한다. 과도한 독립심이나 자기주장을 줄이고 타인과의 협력을 중요시하며, 자신의 경쟁심을 현실적이고 건설적인 방향으로 활용한다. 재물을 추구하는 데도 공정성과 규율을 중시한다.

9. 편인(偏印)

① 편인(偏印)의 일반적 특성

편인(偏印)은 일간(日干)을 생(生)하는 오행(五行) 중 음양(陰陽)이 같은 경우로, 독창적인 사고, 직관, 특별한 재능을 상징한다. 편인(偏印)은 나를 도와주고 밀어주는 것인데 일시적, 집중적, 유동적인 것이므로, 독특하고 비범하며, 창의성과 특수성이 좋다. 편인(偏印)은 특이한 아이디어나 기술을 통해 자신만의 방식으로 문제를 풀어내며, 대중적이지 않은 분야에서 능력을 발휘할 수 있다. 또한, 편인(偏印)은 특이한 생각이 많아 철학이나 예술, 특수한 기술과 관련이 있다.

② 편인(偏印)이 강한 사주(四柱)의 특성

편인(偏印)이 강한 사주(四柱)는 일시적, 집중적으로 받아들이는 것이 강하므로 특별한 분야에서 아이디어와 창의력이 풍부하다. 매우 독창적이고 창의적인 사고를 지니고 있으며, 직관을 통해 문제를 해결하는 능력이 뛰어나다. 이들은 특수한 기술이나 특수 학문을 통해 자신의 재능을 발휘할 수 있다. 그러나 편인(偏印)이 지나치게 강하면 표현 능력이나 활동성이 떨어져, 타인과의 소통이 부족하고 사회적 관계에서 어려움을 겪을 수 있다.

③ 편인(偏印)이 약한 사주(四柱)의 특성

편인(偏印)이 약한 사람은 자신의 독창성과 직관을 충분히 발휘하지 못하고, 주로 타인의 의견이나 전통적인 방식에 의존하는 경향이 있다. 이들은 창의적인 사고보다는 기존 방식으로 문제를 해결하려 한다. 편인(偏印)이 약한 경우, 자신의 독창성을 키우고 스스로 문제를 해결하는 능력을 강화하는 것이 중요하다.

④ 편인(偏印)의 생(生), 설(泄), 극(剋)

- 편인(偏印)이 비견(比肩)을 생(生)하면, 편인(偏印)의 독창적인 기운이 비견(比肩)의 자기중심적이고 독립적인 능력을 지원하여, 독특한 사고와 창의력을 바탕으로 자율적이고 독립적인 방식으로 문제를 해결한다. 특이한 생각이나 아이디어를 활용하여 주관적, 독립적으로 행동하려는 경향을 보인다.

- 편인(偏印)이 겁재(劫財)를 생(生)하면, 편인(偏印)의 독창적인 기운이 겁재(劫財)의 자기중심적이고 경쟁적인 능력을 지원하여, 창의적이고 특이한 방식으로 경쟁에서 유리한 위치를 점한다. 기존의 틀을 벗어나 혁신적이고 도전적인 방식으로 목표를 달성하려는 성향을 보인다.

- 편인(偏印)이 편관(偏官)을 설기(泄氣)하면, 편인(偏印)의 독창적인 기운이 편관(偏官)의 강한 통제와 실행력을 완화하여, 도전적인 과제를 자신의 독창성을 활용해 창의적이고 유연한 방식으로 해결한다. 특화된 지식이나 기술, 재능을 활용하여 직장 생활에서 성과를 낼 수 있다.

- 편인(偏印)이 정관(正官)을 설기(泄氣)하면, 편인(偏印)의 독창적인 기운이 정관(正官)의 규율과 책임감을 완화하여, 규율이나 책임감에 얽매이지 않고 창의적이고 유연한 방식으로 문제를 해결한다. 원칙을 따르면서도 상황에 맞는 창의적인 아이디어를 실현한다. 자신만의 전문성을 바탕으로 안정적인 직장 생활을 한다.

- 편인(偏印)이 식신(食神)을 극(剋)하면, 편인(偏印)의 독창적인 기운이 식신(食神)의 창의적이고 생산적인 기운을 방해하여, 창의력을 발휘하거나 성과를 만들어 내는 데 제약을 느낄 수 있다. "도식(倒食)"의 구조가 형성되어 자신의 노력이나 활동이 구체적인 결과로 이어지지 않는 답답함을 느낄 수 있다. 내면적인 탐구에 치중하여 외부 활동이나 성과 창출에 소극적인 태도를 보일 수 있다.

- 편인(偏印)이 상관(傷官)을 극(剋)하면, 편인(偏印)의 독창적인 기운이 상관(傷官)의 외향적이고 자유로운 표현력을 억제하여, 자유로운 활동이나 표현에서 제약을 느낄 수 있다. 자기 생각이나 감정을 자유롭게 드러내지 못하거나, 창의적인 아이디어를 실행하는 데 어려움을 겪을 수 있다. 특이한 연구에 집중하여, 실질적인 성과를 만들어 내는 데 방해가 될 수 있다.

10. 정인(正印)

① 정인(正印)의 일반적 특성

정인(正印)은 일간(日干)을 생(生)하는 오행(五行) 중 음양(陰陽)이 반대인 경우로, 나를 도와주고 밀어주는 것인데 고정적, 안정적, 지속적인 것이다. 안정적으로 나에게 주는 것이므로, 일반적인 학문, 지식, 자격, 실력, 능력을 상징한다. 정인(正印)은 친모처럼 지속적으로 나를 보호하고, 내가 성장할 수 있도록 돕는 존재로서 작용한다. 정인(正印)은 현 상황을 바꾸고 싶어 하지 않아 전통적이고 보수적이며, 명분과 체면을 중시한다.

② 정인(正印)이 강한 사주(四柱)의 특성

정인(正印)이 강한 사주(四柱)는 나를 도와주는 것이 고정적, 안정적, 지속적으로 강하므로 일반적, 학문적 성취와 지식의 축적을 매우 중시하며, 안정적이고 체계적인 생활을 추구한다. 그러나 지나치게 정인(正印)이 강하면 변화를 두려워하거나, 새로운 도전을 피하는 보수적인 태도를 보일 수 있다. 계획이나 생각이 많아 머리만 굴리고 움직이려 하지 않아 표현력과 실천력이 저하된다.

③ 정인(正印)이 약한 사주(四柱)의 특성

정인(正印)이 약한 사람은 전반적인 계획성이나 준비성이 떨어지고, 일반적, 학문적 성취나 안정적인 기반을 확보하는 데 어려움을 겪을 수 있다. 지식 축적이 부족하고, 계획성이나 안정성이 모자랄 수 있다. 정인(正印)이 약한 경우, 지속적인 자기계발을 통해 자신을 보호할 수 있는 기반을 마련하는 것이 중요하다.

④ 정인(正印)의 생(生), 설(泄), 극(剋)

- 정인(正印)이 비견(比肩)을 생(生)하면, 정인(正印)의 안정적이고 학문적인 기운이 비견(比肩)의 자기중심적이고 독립적인 성향을 지원하여, 자신의 능력을 안정적으로 발휘하면서도 독립적으로 행동하려는 경향을 보인다. 자신에 대한 신뢰와 자부심을 가지며, 실력과 능력으로 자신의 목표를 실현하려는 의지가 강해진다.

- 정인(正印)이 겁재(劫財)를 생(生)하면, 정인(正印)의 학문적이고 안정적인 기운이 겁재(劫財)의 자기중심적이고 경쟁적인 성향을 지원하여, 안정적인 지식과 경험을 바탕으로 적극적인 행동을 취한다. 탄탄한 능력과 실력을 갖추니 경쟁에서 협력으로의 전환이 이루어지며, 타인과의 갈등을 줄이고 상호 협력하여 문제를 해결한다.

- 정인(正印)이 편관(偏官)을 설기(泄氣)하면, 정인(正印)의 학문적이고 안정적인 기운이 편관(偏官)의 강한 통제와 실행력을 완화하여, 권위적 성향이 약화되고 협력과 도덕적 판단이 강화된다. 도전적인 상황에서도 안정적인 지식과 실력으로 대처하여 조직 내에서 신뢰를 얻으며, 책임감 있는 리더로서의 역할을 수행한다. "살인상생(殺印相生)"의 구조가 형성된다.

- 정인(正印)이 정관(正官)을 설기(泄氣)하면, 정인(正印)의 학문적이고 안정적인 기운이 정관(正官)의 규율과 책임감을 뒷받침하여, 책임감과 원칙을 유지하면서 체계적인 방식으로 문제를 해결한다. "관인상생(官印相生)"의 구조가 되어 직장에서 실력을 인정받고, 승진을 통해 명예나 사회적 지위를 높일 수 있다.

- 정인(正印)이 식신(食神)을 극(剋)하면, 정인(正印)의 학문적이고 안정적인 성향이 식신(食神)의 창의적이고 생산적인 기운을 제어하여, 창의적 표현이나 생산력을 충분히 발휘하지 못할 수 있다. 자기 생각이나 아이디어를 외부로 표현하는 데 어려움을 겪을 수 있으며, 내면적 안정에 치중하여 실질적인 성과를 소홀히 할 수 있다.

- 정인(正印)이 상관(傷官)을 극(剋)하면, 정인(正印)의 학문적이고 안정적인 성향이 상관(傷官)의 자유로운 표현력을 억제하여, 자신의 아이디어와 감정을 자유롭게 드러내지 못할 수 있다. 자기 생각이나 아이디어를 외부로 표현하는 데 "상관패인(傷官佩印)"의 구조가 형성되어 전문성과 창의력을 조화롭게 발휘하게 된다.

십신(十神)의 천간(天干)별 특성

1. 비견(比肩)의 천간(天干)별 특성

비견(比肩)은 일간(日干)과 같은 오행(五行)과 음양(陰陽)을 가진 천간(天干)으로, 자기와 같은 성향을 가진 사람을 나타낸다. 천간(天干)마다 고유한 특성이 있으므로 같은 비견(比肩)이라도 천간(天干)에 따라 다른 특성을 갖는다.

① **甲甲 비견(比肩):** 甲木은 보이게 상승하고 확산하는 성질을 지니며, 밖에서 적극적으로 키우는 활동을 하는 비견(比肩)이다. 寅卯辰 운(運)에서 활동성이 강해진다.

② **乙乙 비견(比肩):** 乙木은 보이지 않게 하강하고 수축하는 성질을 가지고 있으며, 안에서 실속 있게 줄이는 활동을 하는 비견(比肩)이다. 申酉戌 운(運)에서 활동성이 강해진다.

③ **丙丙 비견(比肩):** 丙火는 보이게 더 상승하고 더 확산하는 성질을 지니며, 밖에서 적극적으로 키우는 활동을 하는 비견(比肩)이다. 巳午未 운(運)에서 활동성이 강해진다.

④ **丁丁 비견(比肩):** 丁火는 보이지 않게 더 하강하고 더 수축하는 성질을 지니며, 안에서 실속 있게 줄이는 활동을 하는 비견(比肩)이다. 亥子丑 운(運)에서 활동성이 강해진다.

⑤ **戊戊 비견(比肩):** 戊土는 보이게 더 상승하고 더 확산하려는 성질을 지니며, 밖에서 적극적으로 키우는 활동을 하는 비견(比肩)이다. 巳午未 운(運)에서 활동성이 강해진다.

⑥ **己己 비견(比肩):** 己土는 보이지 않게 더 하강, 더 수축하는 성질을 지니며, 안에서 실속 있게 줄이는 활동을 하는 비견(比肩)이다. 亥子丑 운(運)에서 활동성이 강해진다.

⑦ **庚庚 비견(比肩):** 庚金은 보이게 하강하고 수축하는 성질을 지니며, 밖에서 알차고 실속 있게 줄이는 활동을 하는 비견(比肩)이다. 申酉戌 운(運)에서 활동성이 강해진다.

⑧ **辛辛 비견(比肩):** 辛金은 보이지 않게 상승하고 확산하는 성질을 지니며, 안에서 적극적으로 키우는 활동을 하는 비견(比肩)이다. 寅卯辰 운(運)에서 활동성이 강해진다.

⑨ **壬壬 비견(比肩):** 壬水는 보이게 더 하강하고 더 수축하는 성질을 지니며, 밖에서 실속 있게 줄이는 활동을 하는 비견(比肩)이다. 亥子丑 운(運)에서 활동성이 강해진다.

⑩ **癸癸 비견(比肩):** 癸水는 보이지 않게 더 상승하고 더 확산하는 성질을 지니며, 안에서 적극적으로 키우는 활동을 하는 비견(比肩)이다. 巳午未 운(運)에서 활동성이 강해진다.

2. 겁재(劫財)의 천간(天干)별 특성

겁재(劫財)는 나와 같은 오행(五行)이지만 음양(陰陽)이 다른 천간(天干)으로, 경쟁자를 나타낸다. 천간(天干)마다 고유한 특성이 있으므로 같은 겁재(劫財)라도 천간(天干)에 따라 다른 특성을 갖는다.

① **甲乙 겁재(劫財):** 乙木은 보이지 않게 하강하고 수축하는 성질을 지니며, 안에서 알차고 실속 있게 줄이기 경쟁을 하는 겁재(劫財)로 작용한다. 申酉戌 운(運)에서 활동성이 강해진다.

② **乙甲 겁재(劫財):** 甲木은 보이게 상승하고 확산하는 성질을 지니며, 밖에서 적극적으로 활발하게 키우기 경쟁을 하는 겁재(劫財)로 작용한다. 寅卯辰 운(運)에서 활동성이 강해진다.

③ **丙丁 겁재(劫財):** 丁火는 보이지 않게 더 하강하고 더 수축하려는 성질을 가지고 있어, 안에서 알차고 실속 있게 줄이기 경쟁을 하는 겁재(劫財)로 작용한다. 亥子丑 운(運)에서 활동성이 강해진다.

④ **丁丙 겁재(劫財):** 丙火는 보이게 더 상승하고 더 확산하는 성질을 지니며, 밖에서 적극적으로 활발하게 키우기 경쟁을 하는 겁재(劫財)로 작용한다. 巳午未 운(運)에서 활동성이 강해진다.

⑤ **戊己 겁재(劫財):** 己土는 보이지 않게 더 하강, 더 수축하는 성질을 지니며, 안에서

알차고 실속 있게 줄이기 경쟁을 하는 겁재(劫財)로 작용한다. 亥子丑 운(運)에서 활동성이 강해진다.

⑥ **己戊 겁재(劫財):** 戊土는 보이게 더 상승하고 더 확산하려는 성질을 지니며, 밖에서 적극적으로 활발하게 키우기 경쟁을 하는 겁재(劫財)로 작용한다. 巳午未 운(運)에서 활동성이 강해진다.

⑦ **庚辛 겁재(劫財):** 辛金은 보이지 않게 상승하고 확산하려는 성질을 지니며, 안에서 적극적으로 활발하게 키우기 경쟁을 하는 겁재(劫財)로 작용한다. 寅卯辰 운(運)에서 활동성이 강해진다.

⑧ **辛庚 겁재(劫財):** 庚金은 보이게 하강하고 수축하려는 성질을 지니며, 밖에서 알차고 실속 있게 줄이기 경쟁을 하는 겁재(劫財)로 작용한다. 申酉戌 운(運)에서 활동성이 강해진다.

⑨ **壬癸 겁재(劫財):** 癸水는 보이지 않게 더 상승하고 더 확산하는 성질을 지니며, 안에서 적극적으로 활발하게 키우기 경쟁을 하는 겁재(劫財)로 작용한다. 巳午未 운(運)에서 활동성이 강해진다.

⑩ **癸壬 겁재(劫財):** 壬水는 보이게 더 하강, 더 수축하는 성질을 지니며, 밖에서 알차고 실속 있게 줄이기 경쟁을 하는 겁재(劫財)로 작용한다. 亥子丑 운(運)에서 활동성이 강해진다.

3. 식신(食神)의 천간(天干)별 특성

식신(食神)은 일간(日干)이 생(生)하는 오행(五行)으로, 음양(陰陽)이 같은 천간(天干)이다. 식신(食神)은 창의적이고 생산적인 성향을 가진 기운으로 전문성 있게 내가 하고 싶은 일을 하는 역할을 한다. 천간(天干)마다 고유한 특성이 있으므로 같은 식신(食神)이라도 천간(天干)에 따라 다른 특성을 갖는다.

① **甲丙 식신(食神):** 丙火는 보이게 더 상승하고 더 확산하는 성질을 지니며, 자기가 하고 싶은 일을 전문성 있게 하되, 밖에서 적극적으로 활발하게 키우는 활동을 하는

식신(食神)을 나타낸다. 巳午未 운(運)에서 그 활동성이 강해진다.

② 乙丁 식신(食神): 丁火는 보이지 않게 더 하강하고 더 수축하는 성질을 지니며, 자기가 하고 싶은 일을 전문성 있게 하되, 안에서 알차고 실속 있게 줄이는 활동을 하는 식신(食神)을 나타낸다. 亥子丑 운(運)에서 그 활동성이 강해진다.

③ 丙戊 식신(食神): 戊土는 보이게 더 상승하고 더 확산하는 성질을 지니며, 자기가 하고 싶은 일을 전문성 있게 하되, 밖에서 적극적으로 활발하게 키우는 활동을 히는 식신(食神)을 ㅣ타낸다. 巳午未 운(運)에서 그 활동성이 강해진다.

④ 丁己 식신(食神): 己土는 보이지 않게 더 하강하고 더 수축하는 성질을 지니며, 자기가 하고 싶은 일을 전문성 있게 하되, 안에서 알차고 실속 있게 줄이는 활동을 하는 식신(食神)을 나타낸다. 亥子丑 운(運)에서 그 활동성이 강해진다.

⑤ 戊庚 식신(食神): 庚金은 보이게 하강하고 수축하는 성질을 지니며, 자기가 하고 싶은 일을 전문성 있게 하되, 밖에서 알차고 실속 있게 줄이는 활동을 하는 식신(食神)을 나타낸다. 申酉戌 운(運)에서 그 활동성이 강해진다.

⑥ 己辛 식신(食神): 辛金은 보이지 않게 상승하고 확산하려는 성질을 지니며, 자기가 하고 싶은 일을 전문성 있게 하되, 안에서 적극적으로 활발하게 키우는 활동을 하는 식신(食神)을 나타낸다. 寅卯辰 운(運)에서 활동성이 강해진다.

⑦ 庚壬 식신(食神): 壬水는 보이게 더 하강하고 더 수축하는 성질을 지니며, 자기가 하고 싶은 일을 전문성 있게 하되, 밖에서 알차고 실속 있게 줄이는 활동을 하는 식신(食神)을 나타낸다. 亥子丑 운(運)에서 그 활동성이 강해진다.

⑧ 辛癸 식신(食神): 癸水는 보이지 않게 더 상승하고 더 확산하려는 성질을 지니며, 자기가 하고 싶은 일을 전문성 있게 하되, 안에서 적극적으로 활발하게 키우는 활동을 하는 식신(食神)을 나타낸다. 巳午未 운(運)에서 활동성이 강해진다.

⑨ 壬甲 식신(食神): 甲木은 보이게 상승하고 확산하는 성질을 지니며, 자기가 하고 싶은 일을 전문성 있게 하되, 밖에서 적극적으로 활발하게 키우는 활동을 하는 식신(食神)을 나타낸다. 寅卯辰 운(運)에서 그 활동성이 강해진다.

⑩ 癸乙 식신(食神): 乙木은 보이지 않게 하강하고 수축하는 성질을 지니며, 자기가 하

고 싶은 일을 전문성 있게 하되, 안에서 알차고 실속 있게 줄이는 활동을 하는 식신(食神)을 나타낸다. 申酉戌 운(運)에서 그 활동성이 강해진다.

4. 상관(傷官)의 천간(天干)별 특성

상관(傷官)은 일간(日干)이 생(生)하는 오행(五行)으로, 음양(陰陽)이 다른 천간(天干)이다. 상관(傷官)은 자유롭고 창의적인 성향을 지니며 기존의 틀에서 벗어나 다양하게 내가 하고 싶은 일을 하려는 경향이 있다. 천간(天干)마다 고유한 특성이 있으므로 같은 상관(傷官)이라도 천간(天干)에 따라 다른 특성을 갖는다.

① **甲丁 상관(傷官):** 丁火는 보이지 않게 더 하강하고 더 수축하는 성질을 지니며, 자기가 하고 싶은 일을 다양성 있게 하되, 안에서 알차고 실속 있게 줄이는 활동을 하는 상관(傷官)을 나타낸다. 亥子丑 운(運)에서 그 활동성이 강해진다.

② **乙丙 상관(傷官):** 丙火는 보이게 더 상승하고 더 확산하는 성질을 지니며, 자기가 하고 싶은 일을 다양성 있게 하되, 밖에서 적극적으로 활발하게 키우는 활동을 하는 상관(傷官)을 나타낸다. 巳午未 운(運)에서 그 활동성이 강해진다.

③ **丙己 상관(傷官):** 己土는 보이지 않게 더 하강하고 더 수축하는 성질을 지니며, 자기가 하고 싶은 일을 다양성 있게 하되, 안에서 알차고 실속 있게 줄이는 활동을 하는 상관(傷官)을 나타낸다. 亥子丑 운(運)에서 그 활동성이 강해진다.

④ **丁戊 상관(傷官):** 戊土는 보이게 더 상승하고 더 확산하는 성질을 지니며, 자기가 하고 싶은 일을 다양성 있게 하되, 밖에서 적극적으로 활발하게 키우는 활동을 하는 상관(傷官)을 나타낸다. 巳午未 운(運)에서 그 활동성이 강해진다.

⑤ **戊辛 상관(傷官):** 辛金은 보이지 않게 상승하고 확산하려는 성질을 지니며, 자기가 하고 싶은 일을 다양성 있게 하되, 안에서 적극적으로 활발하게 키우는 활동을 하는 상관(傷官)을 나타낸다. 寅卯辰 운(運)에서 활동성이 강해진다.

⑥ **己庚 상관(傷官):** 庚金은 보이게 하강하고 수축하는 성질을 지니며, 자기가 하고 싶은 일을 다양성 있게 하되, 밖에서 알차고 실속 있게 줄이는 활동을 하는 상관(傷

官)을 나타낸다. 申酉戌 운(運)에서 그 활동성이 강해진다.

⑦ **庚癸 상관(傷官):** 癸水는 보이지 않게 더 상승하고 더 확산하려는 성질을 지니며, 자기가 하고 싶은 일을 다양성 있게 하되, 안에서 적극적으로 활발하게 키우는 활동을 하는 상관(傷官)을 나타낸다. 巳午未 운(運)에서 활동성이 강해진다.

⑧ **辛壬 상관(傷官):** 壬水는 보이게 더 하강하고 더 수축하는 성질을 지니며, 자기가 하고 싶은 일을 다양성 있게 하되, 밖에서 알차고 실속 있게 줄이는 활동을 하는 상관(傷官)을 나타낸다. 亥子丑 운(運)에서 그 활동성이 강해진다.

⑨ **壬乙 상관(傷官):** 乙木은 보이지 않게 하강하고 수축하는 성질을 지니며, 자기가 하고 싶은 일을 다양성 있게 하되, 안에서 알차고 실속 있게 줄이는 활동을 하는 상관(傷官)을 나타낸다. 申酉戌 운(運)에서 그 활동성이 강해진다.

⑩ **癸甲 상관(傷官):** 甲木은 보이게 상승하고 확산하는 성질을 지니며, 자기가 하고 싶은 일을 다양성 있게 하되, 밖에서 적극적으로 활발하게 키우는 활동을 하는 상관(傷官)을 나타낸다. 寅卯辰 운(運)에서 그 활동성이 강해진다.

5. 정재(正財)의 천간(天干)별 특성

정재(正財)는 일간(日干)이 극(剋)하는 오행(五行)으로, 음양(陰陽)이 다른 천간(天干)이다. 정재(正財)는 안정적이고 고정적인 재물 활동을 나타낸다. 천간(天干)마다 고유한 특성이 있으므로 같은 정재(正財)라도 천간(天干)에 따라 다른 특성을 갖는다.

① **甲己 정재(正財):** 己土는 보이지 않게 더 하강하고 더 수축하는 성향이므로, 안정적이고 고정적인 재물 활동을 하되, 안에서 알차고 실속 있게 줄이는 활동을 하는 정재(正財)이다. 亥子丑 운(運)에서 그 활동성이 강해진다.

② **乙戊 정재(正財):** 戊土는 보이게 더 상승하고 더 확산하는 성향이므로, 안정적이고 고정적인 재물 활동을 하되, 밖에서 적극적으로 활발하게 키우는 활동을 하는 정재(正財)이다. 巳午未 운(運)에서 그 활동성이 강해진다.

③ **丙辛 정재(正財):** 辛金은 보이지 않게 상승하고 확산하는 성향이므로, 안정적이고

고정적인 재물 활동을 하되, 안에서 적극적으로 활발하게 키우는 활동을 하는 정재(正財)이다. 寅卯辰 운(運)에서 그 활동성이 강해진다.

④ 丁庚 정재(正財): 庚金은 보이게 하강하고 수축하는 성향이므로, 안정적이고 고정적인 재물 활동을 하되, 밖에서 알차고 실속 있게 줄이는 활동을 하는 정재(正財)이다. 申酉戌 운(運)에서 그 활동성이 강해진다.

⑤ 戊癸 정재(正財): 癸水는 보이지 않게 더 상승하고 더 확산하는 성향이므로, 안정적이고 고정적인 재물 활동을 하되, 안에서 적극적으로 활발하게 키우는 활동을 하는 정재(正財)이다. 巳午未 운(運)에서 그 활동성이 강해진다.

⑥ 己壬 정재(正財): 壬水는 보이게 더 하강하고 더 수축하는 성향이므로, 안정적이고 고정적인 재물 활동을 하되, 밖에서 알차고 실속 있게 줄이는 활동을 하는 정재(正財)이다. 亥子丑 운(運)에서 그 활동성이 강해진다.

⑦ 庚乙 정재(正財): 乙木은 보이지 않게 하강하고 수축하는 성향이므로, 안정적이고 고정적인 재물 활동을 하되, 안에서 알차고 실속 있게 줄이는 활동을 하는 정재(正財)이다. 申酉戌 운(運)에서 그 활동성이 강해진다.

⑧ 辛甲 정재(正財): 甲木은 보이게 상승하고 확산하는 성향이므로, 안정적이고 고정적인 재물 활동을 하되, 밖에서 적극적으로 활발하게 키우는 활동을 하는 정재(正財)이다. 寅卯辰 운(運)에서 그 활동성이 강해진다.

⑨ 壬丁 정재(正財): 丁火는 보이지 않게 더 하강하고 더 수축하는 성향이므로, 안정적이고 고정적인 재물 활동을 하되, 안에서 알차고 실속 있게 줄이는 활동을 하는 정재(正財)이다. 亥子丑 운(運)에서 그 활동성이 강해진다.

⑩ 癸丙 정재(正財): 丙火는 보이게 더 상승하고 더 확산하는 성향이므로, 안정적이고 고정적인 재물 활동을 하되, 밖에서 적극적으로 활발하게 키우는 활동을 하는 정재(正財)이다. 巳午未 운(運)에서 그 활동성이 강해진다.

6. 편재(偏財)의 천간(天干)별 특성

편재(偏財)는 일간(日干)이 극(剋)하는 오행(五行)으로, 음양(陰陽)이 같은 천간(天干)

이다. 편재(偏財)는 유동적이고 집중적인 재물 활동을 의미한다. 천간(天干)마다 고유한 특성이 있으므로 같은 편재(偏財)라도 천간(天干)에 따라 다른 특성을 갖는다.

① **甲戊 편재(偏財):** 戊土는 보이게 더 상승하고 더 확산하는 성향이므로, 유동적이고 집중적인 재물 활동을 하되, 밖에서 적극적으로 활발하게 키우는 활동을 하는 편재(偏財)이다. 巳午未 운(運)에서 그 활동성이 강해진다.

② **乙己 편재(偏財):** 己土는 보이지 않게 더 하상하고 더 수축하는 성향이므로, 유동적이고 집중적인 재물 활동을 하되, 안에서 알차고 실속 있게 줄이는 활동을 하는 편재(偏財)이다. 亥子丑 운(運)에서 그 활동성이 강해진다.

③ **丙庚 편재(偏財):** 庚金은 보이게 하강하고 수축하는 성향이므로, 유동적이고 집중적인 재물 활동을 하되, 밖에서 알차고 실속 있게 줄이는 활동을 하는 편재(偏財)이다. 申酉戌 운(運)에서 그 활동성이 강해진다.

④ **丁辛 편재(偏財):** 辛金은 보이지 않게 상승하고 확산하는 성향이므로, 유동적이고 집중적인 재물 활동을 하되, 안에서 적극적으로 활발하게 키우는 활동을 하는 편재(偏財)이다. 寅卯辰 운(運)에서 그 활동성이 강해진다.

⑤ **戊壬 편재(偏財):** 壬水는 보이게 더 하강하고 더 수축하는 성향이므로, 유동적이고 집중적인 재물 활동을 하되, 밖에서 알차고 실속 있게 줄이는 활동을 하는 편재(偏財)이다. 亥子丑 운(運)에서 그 활동성이 강해진다.

⑥ **己癸 편재(偏財):** 癸水는 보이지 않게 더 상승하고 더 확산하는 성향이므로, 유동적이고 집중적인 재물 활동을 하되, 안에서 적극적으로 활발하게 키우는 활동을 하는 편재(偏財)이다. 巳午未 운(運)에서 그 활동성이 강해진다.

⑦ **庚甲 편재(偏財):** 甲木은 보이게 상승하고 확산하는 성향이므로, 유동적이고 집중적인 재물 활동을 하되, 밖에서 적극적으로 활발하게 키우는 활동을 하는 편재(偏財)이다. 寅卯辰 운(運)에서 그 활동성이 강해진다.

⑧ **辛乙 편재(偏財):** 乙木은 보이지 않게 하강하고 수축하는 성향이므로, 유동적이고 집중적인 재물 활동을 하되, 안에서 알차고 실속 있게 줄이는 활동을 하는 편재(偏

財)이다. 申酉戌 운(運)에서 그 활동성이 강해진다.

⑨ **壬丙 편재(偏財):** 丙火는 보이게 더 상승하고 더 확산하는 성향이므로, 유동적이고 집중적인 재물 활동을 하되, 밖에서 적극적으로 활발하게 키우는 활동을 하는 편재 (偏財)이다. 巳午未 운(運)에서 그 활동성이 강해진다.

⑩ **癸丁 편재(偏財):** 丁火는 보이지 않게 더 하강하고 더 수축하는 성향이므로, 유동적 이고 집중적인 재물 활동을 하되, 안에서 알차고 실속 있게 줄이는 활동을 하는 편 재(偏財)이다. 亥子丑 운(運)에서 그 활동성이 강해진다.

7. 정관(正官)의 천간(天干)별 특성

정관(正官)은 일간(日干)을 극(剋)하는 오행(五行)으로, 음양(陰陽)이 다른 천간(天干) 이다. 정관(正官)은 법대로 안정적으로 남이 시키는 일을 하는 것을 의미한다. 천간(天 干)마다 고유한 특성이 있으므로 같은 정관(正官)이라도 천간(天干)에 따라 다른 특성을 갖는다.

① **甲辛 정관(正官):** 辛金은 보이지 않게 상승하고 확산하는 성향이므로, 법대로 안정 적으로 남이 시키는 일을 하되, 안에서 적극적으로 활발하게 키우는 활동을 하는 정 관(正官)이다. 寅卯辰 운(運)에서 그 활동성이 강해진다.

② **乙庚 정관(正官):** 庚金은 보이게 하강하고 수축하는 성향이므로, 법대로 안정적으 로 남이 시키는 일을 하되, 밖에서 알차고 실속 있게 줄이는 활동을 하는 정관(正 官)이다. 申酉戌 운(運)에서 그 활동성이 강해진다.

③ **丙癸 정관(正官):** 癸水는 보이지 않게 상승하고 확산하는 성향이므로, 법대로 안정 적으로 남이 시키는 일을 하되, 안에서 적극적으로 활발하게 키우는 활동을 하는 정 관(正官)이다. 巳午未 운(運)에서 그 활동성이 강해진다.

④ **丁壬 정관(正官):** 壬水는 보이게 더 하강하고 더 수축하는 성향이므로, 법대로 안정 적으로 남이 시키는 일을 하되, 밖에서 알차고 실속 있게 줄이는 활동을 하는 정관 (正官)이다. 亥子丑 운(運)에서 그 활동성이 강해진다.

⑤ **戊乙 정관(正官):** 乙木은 보이지 않게 하강하고 수축하는 성향이므로, 법대로 안정적으로 남이 시키는 일을 하되, 안에서 알차고 실속 있게 줄이는 활동을 하는 정관(正官)이다. 申酉戌 운(運)에서 그 활동성이 강해진다.

⑥ **己甲 정관(正官):** 甲木은 보이게 상승하고 확산하는 성향이므로, 법대로 안정적으로 남이 시키는 일을 하되, 밖에서 적극적으로 활발하게 키우는 활동을 하는 정관(正官)이다. 寅卯辰 운(運)에서 그 활동성이 강해진다.

⑦ **庚丁 정관(正官):** 丁火는 보이지 않게 더 하강하고 더 수축하는 성향이므로, 법대로 안정적으로 남이 시키는 일을 하되, 안에서 알차고 실속 있게 줄이는 활동을 하는 정관(正官)이다. 亥子丑 운(運)에서 그 활동성이 강해진다.

⑧ **辛丙 정관(正官):** 丙火는 보이게 더 상승하고 더 확산하는 성향이므로, 법대로 안정적으로 남이 시키는 일을 하되, 밖에서 적극적으로 활발하게 키우는 활동을 하는 정관(正官)이다. 巳午未 운(運)에서 그 활동성이 강해진다.

⑨ **壬己 정관(正官):** 己土는 보이지 않게 더 하강하고 더 수축하는 성향이므로, 법대로 안정적으로 남이 시키는 일을 하되, 안에서 알차고 실속 있게 줄이는 활동을 하는 정관(正官)이다. 亥子丑 운(運)에서 그 활동성이 강해진다.

⑩ **癸戊 정관(正官):** 戊土는 보이게 더 상승하고 더 확산하는 성향이므로, 법대로 안정적으로 남이 시키는 일을 하되, 밖에서 적극적으로 활발하게 키우는 활동을 하는 정관(正官)이다. 巳午未 운(運)에서 그 활동성이 강해진다.

8. 편관(偏官)의 천간(天干)별 특성

편관(偏官)은 일간(日干)을 극(剋)하는 오행(五行)으로, 음양(陰陽)이 같은 천간(天干)이다. 편관(偏官)은 일시적, 집중적으로 남이 시키는 일을 하는 것을 의미한다. 천간(天干)마다 고유한 특성이 있으므로 같은 편관(偏官)이라도 천간(天干)에 따라 다른 특성을 갖는다.

① **甲庚 편관(偏官):** 庚金은 보이게 하강하고 수축하는 성향이므로, 일시적, 집중적으

로 남이 시키는 일을 하되, 밖에서 알차고 실속 있게 줄이는 활동을 하는 편관(偏官)이다. 申酉戌 운(運)에서 그 활동성이 강해진다.

② **乙辛 편관(偏官):** 辛金은 보이지 않게 상승하고 확산하는 성향이므로, 일시적, 집중적으로 남이 시키는 일을 하되, 안에서 적극적으로 활발하게 키우는 활동을 하는 편관(偏官)이다. 寅卯辰 운(運)에서 그 활동성이 강해진다.

③ **丙壬 편관(偏官):** 壬水는 보이게 더 하강하고 더 수축하는 성향이므로, 일시적, 집중적으로 남이 시키는 일을 하되, 밖에서 알차고 실속 있게 줄이는 활동을 하는 편관(偏官)이다. 亥子丑 운(運)에서 그 활동성이 강해진다.

④ **丁癸 편관(偏官):** 癸水는 보이지 않게 더 상승하고 더 확산하는 성향이므로, 일시적, 집중적으로 남이 시키는 일을 하되, 안에서 적극적으로 활발하게 키우는 활동을 하는 편관(偏官)이다. 巳午未 운(運)에서 그 활동성이 강해진다.

⑤ **戊甲 편관(偏官):** 甲木은 보이게 상승하고 확산하는 성향이므로, 일시적, 집중적으로 남이 시키는 일을 하되, 밖에서 적극적으로 활발하게 키우는 활동을 하는 편관(偏官)이다. 寅卯辰 운(運)에서 그 활동성이 강해진다.

⑥ **己乙 편관(偏官):** 乙木은 보이지 않게 하강하고 수축하는 성향이므로, 일시적, 집중적으로 남이 시키는 일을 하되, 안에서 알차고 실속 있게 줄이는 활동을 하는 편관(偏官)이다. 申酉戌 운(運)에서 그 활동성이 강해진다.

⑦ **庚丙 편관(偏官):** 丙火는 보이게 더 상승하고 더 확산하는 성향이므로, 일시적, 집중적으로 남이 시키는 일을 하되, 밖에서 적극적으로 활발하게 키우는 활동을 하는 편관(偏官)이다. 巳午未 운(運)에서 그 활동성이 강해진다.

⑧ **辛丁 편관(偏官):** 丁火는 보이지 않게 더 하강하고 더 수축하는 성향이므로, 일시적, 집중적으로 남이 시키는 일을 하되, 안에서 알차고 실속 있게 줄이는 활동을 하는 편관(偏官)이다. 亥子丑 운(運)에서 그 활동성이 강해진다.

⑨ **壬戊 편관(偏官):** 戊土는 보이게 더 상승, 확산하는 성질을 지니며, 일시적, 집중적으로 남이 시키는 일을 하되, 밖에서 활기차게 키우는 활동을 하는 편관(偏官)이다. 巳午未 운(運)에서 그 활동성이 강해진다.

⑩ **癸己 편관(偏官):** 己土는 보이지 않게 더 하강하고 더 수축하는 성향이므로, 일시적, 집중적으로 남이 시키는 일을 하되, 안에서 알차고 실속 있게 줄이는 활동을 하는 편관(偏官)이다. 亥子丑 운(運)에서 그 활동성이 강해진다.

9. 정인(正印)의 천간(天干)별 특성

정인(正印)은 일간(日干)을 생(生)하는 오행(五行)으로, 음양(陰陽)이 다른 천간(天干)이다. 정인(正印)은 학문적이고 안성적으로 나에게 주는 것을 의미한다. 천간(天干)마다 고유한 특성이 있으므로 같은 정인(正印)이라도 천간(天干)에 따라 다른 특성을 갖는다.

① **甲癸 정인(正印):** 癸水는 보이지 않게 더 상승하고 더 확산하는 성향이므로, 학문적이고 안정적으로 나에게 주되, 안에서 적극적으로 활발하게 키우는 활동을 하는 정인(正印)이다. 巳午未 운(運)에서 그 활동성이 강해진다.

② **乙壬 정인(正印):** 壬水는 보이게 더 하강하고 더 수축하는 성향이므로, 학문적이고 안정적으로 나에게 주되, 밖에서 알차고 실속 있게 줄이는 활동을 하는 정인(正印)이다. 亥子丑 운(運)에서 그 활동성이 강해진다.

③ **丙乙 정인(正印):** 乙木은 보이지 않게 하강하고 수축하는 성향이므로, 학문적이고 안정적으로 나에게 주되, 안에서 알차고 실속 있게 줄이는 활동을 하는 정인(正印)이다. 申酉戌 운(運)에서 그 활동성이 강해진다.

④ **丁甲 정인(正印):** 甲木은 보이게 상승하고 확산하는 성향이므로, 학문적이고 안정적으로 나에게 주되, 밖에서 적극적으로 활발하게 키우는 활동을 하는 정인(正印)이다. 寅卯辰 운(運)에서 그 활동성이 강해진다.

⑤ **戊丁 정인(正印):** 丁火는 보이지 않게 더 하강하고 더 수축하는 성향이므로, 학문적이고 안정적으로 나에게 주되, 안에서 알차고 실속 있게 줄이는 활동을 하는 정인(正印)이다. 亥子丑 운(運)에서 그 활동성이 강해진다.

⑥ **己丙 정인(正印):** 丙火는 보이게 더 상승하고 더 확산하는 성향이므로, 학문적이고 안정적으로 나에게 주되, 밖에서 적극적으로 활발하게 키우는 활동을 하는 정인(正

印)이다. 巳午未 운(運)에서 그 활동성이 강해진다.

⑦ **庚己 정인(正印):** 己土는 보이지 않게 더 하강하고 더 수축하는 성향이므로, 학문적이고 안정적으로 나에게 주되, 안에서 알차고 실속 있게 줄이는 활동을 하는 정인(正印)이다. 亥子丑 운(運)에서 그 활동성이 강해진다.

⑧ **辛戌 정인(正印):** 戊土는 보이게 더 상승하고 더 확산하는 성향이므로, 학문적이고 안정적으로 나에게 주되, 밖에서 적극적으로 활발하게 키우는 활동을 하는 정인(正印)이다. 巳午未 운(運)에서 그 활동성이 강해진다.

⑨ **壬辛 정인(正印):** 辛金은 보이지 않게 상승하고 확산하는 성향이므로, 학문적이고 안정적으로 나에게 주되, 안에서 적극적으로 활발하게 키우는 활동을 하는 정인(正印)이다. 寅卯辰 운(運)에서 그 활동성이 강해진다.

⑩ **癸庚 정인(正印):** 庚金은 보이게 하강하고 수축하는 성향이므로, 학문적이고 안정적으로 나에게 주되, 밖에서 알차고 실속 있게 줄이는 활동을 하는 정인(正印)이다. 申酉戌 운(運)에서 그 활동성이 강해진다.

10. 편인(偏印)의 천간(天干)별 특성

편인(偏印)은 일간(日干)을 생(生)하는 오행(五行)으로, 음양(陰陽)이 같은 천간(天干)이다. 편인(偏印)은 독창적이고 유동적으로 나에게 주는 것을 의미한다. 천간(天干)마다 고유한 특성이 있으므로 같은 편인(偏印)이라도 천간(天干)에 따라 다른 특성을 갖는다.

① **甲壬 편인(偏印):** 壬水는 보이게 더 하강하고 더 수축하는 성향이므로, 독창적이고 유동적으로 나에게 주되, 밖에서 알차고 실속 있게 줄이는 활동을 하는 편인(偏印)이다. 亥子丑 운(運)에서 그 활동성이 강해진다.

② **乙癸 편인(偏印):** 癸水는 보이지 않게 더 상승하고 더 확산하는 성향이므로, 독창적이고 유동적으로 나에게 주되, 안에서 적극적으로 활발하게 키우는 활동을 하는 편인(偏印)이다. 巳午未 운(運)에서 그 활동성이 강해진다.

③ **丙甲 편인(偏印):** 甲木은 보이게 상승하고 확산하는 성향이므로, 독창적이고 유동

적으로 나에게 주되, 밖에서 적극적으로 활발하게 키우는 활동을 하는 편인(偏印)이다. 寅卯辰 운(運)에서 그 활동성이 강해진다.

④ 丁乙 편인(偏印): 乙木은 보이지 않게 하강하고 수축하는 성향이므로, 독창적이고 유동적으로 나에게 주되, 안에서 알차고 실속 있게 줄이는 활동을 하는 편인(偏印)이다. 申酉戌 운(運)에서 그 활동성이 강해진다.

⑤ 戊丙 편인(偏印): 丙火는 보이게 더 상승하고 더 확산하는 성향이므로, 독창적이고 유동적으로 나에게 주되, 밖에서 적극적으로 활발하게 키우는 활동을 하는 편인(偏印)이다. 巳午未 운(運)에서 그 활동성이 강해진다.

⑥ 己丁 편인(偏印): 丁火는 보이지 않게 더 하강하고 더 수축하는 성향이므로, 독창적이고 유동적으로 나에게 주되, 안에서 알차고 실속 있게 줄이는 활동을 하는 편인(偏印)이다. 亥子丑 운(運)에서 그 활동성이 강해진다.

⑦ 庚戊 편인(偏印): 戊土는 보이게 더 상승하고 더 확산하는 성향이므로, 독창적이고 유동적으로 나에게 주되, 밖에서 적극적으로 활발하게 키우는 활동을 하는 편인(偏印)이다. 巳午未 운(運)에서 그 활동성이 강해진다.

⑧ 辛己 편인(偏印): 己土는 보이지 않게 더 하강하고 더 수축하는 성향이므로, 독창적이고 유동적으로 나에게 주되, 안에서 알차고 실속 있게 줄이는 활동을 하는 편인(偏印)이다. 亥子丑 운(運)에서 그 활동성이 강해진다.

⑨ 壬庚 편인(偏印): 庚金은 보이게 하강하고 수축하는 성향이므로, 독창적이고 유동적으로 나에게 주되, 밖에서 알차고 실속 있게 줄이는 활동을 하는 편인(偏印)이다. 申酉戌 운(運)에서 그 활동성이 강해진다.

⑩ 癸辛 편인(偏印): 辛金은 보이지 않게 상승하고 확산하는 성향이므로, 독창적이고 유동적으로 나에게 주되, 안에서 적극적으로 활발하게 키우는 활동을 하는 편인(偏印)이다. 寅卯辰 운(運)에서 그 활동성이 강해진다.

십신(十神)의 분류

1. 정성(正星)과 편성(偏星)

십신(十神)은 안정적 성향의 '정성(正星)'과 일시적 성향의 '편성(偏星)'으로 나눌 수 있다. 정성(正星)은 고정적이고 안정적이면서 지속적인 성향으로, 비견(比肩), 식신(食神), 정재(正財), 정관(正官), 정인(正印)이 이에 해당한다. 반면, 편성(偏星)은 유동적이고 일시적이면서 집중적인 성향으로 겁재(劫財), 상관(傷官), 편재(偏財), 편관(偏官), 편인(偏印)으로 구성된다.

① 정성(正星)의 특성

정성(正星)은 안정성과 일관성을 나타내며, 일반적으로 굴곡 없는 삶을 지향한다. 느리고 안정적이며 신뢰성이 높아, 계획적인 사고와 규칙적인 생활을 선호하는 성향을 보인다.

② 편성(偏星)의 특성

편성(偏星)은 일시적이거나 집중적이며 유동성이 크다는 특징이 있다. 편성(偏星)은 역동적이며 집중적이지만, 유동적이고 일시적이므로 상황에 따라 달라질 수 있고 굴곡이 심하다.

③ 정성(正星)과 편성(偏星)이 혼재된 사주

정성(正星)과 편성(偏星)이 혼재된 사주에서는 운(運)에서 강하게 작용하는 성향에 맞추어 대응해야 한다.

예컨대, 정성(正星)의 기운이 강한 운에서는 안정성을 지향하는 반면, 편성(偏星)이 강한 운에서는 더욱 역동적이고 변화를 즐기며 상황을 유동적으로 바라보는 것이 필요하다.

※ 정성(正星)과 편성(偏星)

구분	십신(十神)	성향
정성(正星)	비견(比肩), 식신(食神), 정재(正財), 정관(正官), 정인(正印)	고정적·안정적·지속적
편성(偏星)	겁재(劫財), 상관(傷官), 편재(偏財), 편관(偏官), 편인(偏印)	유동적·일시적·집중적

2. 사길신(四吉神)과 사흉신(四凶神)

사길신(四吉神)은 안정적이고 고정적인 특성을 갖는 십신(十神)으로, 재성(財星), 정관(正官), 정인(正印), 식신(食神)에 해당한다. 반면 사흉신(四凶神)은 유동적이고 일시적인 성격이 강하며, 편관(偏官), 상관(傷官), 편인(偏印), 겁재(劫財)로 구성된다.

① 사길신(四吉神)의 특성

사길신(四吉神)은 균형을 유지하며 과하지 않게 중용을 지키는 성향을 보인다. 모든 상황에서 무난하게 잘 어울리며, 특정 분야에 크게 치우치지 않고 균형 잡힌 모습을 유지하려 한다.

② 사흉신(四凶神)의 특성

사흉신(四凶神)은 일시적이고 집중적인 성향을 보이며, 특정 상황이나 분야에 특출난 재능을 발휘하는 경향이 강하다. 집중력이 높으며, 특정 분야에서 두각을 나타내는 특성을 가지나, 상황에 따라 굴곡이 심한 특성을 보이기도 한다.

※ 사길신(四吉神)과 사흉신(四凶神)

구분	십신(十神)	성향
사길신(四吉神)	식신(食神), 재성(財星), 정관(正官), 정인(正印)	고정적·안정적·지속적 균형이 잡힌 모습
사흉신(四凶神)	겁재(劫財), 상관(傷官), 편관(偏官), 편인(偏印)	유동적·일시적·집중적 굴곡이 심한 모습

3. 사길신(四吉神)과 사흉신(四凶神)에 대한 현대적 해석

사길신(四吉神)과 사흉신(四凶神)의 개념은 과거 관료 사회에서 형성된 가치관에서 출발했으며, 과거 사회에서는 모든 것을 적당히 잘하는 능력이 바람직하다고 여겼다. 그러나 현대 경쟁 사회에서는 특정 분야에서 두각을 나타내는 능력 또한 크게 인정받으므로, 사흉신(四凶神)도 긍정적으로 해석해야 한다.

제15장

천간합(天干合)이란

천간합(天干合)의 개요

1. 천간합(天干合)의 정의

천간(天干)은 총 10개로 구성되며, 각각은 특정 오행(五行)과 음양(陰陽)의 성질을 가지고 있다. 천간합(天干合)은 이러한 천간(天干)들이 특정한 방식으로 결합하여 본래의 역할을 멈추고 새로운 기운을 형성하려는 것이다. 서로 반대편에 있는 양(陽)의 천간(天干)과 음(陰)의 천간(天干)이 만나서 합(合)을 이루면, 두 천간(天干)은 묶이어 본래의 역할을 멈추지만, 새로운 오행(五行)의 기운을 생성할 수 있다는 것이다.

예를 들어, 甲木(양의 木)과 己土(음의 土)가 갑기합(甲己合)을 이루면 甲木과 己土의 역할은 멈추지만, 새로운 기운인 土를 생성할 수 있다는 것이다.

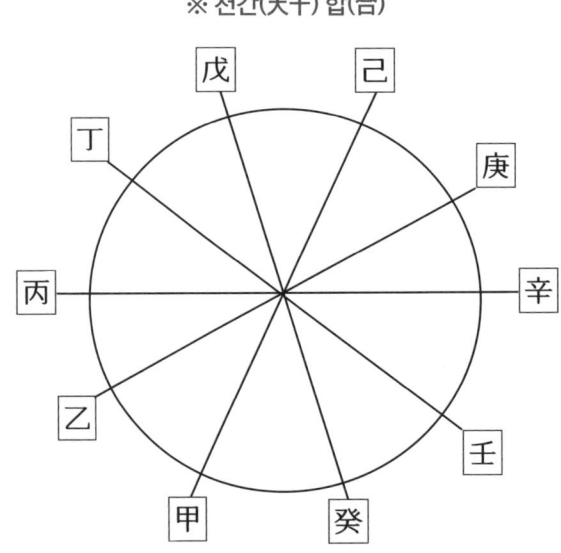

※ 천간(天干) 합(合)

2. 천간합(天干合)의 종류

① 갑기합(甲己合)

갑기합(甲己合)은 양(陽)의 木인 甲木과 음(陰)의 土인 己土가 결합하여 土의 기운을 형성하는데, 이는 나무가 썩으면 흙으로 변화하는 것을 상징한다.

② 을경합(乙庚合)

을경합(乙庚合)은 음(陰)의 木인 乙木과 양(陽)의 金인 庚金이 만나서 金의 기운을 형성하는데, 이는 나무가 자라서 열매를 맺는 것을 상징한다.

③ 병신합(丙辛合)

병신합(丙辛合)은 양(陽)의 火인 丙火와 음(陰)의 金인 辛金이 만나서 새로운 水의 기운을 형성하는데, 이는 태양의 열기가 서릿발을 녹여 물의 형태로 바뀌는 자연적 변화를 상징한다.

④ 정임합(丁壬合)

정임합(丁壬合)은 음(陰)의 火인 丁火와 양(陽)의 水인 壬水가 합(合)을 이루어 木의 기운을 형성한다. 이는 생명력을 의미하며, 씨앗이 물과 열을 받아 싹을 트는 과정을 상징한다.

⑤ 무계합(戊癸合)

무계합(戊癸合)은 양(陽)의 土인 戊土와 음(陰)의 水인 癸水가 합(合)을 이루어 새로운 火의 기운을 형성한다. 이는 물이 땅에 닿아 수증기를 만들어 내는 자연현상을 상징한다.

3. 천간합(天干合)의 순서
① 첫 번째, 일간(日干)을 제외한 사주 원국의 천간(天干)끼리 합(合)을 한다.
② 두 번째, 사주 원국의 천간(天干)과 운(運)에서 오는 천간(天干)이 합(合)을 한다.
③ 세 번째, 지장간(地藏干)과 사주 원국의 천간(天干) 또는 운(運)에서 오는 천간(天干)이 합(合)을 한다.
④ 네 번째, 지장간(地藏干)과 지장간(地藏干)이 합(合)을 한다.

⑤ 마지막으로는 일간(日干)과 합을 한다. 일간(日干)과 다른 천간(天干), 일간(日干)과 운(運)에서 오는 천간(天干), 일간(日干)과 지장간(地藏干)의 합(合)은 맨 마지막 순서로 이루어진다.

천간합(天干合)의 특성

1. 합(合)을 하는 글자는 묶인다

천간합(天干合)은 음양합(陰陽合)으로, 양(陽)의 천간(天干)과 음(陰)의 천간(天干)이 합(合)을 이루어 서로 묶인다. 이는 남녀가 사랑에 빠져 결혼을 하면 묶이는 것과 같다. 따라서 천간합(天干合)이 이루어지면 두 천간(天干)이 독립적으로 역할을 하기보다는 하나의 단위로서 함께 작용하게 된다.

2. 합(合)을 하는 글자는 고유의 역할을 못 한다

천간(天干)이 합(合)을 이루면, 마치 학생이 연애를 하면 학업에 소홀해지듯, 합(合)을 이루는 천간(天干)은 고유의 역할을 못 하게 된다. 천간(天干)이 합(合)을 하면 고유의 역할은 못 하지만, 외부의 충격에 대해서는 남녀가 서로를 보호하듯, 합(合)을 이루는 두 천간(天干)이 하나로 작용하여 서로를 보호한다.

예시)

시주	일주	월주	년주
O	甲	庚	乙
O	O	O	O

(해석)

월간(月干) 庚과 년간(年干) 乙이 을경합(乙庚合)을 한다. 庚 편재(偏財)와 乙 겁재(劫財)가 합을 하므로 庚 편재(偏財)와 乙 겁재(劫財)는 제구실을 못 하게 된다.

3. 일간(日干)과 합(合)하는 글자는 고유의 역할 유지

일간(日干)은 사주(四柱)의 주인공으로, 일간(日干)과 합(合)을 이루는 글자는 그 고유의 역할을 유지할 수 있다. 이는 일간(日干)이 사주(四柱)의 주체이기 때문에, 천간합(天干合)이 이루어져도 본래의 기능을 수행하는 데 영향을 미치지 않기 때문이다.

예시)

시주	일주	월주	년주
O	甲	己	O
O	O	O	O

(해석)

일간(日干) 甲과 월간(月干) 己가 갑기합(甲己合)을 한다. 甲 일간(日干)과 합(合)이므로 己 정재(正財)는 정재(正財) 역할을 다 할 수 있다. 운(運)에서 甲이 오면, 己 월간(月干)과 甲己合을 하므로 己 정재(正財)는 제구실을 못 하게 된다.

4. 지장간(地藏干)이 합(合)하면 지지 환경이 바뀐다

지지(地支)의 지장간(地藏干)이 특정 조건에서 합(合)을 이루게 되면, 지지(地支)의 환경이 변화한다. 지지(地支)가 형(刑)·충(沖)을 당하여 지장간(地藏干)이 드러날 때, 지장간(地藏干)과 다른 천간(天干)의 합(合)이 성립될 수 있다. 지장간(地藏干)이 드러나 다른 천간(天干)의 합(合)을 하면 해당 지지(地支)의 환경이 바뀔 수 있다.

예시)

시주	일주	월주	년주
O	甲	壬	O
O	午	申	O

(해석)

子 운(運)이 오면, 일지(日支) 午와 자오충(子午沖)을 하여 午의 지장간(地藏干) 丙己丁이 드러난다. 월간(月干) 壬과 지장간(地藏干) 丁이 丁壬合으로 묶이어 일지(日支) 午의 환경이 변하고, 월간(月干) 壬은 편인(偏印) 역할을 다하지 못한다.

천간합(天干合)의 형태

1. 천간(天干)과 천간(天干)의 합(合)

천간(天干)과 천간(天干)의 합(合)은 사주(四柱) 원국에 드러나 있는 천간(天干)끼리의 합(合)으로, 명합(明合)이라 한다. 이는 사주(四柱)에 명확히 드러나 있는 천간(天干)과 천간(天干)의 합(合)이므로, 언제든지 합(合)을 이룰 수 있다.

예시)

시주	일주	월주	년주
O	丙	丁	壬
O	O	O	O

(해석)

사주에 드러나 있는 년간(年干) 壬과 월간(月干) 丁이 丁壬합(合)을 한다. 丁 겁재(劫財)와 壬 편관(偏官)이 묶이니 둘 다 제 역할을 못 한다.

2. 천간(天干)과 운(運)의 천간(天干)의 합(合)

사주(四柱) 내 천간(天干)과 운(運)에서 들어오는 천간(天干) 간의 합(合)은 드러난 형태로, 언제든지 합(合)이 이루어질 수 있다. 사주(四柱)에 있는 천간(天干)이 운(運)에서 오는 천간(天干)과 합(合)을 하면, 운(運)에서 오는 천간(天干)이 사주(四柱)에 있는 천간(天干)을 지배하므로 사주(四柱)의 천간(天干)은 사용할 수 없으며, 합화오행(合化五行)도 생성되지 않는다.

예시)

시주	일주	월주	년주
O	丙	丁	O
O	O	O	O

(해석)

운(運)에서 壬이 오면, 월간(月干) 丁은 운(運)에서 오는 壬과 정임합(丁壬合)을 한다. 월간(月干) 丁 겁재(劫財)는 제 역할을 못 하고, 운(運)에서 오는 壬 편관(偏官) 생각이 강해진다. 합화오행(合化五行)인 丁壬合化 木이 생성되지 않는다.

3. 천간(天干)과 지장간(地藏干)의 합(合)

사주(四柱) 원국에 드러난 천간(天干)과 숨어 있는 지장간(地藏干)의 합(合)을 반명합(半明合)이라고 한다. 이는 천간(天干)과 지장간(地藏干)의 합(合)이므로, 지지(地支)가 형(刑)이나 충(沖)을 받아 지장간(地藏干)이 드러나야만 합(合)을 이룰 수 있다.

예시)

시주	일주	월주	년주
O	甲	壬	O
O	午	申	O

(해석)

刑·沖으로 午 일지(日支)의 지장간(地藏干) 丙己丁이 드러날 때 壬 월간(月干)과 정임합(丁壬合)을 할 수 있다. 壬 월간(月干)과 午의 지장간(地藏干) 丁이 합(合)을 하여 묶이므로, 壬 월간(月干)은 편인(偏印)의 역할을 못 하고, 지지(地支) 午의 환경이 변하게 된다.

4. 지장간(地藏干)과 지장간(地藏干)의 합(合)

지지(地支) 속에 숨어 있는 지장간(地藏干)끼리 이루어지는 합(合)을 암합(暗合)이라고 한다. 이는 지장간(地藏干)들끼리의 합(合)이므로, 지지(地支)가 형(刑)이나 충(沖)을 받아 지장간(地藏干)이 드러날 때만 합(合)을 이룰 수 있다.

예시)

시주	일주	월주	년주
O	丙	O	O
O	O	午	亥

(해석)

년지(年支) 亥의 지장간(地藏干)은 戊甲壬이고, 월지(月支) 午의 지장간(地藏干)은 丙己丁이다. 형·충(刑·沖)으로 지장간(地藏干)이 드러나면, 亥의 지장간(地藏干) 壬과 午의 지장간(地藏干) 丁이 정임합(丁壬合)을 하여 월지(月支) 午와 년지(年支) 亥의 환경이 변하게 된다.

5. 지장간(地藏干)과 운(運)의 천간(天干)의 합(合)

운(運)에서 오는 천간(天干)과 지장간(地藏干)의 합(合)은 지지(地支)가 형(刑)이나 충(沖)을 당하여 지장간(地藏干)이 드러나야 가능하다. 운(運)에서 들어오는 천간(天干)과 지장간(地藏干)이 합(合)을 하면, 해당 지지(地支)의 환경이 변하게 된다.

예시)

시주	일주	월주	년주
O	丙	O	O
O	O	午	O

(해석)

운(運)에서 壬子가 오면, 월지(月支) 午와 자오충(子午沖)이 되어 월지(月支) 午의 지장간(地藏干) 丙己丁이 드러나고, 운(運)에서 오는 천간(天干) 壬과 정임합(丁壬合)을 하여 지지(地支) 午의 환경이 변하게 된다.

6. 암합(暗合)

① 암합(暗合)의 정의

암합(暗合)은 천간(天干)의 숨겨진 합(合)으로, 지지(地支) 속의 지장간(地藏干)과의 합(合)을 말한다. 암합(暗合)에는 천간(天干)과 지장간(地藏干)의 합(合)이 있고, 지장간(地藏干)끼리의 합(合)이 있다. 암합(暗合)은 일반적으로 사주에 드러나지 않은 천간(天干) 간의 상호 작용으로, 외부에서 명확하게 인지되기 어려운 합(合)이다. 암합(暗合)은 보이지 않는 비밀스러운 관계를 나다내며, 사주 해석에서 특별한 의미를 지닌다.

② 천간(天干)과 지장간(地藏干)의 암합(暗合)

천간(天干)과 지장간(地藏干) 말기(末氣) 간의 합(合)이다. 이는 사주 원국에 드러난 천간(天干)과 지지(地支) 속에 숨겨진 지장간(地藏干) 말기(末氣) 간의 조합이므로, 지장간(地藏干)이 드러나는 조건이 충족되었을 때에만 성립된다.

예시)

시주	일주	월주	년주
戊	乙	庚	丁
O	O	子	O
		壬癸	

(해석)

시간(時干) 戊와 월지(月支) 子의 지장간(地藏干) 癸는 무계암합(戊癸暗合)이다. 운(運)에서 午가 오면 자오충(子午沖)이 되어 子의 지장간(地藏干) 壬癸가 드러나 무계합(戊癸合)이 되어 묶인다. 戊 정재(正財)가 묶이어 제 역할을 못 하고, 지지(地支) 子의 환경이 변한다.

③ 지장간(地藏干)과 지장간(地藏干)의 암합(暗合)

지장간(地藏干) 말기(末氣)끼리의 합(合)을 의미하며, 자미(子未)의 정임합(丁壬合)은 예외적인 경우로 간주한다. 특정 지지(地支)가 충(沖)이나 형(刑)을 당할 때, 지장간(地藏干)의 개고(開庫)가 이루어지면서 합(合)이 성립된다.

예시)

시주	일주	월주	년주
戊	甲	庚	丁
○	戌	子	○
	辛丁戊	壬癸癸	

(해석)

시월지(月支) 子의 지장간(地藏干)은 壬癸癸이고 일지(日支) 戌의 지장간(地藏干)은 辛丁戊이다. 년운(年運)에서 午가 오고 월운(月運)에서 辰이 오면, 지장간(地藏干)이 드러나 무계암합(戊癸暗合)을 하여 묶인다. 지지(地支) 子와 戌의 환경이 변한다.

④ 암합(暗合)의 해석

암합(暗合)은 지지(地支) 속에 있는 지장간(地藏干)과의 합(合)으로 비밀스러운 관계를 의미한다. 이는 사주에 드러나지 않은 비밀스러운 합(合)을 이루는 것으로, 남들이 모르게 이루어지는 사랑과 같은 비밀스러운 관계로 해석된다.

천간합(天干合) 이론 검토

1. 천간합(天干合) 이론 요지

천간합(天干合)은 서로 반대되는 음양(陰陽)의 천간(天干)이 결합하여 이루어지는 음양합(陰陽合)이다. 서로 반대되는 기운인 천간(天干)이 합(合)을 이루면, 두 글자는 서로 묶이게 되어 천간(天干)의 고유한 역할을 할 수 없다.

2. 천간합(天干合) 이론 오류

천간(天干)이 합(合)을 이루면, 두 글자는 서로 묶이게 되어 고유한 역할을 할 수 없다고 하지만, 이는 월지(月支)나 운(運)의 지지(地支)에 따라 천간(天干)의 형태가 달라진다는 자연의 법칙에 배치된다.

천간(天干)은 생각과 마음을 나타내므로, 천간합(天干合)이 이루어진다는 것은 상반되는 생각이나 마음이 존재하는 것을 의미한다. 천간(天干)은 월지(月支)나 운(運)에 따라 상태가 달라지므로 천간(天干)이 합(合)을 하더라도, 월지(月支)나 운(運)에서 활동성이 강한 천간(天干)은 사용할 수 있으며, 월지(月支)나 운(運)에서 활동성이 약한 천간(天干)은 사용할 수 없다. 따라서 천간(天干)이 합(合)을 이루면, 두 글자는 서로 묶이게 되어 고유한 역할을 할 수 없다는 천간합(天干合) 이론은 천간(天干)의 계절별 활동성을 반영하지 못하여 오류가 발생한다.

천간합(天干合) 이론 재해석

1. 천간합(天干合)을 하는 글자의 사용

천간합(天干合)을 이루면, 합(合)을 이루는 두 글자는 서로 묶이어 둘 다 사용할 수 없다고 하나, 이는 월지(月支)나 운(運)의 지지(地支)에 따라 천간(天干)의 형태가 달라지며, 강한 글자는 사용할 수 있고 약한 글자는 사용할 수 없다는 원칙과도 배치된다. 따라서 사주(四柱) 원국에 있는 천간합(天干合)을 하는 글자는 월지(月支)나 운(運)의 지지(地支)에서 활동성이 강한 천간(天干)은 사용할 수 있지만, 월지(月支)나 운(運)의 지지(地支)에서 활동성이 약한 천간(天干)은 사용할 수 없다고 하는 것이 합리적 해석이다.

예시 1)

시주	일주	월주	년주
O	丙	甲	己
O	O	寅	O

(해석)

사주에 드러나 있는 년간(年干) 己와 월간(月干) 甲이 甲己합(合)을 한다. 월지(月支) 寅에서 활동성이 甲은 건록지(建祿地)로 강하므로 사용할 수 있으나, 己는 병지(病地)로 약하므로 사용할 수 없다.

예시 2)

시주	일주	월주	년주
O	丙	甲	己
O	O	O	O

(해석)

사주에 드러나 있는 년간(年干) 己와 월간(月干) 甲이 甲己합(合)을 한다. 寅 운(運)이 오면, 甲은 寅에서 활동성이 건록지(建祿地)로 강하므로 사용할 수 있으나, 己는 寅에서 활동성이 병지(病地)로 약하므로 사용할 수 없다.

2. 사주(四柱) 원국의 천간합(天干合)과 운(運)의 천간(天干)

사주(四柱) 원국에서 천간합(天干合)을 하는 글자는 운(運)에서 오는 천간(天干)의 영향을 받는다. 천간합(天干合)을 하는 글자가 운(運)에서 오는 천간(天干)과 같으면 그 천간(天干)의 생각과 마음은 더욱 강해지지만, 천간합(天干合)을 하는 글자가 운(運)에서 오는 천간(天干)과 반대면 그 천간(天干)의 생각과 마음은 약해질 수 있다.

3. 사주(四柱)의 천간(天干)과 운(運)의 천간(天干)의 합(合)

사주(四柱) 원국에 있는 천간(天干)과 운(運)에서 오는 천간(天干)이 합(合)을 하면, 사주(四柱) 원국에 있는 천간(天干)은 사용할 수 없게 된다. 이는 운(運)에서 오는 글자가 사주(四柱)에 있는 글자보다 강하기 때문이다. 이로 인해 사주(四柱)에 있는 천간(天干)의 생각이나 마음은 약해지거나 사라지고, 운(運)에서 오는 천간(天干)의 생각이나 마음이 생기게 된다.

예시)

시주	일주	월주	년주
O	丙	O	壬
O	O	O	O

(해석)

운(運)에서 丁이 오면, 사주 원국의 년간(年干) 壬과 정임합(丁壬合)을 한다. 壬 편관(偏官)의 생각이 없어지고, 丁 겁재(劫財) 생각이 강해진다. 합화오행(合化五行)인 丁壬 合化 木이 생성되지 않는다.

지장간(地藏干)의 합(合) 이론 검토

1. 지장간(地藏干)의 합(合) 이론 요지

지장간(地藏干)의 합(合)이나 암합(暗合) 이론은 사주명리학(四柱命理學)에서 지지(地支)가 형(刑)이나 충(沖)을 당하게 되면, 지장간(地藏干)이 개고(開庫)되어 드러나게 되는데, 이때 드러난 지장간(地藏干)이 다른 천간(天干)과 서로 합(合)을 이루어 지지(地支)의 환경이 변한다고 하나, 논리적으로 살펴보면 근본적인 문제를 내포하고 있다.

2. 지장간(地藏干)의 합(合) 이론 오류

지장간(地藏干)의 합(合)이나 암합(暗合) 이론은 지지(地支) 속에는 지장간(地藏干)에 해당하는 천간(天干)만이 존재한다는 전제에서 출발한다. 그러나 앞에서 살펴본 바와 같이 자연의 법칙에 비추어 볼 때, 지지(地支) 속에는 지장간(地藏干)뿐만 아니라, 열 개의 모든 천간(天干)이 각각 다른 형태로 존재하고 있다. 예를 들어, 태양은 여름에만 있는 것이 아니라, 봄, 여름, 가을, 겨울 모두 태양은 있으나, 여름의 태양과 겨울의 태양이 다르듯이 각기 다른 형태로 있다.

이러한 사실을 고려하지 않고 지장간(地藏干)이 지지(地支) 속에 있는 천간(天干)이라는 전제하에 성립되는 지장간(地藏干)의 합(合)이나 암합(暗合) 이론은 논리적 오류를 피할 수 없다. 따라서 지장간(地藏干)의 합(合)이나 암합(暗合) 이론은 실제 사주 상담에 활용해서는 안 되는 이론이다.

합(合)이 있는 사주(四柱) 통변(通辯)

1. 합(合)의 효과

사주에 합(合)이 존재할 때, 이는 상황에 따라 긍정적일 수도 있고 부정적일 수도 있다. 나에게 필요한 글자가 합(合)을 이루어 묶이게 되면 이는 부정적인 역할을 할 수 있지만, 반대로 나에게 필요치 않은 글자가 합(合)을 이루어 묶이게 되면 긍정적인 역할을 할 수도 있다. 이처럼 천간합(天干合)이 사주(四柱)에서 항상 좋은 결과를 가져오는 것은 아니다.

2. 합(合)이 많은 사주의 특징

합(合)이 많은 사주는 대체로 누구와도 잘 어울릴 수 있는 성격이다. 이러한 사람들은 다정다감하며, 인정이 많은 경우가 많다. 그러나 이들은 자기 주관이 뚜렷하지 않아서 다른 사람의 의견에 쉽게 휘둘릴 수 있다. 또한, 합(合)이 많은 사람은 사람들과 잘 지내지만, 경쟁심이나 투쟁심이 부족할 수 있다.

3. 쟁합(爭合)

쟁합(爭合)은 사주 원국에서 두 개의 같은 양간(陽干)이 하나의 음간(陰干)과 합(合)을 이루려는 상황을 의미한다. 쟁합(爭合)은 양간(陽干)이 음간(陰干)을 두고 서로 경쟁하는 형태이다.

예시)

시주	일주	월주	년주
O	甲	己	甲
O	O	O	O

(해석)

일간(日干) 甲과 년간(年干) 甲은 월간(月干) 己와 서로 합(合)을 하려 하니 쟁합(爭合)이다. 일간(日干)과의 합은 최후에 일어나므로 일간(日干) 甲은 년간(年干) 甲에게 월간(月干) 己를 양보한다.

4. 투합(妬合)

투합(妬合)은 사주 원국에서 두 개의 같은 음간(陰干)이 하나의 양간(陽干)과 합(合)을 이루려는 상황을 의미한다. 투합(妬合)은 음간(陰干)이 양간(陽干)을 두고 경쟁하는 형태이다.

예시)

시주	일주	월주	년주
己	甲	己	O
O	O	O	O

(해석)

일간(日干) 甲을 두고 월간(月干) 己와 시간(時干) 己가 서로 합(合)을 하려 하니 투합(妬合)이다. 甲은 젊어서도 좋아하는 여자(己)가 있고 나이 든 후에도 좋아하는 여자(己)가 있다.

5. 삼기성(三奇星)

① 삼기성(三奇星)의 정의

삼기성(三奇星)은 비슷한 성질을 지니거나 조화를 이루는 천간(天干)의 모임을 의미하며, 이를 천간(天干)의 삼합(三合)이라고도 한다. 천간(天干)은 공간에서 통신이 자유로운 특성이 있으므로, 삼기성(三奇星)은 물리적으로 떨어져 있거나 섞여 있어도 작용한다. 궁합(宮合)에서 삼기성(三奇星)을 이루게 되면 천생연분으로 여겨지며, 운(運)에서 오는 천간(天干)이 삼기성(三奇星)을 형성할 때는 사주의 격(格)이 높아진다.

② 삼기성(三奇星)의 종류

삼기성(三奇星)에는 을병정(乙丙丁) 천상삼기(天上三奇), 갑무경(甲戊庚) 지상삼기(地上三奇), 신임계(辛壬癸) 인중삼기(人中三奇)가 있다. 이들은 서로 다른 특성과 역할을 지니고 있으며, 특정 상황에서 고유의 에너지를 발휘한다.

- 乙丙丁 천상삼기(天上三奇)는 달, 해, 그리고 별을 상징한다. 을(乙)은 달을, 병(丙)은 해를, 정(丁)은 별을 의미하며, 이는 문명의 상징이다. 정신적으로 밝음을 추구하며, 총명하고 학문에 뛰어난 성향을 지닌다. 乙丙丁 천상삼기(天上三奇)를 가진 사람은 재산이 없어도 궁상스럽지 않으며, 뛰어난 재주로 성공할 가능성이 크다.
- 甲戊庚 지상삼기(地上三奇)는 초봄의 甲과 초가을의 庚이 중앙의 戊土를 중심으로 상호 작용하는 형태이다. 이는 춘추의 만남을 통해 발산과 수렴의 운동을 지속적으로 반복하게 한다. 甲戊庚 지상삼기(地上三奇)를 가진 사람은 부귀와 장수를 누릴 가능성이 있으며, 주로 땅을 통해 부를 축적할 수 있다. 정치 지도자나 사회 지배층에 많다고 한다.
- 辛壬癸 인중삼기(人中三奇)는 서리, 비, 수증기를 상징한다. 辛은 서리를, 壬은 비를, 癸는 수증기를 의미하며, 이는 물기를 상징하는 윤하(潤下)의 특성을 보인다. 辛壬癸 인중삼기(人中三奇)를 가진 사람들은 총명하고 준수하여 호색과 호남형 성향을 보일 수 있다. 이들은 대체로 인기 있는 직업에 진출하여 성공할 가능성이 크다.

예시)

시주	일주	월주	년주
乙	丙	庚	丁
○	○	○	○

(해석)

천간(天干)에 을병정(乙丙丁) 천상삼기(天上三奇)가 있다. 정신이 밝아 총명하고 학문에 뛰어나며, 돈이 없어도 궁상스럽지 않다.

천간합화(天干合化)

1. 천간합화(天干合化)의 정의

천간합화(天干合化)는 음양(陰陽)의 천간(天干)이 합(合)을 이루어 새로운 오행(五行)을 생성하는 과정을 의미한다. 이 합화(合化)는 남녀가 결혼하여 자식을 낳는 것과 유사하게, 기존의 오행(五行)들이 합쳐져 새로운 오행(五行)을 만들어 내는 것을 상징한다. 그러나 이러한 새로운 오행(五行)의 생성은 특정한 조건이 충족될 때만 가능하며, 이 조건들이 만족하지 않으면 합거(合去)라고 하여 기존의 오행(五行)의 기운은 묶여서 사라지고, 새로운 오행(五行)은 생성되지 않는다.

2. 천간합화(天干合化)의 조건

① 조건을 충족하면 합화(合化)

천간(天干)이 합(合)을 이루어 새로운 오행(五行)의 생성이 가능하려면 특정 조건이 충족되어야 한다. 지지(地支)에 천간합화(天干合化) 오행(五行)의 기운이 강하면 새로운 오행을 생성할 가능성이 크다. 천간합화(天干合化)는 ① 지지(地支)에 천간합화(天干合化) 오행(五行)의 합국(合局)이 있는 경우, ② 월지(月支)가 천간합화(天干合化) 오행(五行)인 경우 ③ 대운(大運)의 지지(地支)로 천간합화(天干合化) 오행(五行)이 왔을 때 잘 생성된다.

예를 들어, 갑기합(甲己合)을 하더라도, 지지(地支)에 토(土)의 기운이 강할 때 갑기합화(甲己合化)가 잘 이루어진다. 월지(月支)가 土이거나 대운(大運)의 지지(地支)가 土일 경우 새로운 오행(五行)의 생성 가능성이 커진다.

② 조건을 충족하지 못하면 합거(合去)

지지(地支)에서 천간합화(天干合化)의 오행(五行)이 약할 경우, 새로운 오행(五行)의 생성이 불가능할 수 있다. 이를 합거(合去)라고 하며, 천간(天干)의 합(合)이 합화(合化)하지 못하여 새로운 오행(五行)을 생성하지 못하고, 본래의 천간(天干) 역할도 못 하는 묶인 상태로 있는 것이다.

3. 천간합화(天干合化)의 종류

① 갑기합화(甲己合化) - 토(土) 생성

甲木과 己土가 합(合)을 이루면 土가 생성된다. 이 합(合)은 "갑기합화 토(甲己合化土)"로 불리며, 木의 기운이 사라지지만 土의 형태를 유지하고 만물의 생성 기반이 된다.

갑기합화(甲己合化)는 매우 바람직한 합(合)으로 여겨지며, 중정지합(中正之合)이라고도 불린다.

② 을경합화(乙庚合化) - 금(金) 생성

乙木과 庚金이 합(合)을 이루면 金이 생성된다. 이는 "을경합화 금(乙庚合化 金)"으로 불리며, 자연의 이치를 반영한다.

을경합(乙庚合)은 봄과 가을이 만나 열매를 맺는 것과 같은 의미를 지니며, 이를 춘추지합(春秋之合) 또는 인의지합(仁義之合)이라고 부른다.

③ 병신합화(丙辛合化) - 수(水) 생성

丙火와 辛金이 합(合)을 이루면 水가 생성된다. "병신합화 수(丙辛合化 水)"는 자연적 변화를 상징한다.

병신합(丙辛合)은 태양(丙)이 서리(辛)를 녹여 물(水)을 만들어 내는 과정을 나타내며, 멀리서도 물의 특성을 변화시키는 능력을 지녀 위엄지합(威嚴之合)이라고도 불린다.

④ 정임합화(丁壬合化) - 목(木) 생성

丁火와 壬水가 합(合)을 이루면 木이 생성된다. 이는 "정임합화 목(丁壬合化 木)"으로 불리며, 자연적 원리를 반영한다.

정임합(丁壬合)은 씨앗(壬)이 열(丁)을 받아 새싹(木)을 틔우는 과정을 묘사하며, 이는 생명과 번식의 의미를 담고 있다. 이를 음란지합(淫亂之合) 또는 인수지합(仁壽之合)이라고도 부른다.

⑤ 무계합화(戊癸合化) - 화(火) 생성

戊土와 癸水가 합(合)을 이루면 火가 생성된다. 이는 "무계합화 화(戊癸合化 火)"로 불리며, 자연의 변화를 반영한다.

무계합(戊癸合)은 양기(陽氣)가 극도로 차 있는 땅(戊)에 물을 부으면 수증기(火)가 솟아오르는 현상을 나타내며, 이를 무정지합(無情之合)이라고도 한다.

천간합화(天干合化)의 이론 검토

1. 천간합화(天干合化) 이론 요지

천간합화(天干合化) 이론에 따르면, 천간합(天干合)은 서로 반대의 음양(陰陽) 기운을 가진 두 천간(天干)이 결합하여 새로운 오행(五行)을 생산하는 과정이다. 그러나 이러한 오행(五行)의 생성은 특정 조건이 갖춰졌을 때만 이루어질 수 있다. 즉, 천간합(天干合)을 이루는 두 글자가 항상 새로운 오행(五行)을 만들어 내는 것은 아니며, 지지(地支) 환경에서 해당 오행(五行)이 강할 때만 천간합화(天干合化)가 일어난다. 천간합화(天干合化)가 이루어지려면, 지지(地支)에서 천간합화(天干合化)의 오행(五行)이 강하거나, 대운(大運)에서 오는 지지(地支)가 천간합화(天干合化) 오행(五行)의 기운을 강하게 만드는 등 다양한 조건을 충족해야 한다.

2. 천간합화(天干合化) 이론의 한계

천간합화(天干合化)를 하기 위해서는 많은 조건이 충족되어야 하고, 조건이 충족되지 않는 경우 새로운 오행(五行)을 생성하지 않는다고 하는데, 조건이 매우 까다롭고 복잡할 뿐만 아니라, 일관성이 없어 실제 사주 상담에서 활용하기에는 한계가 있다.

3. 천간(天干)의 강약(强弱)은 월지(月支)나 운(運)의 지지(地支)에 의해 결정

사주 원국에서 천간(天干)의 강약은 월지(月支)에 의해 결정되며, 사주 원국과 운(運)의 관계에서 천간(天干)의 강약은 운(運)의 지지(地支)에 의해 결정된다. 따라서 사주 원국에서 천간합(天干合)을 이룰 때 사용할 수 있는 천간(天干)은 천간합화(天干合化) 오행(五行)이 아니라, 월지(月支)나 운(運)의 지지(地支)에서 활동성이 강한 천간(天干)이다. 이처럼 사주 원국에서 천간합(天干合)을 이루는 글자의 실제 사용 가능 여부는 월지(月支)나 운(運)의 흐름에 따라 결정되며, 사주 원국에 없는 천간(天干)이라도 사주 원국의 월지(月支)나 운(運)에서 오는 지지(地支)에서 활동성이 좋으면 사용할 수 있다.

제16장

천간충(天干沖)이란

천간충(天干沖)의 개요

1. 천간충(天干沖)의 정의

천간충(天干沖)이란 반대편에 있으면서 음양(陰陽)이 같은 천간(天干)이 서로 맞서는 현상을 말하며, 천간극(天干剋)이라고도 불린다. 천간충(天干沖)을 하는 글자는 서로의 기운이 정면으로 맞서며 긴장감과 갈등을 유발하는 특성이 있다.

2. 천간충(天干沖)의 종류

천간충(天干沖)에는 갑경충(甲庚沖), 을신충(乙辛沖), 병임충(丙壬沖), 정계충(丁癸沖) 이 있다. 참고로 무토(戊土)와 기토(己土)는 음양(陰陽)을 연결하고 조화하는 교량 역할 을 하므로 충(沖)을 하지 않는다.

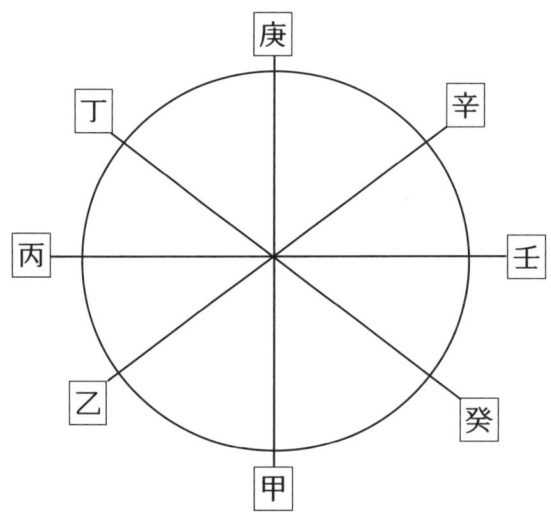

※ 천간(天干) 충(沖)

천간충(天干沖)의 특성

1. 천간충(天干沖)의 일반적 특성

천간충(天干沖)이 발생하면 해당 십신(十神)의 생각과 마음이 서로 충돌하여 갈등을 일으키게 된다. 예를 들어 정관(正官)과 겁재(劫財)에 해당하는 천간(天干)이 충(沖)을 일으킬 경우, 두 십신(十神)의 성향이 상반되며 충돌하게 된다.

천간충(天干沖)은 생각이나 마음의 대립을 의미하며, 이는 사주 내에서 극명한 의견 차이와 대립을 낳을 수 있다.

2. 사주 원국의 천간충(天干沖)

사주 원국에서 천간충(天干沖)을 하는 글자는 월지(月支)나 운(運)의 지지(地支)에 따라 달라진다. 월지(月支)나 운(運)의 지지(地支)에서 활동성이 좋은 글자는 활발하게 활용할 수 있으며, 월지(月支)나 운(運)의 지지(地支)에서 활동성이 약한 글자는 조용히 복종해야 한다.

예시 1)

시주	일주	월주	년주
辛	庚	丁	癸
○	○	○	○

(해석)

년간(年干)과 월간(月干)이 정계충(丁癸沖)이다. 어려서부터 청년기까지 丁 정관(正官)과 癸 상관(傷官)의 생각이 부딪쳐 갈등을 겪을 수 있다.

예시 2)

시주	일주	월주	년주
辛	甲	庚	辛
○	○	寅	○

(해석)

일간(日干)과 월간(月干)이 갑경충(甲庚沖)이다. 금극목(金剋木)으로 일간(日干) 甲이 극(剋)을 당하니 충(沖)의 효과가 커 위축되지만, 월지(月支)가 寅이므로 甲의 활동성이 강하여 庚 편관(偏官)보다 甲 일간(日干)이 강하다.

3. 사주 원국과 운(運)의 천간충(天干沖)

사주 원국의 천간(天干)과 충(沖)하는 글자가 운(運)에서 오면, 운(運)에서 오는 천간(天干)의 생각이나 마음이 충만하게 된다. 운(運)은 사주를 지배하기 때문에 천간충(天干沖)과 관계없이 운(運)에서 오는 천간(天干)의 생각이나 마음이 주도적인 역할을 하게 된다.

따라서 운(運)에서 오는 천간(天干)의 생각이나 마음은 강해지고, 반대편 천간(天干)의 생각이나 마음은 사라진다.

예시)

시주	일주	월주	년주
辛	甲	庚	辛
未	辰	申	酉

(해석)

일간(日干)과 월간(月干)이 갑경충(甲庚沖)이다. 운(運)에서 庚이 오면, 庚 편관(偏官)의 생각이나 마음은 강해진다. 반대로 운(運)에서 甲이 오면, 甲 비견(比肩)의 생각이나 마음이 강해진다.

제17장

육합(六合)이란

육합(六合)의 개요

1. 육합(六合)의 정의

육합(六合)은 지구의 지축을 중심으로 위도가 비슷한 기운들끼리 이루어지는 합(合)을 의미한다. 이는 지구상에서 같은 계절의 공간에서 형성되는 합(合)으로, 지지(地支)가 비슷한 위도를 공유하고 있으므로 서로 간의 기운이 동하는 것이다.

2. 육합(六合)의 종류

육합(六合)에 해당하는 조합은 자축합(子丑合), 인해합(寅亥合), 묘술합(卯戌合), 진유합(辰酉合), 사신합(巳申合), 오미합(午未合)이 있다.

※ 지지(地支) 육합

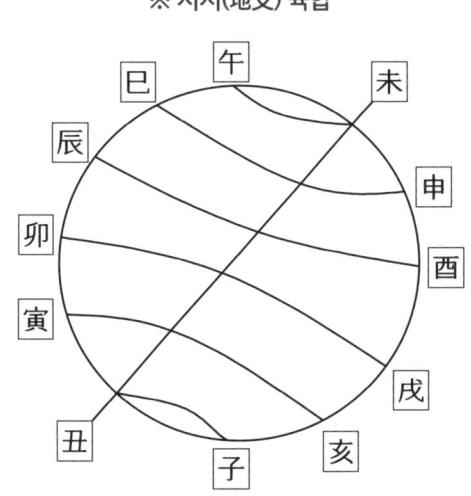

3. 육합(六合)의 효과

육합(六合)은 천간합(天干合)과 유사하게 합(合)을 이루는 지지(地支)들이 묶이게 되는 특성이 있다. 이러한 묶임은 지지(地支)들이 고유하게 갖고 있던 역할이나 기능을 약화하지만, 그 자체가 완전히 소멸하지는 않는다. 즉, 천간합(天干合)과는 달리 육합(六合)

은 지지(地支)의 고유의 기능이 약화하더라도 그 존재는 유지된다. 예를 들어, 사주에서 사신합(巳申合)을 이루고 있는 경우, 이들은 합(合)을 통해 묶이지만, 지지(地支) 巳와 申의 기능이 완전히 사라지는 것은 아니다.

4. 사주 원국에서의 육합(六合) 작용

사주 원국에 있는 육합(六合)은 자체로는 작용하지 않고, 묶일 가능성만을 지닌 상태이며, 육합(六合)이 실제로 작용하여 묶이려면, 세운(世運)이나 월운(月運)에서 해당 육합(六合)의 글자를 자극해야 한다. 원국에 있는 육합(六合)은 그 자체로 존재할 뿐, 세운(歲運)이나 월운(月運)에서 자극하지 않으면 육합(六合) 상태로 묶이지 않고 각자의 역할을 수행할 수 있다. 세운(世運)이나 월운(月運)에서 육합(六合)을 이루는 한 글자만 자극하여도 전체 육합(六合)이 함께 작용하여 묶이게 된다. 예를 들어, 사주 원국에 자축합(子丑合)이 있으면, 세운(世運)에서 같은 기운인 子나 丑이 오거나, 반대 기운인 午나 未가 올 때 사주 원국의 자축합(子丑合)이 작용하여 묶이는 것이다.

5. 사주 원국에 합(合)과 충(沖)의 중복 시 해제

사주 원국의 육합(六合)이 다른 지지(地支)와의 합(合)이나 충(沖)과 중복되면, 해당 육합(六合)이 풀리는 효과가 발생한다. 즉, 사주 원국에서 합(合)과 충(沖)이 중복될 때는 합(合)이 성립되지 않아, 지지(地支)들이 원래의 역할을 수행하게 된다. 예를 들어, 사주 원국에 오미합(午未合)이 있는데, 동시에 자오충(子午沖)이 있다면 오미합(午未合)은 풀리고 충(沖)의 작용이 우선하여 작용하게 된다.

6. 대운(大運)의 글자와 합(合)과 충(沖)을 하면 해제

사주 원국에 있는 육합(六合)은 대운(大運)에서 오는 글자와 새로운 합(合)이나 충(沖)이 발생할 때도 해제된다. 대운(大運)은 체(體)에 해당하므로, 대운(大運)에 의해 육합(六合)이 해제되면 그 대운(大運) 기간 동안에는 해당 육합(六合)이 작용하지 않는다. 예를 들어, 사주 원국에 오미합(午未合)이 있을 때, 대운(大運)에서 다시 未나 午가 들어오면 중복된 합(合)으로 인해 육합(六合)이 풀리고, 마찬가지로 대운(大運)에서 다시 子나 丑이 들어오면 충(沖)이 되어 역시 육합(六合)이 풀린다.

7. 세운(世運)과 월운(月運)에서 합(合)과 충(沖)이 작용

사주 원국에 있는 육합(六合)은 세운(世運)이나 월운(月運)의 영향을 받으면서 합(合)과 충(沖)이 동시에 작용할 수 있다. 세운(世運)이나 월운(月運)은 용(用)에 해당하므로, 특정 글자가 들어올 때 합(合)과 충(沖)이 동시에 발생하여 지지(地支)들이 묶이는 효과와 함께 서로 충돌하는 효과가 동시에 나타날 수 있다. 예를 들어, 원국에 오미합(午未合)이 있는 경우, 세운(世運)이나 월운(月運)에서 子나 丑이 오면 오미합(午未合)이 작용하며, 동시에 자오충(子午沖)이나 축미충(丑未沖)이 작용할 수 있다.

8. 세운(世運), 월운(月運)의 지지(地支)와 육합(六合)

사주 원국의 지지(地支)는 세운(世運)이나 월운(月運)의 지지(地支)와 육합(六合)이 될 수 있다. 이때 사주 원국의 지지(地支)는 묶여서 사용할 수 없다. 해당 기간에는 지지(地支)가 묶여 있으므로 본연의 역할을 수행하지 못하게 된다. 예를 들어, 사주 원국에 申이 있는 경우, 巳運이 오면 사신합(巳申合)이 이루어지며, 申의 역할이 묶이게 된다.

9. 육합(六合)의 인접 조건

육합(六合)이 성립하려면 사주 원국에서 육합(六合)을 이루는 글자들이 서로 인접해 있어야 한다. 글자가 떨어져 있는 육합(六合)의 경우 묶이지 않으며, 지지(地支)들이 각자의 역할을 수행할 수 있다. 예를 들어, 년지(年支)와 시지(時支)가 사신합(巳申合)을 하는 경우, 글자들이 떨어져 있으므로 합(合)의 작용이 약하여 지지(地支)들이 묶이지 않고 개별적인 역할을 수행할 수 있다.

육합(六合)의 특성

1. 자축합(子丑合)의 특성

자축합(子丑合)은 계절적으로 겨울의 에너지를 품고 있어 차갑고 어두운 기운을 띠며, 근접성과 비밀스러운 관계를 상징한다. 자축합(子丑合)은 어둡고 가까운 공간에서 이루어지는 관계로, 비밀스러우며 서로 붙어 있는 성질을 지닌다. 이러한 특징 때문에 자축합(子丑合)은 비밀스러운 관계나 사적인 인연으로 해석되기도 한다.

자축합화 토(子丑合化 土)를 생성할 수 있다고 하나 실제로는 거의 생성하지 못한다.

2. 인해합(寅亥合)의 특성

인해합(寅亥合)은 생지(生地)의 모임으로, 역마(驛馬)와 관련된 외부 활동을 상징하므로, 고정적이지 않으며 외부 활동을 통해 유지되는 인간관계로 해석될 수 있다. 인해합(寅亥合)은 역동적인 사회적 관계를 의미하며, 본질적으로 이동과 변화를 동반한다. 인해합(寅亥合)은 외부와의 교류나 활동이 강조되는 합(合)이다.

인해합화 목(寅亥合化 木)을 생성할 수 있다고 하나 실제로는 거의 생성하지 못한다.

3. 묘술합(卯戌合)의 특성

묘술합(卯戌合)은 묘(卯)와 술(戌)이 만나니 봄(春)의 생명력과 가을(秋)의 결실이 조화를 이루는 형태이다. 시작과 마무리가 균형을 이루기 때문에 예술적 감각과 표현력이 풍부하며, 감수성이 섬세하고 창의적인 능력이 뛰어나다.

묘술합화 화(卯戌合化 火)를 생성할 수 있다고 하나 실제로는 거의 생성하지 못한다.

4. 진유합(辰酉合)의 특성

진유합(辰酉合)은 金과 水의 속성을 동시에 지니고 있어, 강압적이거나 엄격한 인간관계를 의미하기도 하며, 상호간의 책임과 의무가 강조되는 구조로 해석될 수 있다. 진유합(辰酉合)은 내면적으로 냉철하고 철저한 관계를 형성하는 기운을 갖는다.

진유합화 금 수(辰酉合化 金 水)를 생성할 수 있다고 하나 실제로는 거의 생성하지 못한다.

5. 사신합(巳申合)의 특성

사신합(巳申合)은 생지(生地) 모임으로 역마(驛馬)와 관련된 외부 활동과 연관이 있다. 이러한 인연은 주로 사회적 이동과 외부적 활동을 통해 인간관계가 유지되는 것으로, 서로의 기운을 보완하는 관계로 작용할 수 있다.

사신합화 수 금(巳申合化 水 金)을 생성할 수 있다고 하나 실제로는 거의 생성하지 못한다.

6. 오미합(午未合)의 특성

오미합(午未合)은 더운 기운이 강하여 합(合)의 에너지가 약하게 작용하며, 사회적이거나 공적인 관계를 나타내는 합(合)으로 해석된다. 따라서, 오미합(午未合)은 주로 눈에 잘 띄는 사회적 합(合)이거나 공적인 합(合)으로 해석된다.

오미합(午未合)은 未에서 木의 기운이 정지되어 午火의 기운이 꺼지므로 합화(合化)하여 새로운 오행(五行)을 생성할 수 없다.

육합(六合)의 합화(合化)

1. 육합(六合)의 합화(合化) 개요

육합(六合) 역시 천간합(天干合)과 같이 음양합(陰陽合)이므로, 이론적으로는 합화(合化)하여 새로운 오행(五行)을 생성할 수 있다. 그러나 천간(天干)과는 다르게 지지(地支)에서의 합화(合化)는 성립 조건이 매우 까다로워, 실제로 새로운 오행(五行)이 생성되는 경우는 거의 없다.

2. 육합(六合)의 합화(合化) 종류

육합(六合)의 합화(合化)에는 자축합화 토(子丑合化 土), 인해합화 목(寅亥合化 木), 묘술합화 화(卯戌合化 火), 진유합화 금 수(辰酉合化 金 水), 사신합화 수 금(巳申合化 水金), 오미합(午未合)이 있다.

3. 실제 상담 시 사용할 수 없는 이론

육합(六合)의 합화(合化)는 이론적으로는 새로운 오행(五行)을 생성할 수 있지만, 실제로는 거의 발생하지 않는다는 한계가 있다. 따라서 육합(六合)의 합화(合化)를 사주(四柱) 해석이나 상담에 직접 적용하는 것은 적절하지 않는 이론이다.

육합(六合) 이론 검토

1. 육합(六合) 이론의 개요

육합(六合)은 지지(地支) 간에 비슷한 위도를 공유하는 기운들이 합해져 특정 관계를 형성하는 현상이다. 사주 원국의 육합(六合)은 세운(世運)이나 월운(月運)에서 육합(六合)과 같은 지지(地支)나 반대 지지(地支)가 들어올 때 묶이게 되어 지지(地支)의 개별 기능이 약화하지만, 그 역할이 완전히 없어지지는 않는 것으로 본다.

2. 육합(六合) 이론의 논리적 접근과 현대적 해석

육합(六合)을 하는 지지(地支)는 비슷한 위도에 있는 계절이 같은 지지(地支)의 합(合)이므로 서로 기운이 통하는 글자이다.

육합(六合)은 서로 다른 지지(地支)가 공존하는 형태이므로, 두 지지(地支) 중 어떤 지지(地支)를 사용할 수 있을지는 운(運)의 흐름에 따라 달라질 수 있다. 육합(六合)을 형성하는 지지(地支)가 운(運)에서 오는 지지(地支)와 같은 편의 기운이면 사용할 수 있지만, 운(運)에서 오는 지지(地支)와 반대편의 기운이면 사용할 수 없다. 이처럼 육합(六合)을 하는 글자의 사용여부는 운(運)에 따라 달라진다.

① 두 글자 모두 사용 가능한 경우

운(運)에서 육합(六合)을 이루는 지지(地支)와 같은 기운이 들어올 때 두 지지(地支) 모두 사용할 수 있다.

예를 들어, 사주 원국에 오미합(午未合)이 있는 경우, 운(運)에서 같은 기운인 巳가 오면 午와 未 두 글자를 모두 사용할 수 있다.

예시)

시주	일주	월주	년주
O	丙	庚	O
未	午	O	O

(해석)

시지(時支)와 일지(日支)에 오미합(午未合)이 있다. 운(運)에서 午未와 같은 편 기운인 巳가 오면 두 글자 다 사용이 가능하다.

② 한 글자만 사용 가능한 경우

운(運)에서 오는 지지(地支)가 육합(六合)을 하는 지지(地支) 중 한쪽과 일치할 경우, 해당 지지(地支)만 사용할 수 있게 된다.

예를 들어, 사주 원국에 진유합(辰酉合)이 있는 경우, 운(運)에서 寅이 오면 같은 기운인 辰은 사용할 수 있지만, 반대 기운인 酉는 사용할 수 없다.

예시)

시주	일주	월주	년주
O	丙	庚	O
酉	辰	O	O

(해석)

시지(時支)와 일지(日支)에 진유합(辰酉合)이 있다. 운(運)에서 寅이 오면 같은 편인 辰은 사용 가능하지만 반대 편인 酉는 사용이 불가하다.

③ 두 글자 모두 사용 불가능한 경우

운(運)에서 육합(六合)을 하는 지지(地支)와 반대되는 기운이 들어오면 두 지지(地支) 모두 사용할 수 없다.

예를 들어, 사주 원국에 오미합(午未合)이 있는 경우, 운(運)에서 亥, 子, 丑 같은 반대 기운이 오면 午와 未 두 글자 모두 사용할 수 없다.

예시 1)

시주	일주	월주	년주
O	丙	壬	O
未	午	O	O

(해석)

시지(時支)와 일지(日支)에 오미합(午未合)이 있다. 운(運)에서 반대 편 기운인 亥子丑 이 오면, 午와 未 두 글자 모두 사용이 불가하다.

예시 2)

시주	일주	월주	년주
O	丙	庚	O
丑	子	O	O

(해석)

시지(時支)와 일지(日支)에 자축합(子丑合)이 있다. 운(運)에서 반대 편 기운인 巳午未 가 오면, 子와 丑 두 글자 모두 사용이 불가하다.

3. 육합(六合) 이론의 한계와 활용

앞에서 살펴본 바와 같이 육합(六合)은 운(運)의 흐름에 따라 사용할 수 있는 글자와 사용할 수 없는 글자가 명확히 구분된다. 따라서, 육합(六合)을 가진 사주 원국이라 하더라도 운(運)에서 오는 지지(地支)에 따라 해석을 달리하여야 한다.

제18장

삼합(三合)이란

삼합(三合)의 개요

1. 삼합(三合)의 정의

삼합(三合)은 각 계절의 시작, 절정, 그리고 전환기를 나타내는 세 가지 지지(地支)가 모여 하나의 합(合)을 이루는 것이다. 삼합(三合)은 십이운성(十二運星) 중에서 계절의 시작인 생지(生地), 계절의 절정인 왕지(旺地), 그리고 계절의 전환기인 묘지(墓地)의 기운이 모여 있는 상태를 나타낸다. 삼합(三合)은 자연의 순환 속에서 한 오행(五行)의 기운이 태어나고 강해졌다가 다시 사라지는 과정을 나타낸다.

또한, 삼합(三合)을 이루는 글자는 지장간(地藏干) 중에서 용(用)에 해당하는 중기(中氣)가 같은 오행(五行)이다. 이는 삼합(三合)이 직업, 취미 등 사회적 활동의 경향성이 비슷함을 나타낸다.

2. 삼합(三合)의 종류

① 亥卯未 목국(木局)

목국(木局)의 삼합(三合)은 亥ㆍ卯ㆍ未로 이루어지며, 이는 甲木의 기운을 亥에서 생성하고, 卯에서 가장 왕성하게 펼쳐내며, 未에서 사라지는 순환 과정을 나타낸다.

② 寅午戌 화국(火局)

화국(火局)의 삼합(三合)은 寅ㆍ午ㆍ戌로 이루어지며, 이는 丙火의 기운을 寅에서 생성하고, 午에서 가장 왕성하게 펼쳐내며, 戌에서 사라지는 순환 과정을 나타낸다.

③ 巳酉丑 금국(金局)

금국(金局)의 삼합(三合)은 巳ㆍ酉ㆍ丑으로 이루어지며, 이는 庚金의 기운을 巳에서 생성하고, 酉에서 가장 왕성하게 펼쳐내며, 丑에서 사라지는 순환 과정을 나타낸다.

④ 申子辰 수국(水局)

수국(水局)의 삼합(三合)은 申 · 子 · 辰으로 이루어지며, 이는 壬水의 기운을 申에서 생성하고, 子에서 가장 왕성하게 펼쳐내며, 辰에서 사라지는 순환 과정을 나타낸다.

3. 삼합(三合)의 생왕묘지(生旺墓地)

① 생지(生地)

생지(生地)는 각 삼합(三合)의 첫 글자이다. 삼합(三合)의 시작을 나타내며 계절의 출발점을 상징한다. 12지지(地支) 중 寅申巳亥에 해당하며, 오행(五行)의 기운이 이 단계에서 새롭게 태어난다. 예를 들어, 亥卯未 목국(木局)에서 亥가 생지(生地)에 해당하여 甲木의 기운이 처음 나타나는 시작점이 된다.

② 왕지(旺地)

왕지(旺地)는 각 삼합(三合)의 두 번째 글자이다. 삼합(三合)의 절정을 나타내는 단계로, 오행(五行)의 기운이 가장 강력하게 발휘된다. 子午卯酉에 해당하며, 오행(五行)의 기운이 한창 성장하고 확산하는 시점을 상징한다. 예를 들어, 亥卯未 목국(木局)에서 卯가 왕지(旺地)에 해당하여 甲木의 기운이 가장 왕성하게 퍼져 나가는 시기이다.

③ 묘지(墓地)

묘지(墓地)는 각 삼합(三合)의 마지막 글자이다. 삼합(三合)의 마지막 단계로, 오행(五行)의 활동이 마무리되고 기운이 수렴되는 시점이다. 묘지(墓地)는 辰戌丑未에 해당하며, 오행(五行)의 기운이 한 주기를 마감하고 새로운 변화를 준비하는 단계이다. 예를 들어, 亥卯未 목국(木局)에서 未가 묘지(墓地)에 해당하여 甲木의 활동이 마무리되고 기운이 수렴되는 시점이다.

삼합(三合)의 특성

1. 삼합(三合)은 사회적 합(合)이다

삼합(三合)을 이루는 글자들은 사회적 활동에서 뜻을 같이하는 모임을 나타내며, 이는 돈을 벌거나 취미를 공유하는 등 사회적으로 잘 어울리는 관계를 의미한다.

① 삼합(三合)은 사회생활을 통해 돈을 벌기 위한 목적을 가진 집단이다. 따라서, 삼합(三合)을 이루는 사람들은 경제적 목표와 사회적 경향성이 비슷하다.
② 삼합(三合)은 개인의 취미, 진로, 적성, 전공과도 연관이 깊으며, 특정 분야에서 일관되게 전문성을 추구할 가능성이 크다.

2. 삼합(三合)은 유사시 결속력이 약(弱)하다

삼합(三合)을 이루는 구성원들은 경제적 목표나 취미 등 사회적 관심사로 인해 자주 모이지만, 긴급 상황에서는 결속력이 약해질 수 있다. 삼합(三合)의 구성원들은 경제적 이해관계나 취미 생활 등에 기초하므로 긴급 상황에서는 쉽게 해체될 수 있다.

예를 들어, 申子辰 삼합(三合)이 형성되어 있는 경우, 寅이 들어와 인신충(寅申沖)이 발생하면 辰은 申子辰 삼합(三合)을 떠나 寅의 편에서 木의 기운으로 작용한다.

3. 삼합(三合) 기운은 일관성이 있다

삼합(三合)은 하나의 오행(五行)이 시작하여 왕성한 활동을 하고 소멸의 과정을 겪으면서 그 활동을 일관되게 이어 간다. 예를 들어, 亥卯未 삼합(三合)은 甲木의 활동을, 寅午戌 삼합(三合)은 丙火의 활동을, 巳酉丑 삼합(三合)은 庚金의 활동을, 申子辰 삼합(三合)은 壬水의 활동을 나타낸다.

이처럼 삼합(三合)은 시작부터 끝까지 같은 오행(五行)을 유지하기 때문에, 안정적이고 일관된 사회적 역할을 맡는 경우가 많다. 이 때문에 사주에 삼합(三合)이 있는 경우, 평생 한 분야의 직업에 종사하는 경향이 있다.

4. 삼합(三合)을 이루는 글자의 특성은 변한다

삼합(三合)을 이루는 글자들은 서로 결속되어 글자 고유의 특성을 잃고 새로운 역할을 하게 된다.

① 삼합(三合)이 형성되면, 삼합(三合)을 이루는 글자들이 묶이므로 지지(地支)의 환경이 변화하고 글자 고유의 특성도 변하게 된다. 예를 들어, 亥卯未 삼합(三合)이 이루어지면, 亥와 未는 본래의 水와 土의 특성을 잃고 木으로 작용하게 된다.
② 삼합(三合)이 형성될 때, 각 지지(地支)는 본래의 계절적 특성 또한 잃을 수 있다.

예를 들어, 亥卯未 삼합(三合)을 하면, 亥와 未는 초겨울과 늦여름의 기운을 상실하고, 甲木이 활동하는 봄의 기운으로 작용한다.

5. 삼합(三合)이 약한 오행(五行)에 미치는 영향

삼합(三合)이 형성되면, 국(局)을 이루어 매우 강력하므로, 약한 오행(五行)은 그로 인해 피해를 볼 수 있다. 예를 들어, 亥卯未 삼합(三合)이 존재하면, 甲에 해당하는 십신(十神)이 강해져서 반대쪽에 있는 庚에 해당하는 십신(十神)은 큰 타격을 입을 수 있다.

6. 삼합(三合)은 시간적 흐름 배치 시 효과 극대화

삼합(三合)은 생지(生地)에서 태어나 왕지(旺地)에서 가장 활발하게 활동하고, 묘지(墓地)에서 소멸하는 자연의 흐름을 따른다. 삼합(三合)을 이루는 글자도 이 흐름에 맞추어 년지(年支), 월지(月支), 일지(日支) 순서로 배치될 때 삼합(三合)의 작용력이 최대로 발휘된다. 특히, 삼합(三合)의 왕지(旺地)는 사주의 중심인 월지(月支)에 위치할 때 가장 강력한 작용을 할 수 있으며, 생지(生地)에서 왕지(旺地)로의 자연스러운 흐름이 이루어져야 삼합(三合)의 효과가 완전하게 발휘된다.

삼합(三合) 지지(地支)의 지장간(地藏干) 중기(中氣)

　지지(地支)의 지장간(地藏干) 중기(中氣)는 삼합(三合)이 추구하는 오행(五行)으로, 대인관계, 직업적 성향, 사회적 역할, 취미 활동 등 사회적 운동성을 나타낸다. 삼합(三合)을 이루는 지지(地支)의 지장간(地藏干) 중기(中氣)는 같은 오행(五行)으로 구성되며, 삼합(三合)의 첫 글자인 寅, 申, 巳, 亥는 계절의 시작에 해당하므로 양간(陽干)을 쓰고, 가운데 글자인 子, 午, 卯, 酉와 마지막 글자인 辰, 戌, 丑, 未는 계절의 절정과 전환기에 해당하므로 음간(陰干)을 쓴다.

1. 亥卯未 삼합(三合)

　亥卯未 삼합(三合)에서 각 지지(地支)의 지장간(地藏干) 중기(中氣)는 모두 목행(木行)으로 이루어진다. 亥의 지장간(地藏干) 중기(中氣)는 甲木, 卯의 지장간(地藏干) 중기(中氣)는 乙木, 未의 지장간(地藏干) 중기(中氣)도 乙木으로 모두 목행(木行)이다. 따라서 亥卯未 삼합(三合)이 추구하는 사회적 운동성은 목행(木行)을 대표하는 甲木이며, 亥는 甲木의 생지(生地), 卯는 甲木의 왕지(旺地), 未는 甲木의 묘지(墓地)에 해당한다.

2. 寅午戌 삼합(三合)

　寅午戌 삼합(三合)에서 각 지지(地支)의 지장간(地藏干) 중기(中氣)는 모두 화행(火行)으로 이루어진다. 寅의 지장간(地藏干) 중기(中氣)는 丙火, 午의 지장간(地藏干) 중기(中氣)는 己土, 戌의 지장간(地藏干) 중기(中氣)는 丁火이다. 午의 지장간(地藏干) 중기(中氣)가 丁火가 아니라 己土인 것은 火의 강한 상승력을 안정시키기 위함이다. 寅午戌 삼합(三合)이 추구하는 사회적 운동성은 화행(火行)을 대표하는 丙火이며, 寅은 丙火의 생지(生地), 午는 丙火의 왕지(旺地), 戌은 丙火의 묘지(墓地)에 해당한다.

3. 巳酉丑 삼합(三合)

巳酉丑 삼합(三合)에서 각 지지(地支)의 지장간(地藏干) 중기(中氣)는 모두 금행(金行)으로 이루어진다. 巳의 지장간(地藏干) 중기(中氣)는 庚金, 酉의 지장간(地藏干) 중기(中氣)는 辛金, 丑의 지장간(地藏干) 중기(中氣)도 辛金으로 모두 금행(金行)이다. 따라서 巳酉丑 삼합(三合)이 추구하는 사회적 운동성은 금행(金行)을 대표하는 庚金이며, 巳는 庚金의 생지(生地), 酉는 庚金의 왕지(旺地), 丑은 庚金의 묘지(墓地)에 해당한다.

4. 申子辰 삼합(三合)

申子辰 삼합(三合)에서 각 지지(地支)의 지장간(地藏干) 중기(中氣)는 모두 수행(水行)으로 이루어진다. 申의 지장간(地藏干) 중기(中氣)는 壬水, 子의 지장간(地藏干) 중기(中氣)는 癸水, 辰의 지장간(地藏干) 중기(中氣)도 癸水로 모두 수행(水行)이다. 따라서 申子辰 삼합(三合)이 추구하는 사회적 운동성은 수행(水行)을 대표하는 壬水이며, 申은 壬水의 생지(生地), 子는 壬水의 왕지(旺地), 辰은 壬水의 묘지(墓地)에 해당한다.

반합(半合)

1. 반합(半合)의 정의

반합(半合)은 삼합(三合)을 이루는 세 글자 중 두 글자만 존재할 때 성립하는 합(合)으로 운(運)에서 남은 한 글자가 더해지면 삼합(三合)이 완성된다. 반합(半合)의 형태는 亥卯와 같이 생지(生地)와 왕지(旺地)가 결합한 경우, 卯未와 같이 왕지(旺地)와 묘지(墓地)가 결합한 경우, 亥未와 같이 생지(生地)와 묘지(墓地)의 결합이 있다.

2. 반합(半合)의 강도와 글자 위치

반합(半合) 중에 생지(生地)와 왕지(旺地)가 포함된 경우 가장 강력한 반합(半合)의 기운을 가지며, 특히 왕지(旺地)가 월지(月支)에 위치할 때 그 강도는 더욱 증폭된다. 왕지(旺地)가 월지(月支)에 있는 반합(半合)은 매우 강력한 작용을 발휘하며, 삼합(三合)이 아닌 반합(半合) 자체로도 해당 오행(五行)의 영향을 강하게 미치게 된다.

3. 운(運)에서 삼합(三合)을 완성했을 때 변화

생지(生地)와 왕지(旺地)로 이루어진 반합(半合)에 묘지(墓地)가 추가되어 완전한 삼합(三合)이 되면 오히려 해당 오행(五行)의 기운이 상대적으로 약해질 수 있다. 그러나 반합(半合)이 생지(生地)와 묘지(墓地)로 이루어지면 가장 약하여 합(合)으로 보기 어렵지만, 운(運)에서 왕지(旺地)가 들어오면 삼합(三合)이 완성되어 변화가 크다.

4. 천간(天干)에 따른 반합(半合)의 강약

반합(半合)이 추구하는 오행(五行)이 천간(天干)에 투출되어 있으면 마음이 있는 것이므로 반합(半合)의 기운이 더욱 강하게 작용한다. 천간(天干)에 같은 오행(五行)이 드러나면 이로 인해 반합(半合)의 기운이 더욱 활성화되고 해당 오행(五行)에 대한 생각과 마음이 명확하게 나타난다.

육합(六合)과 삼합(三合)의 차이

1. 음양합(陰陽合)과 사회적 합(合)

육합(六合)과 삼합(三合)은 지지(地支)끼리 이루는 합(合)이라는 점에서는 공통점이 있지만, 본질에서 큰 차이가 있다.

육합(六合)은 음양(陰陽)의 조화를 이루는 음양합(陰陽合)으로 같은 위도에 있는 지지(地支)들이 합(合)하는 형태이다. 육합(六合)은 상대적으로 안정적이며 외부의 충격이나 변화에도 쉽게 흔들리지 않고 고유한 합(合)의 기운을 유지한다.

삼합(三合)은 사회적 관계, 직업 및 취미와 관련된 공통점을 바탕으로 형성되며, 삼합(三合)의 구성원은 서로의 사회적 활동이나 경제적 목표와 관련하여 깊이 연결된다. 삼합(三合)은 사회적 합(合)이므로 외부의 충격이나 운(運)의 변화에 따라 쉽게 해체될 수 있는 특성을 가진다.

2. 충(沖)에 대한 육합(六合)과 삼합(三合)의 대응

육합(六合)은 외부에서 충(沖)이 오더라도 여전히 그 합(合)의 기운을 유지하며 충(沖)은 충(沖)대로, 합(合)은 합(合)대로 작용한다. 예를 들어, 지지(地支)에 寅亥 육합(六合)이 형성되어 있고, 운(運)에서 申이 오면 인신충(寅申沖)이 발생하지만 동시에 寅亥 육합(六合)의 힘도 유지되어 충(沖)에 공동으로 대응하는 형태로 작용한다.

삼합(三合)은 충(沖)이 오는 경우, 해당 삼합(三合)이 깨지고 해체된다. 예를 들어 사주에 申子辰 삼합(三合)이 있는데 운(運)에서 午가 오면, 자오충(子午沖)이 발생하며 삼합(三合)이 해체되어 각 지지(地支)들이 독립적으로 작용한다.

3. 합화(合化) 오행(五行) 생성 가능 여부

육합(六合)은 음양(陰陽)의 조화로 새로운 오행(五行)을 생성할 가능성이 있지만, 삼합(三合)은 음양합(陰陽合)이 아닌 사회적 결합이기 때문에 합화(合化) 오행(五行)을 생성하지 않는다.

제19장

방합(方合)이란

방합(方合)의 개요

1. 방합(方合)의 정의

방합(方合)은 같은 계절의 지지(地支) 모임으로 마치 가족처럼 끈끈하고 친밀한 관계를 형성한다. 방합(方合)이 이루어질 때 해당 오행(五行)의 기운이 가장 강력해진다.

寅卯辰 방합(方合)은 목국(木局)으로 봄의 기운을 나타내며, 巳午未 방합(方合)은 화국(火局)으로 여름의 기운을, 申酉戌 방합(方合)은 금국(金局)으로 가을의 기운을, 亥子丑 방합(方合)은 수국(水局)으로 겨울의 기운을 상징한다.

방합(方合)은 12운성(十二運星) 중에서 록지(祿地), 왕지(旺地), 쇠지(衰地)에 해당하여 가장 강한 기운이 모여 있는 상태를 나타낸다.

2. 방합(方合)의 종류

① 寅卯辰 방합(木局)

寅卯辰 방합(方合)은 봄에 해당하며, 상승 확산하는 甲木의 기운이 가장 강하게 작용하는 시기로 12운성(十二運星)의 록지(祿地), 왕지(旺地), 쇠지(衰地)에 해당한다. 이는 새싹이 피어나는 시기이므로 시작, 성장, 생동감을 의미한다.

② 巳午未 방합(火局)

巳午未 방합(方合)은 여름의 기운을 나타내며, 더 상승, 더 확산하는 丙火의 기운이 강하게 작용하는 시기로 12운성(十二運星)의 록지(祿地), 왕지(旺地), 쇠지(衰地)에 해당한다. 여름은 생명과 에너지가 절정에 이르는 시기로, 뜨거운 태양 아래에서 모든 것이 왕성하게 성장하고 발전한다.

③ 申酉戌 방합(金局)

申酉戌 방합(方合)은 가을의 기운에 해당하며, 하강 수축하는 庚金의 기운이 가장 강하

게 작용하는 시기로 12운성(十二運星)의 록지(祿地), 왕지(旺地), 쇠지(衰地)에 해당한다.
가을은 만물이 성숙해지고 결실을 보는 시기로, 단단한 열매처럼 알차고 실속이 있다.

④ 亥子丑 방합(水局)

亥子丑 방합(方合)은 겨울의 기운을 나타내며, 더 하강, 더 수축하는 壬水의 기운이 가
장 강하게 작용하는 시기로 12운성(十二運星)의 록지(祿地), 왕지(旺地), 쇠지(衰地)에 해
당한다. 겨울은 모든 생명이 휴식을 취하는 시기로, 씨앗이 내년 봄을 준비하며 잠재된
생명력을 간직하고 있다.

방합(方合)의 특성

1. 방합(方合)은 가족적 합(合)이다

방합(方合)은 가족과 같은 성격의 합(合)이므로, 위기 상황에서 그 결속력이 매우 강하다. 평소에는 각각이 사회적 역할을 하는 삼합(三合) 활동을 하다가도, 위기 상황이 오면 삼합(三合)을 포기하고 방합(方合)으로 결집하여 서로를 보호하려는 속성이 있다.

예를 들어, 사주 원국에 寅卯辰이 있고 신운(申運)이 들어올 경우, 寅과 충(沖)을 이루는 申이 등장함에 따라 寅卯辰이 甲木의 기운으로 결합하여 상황에 대응하는 것이다.

2. 방합(方合)에서 반합(半合)이 성립되지 않는다

방합(方合)은 반드시 세 글자가 모두 모여야 완성되며, 두 글자만으로는 방합(方合)을 이룰 수 없다. 월지(月支)를 포함한 세 글자가 모두 있을 때 강한 방합(方合)의 효과를 발휘한다.

예를 들어, 사주 원국에 巳午未의 세 글자가 모두 있어야 방합(方合)이 성립되며, 巳午未의 세 글자가 모두 있더라도 월지(月支)가 포함되지 않으면 완전한 방합(方合)이 아니다.

3. 운(運)에 의해 방합(方合)이 완성되는 경우

사주 원국에 방합(方合)을 이루는 두 글자가 있고, 나머지 한 글자가 운(運)에서 들어오면 방합(方合)이 완성된다. 특히, 월지(月支)를 포함한 방합(方合)이 완성되면 완전한 방합(方合)이 이루어져 그 기운이 강해진다.

예를 들어, 사주 원국에 寅辰이 있을 때, 묘운(卯運)이 들어와 월지(月支)를 포함한 寅卯辰 방합(方合)이 이루어지면 봄기운이 더욱 강해진다.

삼합(三合)과 방합(方合)의 차이

1. 방합은 체(體), 삼합은 용(用)

방합(方合)은 혈연이나 지연과 같은 깊은 유대를 가진 가족적 관계로, 체(體)에 해당한다. 즉, 본질적인 관계로서 내부적 결속력을 지니며 외부 충격에 의해 쉽게 변화하지 않는 성격을 가진다. 반면 삼합(三合)은 사회적 관계로, 직장이나 사회 활동을 통해 이루어진 관계를 의미하며 용(用)에 해당한다. 삼합(三合)은 경제적 이해관계나 목표에 따라 결속되는 관계로, 실질적 이익을 바탕으로 한 유대를 형성한다. 따라서 방합(方合)은 가족처럼 외부 충격에도 흔들리지 않지만, 삼합(三合)은 사회 활동의 변화에 따라 쉽게 해체될 수 있는 특성을 보인다.

2. 삼합(三合)과 방합(方合)의 활동 성향

삼합(三合)과 방합(方合)은 각각 그 활동 성향에서 뚜렷한 차이를 보인다.

삼합(三合)은 12운성(十二運星)으로 볼 때 생왕묘지(生旺墓地)에 해당하여 태어나고 왕성하게 활동하다가 소멸하는 순환 과정을 겪는다. 이로 인해 삼합(三合)을 이루는 사주(四柱)는 한 가지 일에 지속적이고 일관되게 종사하며, 삶의 특정 분야에서 일관성을 유지하는 경향이 강하다.

방합(方合)은 12운성(十二運星)으로 록왕쇠지(祿旺衰地)에 해당하여, 처음부터 끝까지 왕성한 활동성을 유지하며 지속해서 강한 영향을 미친다. 이는 방합(方合)이 처음부터 끝까지 강한 결속력을 가지고, 삶 전반에 걸쳐 변하지 않는 가족적 관계로 작용함을 의미한다.

3. 삼합(三合)과 방합(方合)을 이루는 지지(地支)의 특성

삼합(三合)과 방합(方合)을 이루는 지지(地支)는 그 특성에서 뚜렷한 차이를 보인다.

삼합(三合)은 해당 지지(地支)가 묶이면서 지지(地支)의 고유한 특성이 사라지고, 삼합

(三合)의 목적에 따라 새로운 기운으로 변화된다. 예를 들어, 亥卯未 삼합(三合)이 이루어지면 亥의 겨울 기운과 未의 여름 기운은 사라지고, 모두 甲木을 추구하는 봄의 기운으로 변화한다.

　방합(方合)은 해당 지지(地支)가 묶인다 하더라도 지지(地支)의 고유한 특성을 그대로 유지한다. 방합(方合)이 이루어졌을 때 그 지지(地支) 환경은 변하지 않고 본래의 역할을 유지한다.

4. 삼합(三合)과 방합(方合)의 결속력

　삼합(三合)과 방합(方合)은 결속력에서 뚜렷한 차이를 보인다.

　삼합(三合)은 사회적 합(合)으로 직업이나 직장, 돈과 관련된 사람들 간의 유대관계를 형성하며, 경제적 목적이나 취미의 일치로 쉽게 결속된다. 그러나 외부 충격에 의해 쉽게 해체되는 특징을 보인다.

　방합(方合)은 계절에 따라 친밀하게 묶이는 가족적 결합으로, 위기에 강하며 외부 충격에도 변하지 않는 견고함을 가지고 있다.

제20장

충(沖)이란

충(沖)의 개요

1. 충(沖)의 정의

지지(地支)의 충(沖)은 십이지지(十二地支) 중 정반대 쪽에 있는 기운이 서로 충돌하는 현상을 나타낸다. 정반대 계절의 지지(地支)는 상반된 운동성을 지니며, 이로 인해 충돌이 발생하게 된다. 충(沖)은 서로 반대의 운동을 하므로, 힘이 한쪽으로 기울면 약한 쪽의 기운을 파괴하거나 압도하는 작용을 할 수 있다. 따라서 사주 원국에 충(沖)이 있으면 반대쪽 기운의 공격에 대비해야 하므로 서로에게 자극을 주며 경쟁력을 강화하는 역할을 한다.

2. 충(沖)의 종류

충(沖)에는 인신충(寅申沖), 사해충(巳亥沖), 자오충(子午沖), 묘유충(卯酉沖), 진술충(辰戌沖), 축미충(丑未沖) 등이 있다.

※ 지지(地支) 충(沖)

충(沖)의 특성

1. 충(沖)의 강약은 월지(月支)와 운(運)에 따라 다르다

사주(四柱) 원국에 존재하는 충(沖)의 강도는 월지(月支)와 운(運)에서 오는 지지(地支)의 영향을 크게 받는다. 충(沖)을 하는 지지(地支) 중 월지(月支)와 가까운 글자는 작용력이 강하고, 먼 글자는 힘이 약하다.

2. 사주 원국의 충(沖)은 동시에 사용할 수 없다

사주 원국의 충(沖)은 상반된 기운을 지니고 있어, 동시에 사용할 수는 없다. 월지(月支)나 운(運)의 흐름에 따라 한쪽은 강해지고 다른 한쪽은 약해지기 때문이다. 따라서 운(運)에서 오는 지지(地支)와 가까운 쪽의 지지(地支)는 강하여 사용할 수 있지만, 반대쪽의 지지(地支)는 약하여 사용할 수 없다.

3. 사주(四柱)와 운(運)에서 오는 지지(地支)의 충(沖)

사주 원국의 지지(地支)와 운(運)에서 오는 지지(地支)가 충(沖)을 하면, 운(運)이 사주 전체를 지배하기 때문에 사주 원국의 해당 지지(地支)는 힘이 약하여 사용할 수 없다. 따라서 사주 원국의 좋은 기운이 운(運)에 의해 충(沖)을 당하면 이를 사용할 수 없어 불리하지만, 반대로 나쁜 기운이 충(沖)을 당하면 오히려 긍정적인 결과를 가져올 수 있다.

4. 충(沖)이 주는 자극과 경쟁력

사주에 충(沖)이 있으면, 서로 충돌하는 상반된 기운이 있으므로 상호 자극을 주고받아 경쟁력을 강화하는 역할을 한다. 충(沖)이 있는 사람은 경쟁력과 승부욕을 갖추게 되며, 운(運)의 흐름에 따라 성공할 수 있는 잠재력을 내포하고 있다.

충(沖)의 작용

1. 충(沖)은 운(運)에 의해 활성화

충(沖)은 사주 원국에서 지지(地支) 간에 발생하는 상충(相沖) 작용으로, 운(運)에서 특정 지지(地支)가 이를 자극할 때 본격적인 힘이 발휘된다. 충(沖)이 운(運)에 의해 활성화되면, 운(運)에서 오는 지지(地支)와 가까운 쪽의 지지(地支)는 강해지며, 반대쪽 지지(地支)는 약해진다. 따라서 사주 원국의 충(沖)은 운(運)에 따라 사용 가능 여부가 결정되는 것이다.

2. 충(沖)이 작용하면 약한 지지(地支)는 강한 지지(地支)에 복종

충(沖)이 작용하면 약한 지지(地支)는 강한 지지(地支)에 복종해야 하며, 저항할 경우 강한 지지(地支)에 의해 약한 지지(地支)의 환경이 파괴되어 큰 피해를 보게 된다.

예를 들어 묘유충(卯酉沖)이 있는 경우 酉 운(運)이 오면 卯가 酉에 복종해야 하며, 복종하지 않으면 卯의 환경이 파괴되어 피해를 볼 수 있다.

3. 충(沖)의 거리와 작용력

충(沖)이 발생할 때 두 지지(地支)의 거리에 따라 그 작용력이 달라진다. 충(沖)이 가까운 위치에서 발생하면 작용력이 강력하고 파괴적이지만, 충(沖)이 멀리 떨어져 있으면 상호 견제하며 긴장감을 유지한다.

4. 충(沖)에 의한 지장간(地藏干)의 개고(開庫)

충(沖)을 하면 지장간(地藏干)이 개고(開庫)되어 드러나고, 그 결과 다른 천간(天干)과 합(合)을 맺으면서 묶이게 된다고 한다. 그러나 지지(地支) 속에는 지장간(地藏干)뿐만 아니라, 모든 천간(天干)이 각기 다른 형태로 존재하기 때문에 충(沖)이 되더라도 개고(開庫)할 지장간(地藏干) 자체가 없다고 보는 것이 합리적이다.

충(沖)의 해석

1. 생지(生地), 왕지(旺地), 묘지(墓地)의 충(沖) 해석

① 생지(生地)의 충(沖)

생지(生地)에 해당하는 지지(地支)인 寅, 申, 巳, 亥의 충(沖)은 어린아이들의 다툼처럼 쉽게 갈등하지만, 금세 화해한다. 이들은 순수하고 변덕스러운 성격으로, 때로는 합(合)하고 때로는 충(沖), 형(刑), 해(害)를 하면서 서로의 관계를 형성한다.

② 왕지(旺地)의 충(沖)

왕지(旺地)에 해당하는 지지(地支)인 子, 午, 卯, 酉의 충(沖)은 어른들의 다툼처럼 갈등이 깊고 쉽게 화해하지 않는다. 왕지(旺地)의 충(沖)은 서로 양보를 하지 않기 때문에 충(沖)의 작용이 매우 강하게 나타난다.

③ 묘지(墓地)의 충(沖)

묘지(墓地)에 해당하는 지지(地支)인 辰, 戌, 丑, 未의 충(沖)은 노인들의 갈등처럼 충돌이 심각하지 않으며, 말다툼에 그친다. 이들은 갈등보다는 소극적인 대립이 발생하는데, 이를 '붕충(朋沖)'이라고 부르기도 한다.

2. 천간(天干)과 지지(地支)의 충(沖) 해석

① 천간(天干)이 충(沖)이고 지지(地支)도 충(沖)일 때

천극지충(天剋地沖)이라고 하며, 마음이나 생각의 갈등뿐만 아니라 현실적으로도 충돌이 발생한다.

② 천간(天干)은 합(合)이고 지지(地支)는 충(沖)일 때

생각이나 마음은 잘 맞아 공감대가 형성되더라도 현실적으로 실천하는 데 갈등이 있을 수 있다.

③ 천간(天干)은 충(沖)이고 지지(地支)는 합(合)일 때

마음이나 생각의 갈등은 존재하지만, 현실에서는 화목한 관계를 유지할 수 있다.

④ 충(沖)이 두 개일 때의 역동성

사주(四柱) 원국에 충(沖)이 두 개 이상이면, 이는 끊임없이 움직이는 역마(驛馬)의 성향을 나타낸다. 두 개의 충(沖)이 존재하면 사회 활동에서 매우 역동적이며 활동적일 가능성이 크다.

예를 들어, 지지(地支)가 자오충(子午沖)과 인신충(寅申沖)이라면, 이러한 충(沖)이 사회 활동에서 활발하게 작용하여 역마(驛馬)와 같이 이동이 잦고 변화가 많은 환경에서도 잘 적응할 수 있다.

⑤ 지지(地支)의 충(沖)과 천간(天干)의 상호 영향

지지(地支)가 충(沖)을 당하면 그에 따른 영향은 천간(天干)에게도 전달된다. 천간(天干)과 지지(地支)는 서로 연결된 하나의 몸체와 같으므로, 지지(地支)의 변화는 곧 천간(天干)의 변화로 이어진다. 특히 지지(地支)의 충(沖)으로 인해 환경이 변화하면 천간(天干)의 생각이나 감정 역시 영향을 받아 흔들리게 되는 것이다.

3. 사주 원국의 자리별 충(沖) 해석

① 년지(年支)의 충(沖)

사주 원국의 년지(年支)가 세운(世運)의 지지(地支)와 충(沖)을 하면, 조상, 부모, 부동산 또는 오랫동안 지내온 터전이나 환경의 변화가 발생할 수 있다.

② 월지(月支)의 충(沖)

사주 원국의 월지(月支)가 세운(世運)의 지지(地支)와 충(沖)을 하면, 직업 환경 또는 사회생활 환경에 변화가 발생할 수 있다.

③ 일지(日支)의 충(沖)

사주 원국의 일지(日支)가 세운(世運)의 지지(地支)와 충(沖)을 하면, 개인의 기본 환경, 경제적 기반, 배우자와 관련된 변화가 발생할 수 있다.

④ 시지(時支)의 충(沖)

사주 원국의 시지(時支)가 세운(世運)의 지지(地支)와 충(沖)을 하면, 상가, 거래처, 활동 무대, 자녀와 관련된 변화가 발생할 수 있다.

제21장

형(刑)이란

형(刑)의 개요

1. 형(刑)의 정의

형(刑)은 육체적, 정신적, 물질적인 문제를 강제로 개선하려는 것으로, 그 강도에 따라 잔소리, 형벌, 수술, 수리와 같은 다양한 형태로 나타난다. 형(刑)은 잘못된 것을 바로잡고 개선하기 위한 도구로서, 계획적으로 사용할 때는 바람직할 수 있지만, 계획에 없는 상황에서 강제적인 형(刑)이 가해지면 형벌(刑罰)처럼 작용하여 개인에게 고통을 유발할 수 있다.

특히 삼형살(三刑殺)은 이러한 형(刑)의 작용이 더 두드러져, 현실적인 삶에서도 여러 가지 변화를 일으킬 수 있다.

예를 들어, 정신적 개선을 위해서는 가벼운 잔소리부터 체벌, 징계, 조정, 형벌이 가해질 수 있다. 육체적 개선을 위해서는 수술이나 시술이 필요할 수 있고, 물질적 문제에서는 수리나 개조 등의 조치가 요구될 수 있다.

2. 형(刑)의 종류

형(刑)의 종류에는 寅巳申 삼형살(三刑殺, 지세지형 持勢之刑), 丑戌未 삼형살(三刑殺, 무은지형 無恩之刑), 子卯 상형(相刑, 무례지형 無禮之刑), 辰辰, 午午, 酉酉, 亥亥 자형(自刑)이 있다.

형(刑)의 특성

1. 삼형살(三刑殺)의 특성

삼형살(三刑殺)에는 寅巳申 삼형살(三刑殺)과 丑戌未 삼형살(三刑殺)이 있다. 삼형살(三刑殺)은 각 지지(地支)가 서로 상충(相沖)하는 기운을 지니고 있어 강한 충돌과 자극을 유발한다. 삼형살(三刑殺)은 나를 개선하려는 기운이 강하여 사고로 수술을 받거나 형벌을 통해 교정을 당할 수 있다.

① 寅巳申 삼형살(三刑殺)

寅巳申 삼형살(三刑殺)은 계절의 시작을 나타내는 생지(生地)가 모여 서로 자기 세력을 지키려는 강한 성향을 나타낸다. 이는 각기 다른 계절이 시작하는 지지(地支)들이 모여 서로 양보하지 않으려는 특성이 강하기 때문에, 충돌과 갈등이 발생할 수 있다. 지세지형(持勢之刑)이다.

② 丑戌未 삼형살(三刑殺)

丑戌未 삼형살(三刑殺)은 계절의 마지막인 묘지(墓地)를 이루는 지지(地支)들이 모여 형성된다. 이는 각기 다른 계절을 마무리하는 지지(地支)들로 구성되어 있어 고집이 세고 변화를 거부하려는 특성을 나타낸다. 丑戌未 삼형(三刑)은 자기 자신을 우선시하고 양보를 꺼려 충돌과 변화를 불러올 수 있다. 무은지형(無恩之刑)이다.

2. 子卯 상형(相刑)의 특성

상형(相刑)에는 子卯 상형(相刑)이 있다. 이는 겨울과 봄의 왕지(旺地)인 子와 卯가 만나는 형(刑)으로, 서로 잘난 체하고 양보하지 않는다. 상형(相刑)은 충돌의 강도가 높지 않으므로 큰 변화보다는 가벼운 수술이나 수리, 수선 또는 일상에서의 잔소리에 해당할 수 있다. 무례지형(無禮之刑)이다.

3. 자형(自刑)의 특성

자형(自刑)은 같은 글자가 두 개 모이는 경우로, 辰辰, 午午, 酉酉, 亥亥가 있다. 이는 같은 지지(地支)의 반복으로 강한 세력이 형성되어 반대편 기운에 영향을 줄 수 있다. 자형(自刑)은 작용력이 강하지 않지만, 반대편 기운을 사용할 수 없게 한다. 다만 사주 원국에 자형(自刑)이 있더라도 운(運)의 흐름에 따라 반대편 기운을 사용할 수도 있다.

형(刑)의 작용

1. 사주 원국의 형(刑)이 활성화되는 조건

사주 원국에 형(刑)이 존재할 때, 이 형(刑)의 작용은 평소에는 다양한 변화의 가능성이 잠재된 상태로 남아 있다. 그러나 세운(世運)이나 월운(月運)에서 형(刑)과 일치하는 글자가 다시 나타나거나 충돌하는 경우, 그 형(刑)이 활성화된다. 따라서 사주 원국에 있는 형(刑)은 운(運)에 따라 작용할 수도 있고, 그렇지 않은 때도 있다.

2. 사주 원국의 삼형살(三刑殺)의 그룹 작용

사주 원국에 삼형살(三刑殺)이 있으면, 세 글자가 한 그룹으로 묶여 강한 작용을 일으킬 수 있는 조건이 갖춰진다. 세운(世運)이나 월운(月運)에서 그 중 한 글자만 건드려도 삼형살(三刑殺)에 속한 지지(地支)가 함께 작용하여 큰 변화를 불러온다,

3. 약한 글자가 복종하면 형(刑)의 작용 완화

사주 원국에 있는 삼형살(三刑殺)은 운(運)의 흐름에 따라 운(運)의 지지(地支)와 가까운 쪽 글자는 사용할 수 있고, 반대편 글자는 사용할 수 없게 된다. 세운(世運)이나 월운(月運)에서 형(刑)과 같은 글자가 오거나 충돌하는 글자가 오면, 형(刑)의 작용이 활성화된다. 형(刑)의 작용이 활성화되면 약한 글자는 복종해야 한다. 약한 글자가 복종하지 않으면, 그 글자의 지지(地支) 환경이 변할 수 있다.

4. 삼형살(三刑殺)에 의한 지장간(地藏干)의 개고(開庫)

삼형살(三刑殺)은 충돌 강도가 강하므로 지장간(地藏干)이 개고(開庫)되고, 다른 천간(天干)과 합(合)을 하여 묶이게 된다고 한다. 그러나 지지(地支) 속에는 지장간(地藏干)뿐만 아니라, 모든 천간(天干)이 각기 다른 형태로 존재하기 때문에 삼형살(三刑殺)이 되더라도 개고(開庫)할 지장간(地藏干)은 없다고 보는 것이 합리적이다.

제22장

파(破)·해(害)란

파(破)

1. 파(破)의 개요

파(破)는 한자로 "깨뜨린다" 혹은 "손상되다"라는 뜻으로, 내면적으로는 온전하지만, 외형적으로 손상을 입어 가치를 떨어뜨리는 상태를 의미한다. 이는 엔진은 정상적이지만 외관상 찌그러져 보이는 자동차와 같은 상대를 상징한다. 파(破)는 생(生)하는 지지(地支)로 구성되며, 寅亥, 子酉, 卯午, 丑辰, 巳申, 未戌 등이 있다.

(암기법)

인해(寅亥)가 자유(子酉)롭고 묘오(卯午)하게 축지(丑辰)법을 썼으나 사신(巳申)이 미숙(未戌)해서 파(破)했다.

2. 파(破)의 특성

파(破)는 생(生)하는 가까운 계절의 지지(地支)로 구성되어 있어, 파(破)가 작용하더라도 서로 대립하는 기운이 아니므로 크게 손상되는 글자가 없다. 따라서 사주에 파(破)가 존재할 경우, 해당 지지(地支)의 외관이 손상되어 가치를 떨어뜨리지만, 내부적으로는 큰 문제가 없으며 정상적으로 활동할 수 있다.

3. 파(破)의 작용

사주 원국에 있는 파(破)는 작용이 가능한 상태로 존재하다가 세운(世運)이나 월운(月運)에서 파(破)의 글자가 다시 오거나, 충(沖)하는 글자가 오면 작용하게 된다.

운(運)에서 파(破)와 같은 지지(地支)가 오면, 운(運)에서 오는 지지(地支)가 강하므로, 운(運)에서 오는 지지(地支)와 같은 지지(地支)는 강해지지만, 다른 지지(地支)도 생(生)하는 지지(地支)이므로 약해지지 않는다. 이로 인해 외적 손상은 있지만, 내적으로는 정상적으로 사용할 수 있다고 해석할 수 있다.

운(運)에서 파(破)와 충(沖)하는 글자가 오면, 운(運)에서 오는 지지(地支)가 강하므로, 운(運)에서 오는 지지(地支)에 충(沖)을 당하는 지지(地支)는 약해져 사용할 수 없으며, 다른 지지(地支)도 충(沖)을 당하는 지지(地支)와 가까이 있어 사용할 수 없다.

해(害)

1. 해(害)의 개요

해(害)는 해롭고 방해한다는 의미로, 특정 지지(地支)의 기능이 정상적으로 작동하지 못하도록 방해하는 것을 말한다. 해(害)가 작용하면 해당 지지(地支)가 본래의 역할을 수행하지 못하게 된다. 해(害)는 육합(六合)을 하는 상대 지지(地支)와 충(沖)을 하는 글자이며, 신해(申亥), 유술(酉戌), 자미(子未), 축오(丑午), 묘진(卯辰), 인사(寅巳) 등이 있으며, 자미(子未)와 축오(丑午)는 원진(元嗔)의 성질도 포함하고 있다.

(암기법)

몸(申)에 해(亥)로운 요술(酉戌)로 자매(子未)가 죽어(丑午) 묘지(卯辰)에 인사(寅巳) 간다.

2. 해(害)의 특성

해(害)는 육합(六合)을 방해함으로써, 음양(陰陽)의 결합을 저해하여 생산 활동을 약화하고 인간관계에서 인덕이 약해지는 결과를 초래할 수 있다. 해(害)의 영향을 받은 사주는 다른 사람과 공동으로 일을 수행하는 데 어려움을 겪을 수 있으며, 대신 혼자서 독립적으로 일을 처리할 때 더 큰 성과를 얻을 수 있다. 해(害)가 있는 사주는 혼자서 능력을 발휘해야 하므로 눈치가 빠르고 민첩하며, 외부의 영향을 잘 감지하고 빠르게 대처하는 능력이 있을 수 있다.

3. 해(害)의 작용

사주 원국에 있는 해(害)는 일상적으로 작용을 하지 않고, 해(害)의 작용이 가능한 상태로 존재하다가 세운(世運)이나 월운(月運)에서 해(害)의 글자가 다시 오거나, 충(沖)하는 글자가 오면 작용하게 된다.

운(運)에서 오는 지지(地支)가 강하므로, 해(害)를 이루는 지지(地支) 중 운(運)에서 오는 지지(地支)와 같은 지지(地支)는 강해지고, 반대 지지(地支)는 약해진다고 해석할 수 있다.

제23장

천간(天干)의
강약(强弱)이란

통근(通根)과 투출(透出)

통근(通根)과 투출(透出)은 천간(天干)의 강약(强弱)을 파악하는 중요한 방법이다. 천간(天干)과 같은 오행(五行)이 지장간(地藏干)에 통근(通根)하여 뿌리를 내리고 있으면, 그 기운은 강하고 안정적이다. 또한, 지지(地支) 속의 지장간(地藏干)과 같은 오행(五行)이 천간(天干)으로 투출(透出)되어 드러나면 활발히 작용할 수 있다.

1. 통근(通根)

통근(通根)이란 천간(天干)과 같은 오행(五行)이 사주의 지장간(地藏干)에 있는 것이며, 천간(天干)이 지지(地支)에 뿌리를 내리고 있는 것을 의미한다. 예를 들어, 천간(天干)과 같은 오행(五行)이 사주 지지(地支)의 지장간(地藏干)에 있는 경우, 해당 천간(天干)은 통근(通根)했다고 하며, 이는 해당 기운이 강하고 안정적임을 나타낸다.

2. 투출(透出)

투출(透出)이란 사주 내 지지(地支) 속에 숨겨져 있던 지장간(地藏干)과 같은 오행(五行)이 천간(天干)으로 드러나, 외부로 그 기운을 발산하고 영향을 미치는 경우를 뜻한다. 지장간(地藏干)과 같은 오행(五行)이 천간(天干)으로 드러나는 투출(透出)의 상태에서는 해당 오행(五行)의 기운이 강하게 작용하게 된다.

3. 천간(天干)이 통근(通根)하는 지지(地支)

천간(天干)은 방합(方合)과 삼합(三合)의 지지(地支)에 통근(通根)하여 뿌리를 내린다. 다만, 토행(土行)은 생지(生地)와 묘지(墓地)에 통근(通根)한다. 즉, 목행(木行)은 寅卯辰 방합(方合)과 亥卯未 삼합(三合)에, 화행(火行)은 巳午未 방합(方合)과 寅午戌 삼합(三合)에, 금행(金行)은 申酉戌 방합(方合)과 巳酉丑 삼합(三合)에, 수행(水行)은 亥子丑 방합(方合)과 申子辰 삼합(三合)에 통근(通根)하며, 토행(土行)은 寅申巳亥 생지(生地)와 辰戌丑未 묘지(墓地) 그리고 午에도 통근(通根)한다.

통근(通根)과 투출(透出) 이론 검토

1. 통근(通根)과 투출(透出) 이론 요지

천간(天干)과 같은 오행(五行)이 지장간(地藏干)에 있으면, 통근(通根)하여 뿌리를 내리고 있으니 그 기운이 강하고, 지지(地支) 속에 숨어 있는 지장간(地藏干)과 같은 오행(五行)이 천간(天干)으로 투출(透出)되어 나타나면, 그 기운은 외부로 강하게 드러나서 활발히 작용한다고 한다.

2. 통근(通根)과 투출(透出) 이론 오류

통근(通根)과 투출(透出)의 논리는 지지(地支) 속에는 지장간(地藏干)에 해당하는 특정 천간(天干)만이 존재한다는 전제에 기반을 둔다. 그러나 앞에서 살펴본 바와 같이 지지(地支) 속에는 특정 지장간(地藏干)뿐만 아니라, 甲~癸까지 모든 천간(天干)이 각기 다른 형태로 존재한다. 따라서 지장간(地藏干) 이론에 근거해 천간(天干)의 강약(強弱)을 통근(通根)과 투출(透出)로 판단하는 것은 심각한 오류를 초래할 수 있다.

예를 들어, 목행(木行)은 亥卯未 삼합과 寅卯辰 방합에서 통근(通根)하여 강하다고 하나 未는 甲木의 묘지(墓地)로서 힘을 쓰기 어렵다. 또한, 丑은 목행(木行)이 통근(通根)하지 못하지만, 십이운성(十二運星)으로 甲木의 관대지(冠帶地)에 해당하여 목행(木行)이 통근(通根)한 亥나 未보다 오히려 강한 힘을 발휘할 수 있다.

이처럼 통근(通根)과 투출(透出)을 통해 천간(天干)과 지지(地支)의 강약(強弱)을 파악하는 것은 자연의 법칙에 반할 뿐만 아니라, 사주명리학(四柱命理學)의 다른 이론들과도 충돌하는 오류가 발생한다.

3. 천간(天干)의 강약(強弱)은 계절과 지지(地支)로 파악

천간(天干)의 강약(強弱)을 통근(通根)과 투출(透出)을 통해 파악하는 것은 오류를 일으킬 수 있으므로, 계절과 지지(地支)를 기준으로 천간(天干)의 강약(強弱)을 파악하는 것이 더 합리적이며, 사주 분석의 신뢰성도 높일 수 있다.

천간(天干)의 강약(强弱) 이론 재해석

1. 천간(天干)의 강약(强弱) 판단 기준

천간(天干)의 강약(强弱)은 계절과 지지(地支)에 따라 달라진다. 천간(天干)은 지지(地支)를 만나면 지지(地支)의 계절적 특성에 맞추어 다양한 형태로 변화하며 강약(强弱)이 결정된다. 예를 들어, 여름의 태양과 겨울의 태양, 봄의 나무와 가을의 나무의 모습이 다르듯이, 천간(天干)도 계절의 흐름에 따라 그 강약(强弱)이 달라진다.

2. 강한 천간(天干)의 기준

천간(天干)은 지지(地支)가 같은 계절일 때 강하다. 甲木과 辛金은 상승 확산을 시작하는 봄(寅卯辰)에 가장 강하고, 丙火와 戊土, 癸水는 상승 확산이 절정에 달하는 여름(巳午未)에 가장 강하다. 庚金과 乙木은 하강 수축을 시작하는 가을(申酉戌)에 가장 강하고, 壬水와 丁火, 己土는 하강 수축이 절정에 달하는 겨울(亥子丑)에 가장 강하다.

3. 약한 천간(天干)의 기준

천간(天干)은 지지(地支)가 반대 계절일 때 약하다. 甲木과 辛金은 하강 수축을 시작하는 가을(申酉戌)에 가장 약하고, 丙火와 戊土, 癸水는 하강 수축이 절정에 달하는 겨울(亥子丑)에 가장 약하다. 庚金과 乙木은 상승 확산을 시작하는 봄(寅卯辰)에 가장 약하고, 壬水와 丁火, 己土는 상승 확산이 절정에 달하는 여름(巳午未)에 가장 약하다.

4. 사주 원국 내에서 천간(天干)의 강약

사주 원국의 천간(天干)은 계절을 나타내는 월지(月支)의 영향을 크게 받는다. 월지(月支)와 같은 계절의 천간(天干)은 강하고, 반대 계절의 천간(天干)은 약하다.

월지(月支)가 봄(寅卯辰)이면 甲木과 辛金이 강하고, 庚金과 乙木은 약하다. 여름(巳午未)이면 丙火와 戊土, 癸水가 강하며, 壬水와 丁火, 己土는 약하다. 가을(申酉戌)이면 庚

金과 乙木이 강하고 甲木과 辛金은 약하며, 겨울(亥子丑)이면 壬水와 丁火, 己土가 강하고 丙火와 戊土, 癸水는 약하다.

5. 사주 원국과 운(運)에서 천간(天干)의 강약

운(運)은 사주 원국을 전체적으로 지배하므로, 사주 원국의 천간(天干)은 운(運)의 지지(地支)에 의해 강약(强弱)이 결정된다. 운(運)의 지지(地支)와 같은 계절의 천간(天干)은 강하고, 운(運)의 지지(地支)와 반대 계절의 천간(天干)은 약하다. 운(運)의 지지(地支)가 봄(寅卯辰)이면 甲木과 辛金이 강하고, 庚金과 乙木은 약하다. 여름(巳午未)이면 丙火와 戊土, 癸水가 강하며, 壬水와 丁火, 己土는 약하다. 가을(申酉戌)이면 庚金과 乙木이 강하고 甲木과 辛金은 약하며, 겨울(亥子丑)이면 壬水와 丁火, 己土가 강하고 丙火와 戊土, 癸水는 약하다.

또한, 사주 원국에 없는 천간(天干)이라도 운(運)의 흐름에 따라 그 상태가 변화한다.

신강(身强)과 신약(身弱)

1. 신강(身强)과 신약(身弱)의 개요

신강(身强)과 신약(身弱) 이론은 일간(日干)의 강약(强弱)을 파악하는 것이다. 신강(身强)은 일간(日干)의 기운이 강한 상태를 의미하며, 신약(身弱)은 일간(日干)의 기운이 약한 상태를 나타낸다.

2. 신강(身强)과 신약(身弱) 판별 기준

신강(身强)과 신약(身弱)은 천간(天干)과 지지(地支)에 나타나는 육친(六親)으로 판별한다. 일간(日干)의 힘을 도와주는 인성(印星), 비겁(比劫) 대비 일간(日干)의 힘을 빼는 식상(食傷), 재성(財星), 관성(官星)의 비율을 통해 신강(身强)과 신약(身弱)을 파악한다. 즉, 사주의 천간(天干)과 지지(地支)에 인성(印星), 비겁(比劫)이 많으면 신강(身强)으로 분류하고, 식상(食傷), 재성(財星), 관성(官星)이 많으면 신약(身弱)으로 분류한다.

3. 신강(身强)과 신약(身弱)의 해석

일반적으로 신강(身强)하면 재성(財星)과 관성(官星)을 잘 운용할 수 있으나, 신약(身弱)하면 재성(財星)과 관성(官星)을 운용할 수 없다고 해석한다. 그러나 신강(身强)과 신약(身弱)은 길흉(吉凶)의 개념이 아니므로 어느 것이 좋고 어느 것이 나쁘다고 할 수 없으며 실제 상담에서도 적용하기 어렵다. 신강(身强)해야 재성(財星)과 관성(官星)을 잘 운용할 수 있다고 하지만, 정치 분야나 경제 분야의 뛰어난 지도자 중에는 신약(身弱)한 사람도 많다.

신강(身强)과 신약(身弱)을 분류하는 목적은 사주 해석에서 길흉(吉凶)을 판단하기보다 억부용신(抑扶用神)을 찾기 위함이다.

신강(身强)과 신약(身弱) 이론 검토

1. 신강(身强)과 신약(身弱) 이론 요지

신강(身强)과 신약(身弱)은 천간(天干)과 지지(地支)에 나타나는 육친(六親)으로 판별하는데, 일간(日干)의 힘을 도와주는 인성(印星), 비겁(比劫) 대비 일간(日干)의 힘을 빼는 식상(食傷), 재성(財星), 관성(官星)의 비율을 통해 파악한다. 인성(印星), 비겁(比劫)이 많으면 신강(身强)으로 분류하고, 식상(食傷), 재성(財星), 관성(官星)이 많으면 신약(身弱)으로 분류한다.

2. 신강(身强)과 신약(身弱) 이론 오류

육친(六親)은 일간(日干)을 중심으로 다른 천간(天干)의 오행(五行) 간 상생(相生)과 상극(相剋) 관계를 개인의 일상적 관계로 변환한 것이다. 반면 지지(地支)는 육친(六親)이 아니라, 그 육친(六親)의 상태를 나타내는 것이다. 그러나 신강(身强)과 신약(身弱) 이론은 천간(天干)뿐 아니라 지지(地支)의 오행(五行)도 육친(六親)으로 간주하는 오류를 범하고 있다. 따라서 신강(身强)과 신약(身弱) 이론은 실제 상담에서 활용해서는 안되는 이론이다.

신강(身强)과 신약(身弱) 이론 재해석

1. 사주 원국 내에서 일간(日干)의 강약

일간(日干)이 월지(月支)와 같은 계절이면 신강(身强)이라 하고, 일간(日干)이 월지(月支)와 반대 계절이면 신약(身弱)이라 한다.

신강(身强)은 일간(日干)의 기운이 강한 상태를 의미하므로 일간(日干)이 월지(月支)에서 활동성이 강한 상태에 있는 것이며, 신약(身弱)은 일간(日干)의 기운이 약한 상태를 나타내므로 일간(日干)이 월지(月支)에서 활동성이 약한 상태에 있는 것이다.

2. 사주 원국과 운(運)에서 일간(日干)의 강약

운(運)은 사주 원국을 전체적으로 지배하므로, 일간(日干)은 운(運)의 지지(地支)에 의해 강약(强弱)이 결정된다. 따라서 일간(日干)이 운(運)의 지지(地支)와 같은 계절이면 신강(身强)하고, 일간(日干)이 운(運)의 지지(地支)와 반대 계절이면 신약(身弱)한 것이다.

3. 신강(身强) 신약(身弱)의 해석

① 신강(身强)

신강(身强)은 일간(日干)의 활동성이 좋은 것이므로 바쁘게 활동하며, 자기 주관이 강하여 자기 주도의 삶을 선호한다는 정도로 해석할 수 있다.

② 신약(身弱)

신약(身弱)은 일간(日干)의 활동성이 약한 것이므로 한가하게 활동하며, 자기 주관이 약하여 다른 사람과 협력하는 삶을 선호한다는 정도로 해석할 수 있다.

제24장

용신(用神)이란

용신(用神)

1. 용신(用神)의 개요

용신(用神)은 일간(日干)을 중심으로 사주의 균형을 이루는 데 필요한 글자이다. 즉, 사주에서 특정 오행(五行)이 과도하게 강하거나 약할 때, 그 균형을 맞춰 주는 것이 용신(用神)이다. 이를 통해 사주의 약점이나 부족한 부분을 보완하게 된다. 따라서 용신(用神)은 사주의 약점을 보완하여 균형을 이루게 하는 글자라고 할 수 있다.

2. 용신(用神)의 역할

사주에서 균형을 유지하려면 특정 오행(五行)이 지나치게 강하거나 약하지 않아야 한다. 이때 용신(用神)은 균형추 역할을 하며, 사주의 편중된 오행(五行)을 중화시키는 데 필요한 글자로 작용한다. 예를 들어, 특정 오행(五行)이 지나치게 강할 경우, 그 오행(五行)을 억제하는 용신(用神)으로 균형을 맞춘다. 반대로, 특정 오행(五行)이 지나치게 약하면 그 오행(五行)을 보강하는 용신(用神)으로 균형을 맞춘다.

3. 용신(用神)과 기신(忌神)

용신(用神)은 사주 내에서 오행(五行)의 균형을 맞추는 데 필요한 글자이다. 이와 반대로, 기신(忌神)은 사주에서 균형을 깨뜨리고 원치 않는 영향을 미치는 글자이다.

4. 용신(用神)과 길흉(吉凶)

용신(用神)은 사주가 균형을 유지하면 편안하고 행복한 삶을 살 수 있다는 이론을 바탕으로 한다. 이 이론은 사주의 오행(五行)이 균형을 이루면 부족하거나 강한 것이 없으니, 모든 것을 잘하여 편안하고 행복한 삶을 살 수 있으나, 사주가 균형을 이루지 못하면 너무 잘하는 것이 있거나 전혀 못하는 것이 있어 불편하고 불행한 삶을 산다고 해석한다.

용신(用神) 이론 검토

1. 용신(用神) 이론 요지

용신(用神)은 일간(日干)을 중심으로 사주의 균형을 이루는 데 필요한 글자이다. 즉, 사주에서 특정 오행(五行)이 과도하게 강하거나 약할 때, 그 균형을 맞춰 주는 것이 용신 (用神)이다. 이를 통해 사주의 약점이나 부족한 부분을 보완하게 된다. 따라서 용신(用神)은 사주의 약점을 보완하여 균형을 이루게 하는 글자라고 할 수 있다.

2. 용신(用神) 이론 오류

용신(用神) 이론은 사주가 균형을 이루면 더 안정적인 삶을 살 수 있다는 전제에서 출발하지만, 다음과 같은 논리적 한계가 있다.

용신(用神) 이론은 신강(身強)과 신약(身弱)을 중시하지만, 현실에서는 신강(身強)하다고 해서 반드시 행복한 삶을 사는 것이 아니며, 신약(身弱)하다고 해서 불행한 삶을 사는 것도 아니다. 예를 들어, 신약(身弱)한 사람도 다른 사람과 협력하여 편안한 삶을 살 수 있고, 신강(身強)한 사람도 자기 고집으로 인해 불편한 삶을 살 수 있다.

용신(用神)은 사주의 균형을 중시하지만, 모든 것을 적당히 골고루 잘할 수 있는 삶도 행복할 수 있고, 모든 것을 잘할 수는 없지만 특출나게 잘할 수 있는 삶도 행복할 수 있다.

① 사주의 균형을 중시하는 용신(用神) 이론은 사주에서 가장 강한 세력을 사용하는 것을 강조하는 격국(格局) 이론과 충돌하는 경향이 있다.

② 용신(用神) 이론은 사주 원국의 균형을 중시하지만, 운(運)은 사주 전체를 감싸는 현실적 환경이므로 사주 원국은 운(運)의 흐름을 따라야 한다. 따라서 사주 원국을 운(運)의 흐름과 별개로 해석하는 용신(用神) 이론은 현실과 환경을 제대로 반영하지 못한 이론이라 할 수 있다.

용신(用神) 이론 재해석

1. 용신(用神)의 새로운 정의

용신(用神)이란 내가 사용하고자 하는 십신(十神)이 필요한 글자이다. 즉, 용신(用神)은 사주의 균형을 맞추기 위한 요소가 아니라, 그 사람이 추구하는 목표에 해당하는 십신(十神)을 달성하는 데 필요한 글자이다.

따라서 용신(用神)은 개별적으로 추구하는 목표에 해당하는 십신(十神)의 상황에 따라 달라질 수 있다. 예를 들어, 사업을 하고자 한다면 편재(偏財)를 사용할 때 필요한 글자가 용신(用神)이 되고, 안정된 직장 생활을 원한다면 정관(正官)을 사용할 때 필요한 글자가 용신(用神)이 되는 것이다.

2. 용신(用神)의 새로운 해석

용신(用神)은 사주의 균형을 유지하기 위한 고정된 요소가 아니라, 현실적인 필요와 목표에 따라 선택해야 하는 유동적 요소이다.

같은 글자라도 그 사람의 상황에 따라 용신(用神)이 되어 좋아지는 십신(十神)이 있지만, 반대로 기신(忌神)이 되어 나빠지는 십신(十神)도 있다. 다시 말해, 같은 운(運)이 오더라도 사용하는 십신(十神)에 따라 용신(用神)이 될 수도 있고, 기신(忌神)이 될 수도 있는 것이다.

예를 들어, 같은 식상(食傷) 운(運)이 오더라도 사업[偏財]을 하는 사람에게는 용신(用神)이 되어 좋아지지만, 직장 생활[正官]을 하는 사람에게는 기신(忌神)이 되어 나빠질 수 있는 것이다.

또한, 용신(用神)은 사주 원국의 균형을 맞추는 글자가 아니라, 운(運)의 흐름을 따라 필요한 글자다. 운(運)은 사주 전체를 감싸고 있는 현실적 환경이므로 용신(用神)도 운(運)의 흐름을 따라 달라져야 한다.

억부용신(抑扶用神)

1. 억부용신(抑扶用神) 개요

억부용신(抑扶用神)은 일간(日干)의 강약을 파악하여, 필요한 오행(五行)을 통해 일간(日干)의 힘을 조절함으로써 균형을 유지하도록 도와주는 역할을 하는 글자이다.

일간(日干)이 강한 신강(身强)한 사주의 경우에는, 일간(日干)의 과도한 힘을 억제하는 역할을 하며 일간(日干)의 힘을 빼 주는 식상(食傷), 재성(財星), 관성(官星) 등이 억부용신(抑扶用神)으로 작용한다. 일간(日干)이 약한 신약(身弱)한 사주의 경우에는, 약한 일간(日干)을 보강하는 역할을 하며 일간(日干)을 도와주는 인성(印星)이나 비겁(比劫)이 억부용신(抑扶用神)이 된다.

2. 육친(六親)의 편중에 따른 억부용신(抑扶用神)

① 인성(印星)이 강하여 신강(身强)한 경우: 인성(印星)을 억제하는 재성(財星)이나 비겁(比劫)을 설기(泄氣)하는 식상(食傷)이 용신(用神)이 된다.

② 비겁(比劫)이 강하여 신강(身强)한 경우: 비겁(比劫)의 힘을 빼 주는 식상(食傷)과 재성(財星), 혹은 비겁(比劫)을 극제(剋制)하는 관성(官星)이 용신(用神)으로 작용한다.

③ 식상(食傷)이 강하여 신약(身弱)한 경우: 식상(食傷)을 극하고 일간(日干)을 도와주는 인성(印星)과 비겁(比劫)이 용신(用神)이 된다.

④ 재성(財星)이 강하여 신약(身弱)한 경우: 재성(財星)을 다스릴 수 있는 비겁(比劫)이나 일간(日干)을 도와주는 인성(印星)이 용신(用神)이 된다.

⑤ 관성(官星)이 강하여 신약(身弱)한 경우: 관성(官星)의 힘을 빼고 일간(日干)을 도와주는 인성(印星)과 비겁(比劫)이 용신(用神)이 된다.

억부용신(抑扶用神) 이론 검토

1. 억부용신(抑扶用神) 이론 요지

억부용신(抑扶用神)은 일간(日干)의 강약을 파악하여, 필요한 오행(五行)을 통해 일간 (日干)의 힘을 조절함으로써 균형을 유지하도록 도와주는 글자이다.

2. 억부용신(抑扶用神) 이론 오류

① 억부용신(抑扶用神)은 신강(身强)한 경우에는 그 힘을 억제하는 글자를 사용하고, 신약(身弱)한 경우에는 그 힘을 보강하는 글자를 사용한다는 논리로 이론적으로는 그럴듯하지만, 사주 원국에서 가장 강한 세력을 사용해야 한다는 격국(格局) 이론과 배치된다.

예를 들어, 사주의 일간(日干)이 신약(身弱)하고 식상(食傷)이 과다한 경우, 억부용 신(抑扶用神) 이론에 따르면 인성(印星)이나 비겁(比劫)을 용신(用神)으로 사용해야 한다. 그러나 이 사주의 격국(格局)은 식신격(食神格)으로, 식신(食神)의 성향이 강 한 사람이므로 식신(食神)을 사용하는 것이 편안하고 행복하다.

② 사주 원국의 기운은 운(運)의 흐름에 따라 달라지므로, 사주 원국은 운(運)의 흐름 에 맞춰 변화해야 하지만, 억부용신(抑扶用神)은 사주 원국에서 특정 글자의 역할에 만 치중하여 사주가 운(運)의 흐름에 따라 변화하는 특성을 제대로 반영하지 못한이 론이라 할 수 있다.

조후용신(調侯用神)

1. 조후용신(調侯用神) 개요

조후용신(調侯用神)은 사주에서 음양(陰陽)의 불균형을 조정하여 조화로운 상태를 만드는 데 필요한 글자이다. 사주 내에 음(陰)의 기운이 지나치게 많아 차가운 경우에는 따뜻한 양(陽)의 기운을 더해 주고, 양(陽)의 기운이 지나치게 강해 뜨거운 경우에는 차가운 음(陰)의 기운을 추가하여 균형을 맞추는 것이 조후용신(調侯用神)이다. 이처럼 조후용신(調侯用神)은 사주의 차갑거나 뜨거운 기운을 조절하여 생명력과 활력을 유지하고 건강한 삶을 사는 데 필요한 글자이다.

천간(天干) 중 甲, 乙, 丙, 丁, 戊는 양(陽)의 기운으로, 己, 庚, 辛, 壬, 癸는 음(陰)의 기운으로 분류한다. 지지(地支)에서는 寅, 卯, 辰, 巳, 午, 未는 양(陽)의 기운으로, 申, 酉, 戌, 亥, 子, 丑은 음(陰)의 기운으로 구분된다.

2. 조후용신(調侯用神)의 역할

① 음(陰)의 기운이 강한 사주

사주에 음(陰)의 기운이 과다하면 양(陽)의 기운이 조후용신(調侯用神)으로 작용하여 균형을 맞춘다. 예를 들어, 사주가 음(陰)의 기운인 己, 庚, 丑, 戌 등으로 구성되었을 경우, 甲, 乙, 丙, 丁, 戊나 寅, 卯, 辰, 巳, 午, 未와 같은 양(陽)의 기운이 조후용신(調侯用神) 역할을 한다.

② 양(陽)의 기운이 강한 사주

사주에 양(陽)의 기운이 과다하면 음(陰)의 기운이 조후용신(調侯用神)으로 작용하여 균형을 잡아준다. 예를 들어, 사주가 양(陽)의 기운인 甲, 丙, 寅, 巳 등으로 구성되었을 경우, 己, 庚, 辛, 壬, 癸나 申, 酉, 戌, 亥, 子, 丑 등의 음(陰)의 기운이 조후용신(調侯用神) 역할을 한다.

조후용신(調候用神) 이론 검토

1. 조후용신(調候用神) 이론 요지

음양(陰陽)의 조화라는 근본적인 원리를 바탕으로, 사주 내에 음(陰)이 많아 차가우면 따뜻하게 해 주고, 양(陽)이 많아 뜨거우면 차갑게 해 주는 글자를 사용하여 음양(陰陽)의 균형을 맞추는 것이다.

2. 조후용신(調候用神) 이론 오류

조후용신(調候用神)을 사용하여 따뜻한 기운인 양(陽)과 차가운 기운인 음(陰)이 조화를 이루면 생명력과 활력이 생기므로 건강에는 긍정적 영향을 끼칠 수 있다. 그러나 하는 일에서는 조후용신(調候用神) 또한 다른 용신(用神) 이론과 마찬가지로 격국(格局) 이론과는 배치되고, 사주 원국은 운(運)의 흐름에 따라야 한다는 이론과도 배치된다. 이처럼 따뜻한 기운인 양(陽)과 차가운 기운인 음(陰)이 조화를 이루는 것이 반드시 좋은 결과로 이어지는 것은 아니다. 따라서 조후용신(調候用神)을 실제 사주 상담 시 적용하는 데는 한계가 있다.

또한, 조후용신(調候用神) 이론에서는 천간(天干)의 따뜻한 기운과 차가운 기운을 잘못 구분해 甲, 乙, 丙, 丁, 戊는 따뜻한 기운인 양(陽), 己, 庚, 辛, 壬, 癸는 차가운 기운인 음(陰)으로 본다. 이러한 구분은 오행(五行)은 양간(陽干)이 상승 확산으로 시작하면 음간(陰干)이 하강 수축으로 마무리하며, 양간(陽干)이 하강 수축으로 시작하면 음간(陰干)이 상승 확산으로 마무리하는 기본 원리에 어긋난다. 따라서 올바른 분류는 상승·확산하여 따뜻한 기운인 甲, 丙, 戊, 辛, 癸는 양(陽), 하강·수축하여 차가운 기운인 乙, 丁, 己, 庚, 壬은 음(陰)으로 보는 것이다.

병약용신(病藥用神)

1. 병약용신(病藥用神) 개요

병약용신(病藥用神)은 사주에서 과도하게 강한 특정 오행(五行)이 다른 요소와의 균형을 깨뜨릴 때, 이를 조절하고 균형을 유지하는 글자이다.

① 병(病)

지지(地支)의 삼합(三合)이나 방합(方合)이 생성하는 강한 오행(五行)이 극(剋)하는 글자가 천간(天干)에 있는 경우, 삼합(三合)이나 방합(方合)이 생성하는 강한 오행(五行)을 병(病)이라고 한다.

② 약(藥)

지지(地支)의 삼합(三合)이나 방합(方合)이 생성하는 강한 오행(五行)이 극(剋)하는 글자가 천간(天干)에 있는 경우, 삼합(三合)이나 방합(方合)이 생성하는 강한 오행(五行)을 극(剋)하는 글자를 약(藥)이라고 한다.

2. 병약용신(病藥用神)의 성립 조건

병약용신(病藥用神)이 성립하기 위해서는 사주 원국의 지지(地支)에 삼합(三合)이나 방합(方合)이 있어 강력한 오행(五行)이 형성되고, 이 오행(五行)이 천간(天干)의 다른 오행(五行)을 극(剋)하는 조건이 필요하다. 천간(天干)에 극(剋)하는 글자가 없으면 병(病)이 성립하지 않으며, 따라서 약(藥)도 필요하지 않게 된다. 이처럼 병약용신(病藥用神)은 특정 조건에서만 성립하며, 사주의 조화와 균형을 맞추는 역할을 한다.

병(病)이 없는 사주는 큰 기복 없이 평범한 삶을 살 수 있는 사주로, 병(病)이 있지만 약(藥)이 없는 경우 천한 사주로, 병(病)과 약(藥)이 모두 있는 경우 귀격(貴格)의 사주로 간주한다.

병약용신(病藥用神) 이론 검토

1. 병약용신(病藥用神) 이론 요지

병약용신(病藥用神)은 사주에서 과도하게 강한 특정 오행(五行)이 다른 요소와의 균형을 깨뜨릴 때, 이를 조절하고 균형을 유지하는 글자이다.

2. 병약용신(病藥用神) 이론 오류

병약용신(病藥用神) 이론은 사주 내에서 특정한 강한 기운을 제어하려는 개념에서 비롯되었으며, 일부 상황에서는 유용할 수 있지만 모든 사주에 일반적으로 적용할 수는 없다. 사주 내에서 강한 기운을 제어하는 것이 반드시 좋은 결과로 이어지는 것은 아니다.

병약용신(病藥用神) 또한 다른 용신(用神) 이론과 마찬가지로 사주에서 가장 강한 기운을 사용해야 한다는 격국(格局) 이론과 배치되고, 사주 원국은 운(運)의 흐름에 따라야 한다는 이론과도 배치된다. 따라서 병약용신(病藥用神) 이론을 실제 사주 상담 시 적용하는 데는 한계가 있다.

통관용신(通關用神)

1. 통관용신(通關用神) 개요

통관용신(通關用神)은 사주에서 상극(相剋) 관계에 있는 오행(五行)의 기운을 조화롭게 연결하여 상생(相生)의 관계로 전환하는 중재자 역할을 한다. 통관용신(通關用神)은 오행(五行)의 불균형으로 인해 사주 전체가 긴장 상태에 있을 때 이러한 긴장을 완화하는 중요한 요소로 작용하며, 특히 극한 갈등을 완화해 주는 용신(用神)이다.

통관용신(通關用神)이 적용되는 상황은 사주 내에 상극(相剋) 관계를 이루는 두 오행(五行)이 서로 비등한 힘을 가지고 있을 때이다. 통관용신(通關用神)은 두 오행(五行)이 서로 대립하는 힘을 완화할 수 있도록 돕기 위해, 중간에서 소통을 원활하게 해 주며 상생(相生)의 관계로 이끌어 가는 역할을 한다.

2. 통관용신(通關用神)의 조건 및 역할

서로 상극(相剋) 관계에 있는 오행(五行)이 비등할 때 성립된다. 즉, 극(剋)한 관계에 있는 두 오행(五行)이 서로 유사한 힘을 가지고 있어 팽팽히 맞서고 있을 때, 이를 중재할 수 있는 통관용신(通關用神)이 필요하다.

통관용신(通關用神)의 역할은 갈등을 완화하고 중재하는 것이다. 상극(相剋) 관계를 상생(相生) 관계로 전환함으로써, 오행(五行) 간의 순환이 원활하게 이루어지게 된다. 통관용신(通關用神)이 제 역할을 할 때, 사주 내 대립하는 기운들이 균형을 이루며 안정감과 조화로운 환경을 유지할 수 있다.

예를 들어, 사주에서 강한 木과 강한 土가 극(剋)한 관계를 이루고 있는 경우, 火가 통관용신(通關用神)으로 작용하면 木과 土가 상생(相生) 관계로 변화하게 된다. 이렇게 상극(相剋)을 상생(相生)으로 바꾸어 주는 것이 바로 통관용신(通關用神)이다.

통관용신(通關用神) 이론 검토

1. 통관용신(通關用神) 이론 요지

통관용신(通關用神)은 사주에서 상극(相剋) 관계에 있는 오행(五行)의 기운을 조화롭게 연결하여 상생(相生)의 관계로 전환하는 글자이다.

2. 통관용신(通關用神) 이론 오류

통관용신(通關用神)은 사주 원국에서 상극(相剋) 관계로 대립하는 두 오행(五行) 세력의 힘이 비슷할 때, 이들 사이에서 소통을 원활하게 하고 대립을 해소하는 역할을 할 수 있으나, 대립을 해소하는 것이 반드시 좋은 결과로 이어지는 것은 아니다.

통관용신(通關用神) 또한 다른 용신(用神) 이론과 마찬가지로 사주에서 가장 강한 기운을 사용해야 한다는 격국(格局) 이론과 배치되고, 사주 원국은 운(運)의 흐름에 따라야 한다는 이론과도 배치된다. 따라서 통관용신(通關用神)을 실제 사주 상담 시 적용하는 데는 한계가 있다.

제25장

격국(格局)이란

격국(格局)의 개요

1. 격국(格局)의 정의

격국(格局)은 사주(四柱)에서 가장 강한 세력으로, 개인이 타고난 자질과 성향을 규정 짓는 핵심 기준이다. 격국(格局)은 사주에서 가장 강한 기운을 십신(十神)으로 분류한 것이며, 사람의 주요 성향과 능력, 잠재력을 나타낸다. 격국(格局)을 이해함으로써 그 사람이 타고난 자질과 능력을 파악할 수 있다.

2. 격국(格局)의 의미

격국(格局)을 통하여 그 사람의 자질과 성향이 결정된다. 다시 말하면 격국(格局)에서 그 사람이 타고난 그릇의 크기와 종류가 결정되는 것이다. 예를 들어, 넓고 큰 냉면 그릇으로 태어날 수도 있고, 작고 조그마한 간장 종지로 태어날 수도 있다.

격국(格局)은 사람의 타고난 자질과 성향을 잘 나타내지만, 격국(格局)으로 길흉화복(吉凶禍福)을 예측할 수는 없다. 예를 들어, 큰 그릇으로 태어난 사람이 행복하고 작은 그릇으로 태어난 사람이 불행한 것은 아니다.

3. 격국(格局)의 활용

격국(格局)은 개인이 타고난 자질과 성향을 나타내는데 그 특성이 발휘되기 위해서는 운(運)의 흐름이 중요한 역할을 한다. 운(運)이 격국(格局)의 강점을 발휘하도록 돕는 방향으로 흐를 때, 개인의 자질이 빛을 발할 수 있다. 반대로 운(運)이 격국(格局)의 자질 발휘를 저해할 때는 원래의 자질을 제대로 활용하기 어려울 수 있다.

예를 들어, 큰 냉면 사발은 많은 음식을 담아야 할 환경이 조성될 때 제 역할을 할 수 있고, 간장 종지는 작은 양의 양념을 담아야 할 환경이 조성될 때 제 역할을 할 수 있다. 다시 말하면, 호랑이는 호랑이에게 맞는 환경이 필요하고, 토끼는 토끼에게 맞는 환경이 필요하다. 이처럼 운(運)의 흐름이 격국(格局)과 조화를 이룰 때 비로소 자신에게 주어진 능력과 자질을 온전히 발휘할 수 있으며, 편안하고 행복할 수 있다.

기존 격국(格局)을 정하는 법

1. 격국(格局)을 정하는 기준

격국(格局)은 사주에서 가장 강한 세력인 월지(月支)를 기준으로 정하는데, 월지(月支)의 지장간(地藏干)이 천간(天干)에 투출(透出)하면 투출(透出)한 글자를 격(格)으로 쓰며, 월지(月支)의 지장간(地藏干)이 천간(天干)에 투출(透出)하지 않으면 월지(月支)의 지장간(地藏干)에 통근(通根)한 천간(天干)이나 월지(月支) 자체를 격(格)으로 쓴다.

2. 격국(格局)을 정하는 순서

① 월지(月支)의 지장간(地藏干) 정기(正氣)가 천간(天干)에 투출(透出)하면, 투출(透出)한 천간(天干)에 해당하는 십신(十神)을 격국(格局)으로 정한다.

예시)

시주	일주	월주	년주
庚	己	甲	癸
午	卯	寅	卯

(해석)

월지(月支) 寅의 지장간(地藏干)은 戊丙甲이다. 정기(正氣)인 甲木이 월간(月干)에 투출(透出)하였으므로, 정관격(正官格)이다.

② 월지(月支)의 지장간(地藏干) 정기(正氣)가 천간(天干)에 투출(透出)하지 않으면, 월지(月支)의 지장간(地藏干) 초기(初氣)나 중기(中氣) 중 투출(透出)한 천간(天干)에 해당하는 십신(十神)을 격국(格局)으로 정한다.

예시)

시주	일주	월주	년주
庚	己	丙	癸
午	卯	辰	卯

(해석)

월지(月支) 辰의 지장간(地藏干) 乙, 癸, 戊 중 정기(正氣)인 戊土가 투출(透出)하지 않았으므로, 초기(初氣)나 중기(中氣) 중 투출(透出)한 천간(天干)을 격국(格局)으로 삼는다. 중기(中氣) 癸가 년간(年干)에 투출(透出)하였으므로 편재격(偏財格)이다.

③ 월지(月支)의 지장간(地藏干)이 천간(天干)에 투출(透出)하지 않으면, 월지(月支)의 지장간(地藏干)에 통근(通根)한 천간(天干)에 해당하는 십신(十神)을 격국(格局)으로 정한다.

예시)

시주	일주	월주	년주
丙	戊	癸	庚
辰	午	未	申

(해석)

월지(月支) 未의 지장간(地藏干) 丁, 乙, 己가 투출(透出)하지 않았으므로, 지장간(地藏干) 丁, 乙, 己에 통근(通根)한 천간(天干)을 격국(格局)으로 삼는다.

시간(時干) 丙이 통근(通根)하였으므로, 편인격(偏印格)으로 본다.

④ 월지(月支)의 지장간(地藏干)에 통근(通根)한 천간(天干)이 극(剋)을 받는 경우, 월지(月支)의 정기(正氣)에 해당하는 십신(十神)을 격국(格局)으로 정한다.

예시)

시주	일주	월주	년주
丙	乙	壬	壬
戌	未	子	子

(해석)

월지(月支) 子의 정기(正氣)인 癸가 투출(透出)하지 않았으므로, 지장간(地藏干) 壬, 癸에 통근(通根)한 천간(天干)을 격국(格局)으로 삼는다.

월간(月干)과 년간(年干) 壬이 통근(通根)하였으나, 壬을 극(剋)하는 丙이 천간(天干)에 있으니, 월지(月支) 子의 지장간(地藏干) 정기(正氣) 癸가 격국(格局)이 되어 편인격(偏印格)이다.

⑤ 월지(月支)의 지장간(地藏干)에 통근(通根)한 천간(天干)이 없으면, 월지(月支)의 지장간(地藏干) 정기(正氣)에 해당하는 십신(十神)을 격국(格局)으로 정한다.

예시)

시주	일주	월주	년주
甲	壬	己	壬
辰	戌	酉	子

(해석)

월지(月支) 酉의 지장간(地藏干) 庚, 辛에 통근(通根)한 천간(天干)이 없으므로, 월지 酉의 정기(正氣)인 辛을 격국(格局)으로 삼아 정인격(正印格)이 된다.

⑥ 사주에 삼합(三合) 또는 방합(方合)이 있으면, 해당 합(合)이 추구하는 천간(天干)에 해당하는 십신(十神)을 격국(格局)으로 정한다.

예시)

시주	일주	월주	년주
戊	己	癸	丁
辰	未	卯	亥

(해석)

지지(地支)에 亥卯未 삼합(三合)이 있으므로, 천간(天干)에 없지만 亥卯未 삼합(三合)이 추구하는 甲木을 격국(格局)으로 삼아 정관격(正官格)이 된다.

⑦ 월지(月支)의 지장간(地藏干)이 일간(日干)에 투출(透出)한 경우는 투출되지 않은 것으로 간주하고, 통근(通根)된 다른 천간(天干)에 해당하는 십신(十神)을 격국(格局)으로 정한다.

예시)

시주	일주	월주	년주
丙	戊	庚	丁
辰	午	戌	亥

(해석)

월지(月支) 戌의 지장간(地藏干) 정기(正氣) 戊가 일간(日干)에 투출(透出)하였으나, 이는 투출(透出)하지 않은 것으로 간주한다. 월지(月支) 戌의 지장간(地藏干) 辛, 丁, 戊 중 丁이 년간(年干)에 투출(透出)하여 정인격(正印格)이다.

⑧ 寅과 申의 지장간(地藏干) 초기 戊土는 격국(格局)으로 삼지 않는다. 寅과 申의 전월은 丑과 未이므로 寅과 申의 지장간(地藏干) 초기는 己土가 되어야 하나, 寅과 申이 생지(生地)이므로 지장간(地藏干) 초기로 양간(陽干)인 戊土를 쓰기 때문이다.

예시)

시주	일주	월주	년주
戊	甲	壬	己
辰	戌	申	亥

(해석)

월지(月支)의 申의 지장간(地藏干) 戊, 壬, 庚의 정기(正氣) 庚이 투출(透出)하지 않고, 천간(天干) 戊와 壬이 월지(月支)에 통근(通根)하였다. 申의 생지(生地) 戊는 격(格)이 되지 못하므로 월간(月干) 壬을 격국(格局)으로 삼아 편인격(偏印格)이다.

⑨ 월지(月支)가 다른 지지(地支)와 충(沖)을 하거나 합(合)을 하면, 기운이 파괴되어 격국(格局)으로 삼을 수 없다.

예시)

시주	일주	월주	년주
壬	丙	己	丙
辰	午	亥	寅

(해석)

월지(月支)의 정기(正氣) 壬이 투출(透出)하여 편관격(偏官格)이지만, 월지(月支) 亥가 년지(年支) 寅과 인해합(寅亥合)을 하므로 파격(破格)이 되어 격(格)이 성립되지 않는다.

기존 격국(格局)을 정하는 법 검토

1. 기존 격국(格局)을 정하는 방식 요지

격국(格局)은 사주에서 가장 강한 세력인 월지(月支)를 기준으로 정하는데, 월지(月支)의 지장간(地藏干)이 천간(天干)에 투출(透出)하면 투출(透出)한 글자를 격(格)으로 쓰며, 월지(月支)의 지장간(地藏干)이 천간(天干)에 투출(透出)하지 않으면 월지(月支)의 지장간(地藏干)에 통근(通根)한 천간(天干)이나 월지(月支) 자체를 격(格)으로 쓴다.

2. 지장간(地藏干)에 기반을 둔 방식에 따른 오류

기존 격국(格局)을 정하는 방식은 지지(地支) 속에는 지장간(地藏干)에 해당하는 천간(天干)만 있다고 하는 지장간(地藏干) 이론에 기반을 두고 있다.

그러나 지지(地支) 속에는 모든 천간(天干)이 각기 다른 모습으로 존재한다. 따라서 월지(月支)의 지장간(地藏干)에 기반을 둔 기존 격국(格局)을 정하는 방식은 양간(陽干)과 음간(陰干)의 운동성을 구분하지 못할 뿐만 아니라, 천간(天干)의 계절적 운동성도 반영하지 못하기 때문에, 월지(月支)에서 힘을 쓰지 못하는 천간(天干)이 격국(格局)으로 결정되는 오류가 발생한다.

기존 격국(格局)에서는 이러한 문제점을 보완하기 위하여 십정격(十正格) 외에 여러 특별격(特別格)을 두지만, 이 역시 한계를 지닌다.

예시 1)

시주	일주	월주	년주
甲	庚	癸	辛
申	寅	未	O
		丁乙己	

(해석)

월지(月支) 未의 지장간(地藏干)은 丁乙己이다. 월지(月支)의 정기(正氣)가 투출(透出)하지 못하고, 시간(時干) 甲이 월지(月支)에 통근(通根)하여 편재격(偏財格)으로 분류되지만, 未는 亥卯未 三合에서 甲木의 묘지(墓地)에 해당하여 힘을 쓰지 못하는데도 격국(格局)으로 결정되는 오류가 발생한다.

예시 2)

시주	일주	월주	년주
庚	甲	丁	乙
○	寅	丑	○
		癸辛己	

(해석)

월지(月支) 丑의 지장간(地藏干)은 癸辛己이다. 월지(月支)의 정기(正氣)가 투출(透出)하지 못하고, 시간(時干) 庚이 월지(月支)에 통근(通根)하여 편관격(偏官格)으로 분류되지만, 丑은 巳酉丑 三合에서 庚金의 묘지(墓地)에 해당하여 힘을 쓰지 못하는데 격국(格局)으로 결정되는 오류가 발생한다.

예시 3)

시주	일주	월주	년주
丙	甲	壬	乙
○	寅	戌	○
		辛丁戊	

(해석)

월지(月支) 戌의 지장간(地藏干)은 辛丁戊이다. 월지(月支)의 정기(正氣)가 투출(透出)하지 못하고, 시간(時干) 丙이 월지(月支)에 통근(通根)하여 식신격(食神格)으로 분류되지만, 丙火는 戌이 12운성(十二運星)으로 묘지(墓地)에 해당하여 힘을 쓰지 못하는데도 격국(格局)으로 결정되는 오류가 발생한다.

특별격(特別格)

특별격(特別格)은 기존의 격국(格局)을 정하는 방법으로 십정격(十正格)으로 분류할 수 없는 사주의 격국(格局)이다. 기존의 격국(格局)을 정하는 방법은 월지(月支)의 지장간(地藏干) 투출(透出)과 천간(天干)의 월지(月支) 지장간(地藏干) 통근(通根)으로 정해지는데, 특별격(特別格)은 이러한 방법으로는 격국을 정할 수 없는 경우이며, 실제 사주 상담에서 특별격(特別格)의 활용도는 매우 낮다.

1. 종격(從格)

종격(從格)은 특정 오행(五行)의 세력이 압도적으로 강할 때 해당 세력에 순응해야 하는 사주이다. 종격(從格)은 강한 세력에 따라 여러 가지로 나뉜다. 종왕격(從旺格), 종강격(從强格), 종아격(從兒格), 종재격(從財格), 종살격(從殺格)이 이에 해당한다.

① 종왕격(從旺格)

비겁(比劫)의 세력이 매우 강할 때 비겁(比劫)을 따르는 사주이다. 용신(用神)은 비겁(比劫)이며, 희신(喜神)은 인성(印星)이다. 식상(食傷), 재성(財星), 관성(官星)이 통근(通根)하거나 투출(透出)하지 않아야 한다.

② 종강격(從强格)

인성(印星)의 세력이 강하여 인성(印星)을 따르는 사주이다. 용신(用神)은 인성(印星)이고, 희신(喜神)은 비겁(比劫)이다. 마찬가지로 식상(食傷), 재성(財星), 관성(官星)이 통근(通根)하거나 투출(透出)하지 않아야 한다.

③ 종아격(從兒格)

식상(食傷)의 세력이 강할 때 식상(食傷)을 따르는 사주이다. 용신(用神)은 식상(食傷)

이며, 희신(喜神)은 재성(財星)이다. 인성(印星)과 비겁(比劫)이 통근(通根)하거나 투출(透出)하지 않아야 한다.

④ 종재격(從財格)

재성(財星)의 세력이 강한 경우 재성(財星)을 따르는 사주이다. 용신(用神)은 재성(財星)이며, 희신(喜神)은 식상(食傷)이다. 인성(印星)과 비겁(比劫)이 통근(通根)하거나 투출(透出)하지 않아야 한다.

⑤ 종살격(從殺格)

관성(官星)의 세력이 강할 때 관성(官星)을 따르는 사주이다. 용신(用神)은 관성(官星)이고, 희신(喜神)은 재성(財星)이다. 인성(印星)과 비겁(比劫)이 통근(通根)하거나 투출(透出)하지 않아야 한다.

2. 일행득기격(一行得氣格)

일행득기격(一行得氣格)은 일간(日干)과 같은 오행(五行)이 압도적으로 강한 사주로, 일간(日干)의 힘이 가장 강한 사주를 의미한다. 일행득기격(一行得氣格)의 경우, 일간(日干)외 다른 오행(五行)이 통근(通根)하거나 투출(透出)하지 않아야 하며, 천간(天干)이나 지지(地支)에 일간(日干)을 극(剋)하는 오행(五行)이 없어야 한다. 이 점에서 종격(從格)의 종왕격(從旺格)과 구분된다. 일행득기격(一行得氣格)은 인성(印星), 비겁(比劫), 식상(食傷)을 좋아하며, 일간(日干)의 오행(五行)에 따라 여러 종류로 나뉜다.

① 곡직격(曲直格)

일간(日干)이 甲木이나 乙木이고, 지지(地支)는 모두 木 기운으로 구성된 경우를 곡직격(曲直格)이라 한다. 천간(天干)이나 지지(地支)에 木을 극(剋)하는 金이 없어야 한다. 이 격국(格局)의 경우 용신(用神)은 木이며, 희신(喜神)은 水와 火이다. 金과 土는 기신(忌神)으로 작용하여 해로운 영향을 미친다.

② 염상격(炎上格)

일간(日干)이 丙火나 丁火이고, 지지(地支)가 모두 火 기운으로 구성된 경우를 염상격(炎上格)이라 한다. 천간(天干)이나 지지(地支)에 火를 극(剋)하는 水가 없어야 한다. 용신(用神)은 火이고, 희신(喜神)은 木과 土이다. 水와 金은 기신(忌神)으로 작용하여 해로운 영향을 미친다.

③ 가색격(稼穡格)

일간(日干)이 戊土나 己土이며, 지지(地支)가 모두 土 기운으로 구성된 경우를 가색격(稼穡格)이라 한다. 천간(天干)이나 지지(地支)에 土를 극(剋)하는 木이 없어야 한다. 이 경우 용신(用神)은 土이며, 희신(喜神)은 火와 金이다. 木과 水는 기신(忌神)으로 작용하여 해로운 영향을 미친다.

④ 종혁격(從革格)

일간(日干)이 庚金이나 辛金이고, 지지(地支)가 모두 金 기운으로 구성된 경우를 종혁격(從革格)이라 한다. 천간(天干)이나 지지(地支)에 金을 극(剋)하는 火가 없어야 한다. 용신(用神)은 金이며, 희신(喜神)은 土와 水이다. 火와 木은 기신(忌神)으로 작용하여 해로운 영향을 미친다.

⑤ 윤하격(潤下格)

일간(日干)이 壬水나 癸水이며, 지지(地支)가 모두 水 기운으로 구성된 경우를 윤하격(潤下格)이라 한다. 천간(天干)이나 지지(地支)에 水를 극(剋)하는 土가 없어야 한다. 이 경우 용신(用神)은 水이며, 희신(喜神)은 金과 木이다. 土와 火는 기신(忌神)으로 작용하여 해로운 영향을 미친다.

3. 화기격(化氣格)

화기격(化氣格)은 일간(日干)이 특정 천간(天干)과 합(合)하여 일간(日干)의 고유 성질을 잃고 합화(合化) 오행(五行)의 기운으로 변하는 사주를 의미한다. 화기격(化氣格)은 합화(合化) 기운으로 구성된 사주로, 일행득기격(一行得氣格)과 같이 그 힘이 가장 강한 사주이다. 천간합(天干合)은 반드시 붙어 있어야 성립하며, 합화(合化) 기운이 월지(月支)에 있거나 대운(大運)에서 오거나 합국(合局)을 이루어야 한다. 합화(合化) 기운을 극(剋)하는 오행(五行)이 통근(通根)하거나 투출(透出)하지 않아야 한다.

① 화토격(化土格)

일간(日干)이 甲木이나 己土이고 갑기합(甲己合)이 되어 土의 기운으로 변하는 경우이다. 土 기운이 월지(月支)에 있거나 대운(大運)에서 와야 하며, 土를 극(剋)하는 木이 통근(通根)하거나 투출(透出)하지 않아야 한다. 이 경우 일간(日干)이 土로 변하여 화토격(化土格)이 된다.

② 화금격(化金格)

일간(日干)이 乙木이나 庚金이고 을경합(乙庚合)이 되어 金의 기운으로 변하는 경우이다. 金 기운이 월지(月支)에 있거나 대운(大運)에서 와야 하며, 金을 극(剋)하는 火가 통근(通根)하거나 투출(透出)하지 않아야 한다. 이 경우 일간(日干)이 金으로 변하여 화금격(化金格)이 된다.

③ 화수격(化水格)

일간(日干)이 丙火나 辛金이고 병신합(丙辛合)이 되어 水의 기운으로 변하는 경우이다. 水 기운이 월지(月支)에 있거나 대운(大運)에서 와야 하며, 水를 극(剋)하는 土가 통근(通根)하거나 투출(透出)하지 않아야 한다. 이 경우 일간(日干)이 水로 변하여 화수격(化水格)이 된다.

④ 화목격(化木格)

일간(日干)이 丁火나 壬水이고 정임합(丁壬合)이 되어 木의 기운으로 변하는 경우이다.

木 기운이 월지(月支)에 있거나 대운(大運)에서 와야 하며, 木을 극(剋)하는 金이 통근(通根)하거나 투출(透出)되지 않아야 한다. 이 경우 일간(日干)이 木으로 변하여 화목격(化木格)이 된다.

⑤ 화화격(化火格)

일간(日干)이 戊土나 癸水이고 무계합(戊癸合)이 되어 火의 기운으로 변하는 경우이다. 火 기운이 월지(月支)에 있거나 대운(大運)에서 와야 하며, 火를 극(剋)하는 水가 통근(通根)하거나 투출(透出)하지 않아야 한다. 이 경우 일간(日干)이 火로 변하여 화화격(化火格)이 된다.

4. 양신성상격(兩神成相格)

양신성상격(兩神成相格)은 두 가지 오행(五行)으로만 이루어진 사주를 뜻한다. 이 격국은 상생(相生) 관계를 갖는 양신성상격(兩神成相格)과 상극(相剋) 관계를 갖는 양신성상격(兩神成相格)으로 나뉜다. 양신성상격(兩神成相格)은 두 오행(五行)만이 존재하는 경우로, 이 격국(格局)을 해석할 때는 각 오행(五行) 간의 상생(相生) 또는 상극(相剋) 관계에 따른 용신(用神)과 기신(忌神)을 정확히 파악하는 것이 중요하다.

① 상생(相生)의 양신성상격(兩神成相格)

상생(相生)의 양신성상격(兩神成相格)은 두 오행(五行)이 상생(相生)하는 경우이며, 같은 오행(五行)이 용신(用神)이고, 두 오행(五行)을 극(剋)하는 오행(五行)이 기신(忌神)이 된다.

• 水木 상생(相生) 양신성상격(兩神成相格)

水木 상생(相生)의 양신성상격(兩神成相格)은 水와 木 오행(五行)으로만 구성되어 있으며, 상생(相生)의 양신성상격(兩神成相格)이다. 용신(用神)은 같은 오행(五行)인 水와 木이고, 기신(忌神)은 이들을 극(剋)하는 土와 金이다.

• **木火 상생(相生) 양신성상격(兩神成相格)**

木과 火로만 구성된 사주로, 상생(相生)의 양신성상격(兩神成相格)이다. 용신(用神)은 같은 오행(五行)인 木과 火이며, 기신(忌神)은 이들을 극(剋)하는 金과 水이다.

• **火土 상생(相生) 양신성상격(兩神成相格)**

火와 土로만 구성된 사주로, 상생(相生)의 양신성상격(兩神成相格)이다. 용신(用神)은 같은 오행(五行)인 火와 土이며, 기신(忌神)은 이들을 극(剋)하는 水와 木이다.

• **土金 상생(相生) 양신성상격(兩神成相格)**

土와 金으로만 구성된 사주로, 상생(相生)의 양신성상격(兩神成相格)이다. 용신(用神)은 같은 오행(五行)인 土와 金이며, 기신(忌神)은 이들을 극(剋)하는 木과 火이다.

• **金水 상생(相生) 양신성상격(兩神成相格)**

金과 水로만 구성된 사주로, 상생(相生)의 양신성상격(兩神成相格)이다. 용신(用神)은 같은 오행(五行)인 金과 水이며, 기신(忌神)은 이들을 극(剋)하는 火와 土이다.

② 상극(相剋)의 양신성상격(兩神成相格)

상극(相剋)의 양신성상격(兩神成相格)은 두 오행(五行)이 서로 상극(相剋)하는 경우이며, 통관(通關) 오행이 용신(用神)이고, 통관(通關) 오행을 극(剋)하는 오행이 기신(忌神)이다.

• **水火 상극(相剋) 양신성상격(兩神成相格)**

水와 火로만 구성된 사주로, 상극(相剋)의 양신성상격(兩神成相格)이다. 이 격국(格局)의 용신(用神)은 통관(通關) 오행(五行)인 木이고, 기신(忌神)은 이 木을 극(剋)하는 金이 된다.

· **木土 상극(相剋) 양신성상격(兩神成相格)**

木과 土로만 구성된 사주로, 상극(相剋)의 양신성상격(兩神成相格)이다. 이 격국(格局)의 용신(用神)은 통관(通關) 오행(五行)인 火이며, 기신(忌神)은 이 火를 극(剋)하는 水가 된다.

· **火金 상극(相剋) 양신성상격(兩神成相格)**

火와 金으로만 구성된 사주로, 상극(相剋)의 양신성상격(兩神成相格)이다. 이 격국(格局)의 용신(用神)은 통관(通關) 오행(五行)인 土이며, 기신(忌神)은 이 土를 극(剋)하는 木이 된다.

· **土水 상극(相剋) 양신성상격(兩神成相格)**

土와 水로만 구성된 사주로, 상극(相剋)의 양신성상격(兩神成相格)이다. 이 격국(格局)의 용신(用神)은 통관(通關) 오행(五行)인 金이며, 기신(忌神)은 이 金을 극(剋)하는 火가 된다.

· **金木 상극(相剋) 양신성상격(兩神成相格)**

金과 木으로만 구성된 사주로, 상극(相剋)의 양신성상격(兩神成相格)이다. 이 격국(格局)의 용신(用神)은 통관(通關) 오행(五行)인 水이며, 기신(忌神)은 이 水를 극(剋)하는 土가 된다.

특별격(特別格) 이론 검토

1. 특별격(特別格) 분류 이유

특별격(特別格)은 사주의 격국(格局)을 분류하는 과정에서 일반적인 십정격(十正格)의 기준으로는 규정할 수 없는 경우에 해당한다. 기존 격국(格局)을 정하는 방식은 월지(月支)의 지장간(地藏干)이 천간(天干)으로 투출(透出)되거나, 천간(天干)이 월지(月支)의 지장간(地藏干)과 통근(通根)하여 뿌리를 두는 방식으로 확정된다. 이러한 원리에 따라 사주는 십정격(十正格) 체계로 분류된다. 그러나 일부 사주에서는 월지(月支)의 지장간(地藏干)이 투출(透出)되지 않거나 천간(天干)의 통근(通根)이 명확하지 않아, 통상적인 십정격(十正格)의 틀로는 설명이 되지 않는 경우가 발생한다. 이와 같은 사주를 특별격(特別格)으로 분류한다.

2. 특별격(特別格) 활용

특별격(特別格)은 예외적인 구조로서 이론적으로는 인정되지만, 실제 상담에서는 그 활용도가 매우 낮다. 격국(格局) 판별이 모호해 상담가마다 해석이 달라질 수 있고, 일관성이 부족해 상담 신뢰도를 떨어뜨릴 수 있기 때문이다. 따라서 특별격(特別格)은 사주 구조를 보조적으로 이해하는 참고 개념으로 활용될 수 있으나, 기본적인 격국(格局) 판별의 중심 체계로 삼기에는 한계가 있다.

3. 새로운 격국(格局) 정하는 방식에서는 특별격(特別格) 불필요

참고로 새로운 격국(格局)을 정하는 기준을 사용하면 격국(格局)을 정하는 방식이 명확하여 어떤 사주라도 십정격(十正格)으로 분류할 수 있으므로 특별격(特別格)이 필요하지 않다.

새로운 격국(格局)을 정하는 법

1. 새로운 격국(格局)을 정하는 기준

격국(格局)은 사주(四柱)에서 가장 강한 세력이므로, 사주(四柱)에서 가장 강한 십신(十神)을 격국(格局)으로 정한다.

2. 격국(格局)의 결정의 명확성

새로운 이론에서는 월지(月支)에서 가장 활동성이 강한 천간(天干)을 기준으로 격국(格局)을 정함으로써 보다 체계적이고 논리적인 방법으로 명확하게 격국(格局)을 정할 수 있으므로 일관된 해석이 가능하다.

3. 새로운 격국(格局)을 정하는 순서

① 사주에서 가장 강한 기운은 월지(月支)이므로, 사주의 천간(天干) 중 월지(月支)에서 가장 활동성이 좋은 천간(天干)에 해당하는 십신(十神)을 격국(格局)으로 정한다.

예시)

시주	일주	월주	년주
己	戊	丙	甲
未	辰	寅	寅

(해석)

월지(月支)가 봄(寅卯辰)이라면 甲木과 辛金이 왕(旺)하기 때문에 이를 격국(格局)으로 정한다. 년간(年干)에 甲이 있으니 甲을 격국(格局)으로 삼아 편관격(偏官格)이다.

② 사주의 천간(天干) 중 월지(月支)에서 활동성이 가장 좋은 천간(天干)이 없으면, 그다음으로 활동성이 좋은 천간(天干)에 해당하는 십신(十神)을 격국(格局)으로 정한다.

예시)

시주	일주	월주	년주
甲	壬	乙	辛
申	○	未	○

(해석)

월지(月支)가 여름(巳午未)이라면 丙火, 戊土, 癸水가 왕(旺)하므로 이를 격국(格局)으로 성하여야 하지만, 천간(天干)에 없다. 그다음으로 활동성이 좋은 천간(天干)은 庚金, 乙木인데, 월간(月干)에 乙木이 있으니 이를 격국(格局)으로 삼아 상관격(傷官格)이다.

③ 사주의 월지(月支)에서 활동성이 좋은 천간(天干)이 사주에 없으면, 사주에 없더라도 월지(月支)에서 가장 활동성이 좋은 천간(天干)에 해당하는 십신(十神)을 격국(格局)으로 정한다.

예시)

시주	일주	월주	년주
癸	丙	甲	辛
巳	戌	申	○

(해석)

월지(月支)가 가을(申酉戌)일 경우 庚金과 乙木이 왕(旺)하므로 이를 격국(格局)으로 정해야 하나 사주의 천간(天干)에 없다. 그다음으로 활동성이 좋은 壬水, 丁火, 己土도 사주의 천간(天干)에 없다. 따라서 사주의 천간(天干)에는 없지만 월지(月支) 申에서 활동성이 좋은 천간(天干) 庚金과 乙木을 격국(格局)으로 삼아 편재격(偏財格)이고 정인격(正印格)이다.

격국(格局)의 성격(成格)과 파격(破格)

1. 성격(成格)과 파격(破格)의 정의

격국(格局)의 성격(成格)과 파격(破格)은 사주의 균형과 조화를 결정짓는 중요한 요소로, 격(格)의 고저(高低)를 판단하는 기준이다. 성격(成格)은 격국(格局)이 격(格)의 역할을 잘 수행할 수 있는 것이며, 반대로 파격(破格)은 격국(格局)이 격(格)의 역할을 제대로 수행하지 못하거나 제한되는 상태를 나타낸다.

① 성격(成格)은 격국(格局)이 사주의 중심 역할을 하며 원활히 작동하는 상태이다.
② 파격(破格)은 격국(格局)의 역할이 제대로 수행되지 못하거나, 방해 요소로 인해 균형이 깨진 상태이다.

2. 격국(格局)의 성격(成格)과 상신(相神)

격국(格局)은 사주에서 가장 강한 세력이고, 상신(相神)은 격국(格局)을 성격(成格)시켜 주는 글자이다. 상신(相神)은 격국(格局)이 제대로 작동할 수 있도록 도와주는 역할을 하며, 이를 통해 격국(格局)이 성격(成格) 상태에 도달할 수 있다. 상신(相神)은 사길신(四吉神)과 사흉신(四凶神)을 생(生), 설기(泄氣), 극(剋)하는 방식으로 격국(格局)을 성격(成格)시킨다. 또한, 상신(相神)은 격국(格局)을 극(剋)하는 글자를 제압하여 파격(破格)을 성격(成格)으로 전환한다.

3. 사길신(四吉神)의 격국(格局)

사길신(四吉神)은 재성(財星), 정관(正官), 정인(正印), 식신(食神)으로 안정적, 고정적이고 지속적인 성질을 가지며, 격국(格局)이 사길신(四吉神)일 경우 대체로 성격(成格)이 성립(成立)된다. 사길신(四吉神)이 격국(格局)일 때 상신(相神)은 격국(格局)을 도와 생(生)하거나, 격국(格局)이 지나치게 강할 경우 설기(泄氣)하여 균형을 유지하도록 돕는다. 예를 들어, 재성(財星)이 약한 사주에서는 이를 보완하기 위해 식신(食神)이 상신(相神)이 될 수 있으며, 재성(財星)이 너무 강할 경우에는 정관(正官)이 상신(相神)이 되어 재성(財星)을 설기(泄氣)시킨다.

4. 사흉신(四凶神)의 격국(格局)

사흉신(四凶神)은 편관(偏官), 상관(傷官), 편인(偏印), 겁재(劫財)로 일시적, 집중적이고 변동성이 큰 성질을 가지며, 격국(格局)이 사흉신(四凶神)일 경우 파격(破格)이 될 가능성이 크다. 사흉신(四凶神)이 격국(格局)일 때 상신(相神)은 그 힘을 극(剋)히여 제압하거나 설기(泄氣)하여 성격(成格)을 이룬다. 예를 들어, 편관격(偏官格)인 사주에서는 식신(食神)으로 편관(偏官)의 힘을 제어하거나 편관(偏官)의 힘을 설기(泄氣)하는 정인(正印)이 상신(相神)으로 작용하여 성격(成格)을 이룬다,

5. 사길신(四吉神)과 사흉신(四凶神)의 재해석

사길신(四吉神)은 고정적, 안정적, 지속적인 특성을 가진다. 이는 굴곡 없이 언제나 일을 적당히 잘할 수 있는 기운을 의미한다. 사흉신(四凶神)은 일시적, 집중적, 유동적인 특성을 보인다. 이는 굴곡이 심하여 특출나게 일을 잘할 때도 있고 일을 전혀 못할 때도 있는 기운을 나타낸다.

현대 사회에서는 사길신(四吉神)은 길(吉)하고 사흉신(四凶神)은 흉(凶)하다는 기존 관념은 재해석되어야 한다. 현대 사회에서는 사길신(四吉神)처럼 많은 분야에서 안정적이고 지속적으로 일을 잘하는 것도 중요하지만, 사흉신(四凶神)처럼 특정 분야에서 일시적이고 집중적으로 뛰어난 능력을 발휘하는 것 또한 가치가 있기 때문이다.

6. 격국(格局) 활용의 중요성

사길신(四吉神)이든 사흉신(四凶神)이든 어떤 기운을 타고났느냐보다 격국(格局)을 어떻게 활용하느냐가 더 중요하다. 격국(格局)은 사주에서 가장 강한 기운을 의미하며, 이는 곧 자신이 타고난 가장 강력한 자질이자 잠재력이다. 이 자질을 잘 활용할 수 있는 운(運)이 오면, 타고난 자질을 발휘하게 되어 편안하고 행복해진다.

격국(格局)의 고저(高低)

1. 격국(格局)의 고저(高低) 의미

사주(四柱)의 격국(格局)은 높고 낮음이 있고, 귀하고 천함이 있다. 이 세상에 존재하는 모든 것에 등급과 레벨이 있듯이, 같은 격국(格局)이라도 높고 낮음이 있고, 크고 작음이 있다. 건물도 크기와 모양이 다르고, 꽃도 모양과 향기가 다양하며, 공무원도 직종과 직급이 다르듯이, 사주의 격국(格局)도 높고 낮음이 있는 것이다.

격국(格局)의 높고 낮음을 이해하면, 사주의 주인공이 가진 그릇의 크기와 자질을 파악할 수 있다. 다만, 격국(格局)의 고저(高低)는 그 사람의 운명이 길(吉)하거나 흉(凶)하며, 행복하거나 불행하다는 것을 직접 의미하지는 않는다. 높은 격국(格局)이 반드시 행복을 보장하지 않으며, 낮은 격국(格局)이 곧 불행을 의미하지 않는다. 높은 직위에 있는 사람이라고 해서 반드시 행복한 것은 아니며, 하위 직위에 있다고 해서 반드시 불행한 것이 아니다. 격국(格局)의 고저(高低)는 사주의 품격(品格)을 설명할 뿐이며, 길흉화복(吉凶 禍福)은 결국 운(運)의 흐름에 따라 달라진다. 격국(格局)을 잘 활용할 수 있는 운(運)이 오면, 편안하고 행복하며, 반대로 격국(格局)을 잘 활용할 수 없는 운(運)이 오면, 불편하고 불행하다. 예를 들어, 아무리 좋은 품종의 벚나무라도 봄이 오지 않으면 꽃을 피울 수 없는 것이다.

2. 성격(成格)과 파격(破格)에 따른 격의 고저

① 격국(格局)이 상신(相神)을 만나 성격(成格)이 되면, 품격이 높아진다.

예시)

시주	일주	월주	년주
丙	戊	甲	癸
辰	戌	寅	巳

(해석)

월지(月支)가 寅이다. 寅은 봄이므로 甲과 辛의 활동성이 좋다. 월간(月干)에 甲이 있어 편관격(偏官格)인데, 丙이 甲 편관격(偏官格)을 설기(泄氣)하여 힘을 빼니 성격(成格)이 되어 격국(格局)이 높아진다.

② 격국(格局)이 상신(相神)을 만나지 못해 파격(破格)이 되면, 품격이 낮아진다.

예시)

시주	일주	월주	년주
壬	戊	甲	癸
子	戊	寅	巳

(해석)

월지(月支)가 寅이다. 寅은 봄이므로 甲과 辛의 활동성이 좋다. 월간(月干)에 甲이 있어 편관격(偏官格)인데, 壬이 강한 甲 편관격(偏官格)을 생(生)하여 파격(破格)이 되니 격국(格局)의 품격이 낮아진다.

3. 유정(有情)과 무정(無情)에 따른 격의 고저

① 유정(有情)은 격국(格局)이 피하는 글자가 제거되거나, 길신(吉神)을 방해하는 요소가 사라지는 것으로 격국(格局)의 품격이 높아진다.

예시)

시주	일주	월주	년주
庚	丙	壬	丁
O	子	申	O

(해석)

월지(月支)가 申이다. 申은 가을이므로 庚과 乙의 활동성이 좋다. 시간(時干)에 庚이 있어 편재격(偏財格)인데, 년간(年干) 丁이 있어 庚을 극(剋)하니 파격(破格)이 되지만, 월간(月干) 壬이 격국(格局)을 방해하는 丁과 丁壬合을 하여 묶이니 유정(有情)이다. 따라서 편재격(偏財格)의 품격이 높아진다.

② 무정(無情)은 격국(格局)이 피하는 글자가 그대로 남아 있거나, 길신(吉神)을 파괴하는 글자가 여전히 존재하는 상태를 의미하며, 격국(格局)의 품격이 낮아진다.

예시)

시주	일주	월주	년주
庚	丙	戊	丁
O	子	申	O

(해석)

월지(月支)가 申이다. 申은 가을이므로 庚과 乙의 활동성이 좋다. 시간(時干)에 庚이 있어 편재격(偏財格)인데, 년간(年干) 丁이 있어 庚을 극(剋)하니 파격(破格)이다. 격국(格局)을 방해하는 丁이 그대로 있으니 무정(無情)이다. 따라서 편재격(偏財格)의 품격이 낮아진다.

4. 유력(有力)과 무력(無力)에 따른 격의 고저

① 유력(有力)은 일간(日干)이 통근(通根)하여 신강(身强)하고, 격국(格局)과 상신(相神) 역시 통근(通根)하여 힘을 보유한 상태로 격국(格局)의 품격이 높아진다.
② 무력(無力)은 일간(日干)이나 격국(格局), 상신(相神) 중 하나라도 통근(通根)하지 못하여 힘을 잃은 상태로 격국(格局)의 품격이 낮아진다.

참고로 유력(有力)과 무력(無力)에 따른 격(格)의 고저(高低)는 지지(地支) 속에는 지장간(地藏干)에 해당하는 천간(天干)만 존재한다는 지장간(地藏干) 이론에 기반을 둔 것으로 실제 상담 시 활용할 수 없는 이론이다.

십정격(十正格)

1. 비견격(比肩格)

① 비견격(比肩格)의 정의

비견격(比肩格)은 자기 주관이 강하고 달리기 선수처럼 선의의 경쟁심이 강한 자질을 의미한다. 비견격(比肩格)은 월지(月支)에서 가장 활동성이 좋은 천간(天干)이 사주의 일간(日干)과 같은 경우이다. 예를 들어, 戊土 일간(日干)은 월지(月支)가 戊土 비견(比肩)의 활동성이 가장 좋은 여름(巳午未)일 때 비견격(比肩格)이 된다. 반면 己土 일간(日干)은 월지(月支)가 己土 비견(比肩)의 활동성이 가장 좋은 겨울(亥子丑)일 때 비견격(比肩格)이 된다.

비견격(比肩格)에서 월지(月支)가 일간(日干)의 건록(建祿)에 해당하면 건록격(建祿格)이라 불리기도 한다. 예를 들어, 丙火 일간(日干)의 월지(月支)가 巳일 때 丙火의 활동성이 좋아 비견격(比肩格)인데, 巳가 丙火의 건록지(建祿地)에 해당하여 건록격(建祿格)이라고도 한다. 壬水 일간(日干)이 亥월에 있을 경우도 마찬가지로 건록격(建祿格)으로 분류된다.

또한, 비견격(比肩格)에서 월지(月支)가 양일간(陽日干)의 제왕에 해당할 경우 양인격(羊刃格)이라 부르기도 한다. 예를 들어, 甲木 일간(日干)의 월지(月支)가 卯라면 이는 비견격(比肩格)인 동시에 양인격(羊刃格)으로 분류된다.

② 비견격(比肩格)의 장점

비견격(比肩格)은 주변에 뜻을 같이하는 친구나 형제가 있어 자신감을 가지고, 협력하여 든든한 힘을 얻을 수 있는 특성이 있다. 비견격(比肩格)을 가진 사람은 경쟁심과 승부욕이 강해 달리기 선수처럼 경쟁에 집중하는 경향이 있다. 또한, 추진력과 실천력이 강해 조직 내에서도 협동심이 뛰어나고, 상호 배려와 나눔을 실천할 수 있는 성격을 갖추고 있다.

비견격(比肩格)은 자기 주관이 지나치게 강하여 자존감이 높고 때로는 자만심을 드러낼 수 있다. 지나친 승부욕과 성취욕으로 인해 고집이 세며, 독선적이거나 극단적인 성향을 보일 위험이 있다. 특히 경제적 소비 성향이 강해 재물을 쉽게 소모하는 경향이 있으며, 재성(財星)을 극(剋)하는 경향 때문에 경제 감각이 둔해질 수 있다. 다만, 관성(官星)과 식상(食傷)이 함께하면 비견격(比肩格)의 단점이 장점으로 바뀌어 더 긍정적인 영향을 줄 수 있다.

비견격(比肩格)을 가진 사람은 상명하복의 조직 생활보다는 자신의 주도력을 발휘할 수 있는 자율적인 직업이 잘 맞는다. 자격증을 필요로 하는 전문직이나 독자적 사업, 법에 따라 업무를 수행하는 공직 등에 적합하며, 의사, 변호사, 회계사, 세무사, 컨설턴트와 같은 전문직이 적합한 직업군으로 분류된다.

예시 1)

시주	일주	월주	년주
甲	丙	丙	庚
○	子	午	○

(해석)

월지(月支) 午에서 활동성이 좋은 천간(天干)은 丙戊癸이다. 천간(天干)에 丙이 있으니 丙 비견격(比肩格)이다. 자기 주도력을 발휘할 수 있는 일을 해야 편안하고 행복하다. 월지(月支)가 양일간(陽日干)의 제왕(帝旺)에 해당하므로 양인격(羊刃格)이라 부르기도 한다.

예시 2)

시주	일주	월주	년주
丙	丙	己	庚
○	子	巳	○

(해석)

丙 일간(日干)의 월지(月支) 巳에서 활동성이 좋은 천간(天干)은 丙戊癸이다. 천간(天干)에 丙이 있으니 丙 비견격(比肩格)이다. 자기 주도력을 발휘할 수 있는 일을 해야 편안하고 행복하다. 월지(月支)가 양일간(陽日干)의 건록(建祿)에 해당하므로 건록격(建祿格)이라 부르기도 한다.

2. 겁재격(劫財格)

① 겁재격(劫財格)의 정의

겁재격(劫財格)은 자기 주관이 강하고 격투기 선수와 같이 승부사 기질을 가진 강한 경쟁력을 상징하는 격국(格局)이다. 겁재격(劫財格)을 이루려면 사주의 월지(月支)에서 가장 활동성이 좋은 천간(天干)이 사주의 일간(日干)과 오행(五行)은 같으나 음양(陰陽)이 다른 것이어야 한다. 예를 들어, 일간(日干)이 甲木이라면 월지(月支)가 乙木 겁재(劫財)의 활동성이 가장 좋은 가을(申酉戌)일 때 천간(天干)에 乙木이 있으면 겁재격(劫財格)이 된다. 일간(日干)이 乙木일 경우에는 월지(月支)가 甲木 겁재(劫財)의 활동성이 좋은 봄(寅卯辰)일 때, 천간(天干)에 甲木이 있으면 겁재격(劫財格)이 된다.

② 겁재격(劫財格)의 장점

겁재격(劫財格)은 경쟁자가 항상 주변에 있어 경쟁심과 투쟁심이 뛰어나며, 마치 격투기 선수처럼 승부를 가리려는 강한 기질이 특징이다. 겁재격(劫財格)은 행동과 판단이 빠르고 기회 포착 능력이 뛰어나다. 겁재격(劫財格)은 리더십과 보스 기질이 강하고, 소속감과 연대감이 뛰어나면서도 단호한 결단력과 강한 카리스마를 발휘한다. 특히 상관(傷官)이나 편인(偏印)과 결합할 경우 상황 대처 능력과 전략적 사고가 돋보인다. 겁재격(劫財格)은 탁월한 경쟁력과 생존력을 바탕으로 리더십과 승부사적 기질을 발휘하며, 본인의 능력을 극대화할 수 있다.

③ 겁재격(劫財格)의 단점

겁재격(劫財格)은 경쟁자가 많아 강한 생존 논리를 가지며, 때로는 배신과 변절로 인한 고통을 겪기도 한다. 이들은 자신감이 지나쳐 오만하거나 상대를 깔보는 경향이 있고, 지나친 승부욕과 단호한 결단력으로 인해 원망을 사거나 적을 만들기 쉽다. 겁재격(劫財格)은 특히 재성(財星)을 극(剋)하게 되어 낭비벽이 심해지기 쉽고, 투기성이 강한 성향을 가지게 된다. 그러나 겁재격(劫財格)에 관성(官星)과 식상(食傷)이 함께 있으면 이러한 단점이 장점으로 전환될 수 있다.

④ 겁재격(劫財格)에 적합한 직업

겁재격(劫財格)의 특성상 동업이나 조직 생활보다는 강한 경쟁심과 승부욕을 발휘할 수 있는 공직, 전문직, 독립적 사업이 적합하다. 경쟁과 승부욕이 강해 운동선수, 경호원, 군인, 경찰과 같은 직업도 적합하다.

예시)

시주	일주	월주	년주
庚	丁	癸	丙
子	丑	巳	午

(해석)

丁 일간(日干)의 월지(月支) 巳에서 활동성이 좋은 천간(天干)은 丙戊癸이다. 보이는 것은 丙 겁재격(劫財格)이고 보이지 않는 것은 癸 편관격(偏官格)이다. 편관(偏官)을 사용하면 겁재(劫財)의 특성을 잘 발휘할 수 있다.

3. 식신격(食神格)
① 식신격(食神格)의 정의

식신격(食神格)은 자신이 하고 싶은 일을 수행하는 데 전문성 있는 일을 잘하는 자질을 가진 격국(格局)이다. 식신격(食神格)은 자신이 하고 싶은 일을 하되, 안정적, 고정적이므로 전문적인 성향을 발휘할 수 있는 특징을 지니고 있다. 식신격(食神格)이 되기 위해서는 사주의 월지(月支)에서 가장 활동성이 좋은 천간(天干)이 일간(日干)의 생(生)을 받고, 일간(日干)과 음양(陰陽)이 같은 천간(天干)이어야 한다. 예를 들어, 일간(日干)이 甲木인 경우, 월지(月支)가 巳午未 여름일 때 가장 활동성 좋은 천간(天干)은 丙戊癸인데, 이 중에서 일간(日干) 甲木의 생(生)을 받고 음양(陰陽)이 같은 丙이 천간(天干)에 있으면 식신격(食神格)이 된다.

② 식신격(食神格)의 장점

식신격(食神格)은 일간(日干)과 음양(陰陽)이 같고 일간(日干)이 도와주므로, 기본적으로 생계 걱정이 적어 여유롭고 침착하다. 이들은 낙천적이고 풍류를 즐기며, 특정 분야에 대해 탐구심과 집중력이 뛰어나 전문성을 발휘할 수 있다. 식신격(食神格)은 일간(日干)을 설기(泄氣)하여 자신의 생각이나 솜씨를 전문적으로 표현하는 능력이 탁월하다.

③ 식신격(食神格)의 단점

식신격(食神格)이 지나치게 강해지면 반항적 기질이 강해지면서 통제를 거부하고 자기 주도적으로 일을 처리하려는 경향이 있다. 시작은 좋으나 마무리가 부족하여 성과가 적을 수 있으며, 자아도취에 빠지거나 자기중심적으로 변할 수 있다. 반면, 일간(日干)이 강하고 재성(財星)이 함께 있으면 이러한 단점이 오히려 식신격(食神格)의 장점으로 전환될 수 있다.

④ 식신격(食神格)에 적합한 직업

식신격(食神格)은 자신이 하고 싶은 일을 하되, 전문성을 잘 발휘할 수 있는 분야에 어울리는 격국(格局)이다. 식신격(食神格)은 전문성 있는 일을 하면서도 자신의 의지와 열정을 발휘할 수 있는 직업에 잘 맞다. 이들은 문학, 교육, 연구, 언론, 통역, 정보와 같은 지식산업 분야에서 두각을 나타낼 수 있으며, 특정 분야에 집중하여 연구원이나 기술 전문가, 전문직, 또는 특화된 식당 운영 등의 일을 할 수 있다.

예시)

시주	일주	월주	년주
辛	壬	甲	癸
亥	戌	寅	酉

(해석)

壬 일간(日干)의 월지(月支) 寅에서 활동성이 좋은 천간(天干)은 甲과 辛이다. 천간(天干)에 甲과 辛이 있으니, 보이는 것은 甲 식신격(食神格)이고, 보이지 않는 것은 辛 정인격(正印格)이다. 辛 정인(正印)을 바탕으로 甲 식신(食神)을 사용하면 편안하고 행복하다.

4. 상관격(傷官格)

① 상관격(傷官格)의 정의

상관격(傷官格)은 사주에서 자신이 원하는 일을 잘 수행하는데 다양한 일을 잘하는 자질을 가진 격국(格局)이다. 상관격(傷官格)이 되기 위해서는 월지(月支)에서 가장 활동성이 좋은 천간(天干)이 일간(日干)의 생(生)을 받고, 일간(日干)과 음양(陰陽)이 달라야 한다. 예를 들어, 일간(日干)이 甲木인 경우, 월지(月支)가 亥子丑 겨울일 때 가장 활동성 좋은 천간(天干)은 壬丁己이다. 이때 일간(日干) 甲木이 생(生)하고 음양(陰陽)이 다른 丁이 천간(天干)에 있으면 상관격(傷官格)이 된다.

② 상관격(傷官格)의 장점

상관격(傷官格)을 가진 사람은 기존의 틀을 깨고 더 나은 방향으로 나아가려는 개혁적이고 진보적인 성향을 가지고 있다. 이들은 총명하며 아이디어와 감각이 뛰어나고, 민첩성과 순발력 덕분에 임기응변 능력이 탁월하다. 또한 상관격(傷官格)은 모방력과 창조력, 응용력, 상상력이 뛰어나 다양한 분야에서 두각을 나타내며 재주가 많다. 상관격(傷官格)은 기존 질서에 얽매이지 않고 자유롭게 사고한다.

상관격(傷官格)의 단점으로는 기존 질서에 따르려 하지 않으며 때로는 법을 어기거나 무시하는 태도가 있을 수 있다. 상관격(傷官格)은 남의 지배를 싫어하고 자존심이 강하여 반항적인 성향이 있으며, 머리가 좋고 재능이 많지만, 시작은 잘해도 마무리가 약한 경향이 있다. 이러한 단점은 인성(印星)이 있을 때 장점으로 변할 가능성이 있다.

상관격(傷官格)을 가진 사람은 자기가 하고 싶은 일을 하되, 다양성이 있는 직업에 적합하다. 이들은 총명하고 창의적인 재능이 많아 다양한 분야에서 재능을 발휘할 수 있으며, 기존 질서를 초월하는 성향이 있으므로, 특히 남의 지배를 받지 않는 자영업이나 자유로운 형태의 직무에서 높은 만족도를 느낀다. 상관격(傷官格)이 재성(財星)을 쓰는 경우 사업가로 적합하며, 인성(印星)을 쓸 때 상관(傷官)이 공인을 받아 교육, 언론, 법조 분야에서 두각을 나타낼 수 있다. 특히 상관격(傷官格)은 다양한 예술 분야에서 탁월한 소질을 발휘할 수 있다.

예시)

시주	일주	월주	년주
辛	丙	己	乙
卯	寅	丑	亥

(해석)

丙 일간(日干)의 월지(月支) 丑에서 가장 활동성이 좋은 천간(天干)은 壬丁己이다. 천간(天干)에 己가 있으니 상관격(傷官格)이다. 자기가 하고 싶은 일을 하되 다양성 있는 일을 하면 편안하고 행복하다.

5. 편재격(偏財格)

① 편재격(偏財格)의 정의

편재격(偏財格)은 내가 남을 시키는 일을 잘하는데, 그 능력이 일시적이고 유동적이다. 편재격(偏財格)은 사주(四柱)의 월지(月支)에서 가장 활동성이 강한 천간(天干)이 일간(日干)의 극(剋)을 받으면서 음양(陰陽)이 같은 것이다. 예를 들어, 일간(日干)이 甲木일 때 월지(月支)가 여름에 해당하는 巳午未인 경우, 가장 활동성이 좋은 천간(天干)은 丙戊癸인데, 甲木 일간(日干)의 극(剋)을 받는 동시에 음양(陰陽)이 같은 천간(天干)은 戊이므로 戊가 천간(天干)에 있으면 편재격(偏財格)이다.

② 편재격(偏財格)의 장점

편재격(偏財格)을 가진 사람은 상황에 대한 이해와 대처 능력이 탁월하며, 유연하게 문제를 해결하는 능력이 뛰어나다. 편재격(偏財格)은 선이 굵고 처세술이 좋으며, 재물에 관한 응용력과 관리 능력이 매우 좋다. 남의 자원을 잘 활용하고 재물을 효과적으로 운용하여 이익을 창출한다. 이들은 금전적 이득을 취할 때 과감하고 때로는 수단과 방법을 가리지 않고 돈을 벌지만, 한편으로는 금전 관계에 있어서 깔끔함과 투명성을 유지하는 편이다. 특히 의로운 일에는 돈을 아끼지 않는다.

③ 편재격(偏財格)의 단점

편재격(偏財格)을 가진 사람들은 금전적인 기복이 크며, 그로 인해 예상치 못한 재정적 어려움을 겪을 수 있다. 이들은 금전적인 이익을 위해 과감히 편법을 사용하고, 때로는 위험을 감수하거나 투기에 가까운 행위를 할 수 있어 도박이나 사행심이 발현되기도 한다. 일간(日干)이 강하고 식상(食傷)이 있을 때 편재격(偏財格)의 단점이 장점으로 전환될 가능성이 있다.

④ 편재격(偏財格)에 적합한 직업

편재격(偏財格)은 돈을 벌 때는 크게 벌고 잃을 때도 크게 잃는 특성을 가지므로 뛰어난 판단력이 요구되는 직업, 실리를 추구하는 직업, 또는 투기적 성격을 가진 일에 적합하다. 특히 부동산, 증권, 무역, 금융 등 재물을 운용하는 분야가 적성에 맞으며, 대외활동이 많은 무역업, 통신업, 운수업, 판매업, 영업직 등이 어울린다. 편재격(偏財格)이 관성(官星)을 쓰면 조직 내에서 탁월한 관리 능력을 발휘하며, 식상(食傷)을 쓰면 사업적인 재능이 발휘되어 경제계에서 뛰어난 성과를 낼 수 있다.

예시)

시주	일주	월주	년주
辛	丁	丙	己
酉	丑	寅	亥

(해석)

丁 일간(日干)의 월지(月支) 寅에서 가장 활동성이 좋은 천간(天干)은 甲과 辛이다. 천간(天干)에 辛이 있으니 편재격(偏財格)이다. 일시적, 집중적, 유동적으로 내가 남을 시키는 일을 잘하므로, 뛰어난 판단력이 요구되는 직업, 투기성이 있는 직업이 적합하다.

6. 정재격(正財格)

① 정재격(正財格)의 정의

정재격(正財格)은 내가 남을 시키는 일을 잘하는데, 안정적이고 지속적으로 결과를 잘 만들어 내는 자질이 있다. 정재격(正財格)은 고정적이고 안정적이며 지속적으로 남을 이끌고 관리하는 능력이 두드러진다. 정재격(正財格)은 사주의 월지(月支)에서 가장 활동성이 강한 천간(天干)이 일간(日干)의 극(剋)을 받고 음양(陰陽)이 다른 것이다. 예를 들어, 일간(日干)이 甲木인 경우, 월지(月支)가 겨울에 해당하는 亥子丑이라면 가장 활동성이 좋은 천간(天干)은 壬丁己이며, 이 중 甲木이 극(剋)하고 음양(陰陽)이 다른 己가 천간(天干)에 존재할 때 정재격(正財格)이다.

② 정재격(正財格)의 장점

정재격(正財格)을 가진 사람은 대개 정직하고 근면하며, 성실하게 일하며 재물을 얻는다. 이들은 합리적인 사고를 바탕으로 시비(是非)를 분명히 하고 원칙과 정의를 존중하는 성향을 보인다. 더불어 정재격(正財格)은 경제적 감각이 뛰어나고, 계획적이고 체계적이며, 빈틈없이 치밀하며 신용을 중요하게 여기기 때문에 사람들에게 신뢰를 준다. 정재격(正財格)을 가진 사람은 투기성 있는 재물을 싫어하는 경향이 있다.

③ 정재격(正財格)의 단점

정재격(正財格)을 가진 사람들은 일반적으로 변화를 싫어하는 경향이 있다. 정재격(正財格)은 원리 원칙을 고수하여 요령과 수단을 사용하는 것이 서툴며, 임기응변이나 상황 대처 능력이 약하고 융통성이 부족한 면이 있다. 더불어 재물에 대한 집착이 강해 대인관계에서 어려움을 겪을 수 있다. 그러나 일간(日干)이 강하고 식상(食傷)과 관성(官星)이 함께 있다면 이러한 단점들이 장점으로 변화할 수 있다.

④ 정재격(正財格)에 적합한 직업

정재격(正財格)은 안정적이고 지속적이며 고정적으로 결과를 만들어 낼 수 있어, 큰 기복 없이 안정적으로 재물을 축적할 수 있다. 이들은 대체로 계획적이고 체계적인 일을 선호하며, 성실성과 합리성이 요구되는 직업에 잘 맞는다. 정재격(正財格)은 정직하고 빈틈없는 성격으로 인해 금융업 등 직접 돈을 다루는 직무에서 두각을 나타낼 수 있다. 정재격(正財格)이 관성(官星)을 사용할 때는 금융, 재무, 행정 분야에 적합하고, 인성(印星)을 사용할 때는 연구, 교육 분야에 적합하다.

예시)

시주	일주	월주	년주
丁	丁	庚	戊
未	未	申	申

(해석)

丁 일간(日干)의 월지(月支) 申에서 활동성이 좋은 천간(天干)은 庚과 乙이다. 천간(天干)에 庚이 있으니 정재격(正財格)이다. 안정적, 지속적으로 내가 남을 시키는 일을 잘하므로, 안정적이고 지속적인 직업 환경이 적합하다.

7. 편관격(偏官格)

① 편관격(偏官格)의 정의

편관격(偏官格)은 남이 시키는 일을 잘하는데, 일시적이고 집중적으로 남이 시키는 일을 잘 수행하는 자질을 가진 격국(格局)이다. 편관격(偏官格)은 집중적이고 일시적인 특성을 보이며, 과제나 업무에 있어 순간적인 집중력과 추진력을 발휘한다. 편관격(偏官格)이 성립되기 위해서는 월지(月支)에서 가장 활동성이 좋은 천간(天干)이 일간(日干)을 극(剋)하고 음양(陰陽)이 같아야 한다. 예를 들어, 일간(日干)이 甲木일 때 월지(月支)가 가을에 해당하는 申酉戌이라면 활동성 높은 천간(天干)은 庚과 乙인데, 이 중 甲木을 극(剋)하고 음양(陰陽)이 같은 庚이 천간(天干)에 있으면 편관격(偏官格)이 성립된다.

② 편관격(偏官格)의 장점

편관격(偏官格)을 지닌 사람은 승부욕이 강하고 호탕한 성격으로, 추진력과 통솔력이 뛰어나며 목표의식이 뚜렷하다. 보스 기질이 강해 직선적이며 위압적으로 보일 수 있지만, 강자에게 맞서고 약자를 돕는 의협심이 있어 주변 사람의 신뢰를 받는다. 또한, 중요한 결정을 내리는 판단력과 리더십이 탁월하다.

③ 편관격(偏官格)의 단점

편관격(偏官格)은 자신감을 바탕으로 남 앞에서 폼을 잡는 기질이 있지만, 실속이 부족한 경우가 많다. 특히 일간(日干)이 약할 경우, 편관격(偏官格)은 자신감이 부족하고 스트레스를 쉽게 받을 수 있다. 이로 인해 건강이 좋지 않을 수 있으며, 지구력이 부족하여 시작은 잘하지만, 끝을 맺지 못하는 일이 발생할 수 있다. 그러나 일간(日干)이 강하고 인성(印星)이 있으면 이러한 단점들이 장점으로 전환될 수 있다.

④ 편관격(偏官格)에 적합한 직업

남이 시키는 일을 잘하는데 일시적, 집중적으로 잘하는 자질이 있으므로, 일을 집중력 있게 잘 수행하며, 순간적인 판단력과 추진력을 요구하는 직무에 두각을 나타낼 수 있다. 편관격(偏官格)이 인성(印星)을 만나면 실력을 바탕으로 지도력을 발휘할 수 있어 국회의원, 사회운동가, 선출직 공무원이나 기업 임원 등으로 활약할 수 있다. 또한 양인(陽人)이나 상관(傷官)을 만나 합살(合殺)이 될 경우, 승부욕과 결단력이 뛰어나기 때문에 검사, 군인, 경찰 등 결단이 필요한 분야에 적합하다.

예시)

시주	일주	월주	년주
乙	己	辛	癸
丑	酉	酉	酉

(해석)

己 일간(日干)의 월지(月支) 酉에서 가장 활동성이 좋은 천간(天干)은 庚과 乙이다. 천간(天干)에 乙이 있으니 편관격(偏官格)이다. 남이 시키는 일을 잘하는데, 일시적이고 집중적인 직업 환경이 적합하다.

8. 정관격(正官格)

① 정관격(正官格)의 정의

정관격(正官格)은 남이 시키는 일을 잘 수행하며, 안정적이고 지속적인 환경에서 자신의 역할을 효과적으로 해내는 자질을 지닌 격국(格局)이다. 정관격(正官格)은 일관되고 안정적이고 지속적인 삶을 선호하며, 변화보다는 기존의 규정이나 규칙을 준수하는 것을 중시한다. 정관격(正官格)은 월지(月支)에서 가장 활동성이 좋은 천간(天干)이 일간

(日干)을 극(剋)하고 음양(陰陽)이 서로 다를 때 성립한다. 예를 들어, 일간(日干)이 甲木일 때 월지(月支)가 봄에 해당하는 寅卯辰이라면 가장 활동성 좋은 천간(天干)은 甲과 辛인데, 이 중에서 甲木 일간(日干)을 극(剋)하고 음양(陰陽)이 다른 辛이 천간(天干)에 있으면 정관격(正官格)이다.

② 정관격(正官格)의 장점

정관격(正官格)을 가진 사람들은 안정과 계획된 삶을 중요시하며, 기존의 질서와 규칙, 원리 원칙을 중시한다. 정관격(正官格)은 명분과 체면을 중시하고 공평무사하게 정도를 걸어 타인의 모범이 되는 행동을 한다. 예의 바르고 부모에게 효도하며, 준법정신이 투철해 사회적 규범을 존중한다.

③ 정관격(正官格)의 단점

정관격(正官格)은 원칙을 철저히 지키려는 성향 때문에 융통성이 부족해 고지식한 면이 있다. 대의명분과 체면을 중시하고 권위적으로 행동하여 실리보다는 명예를 더 중시하는 경향이 있다. 때로는 사무적이고 고지식하여 융통성 없는 모습을 보일 수 있다. 일간(日干)이 강하고 재성(財星)과 인성(印星)이 함께 있을 때는 이러한 단점이 장점으로 변할 수 있다.

④ 정관격(正官格)에 적합한 직업

정관격(正官格)을 지닌 사람들은 법과 질서를 잘 지키며, 안정된 직업을 추구하는 경향이 강하다. 그들은 공직에서 행정, 정치, 법조, 학계와 같은 정년이 보장된 직장이나 안정적 역할을 선호하며, 이러한 환경에서 자신의 능력을 발휘한다.

인성(印星)을 만나면 실력을 바탕으로 조직 생활에서 두각을 나타낼 수 있다. 또한 재성(財星)을 사용하면 처세술을 잘 활용해 직위와 명예를 얻고, 식상(食傷)을 사용할 때는 빠른 두뇌 회전과 표현력이 더해져 기획 업무에 적합한 성향을 보인다.

예시)

시주	일주	월주	년주
戊	癸	甲	辛
午	未	午	酉

(해석)

癸 일간(日干)의 월지(月支) 午에서 가장 활동성이 좋은 천간(天干)은 丙戊癸이다. 천간(天干)에 戊와 癸가 있으니 戊 정관격(正官格), 癸 비견격(比肩格)이다. 남이 시키는 일을 잘하고, 자기 주관이 뚜렷하며, 안정적이고 지속적인 직업 환경이 적합하다.

9. 편인격(偏印格)

① 편인격(偏印格)의 정의

편인격(偏印格)은 나에게 주는 것인데 일시적, 집중적, 유동적으로 주는 것이다. 편인격(偏印格)은 타인이나 외부에서 주어지는 지식, 지혜, 정보 등을 일시적이고 집중적이며 유동적으로 받아들이는 격국(格局)이다. 편인격(偏印格)은 독특하고 특수한 분야의 새로운 지식이나 정보를 받아들이고 이를 활용하는 능력이 뛰어나다. 편인격(偏印格)은 월지(月支)에서 가장 활동성이 좋은 천간(天干)이 일간(日干)을 생(生)하며, 동시에 음양(陰陽)이 일치해야 한다. 예를 들어, 일간(日干)이 甲木일 때 월지(月支)가 겨울에 해당하는 亥子丑이라면 가장 활동성이 강한 천간(天干)은 壬丁己인데, 이 중 일간(日干)을 생(生)하며 음양(陰陽)이 같은 壬이 천간(天干)에 있을 때 편인격(偏印格)이 성립한다.

② 편인격(偏印格)의 장점

편인격(偏印格)은 일시적이고 유동적으로 지식이나 아이디어를 빠르게 흡수하고, 이를 창의적으로 활용하는 강점을 가진다. 이들은 독창적 사고가 뛰어나고 남다른 사고력으로 특정 분야에서 두각을 나타낸다. 또한, 상황 판단력과 임기응변 능력이 뛰어나며, 기회 포착에 강해 신속한 결정을 내릴 수 있다. 편인격(偏印格)은 직감과 영감이 뛰어나고 남다른 통찰력이 있다.

③ 편인격(偏印格)의 단점

편인격(偏印格)은 머리가 좋아 요령을 부리거나 게으름을 피우는 경향이 있으며, 계획은 잘 세우지만 마무리가 약하다. 이들은 자기중심적이고 의타심이 강해, 생각과 계획이 풍부해도 실행력에서 부족함을 보일 수 있다. 재성(財星)이 함께 있으면 이러한 단점들이 상쇄되어 실질적인 성과를 낼 수 있다.

④ 편인격(偏印格)에 적합한 직업

편인격(偏印格)을 지닌 사람은 창의적인 사고와 독특한 아이디어로 연구직이나 특수기술직에 적합하며, 자격증을 바탕으로 전문직에서도 성공할 가능성이 크다. 직감이 뛰어나고 영감을 중시하여 문화, 종교, 예술 등의 분야에서 두각을 나타낸다. 편인격(偏印格)이 식상(食傷)을 만나면 교육, 종교, 법조 분야에서 적성을 발휘할 수 있다.

예시)

시주	일주	월주	년주
壬	庚	戊	戊
午	戌	午	戌

(해석)

庚 일간(日干)의 월지(月支) 午에서 가장 활동성이 좋은 천간(天干)은 丙戊癸이다. 천간(天干)에 戊가 있으니 편인격(偏印格)이다. 특수한 지식과 독특한 아이디어를 바탕으로 전문적이고 특수한 일을 잘 수행한다.

10. 정인격(正印格)

① 정인격(正印格)의 정의

정인격(正印格)은 나에게 주는 것인데 고정적, 안정적, 지속적으로 주는 것이다. 정인격(正印格)은 지식, 지혜, 정보 등을 안정적이고 지속적으로 받아들이는 격국(格局)이다.

전통적이고 대중적인 학문을 중시하며, 사물이나 정보를 지속적으로 받아들이는 능력이 탁월하다. 정인격(正印格)은 월지(月支)에서 가장 활동성이 좋은 천간(天干)이 일간(日干)을 생(生)하고, 음양(陰陽)이 서로 달라야 한다. 예를 들어, 일간(日干)이 甲木이면 월지(月支)가 여름에 해당하는 巳午未일 때 가장 활동성이 강한 천간(天干)은 丙戊癸인데, 이 중 일간(日干)을 생(生)하며 음양(陰陽)이 다른 것은 癸이므로 천간(天干)에 癸가 있으면 정인격(正印格)이 성립된다.

② 정인격(正印格)의 장점

정인격(正印格)은 고정적이고 안정적이며 지속적으로 받아들이는 것을 잘하므로 일반적이고 대중적인 학문을 중시하며, 전통적인 학문에도 관심을 가진다. 체계적이고 일관된 사고방식을 통해 보편적이고 합리적인 지식을 꾸준히 습득한다. 또한, 안정성과 지속성을 중시하고 변화를 꺼리기 때문에 일정한 틀을 유지하며 보수적으로 판단을 내린다.

③ 정인격(正印格)의 단점

정인격(正印格)의 단점은 고집이 세고 지나치게 깔끔한 선비 성향으로 인해 타인과의 유연한 소통이 어려울 수 있다. 또한, 학문적, 이론적, 논리적인 성향으로 자기중심적 사고가 강해질 수 있으며, 실천력보다는 생각에 치우쳐 기회를 놓치는 경우가 많다. 재성(財星)이 있으면 이러한 단점이 장점으로 바뀌지만, 재성(財星)이 과도하면 명예를 잃을 수 있다.

④ 정인격(正印格)에 적합한 직업

정인격(正印格)은 학문과 깊은 인연을 가지고 있어 학문이나 지식을 기반으로 하는 연구직이나 자격증을 활용한 전문직에 적합하다. 정인격(正印格)이 정관(正官)과 함께 나타나면 법과 명예를 중시하는 성격이 강해 공직 생활이 적합하며, 편관을 쓰면 군인, 법관, 의사 등이 적합하다. 식상(食傷)이 있으면 배운 것을 실천하는 능력이 뛰어나 학문, 교육, 문화, 종교 등 여러 분야에서 활약할 수 있다.

예시)

시주	일주	월주	년주
癸	丁	丙	甲
卯	酉	寅	子

(해석)

　丁 일간(日干)의 월지(月支) 寅에서 가장 활동성이 좋은 천간(天干)은 甲辛이다. 천간(天干)에 甲이 있으니 정인격(正印格)이다. 안정성과 지속성을 중시하며, 일반적이고 대중적인 학문이나 지식을 수용하는 데 강점을 발휘한다.

일간(日干)별 격국(格局)

1. 甲木 일간(日干)의 격국(格局)

① 甲甲 비견격(比肩格)의 특성과 활동

甲甲 비견격(比肩格)은 보이게 상승하고 확산하는 甲木 일간(日干)이 같은 성향의 甲木을 비견(比肩)으로 삼아, 상승과 확산의 기운이 배가되므로 보이는 명분을 중시하고 키우는 활동성이 뛰어나 보이게 성장하고 확산하는 분야에서 두각을 나타낼 수 있다. 비견(比肩)이므로 자기 주관이 강하고 자신의 기록과 싸우는 달리기 선수처럼 선의의 경쟁을 하여 협동심과 상부상조 정신이 매우 뛰어나다.

甲甲 비견격(比肩格)은 신도심이나 신도시처럼 새롭게 시작하는 곳에서 주도적으로 리더십을 발휘하며 활발하게 솔선수범하여 키우고 확산하는 경쟁력이 뛰어나다.

② 甲乙 겁재격(劫財格)의 특성과 활동

甲乙 겁재격(劫財格)은 보이게 상승 확산하는 甲木 일간(日干)이, 보이지 않게 하강하고 수축하려는 성향의 乙木을 겁재(劫財)로 두어, 상승 확산의 기운과 하강 수축의 기운이 서로 충돌하므로 도전하고 경쟁하는 분야에서 두각을 나타낼 수 있다. 겁재(劫財)이므로 상대를 쓰러뜨려야 이기는 권투 선수처럼 승부욕과 투쟁심이 강하여 수단과 방법을 가리지 않고 이기려고 하는 경쟁심과 도전 정신이 돋보인다.

甲乙 겁재격(劫財格)은 구도심이나 오래된 중소도시처럼 한물간 곳에서 알차고 실속 있게 내실을 기하는 경쟁력이 뛰어나다.

③ 甲丙 식신격(食神格)의 특성과 활동

甲丙 식신격(食神格)은 보이게 상승 확산하는 甲木 일간(日干)이 보이게 더 상승, 더 확산하는 丙火를 식신(食神)으로 삼아, 상승 확산하려는 성향이 강하다. 창의력과 혁신성을 바탕으로 자기가 하고 싶은 일을 하는데 그럴듯하게 보이게 키우고 확산하는 분야

가 적합하다. 식신(食神)이므로 기존의 질서를 무시하지는 않지만 바꿔서라도 자신이 하고 싶은 일을 하고자 하는데 키우고 확산하는 전문성 있는 일을 하는 것이 어울린다.

甲丙 식신격(食神格)은 화려하고 번화한 도심처럼 인기 있고 드러난 곳에서 청년층이나 성장을 주도하는 계층을 대상으로 자신이 하고 싶은 일을 하되 창의성과 혁신성을 바탕으로 키우고 확산하는 전문성 있는 분야가 적합하다.

④ 甲丁 상관격(傷官格)의 특성과 활동

甲丁 상관격(傷官格)은 보이게 상승 확산하는 甲木 일간(日干)이 보이지 않게 더 하강과 더 수축하려는 丁火를 상관(傷官)으로 두어, 하강 수축하려는 성향이 강하다. 창의력과 혁신성을 바탕으로 자기가 하고 싶은 일을 하는데 알차고 실속 있게 내실을 기하는 분야가 적합하다. 상관(傷官)이므로 자신이 하고 싶은 일을 하기 위하여 기존 질서를 무시하고 수단과 방법을 가리지 않는 경향이 있으며, 다양성 있는 일을 하는 것이 어울린다.

甲丁 상관격(傷官格)은 조용한 변두리나 시골처럼 한가하고 드러나지 않는 곳에서 노년층이나 마무리하는 계층을 대상으로 자기가 하고 싶은 일을 하되 알차고 실속 있으며 다양성 있는 분야가 적합하다.

⑤ 甲戊 편재격(偏財格)의 특성과 활동

甲戊 편재격(偏財格)은 보이게 상승 확산하는 甲木 일간(日干)이 정상에서 상승을 멈추고 하강을 준비하는 戊土를 편재(偏財)로 두어, 상승 확산의 기운을 유지하려는 성향이 강하므로 드러나게 키우고 확산하는 재물 활동이 적합하다. 편재(偏財)이므로 일시적, 집중적으로 돈을 벌 때는 많이 벌고 망할 때는 망하는 투기성 재물 활동이 어울린다.

甲戊 편재격(偏財格)은 중심가나 중앙통처럼 인기 있고 드러난 곳에서 청장년층이나 성장을 주도하는 계층을 상대로 키우고 확산하는 투기성 재물 활동을 하는 것이 적합하다.

⑥ 甲己 정재격(正財格)의 특성과 활동

甲己 정재격(正財格)은 보이게 상승 확산하는 甲木 일간(日干)이 저점에서 하강을 멈추

고 상승을 준비하는 己土를 정재(正財)로 삼아, 하강 수축의 기운을 유지하려는 성향이 강하므로 드러나지 않게 조용히 실리를 추구하는 재물 활동이 어울린다. 정재(正財)이므로 고정적, 지속적으로 꾸준히 돈을 버는 안정성 재물 활동이 어울린다.

甲己 정재격(正財格)은 변두리나 시골처럼 드러나지 않은 한적한 곳에서 노년층이나 마무리하는 계층을 상대로 알차고 실속 있는 안정성 재물 활동을 하는 것이 적합하다.

⑦ 甲庚 편관격(偏官格)의 특성과 활동

甲庚 편관격(偏官格)은 보이게 상승 확산하는 甲木 일간(日干)이 하강과 수축의 성향을 지닌 庚金을 편관(偏官)으로 두어, 하강과 수축의 성향이므로 일의 질이나 평가에 중점을 두는 품질 관리와 같은 역할에 적합하다. 편관(偏官)이므로 업무 환경이나 업무량이 불규칙한 프리랜서나 계약직 같은 비정규직이 적합한 격(格)이다.

甲庚 편관격(偏官格)은 한물간 구도심이나 중소도시처럼 전통은 있지만 주목받지 못하는 부서에서 계약직이나 프리랜서로 근무하며, 업무의 질을 향상하기 위한 일시적이고 집중적인 프로젝트 기반의 업무를 수행하는 역할에 적합하다.

⑧ 甲辛 정관격(正官格)의 특성과 활동

甲辛 정관격(正官格)은 보이게 상승 확산하는 甲木 일간(日干)이 상승 확산하려는 辛金을 정관(正官)으로 두어, 성장과 확장을 추구하므로 사업을 키우고 발전시키는 사업 기획이나 사업 추진 같은 꾸준한 성장을 중시하는 업무에 잘 어울린다. 정관(正官)이므로 업무 환경이나 업무량이 안정적이고 지속적인 정규직이 적합하다.

甲辛 정관격(正官格)은 신도심이나 신도시처럼 새롭게 시작하는 신규 부서에서 안정된 정규직으로 근무하며 사업을 꾸준히 성장, 발전시키기 위한 사업 기획이나 사업 추진 업무에 적합하다.

⑨ 壬甲 편인격(偏印格)의 특성과 활동

壬甲 편인격(偏印格)은 보이게 상승 확산하는 甲木 일간(日干)이 더 하강하고 더 수축

하려는 壬水를 편인(偏印)으로 두어, 하강 수축하려는 성향이 강하므로 조용히 학문이나 연구를 하는 것이 적합하다. 편인(偏印)이므로 독특하고 특이한 분야의 학문이나 기술을 일시적, 집중적으로 연구하는 것이 어울린다.

壬甲 편인격(偏印格)은 변두리나 시골처럼 조용하고 한적한 곳에서 특수한 분야의 학문이나 연구를 일시적이고 집중적으로 수행하는 것이 적합하다.

⑩ 癸甲 정인격(正印格)의 특성과 활동

癸甲 정인격(正印格)은 보이게 상승 확산하는 甲木 일간(日干)이 더 상승하고 더 확산하는 에너지를 지닌 癸水를 정인(正印)으로 두어, 상승 확산하려는 성향이 강하므로 관심을 받으며 활발히 학문이나 연구를 하는 것이 적합하다. 정인(正印)이므로 대중적이고 일반적인 인기 있는 분야의 학문이나 기술을 안정적, 지속적으로 연구하는 것이 어울린다.

癸甲 정인격(正印格)은 도심이나 번화가처럼 드러나게 관심을 받는 곳에서 대중적이고 일반적인 학문이나 연구를 안정적이고 지속적으로 수행하는 것이 적합하다.

2. 乙木 일간(日干)의 격국(格局)

① 乙乙 비견격(比肩格)의 특성과 활동

乙乙 비견격(比肩格)은 보이지 않게 하강 수축하는 乙木 일간(日干)이 같은 성향의 乙木을 비견(比肩)으로 두어, 하강, 수축하는 성향이 더욱 강해지므로 외형보다 실리를 중시하고 줄이는 활동성이 뛰어나 차분하게 내실을 기하는 분야에서 성과를 낼 수 있다. 비견(比肩)이므로 자기 주관이 강하고 자신의 기록과 싸우는 달리기 선수처럼 선의의 경쟁을 하여 협동심과 상부상조 정신이 돋보인다.

乙乙 비견격(比肩格)은 구도심이나 오래된 중소도시처럼 한물간 곳에서 주도적으로 차분하게 내실을 기할 수 있는 알차고 실속 있는 경쟁력이 뛰어나다.

② 乙甲 겁재격(劫財格)의 특성과 활동

乙甲 겁재격(劫財格)은 보이지 않게 하강 수축하는 乙木 일간(日干)이 반대로 보이게

상승과 확산하려는 甲木을 겁재(劫財)로 두어, 하강 수축의 기운과 상승 확산의 기운이 서로 충돌하므로 도전하고 경쟁하는 분야에서 두각을 나타낼 수 있다. 겁재(劫財)이므로 상대를 쓰러뜨려야 이기는 권투 선수처럼 승부욕과 투쟁심이 강하여 수단과 방법을 가리지 않고 이기려고 하는 경쟁심과 도전 정신이 돋보인다.

乙甲 겁재격(劫財格)은 신도심이나 신도시처럼 새롭게 시작하는 곳에서 활발하게 활동하며, 드러나게 키우고 확산하는 경쟁력이 뛰어나다.

③ 乙丁 식신격(食神格)의 특성과 활동

乙丁 식신격(食神格)은 보이지 않게 하강 수축하는 乙木 일간(日干)이 보이지 않게 더 하강과 더 수축하려는 丁火를 식신(食神)으로 두어, 하강 수축하려는 성향이 강하다. 창의력과 혁신성을 바탕으로 자기가 하고 싶은 일을 하는데 알차고 실속 있게 내실을 기하는 분야가 적합하다.

식신(食神)이므로 기존의 질서를 무시하지는 않지만 바꿔서라도 자신이 하고 싶은 일을 하고자 하는데 내실을 기하는 전문성 있는 일을 하는 것이 어울린다.

乙丁 식신격(食神格)은 조용한 변두리나 시골처럼 한가하고 드러나지 않는 곳에서 노년층이나 마무리하는 계층을 대상으로 자기가 하고 싶은 일을 하되 창의성과 혁신성을 바탕으로 내실을 기하는 전문성 있는 분야가 적합하다.

④ 乙丙 상관격(傷官格)의 특성과 활동

乙丙 상관격(傷官格)은 보이지 않게 하강 수축하는 乙木 일간(日干)이 더 상승, 더 확산하는 성향이 강한 丙火를 상관(傷官)으로 두어, 상승 확산하려는 성향이 강하다. 창의력과 혁신성을 바탕으로 자기가 하고 싶은 일을 하는데 그럴듯하게 보이게 키우고 확산하는 분야가 적합하다. 상관(傷官)이므로 자신이 하고 싶은 일을 하기 위하여 기존 질서를 무시하고 수단과 방법을 가리지 않는 경향이 있으며, 다양성 있는 일을 하는 것이 어울린다.

乙丙 상관격(傷官格)은 화려하고 번화한 도심처럼 인기 있고 드러난 곳에서 청년층이

나 성장을 주도하는 계층을 상대로 자기가 하고 싶은 일을 하는데 창의성과 혁신성을 바탕으로 키우고 확산시키는 다양성 있는 활동이 적합하다.

⑤ 乙己 편재격(偏財格)의 특성과 활동

乙己 편재격(偏財格)은 보이지 않게 하강 수축하는 乙木 일간(日干)이 더 하강, 더 수축하려는 己土를 편재(偏財)로 삼아, 하강 수축의 기운을 유지하려는 성향이 강하므로 드러나지 않게 실리적이고 실용적인 재물 활동이 적합하다. 편재(偏財)이므로 일시적, 집중적으로 돈을 벌 때는 많이 벌고 망할 때는 망하는 투기성 재물 활동이 어울린다.

乙己 편재격(偏財格)은 변두리나 시골처럼 한가하고 조용한 곳에서 노년층이나 마무리하는 계층을 대상으로 알차고 실속 있는 투기성 재물 활동을 하는 것이 적합하다.

⑥ 乙戊 정재격(正財格)의 특성과 활동

乙戊 정재격(正財格)은 보이지 않게 하강 수축하는 乙木 일간(日干)이 정상에서 상승을 멈추고 하강을 준비하는 戊土를 정재(正財)로 삼아, 상승 확산의 기운을 유지하려는 성향이 강하므로 드러나게 키우고 확산하는 재물 활동이 적합하다. 정재(正財)이므로 고정적, 지속적으로 꾸준히 돈을 버는 안정성 재물 활동이 어울린다.

乙戊 정재격(正財格)은 중심지나 중앙통처럼 인기 있고 드러난 곳에서 청장년층이나 성장을 주도하는 계층을 상대로 키우고 확산하는 안정성 재물 활동을 하는 것이 적합하다.

⑦ 乙辛 편관격(偏官格)의 특성과 활동

乙辛 편관격(偏官格)은 보이지 않게 하강 수축하는 乙木 일간(日干)이 보이지 않게 상승 확산의 성향이 강한 辛金을 편관(偏官)으로 두어, 성장과 확장을 추구하므로 사업을 키우고 발전시키는 사업 기획이나 사업 추진 같은 업무에 잘 어울린다. 편관(偏官)이므로 업무 환경이나 업무량이 불규칙한 프리랜서나 계약직 같은 비정규직이 적합한 격(格)이다.

乙辛 편관격(偏官格)은 새롭게 시작하는 신도심이나 신도시 또는 신규 부서에서 프리

랜서나 계약직으로 근무하며 사업을 키우고 발전시키는 업무를 수행하는 데 적합하다.

⑧ 乙庚 정관격(正官格)의 특성과 활동

乙庚 정관격(正官格)은 보이지 않게 하강 수축하는 乙木 일간(日干)이 하강 수축하는 庚金을 정관(正官)으로 두어, 하강과 수축의 성향이므로 일의 질이나 평가에 중점을 두는 품질 관리나 검사 같은 역할에 적합하다. 정관(正官)이므로 업무 환경이나 업무량이 안정적이고 지속적인 정규직이 적합한 격(格)이다.

乙庚 정관격(正官格)은 한물간 구도심이나 중소도시처럼 전통은 있지만 주목받지 못하는 부서에서 안정된 정규직으로 근무하며 업무의 질을 향상하기 위한 품질 관리나 평가, 감사 등의 업무에 어울린다.

⑨ 癸乙 편인격(偏印格)의 특성과 활동

癸乙 편인격(偏印格)은 보이지 않게 하강 수축하는 乙木 일간(日干)이 더 상승과 더 확산하는 癸水를 편인(偏印)으로 삼아, 상승 확산하려는 성향이 강하므로 관심을 받으며 활발히 학문이나 연구를 하는 것이 적합하다. 편인(偏印)이므로 일반적이지 않은 독특하고 특이한 특정 분야의 학문이나 기술을 일시적, 집중적으로 연구하는 것이 어울린다.

癸乙 편인격(偏印格)은 도심이나 번화가처럼 드러나게 관심을 받는 곳에서 대중적이거나 일반적이지 않은 특정 분야의 학문이나 연구를 일시적이고 집중적으로 수행하는 것이 적합하다.

⑩ 壬乙 정인격(正印格)의 특성과 활동

壬乙 정인격(正印格)은 보이지 않게 하강 수축하는 乙木 일간(日干)이 더 하강, 더 수축하는 壬水를 정인(正印)으로 두어, 하강 수축하려는 성향이 강하므로 드러나지 않게 조용히 학문이나 연구를 하는 것이 적합하다. 정인(正印)이므로 대중적이고 일반적인 인기 있는 학문이나 기술을 안정적, 지속적으로 연구하는 것이 어울린다.

壬乙 정인격(正印格)은 구도심이나 오래된 중소도시처럼 한물간 곳에서 대중적이고 일

반적인 학문이나 연구를 안정적이고 지속적으로 수행하는 것이 적합하다.

3. 丙火 일간(日干)의 격국(格局)

① 丙丙 비견격(比肩格)의 특성과 활동

丙丙 비견격(比肩格)은 보이게 더 상승, 더 확산하는 丙火 일간(日干)이 같은 성향의 丙火를 비견(比肩)으로 두어, 상승과 확산의 기운이 극대화되어 보이는 명분을 중시하고 키우는 활동성이 뛰어나 보이게 성장하고 확산하는 분야에서 두각을 나타낼 수 있다. 비견(比肩)이므로 자기 주관이 강하고 자신의 기록과 싸우는 달리기 선수처럼 선의의 경쟁을 하여 협동심과 상부상조 정신이 돋보인다.

丙丙 비견격(比肩格)은 도심이나 번화가처럼 인기 있고 바쁜 곳에서 주도적으로 리더십을 발휘하며 활발하게 활동하여 키우고 확산하는 경쟁력이 뛰어나다.

② 丙丁 겁재격(劫財格)의 특성과 활동

丙丁 겁재격(劫財格)은 보이게 더 상승, 더 확산하는 丙火 일간(日干)이 보이지 않게 더 하강, 더 수축하려는 丁火를 겁재(劫財)로 두어, 상승 확산의 기운과 하강 수축의 기운이 서로 충돌하므로 도전하고 경쟁하는 분야에서 두각을 나타낼 수 있다. 겁재(劫財)이므로 상대를 쓰러뜨려야 이기는 권투 선수처럼 승부욕과 투쟁심이 강하여 수단과 방법을 가리지 않고 이기려고 하는 경쟁심과 도전 정신이 돋보인다.

丙丁 겁재격(劫財格)은 한가한 변두리나 시골처럼 조용하고 드러나지 않은 곳에서 알차고 실속 있게 내실을 기하는 경쟁력이 뛰어나다.

③ 丙戊 식신격(食神格)의 특성과 활동

丙戊 식신격(食神格)은 보이게 더 상승, 더 확산하는 丙火 일간(日干)이 정상에서 상승을 멈추고 하강을 준비하는 戊土를 식신(食神)으로 두어, 상승 확산의 기운을 유지하려는 성향이 강하다. 창의력과 혁신성을 바탕으로 자기가 하고 싶은 일을 하는데 그럴듯하게 보이게 키우고 확산하는 분야가 적합하다. 식신(食神)이므로 기존의 질서를 무시하지

는 않지만 바꿔서라도 자신이 하고 싶은 일을 하고자 하는데 키우고 확산하는 전문성 있는 일을 하는 것이 어울린다.

丙戌 식신격(食神格)은 중심가나 중앙통처럼 인기 있고 드러난 곳에서 청장년층이나 성장을 주도하는 계층을 상대로 자신이 하고 싶은 일을 하되 창의성과 혁신성을 바탕으로 성장을 추구하는 전문성이 요구되는 분야에 적합하다.

④ 丙己 상관격(傷官格)의 특성과 활동

丙己 상관격(傷官格)은 보이게 더 상승, 더 확산하는 丙火 일간(日干)이 보이지 않게 더욱 하강, 수축하는 己土를 상관(傷官)으로 삼아, 하강 수축의 기운을 유지하려는 성향이 강하다. 창의력과 혁신성을 바탕으로 자기가 하고 싶은 일을 하는데 알차고 실속 있게 내실을 기하는 분야가 적합하다. 상관(傷官)이므로 자신이 하고 싶은 일을 하기 위하여 기존 질서를 무시하고 수단과 방법을 가리지 않는 경향이 있으며, 다양성 있는 일을 하는 것이 어울린다.

丙己 상관격(傷官格)은 조용한 변두리나 시골처럼 한가하고 드러나지 않는 곳에서 노년층이나 마무리하는 계층을 대상으로 자기가 하고 싶은 일을 하되 창의성과 혁신성을 바탕으로 내실을 기하는 다양성 있는 분야가 적합하다.

⑤ 丙庚 편재격(偏財格)의 특성과 활동

丙庚 편재격(偏財格)은 보이게 더 상승, 더 확산하는 丙火 일간(日干)이 하강, 수축하는 庚金을 편재(偏財)로 두어, 하강 수축의 기운을 유지하려는 성향이 강하므로 실리적이고 실용적인 재물 활동이 적합하다. 편재(偏財)이므로 일시적, 집중적으로 돈을 벌 때는 많이 벌고 망할 때는 망하는 투기성 재물 활동이 어울린다.

丙庚 편재격(偏財格)은 오래된 중소도시나 구도심처럼 한물간 곳에서 중년층이나 안정된 계층을 대상으로 알차고 실속 있는 투기성 재물 활동이 적합하다.

⑥ 丙辛 정재격(正財格)의 특성과 활동

丙辛 정재격(正財格)은 보이게 더 상승, 더 확산하는 丙火 일간이 보이지 않게 상승, 확산의 성질을 가진 辛金을 정재(正財)로 삼아, 상승 확산하려는 성향이 강하므로 키우고 확산하는 재물 활동이 적합하다. 정재(正財)이므로 고정적, 지속적으로 꾸준히 돈을 버는 안정성 재물 활동이 어울린다.

丙辛 정재격(正財格)은 신도심이나 신도시처럼 새롭게 시작하는 곳에서 청소년층이나 시작하는 계층을 대상으로 키우고 확산하는 안정성 재물 활동이 적합하다.

⑦ 丙壬 편관격(偏官格)의 특성과 활동

丙壬 편관격(偏官格)은 보이게 더 상승, 더 확산하는 丙火 일간(日干)이 더 하강하고 더 수축하려는 壬水를 편관(偏官)으로 두어, 하강 수축을 추구하므로 실리적이고 실용적이며 내실을 추구하는 감사, 평가, 품질 관리와 같은 업무에서 능력을 발휘한다. 편관(偏官)이므로 업무 환경이나 업무량이 불규칙한 프리랜서나 계약직 같은 비정규직이 적합한 격(格)이다.

丙壬 편관격(偏官格)은 변두리나 시골처럼 주목받지 못하는 한직에서 프리랜서나 계약직 형태로 활동하며, 감사와 평가, 품질 관리 등의 업무에 적합하다.

⑧ 丙癸 정관격(正官格)의 특성과 활동

丙癸 정관격(正官格)은 보이게 더 상승, 더 확산하는 丙火 일간(日干)이 보이지 않게 더 상승, 더 확산의 성향을 가진 癸水를 정관(正官)으로 두어, 성장과 확장을 추구하는 성향이 강하므로 사업을 키우고 발전시키는 사업 기획이나 사업 추진 같은 꾸준한 성장을 중시하는 업무에 잘 어울린다. 정관(正官)이므로 업무 환경이나 업무량이 안정적이고 지속적인 정규직이 적합하다.

丙癸 정관격(正官格)은 화려한 번화가처럼 주목을 받는 본사나 주요 부서에서 안정된 정규직으로 근무하며 사업을 꾸준히 성장, 발전시키기 위한 사업 기획이나 사업 추진 업무에 적합하다.

⑨ 甲丙 편인격(偏印格)의 특성과 활동

甲丙 편인격(偏印格)은 보이게 더 상승, 더 확산하는 丙火 일간(日干)이 상승, 확산 성향을 가진 甲木을 편인(偏印)으로 삼아, 상승 확산하려는 성향이므로 관심을 받으며 학문이나 연구를 드러나게 하는 것이 적합하다. 편인(偏印)이므로 일반적이지 않은 독특하고 특이한 특정 분야의 학문이나 기술을 일시적, 집중적으로 연구하는 것이 어울린다.

甲丙 편인격(偏印格)은 신도심이나 신도시처럼 새롭게 시작하는 곳에서 대중적이거나 일반적이지 않은 특정 분야의 학문이나 연구를 일시적이고 집중적으로 수행하는 것이 적합하다.

⑩ 乙丙 정인격(正印格)의 특성과 활동

乙丙 정인격(正印格)은 보이게 더 상승, 더 확산하는 丙火 일간(日干)이 보이지 않게 하강, 수축하는 乙木을 정인(正印)으로 두어, 하강 수축하려는 성향이 강하므로 드러나지 않게 조용히 학문이나 연구를 하는 것이 적합하다. 정인(正印)이므로 대중적이고 일반적인 학문이나 기술을 안정적이고 지속적으로 연구하는 것이 어울린다.

乙丙 정인격(正印格)은 구도심이나 오래된 중소도시처럼 한물간 곳에서 대중적이고 일반적인 학문이나 연구를 안정적이고 지속적으로 수행하는 것이 적합하다.

4. 丁火 일간(日干)의 격국(格局)

① 丁丁 비견격(比肩格)의 특성과 활동

丁丁 비견격(比肩格)은 보이지 않게 더 하강, 더 수축하는 丁火 일간(日干)이 같은 성향의 丁火를 비견(比肩)으로 두어, 하강, 수축하는 성향이 극대화되므로 외형보다 실리를 중시하고 줄이는 활동성이 뛰어나 차분하게 내실을 기하는 분야에서 성과를 낼 수 있다. 비견(比肩)이므로 자기 주관이 강하고 자신의 기록과 싸우는 달리기 선수처럼 선의의 경쟁을 하여 협동심과 상부상조 정신이 돋보인다.

丁丁 비견격(比肩格)은 변두리나 시골처럼 한가하고 드러나지 않은 곳에서 주도적으로 차분하게 내실을 기할 수 있는 알차고 실속 있는 경쟁력이 뛰어나다.

② 丁丙 겁재격(劫財格)의 특성과 활동

丁丙 겁재격(劫財格)은 보이지 않게 더 하강, 더 수축하는 丁火 일간(日干)이 보이게 더 상승과 더 확산하는 丙火를 겁재(劫財)로 두어, 하강 수축의 기운과 상승 확산의 기운이 서로 충돌하므로 승패를 가리는 도전하고 경쟁하는 분야에서 두각을 나타낼 수 있다. 겁재(劫財)이므로 상대를 쓰러뜨려야 이기는 권투 선수처럼 승부욕과 투쟁심이 강하여 수단과 방법을 가리지 않고 이기려는 경쟁심과 투쟁 정신이 돋보인다.

丁丙 겁재격(劫財格)은 화려하고 밝은 도심의 번화가처럼 인기 있고 바쁜 곳에서 보이게 키우고 확산하는 경쟁력이 뛰어나다.

③ 丁己 식신격(食神格)의 특성과 활동

丁己 식신격(食神格)은 보이지 않게 더 하강, 더 수축하는 丁火 일간(日干)이 저점에서 하강을 멈추고 상승을 준비하는 己土를 식신(食神)으로 삼아, 하강 수축의 기운을 유지하려는 성향이 강하다. 창의력과 혁신성을 바탕으로 자기가 하고 싶은 일을 하는데 알차고 실속 있게 내실을 기하는 분야가 적합하다. 식신(食神)이므로 기존의 질서를 무시하지는 않지만 바꿔서라도 자신이 하고 싶은 일을 하고자 하는데 내실을 기하는 전문성 있는 일을 하는 것이 어울린다.

丁己 식신격(食神格)은 조용한 변두리나 시골처럼 한가하고 드러나지 않는 곳에서 노년층이나 마무리하는 계층을 대상으로 자기가 하고 싶은 일을 하되 창의성과 혁신성을 바탕으로 내실을 기하는 전문성 있는 분야가 적합하다.

④ 丁戊 상관격(傷官格)의 특성과 활동

丁戊 상관격(傷官格)은 보이지 않게 더 하강, 더 수축하는 丁火 일간(日干)이 정상에서 상승을 멈추고 하강을 준비하는 戊土를 상관(傷官)으로 두어, 상승 확산의 기운을 유지하려는 성향이 강하다. 창의력과 혁신성을 바탕으로 자기가 하고 싶은 일을 하는데 그럴듯하게 보이게 키우고 확산하는 분야가 적합하다. 상관(傷官)이므로 자신이 하고 싶은 일을 하기 위하여 기존 질서를 무시하고 수단과 방법을 가리지 않는 경향이 있으며, 다

양성 있는 일을 하는 것이 어울린다.

丁戊 상관격(傷官格)은 중심가나 중앙통처럼 인기 있고 드러난 곳에서 청장년층이나 성장을 주도하는 계층을 대상으로 자기가 하고 싶은 일을 하는데 창의성과 혁신성을 바탕으로 키우고 확산시키는 다양성 있는 활동이 적합하다.

⑤ 丁辛 편재격(偏財格)의 특성과 활동

丁辛 편재격(偏財格)은 보이지 않게 더 하강, 더 수축하는 丁火 일간(日干)이 보이지 않게 상승, 확산하는 辛金을 편재(偏財)로 두어 상승, 확산하려는 성향이 강하므로 키우고 확산하는 재물 활동이 적합하다. 편재(偏財)이므로 일시적, 집중적으로 돈을 벌 때는 많이 벌고 망할 때는 망하는 투기성 재물 활동이 어울린다.

丁辛 편재격(偏財格)은 신도시나 신도심처럼 새롭게 시작하는 곳에서 청소년층이나 시작하는 계층을 대상으로 키우고 확산하는 투기성 재물 활동을 하는 것이 적합하다.

⑥ 丁庚 정재격(正財格)의 특성과 활동

丁庚 정재격(正財格)은 보이지 않게 더 하강, 더 수축하는 丁火 일간(日干)이 하강, 수축하는 庚金을 정재(正財)로 두어 하강 수축의 기운을 유지하려는 성향이 강하므로 드러나지 않게 조용히 실리를 추구하는 재물 활동이 적합하다. 정재(正財)이므로 고정적, 지속적으로 꾸준히 돈을 버는 안정성 재물 활동이 어울린다.

丁庚 정재격(正財格)은 구도심이나 오래된 중소도시처럼 한물간 곳에서 중년층이나 안정된 계층을 대상으로 알차고 실속 있게 안정성 재물 활동을 하는 것이 적합하다.

⑦ 丁癸 편관격(偏官格)의 특성과 활동

丁癸 편관격(偏官格)은 보이지 않게 더 하강, 더 수축하는 丁火 일간(日干)이 보이지 않게 더 상승, 더 확산하는 癸水를 편관(偏官)으로 삼아, 상승 확산하는 성향이므로 사업을 키우고 확장하는 사업 기획이나 사업 추진 업무가 어울린다. 편관(偏官)이므로 업무 환경이나 업무량이 불규칙한 프리랜서나 계약직 같은 비정규직이 적합한 격(格)이다.

丁癸 편관격(偏官格)은 화려하고 번화한 도심처럼 주목을 받는 주요 부서에서 프리랜서나 계약직으로 근무하며 사업 기획이나 사업 추진 등 성장과 발전을 추구하는 업무를 수행하는 것이 적합하다.

⑧ 丁壬 정관격(正官格)의 특성과 활동

丁壬 정관격(正官格)은 보이지 않게 더 하강, 더 수축하는 丁火 일간(日干)이 더 하강, 더 수축하는 壬水를 정관(正官)으로 두어, 하강과 수축의 성향이 강하므로 업무의 질이나 평가에 중점을 두는 내실을 기하는 역할에 적합하다. 정관(正官)이므로 업무 환경이나 업무량이 안정적이고 지속적인 정규직이 어울린다.

丁壬 정관격(正官格)은 변두리나 시골처럼 한가하고 한적한 부서에서 안정된 정규직으로 근무하며, 업무의 질을 향상하기 위한 평가와 품질 관리, 검사, 감사 등의 업무가 적합하다.

⑨ 乙丁 편인격(偏印格)의 특성과 활동

乙丁 편인격(偏印格)은 보이지 않게 더 하강, 더 수축하는 丁火 일간(日干)이 보이지 않게 하강 수축하는 乙木을 편인(偏印)으로 삼아, 하강 수축하려는 성향이므로 드러나지 않게 조용히 학문이나 연구를 하는 것이 적합하다. 편인(偏印)이므로 독특하고 특이한 특정 분야의 학문이나 기술을 일시적, 집중적으로 연구하는 것이 어울린다.

乙丁 편인격(偏印格)은 구도심이나 오래된 중소도시처럼 한물간 전통이 있는 연구기관에서 대중적이거나 일반적이지 않은 특정 분야의 학문이나 연구를 일시적이고 집중적으로 수행하는 것이 적합하다.

⑩ 甲丁 정인격(正印格)의 특성과 활동

甲丁 정인격(正印格)은 보이지 않게 더 하강, 더 수축하는 丁火 일간(日干)이 상승과 확산의 기운을 가진 甲木을 정인(正印)으로 삼아, 상승 확산하려는 성향이 강하므로 드러나게 관심을 받으며 학문이나 연구를 하는 것이 적합하다. 정인(正印)이므로 대중적이

고 일반적인 인기 있는 분야의 학문이나 기술을 안정적, 지속적으로 연구하는 것이 어울린다.

甲丁 정인격(正印格)은 신도심이나 신도시처럼 새롭게 시작하는 곳에서 대중적이고 일반적인 인기 있는 학문이나 연구를 안정적이고 지속적으로 수행하는 것이 적합하다.

5. 戊土 일간(日干)의 격국(格局)

① 戊戊 비견격(比肩格)의 특성과 활동

戊戊 비견격(比肩格)은 정상에서 상승을 멈추고 하강을 준비하는 戊土 일간(日干)이 같은 성향을 가진 戊土를 비견(比肩)으로 삼아, 상승과 확산의 기운을 유지하려는 성향이 강해지므로 보이는 명분을 중시하고 키우는 활동성이 뛰어나 보이게 성장하고 확산하는 분야에서 두각을 나타낼 수 있다. 비견(比肩)이므로 자기 주관이 강하고 자신의 기록과 싸우는 달리기 선수처럼 선의의 경쟁을 하여 협동심과 상부상조 정신이 돋보인다.

戊戊 비견격(比肩格)은 중심가나 중앙통처럼 인기 있고 바쁜 곳에서 리더십을 발휘하며 주도적으로 활발하게 키우고 확산하는 경쟁력이 뛰어나다.

② 戊己 겁재격(劫財格)의 특성과 활동

戊己 겁재격(劫財格)은 정상에서 상승을 멈추고 하강을 준비하는 戊土 일간(日干)이 보이지 않게 저점에서 하강을 멈추고 상승을 준비하는 己土를 겁재(劫財)로 두어, 상승 확산의 기운과 하강 수축의 기운이 서로 충돌하므로 도전하고 경쟁하는 분야에서 두각을 나타낼 수 있다. 겁재(劫財)이므로 상대를 쓰러뜨려야 이기는 권투 선수처럼 승부욕과 투쟁심이 강하여 수단과 방법을 가리지 않고 이기려고 하는 경쟁심과 도전 정신이 돋보인다.

戊己 겁재격(劫財格)은 한적한 변두리나 시골처럼 조용하고 드러나지 않은 곳에서 알차고 실속 있게 내실을 기하는 경쟁력이 뛰어나다.

③ 戊庚 식신격(食神格)의 특성과 활동

戊庚 식신격(食神格)은 정상에서 상승을 멈추고 하강을 준비하는 戊土 일간(日干)이 하

강, 수축하는 庚金을 식신(食神)으로 삼아, 하강 수축하려는 성향이 강하다. 창의력과 혁신성을 바탕으로 자기가 하고 싶은 일을 하는데 알차고 실속 있게 내실을 기하는 분야가 적합하다. 식신(食神)이므로 기존의 질서를 무시하지는 않지만 바꿔서라도 자신이 하고 싶은 일을 하고자 하는데 전문성 있는 일을 하는 것이 어울린다.

戊庚 식신격(食神格)은 오래된 중소도시나 구도심처럼 한물간 곳에서 중년층이나 안정된 계층을 대상으로 하고 싶은 일을 하는데 창의성과 혁신성을 바탕으로 내실을 기하는 전문성 있는 분야가 적합하다.

④ 戊辛 상관격(傷官格)의 특성과 활동

戊辛 상관격(傷官格)은 정상에서 상승을 멈추고 하강을 준비하는 戊土 일간(日干)이 보이지 않게 상승하고 확산하는 辛金을 상관(傷官)으로 삼아, 상승 확산하려는 성향이 강하다. 창의력과 혁신성을 바탕으로 자기가 하고 싶은 일을 하는데 그럴듯하게 보이게 키우고 확산하는 분야가 적합하다. 상관(傷官)이므로 자신이 하고 싶은 일을 하기 위하여 기존 질서를 무시하고 수단과 방법을 가리지 않는 경향이 있으며, 다양성 있는 일을 하는 것이 어울린다.

戊辛 상관격(傷官格)은 신도심이나 신도시처럼 새롭게 시작하는 곳에서 청소년층이나 시작하는 계층을 대상으로 자기가 하고 싶은 일을 하는데 창의성과 혁신성을 바탕으로 키우고 확산하는 다양성 있는 분야가 적합하다.

⑤ 戊壬 편재격(偏財格)의 특성과 활동

戊壬 편재격(偏才格)은 정상에서 상승을 멈추고 하강을 준비하는 戊土 일간(日干)이 더 하강하고 더 수축하는 壬水를 편재(偏財)로 두어, 하강 수축하려는 성향이 강하므로 드러나지 않게 실리적이고 실용적인 재물 활동이 적합하다. 편재(偏財)이므로 일시적, 집중적으로 돈을 벌 때는 많이 벌고 망할 때는 망하는 투기성 재물 활동이 어울린다.

戊壬 편재격(偏財格)은 변두리나 시골처럼 한가하고 조용한 곳에서 노년층이나 마무리하는 계층을 대상으로 알차고 실속 있는 투기성 재물 활동을 하는 것이 적합하다.

⑥ 戊癸 정재격(正財格)의 특성과 활동

戊癸 정재격(正財格)은 정상에서 상승을 멈추고 하강을 준비하는 戊土 일간(日干)이 보이지 않게 더 상승하고 확산하는 癸水를 정재(正財)로 두어, 상승 확산의 기운을 유지하려는 성향이 강하므로 드러나게 키우고 확산하는 재물 활동이 적합하다. 정재(正財)이므로 고정적, 지속적으로 꾸준히 돈을 버는 안정성 재물 활동이 어울린다.

戊癸 정재격(正財格)은 도심이나 번화가처럼 인기 있고 드러난 곳에서 청년층이나 성장을 주도히는 계층을 대상으로 키우고 확산하는 안정성 재물 활동을 하는 것이 적합하다.

⑦ 戊甲 편관격(偏官格)의 특성과 활동

戊甲 편관격(偏官格)은 정상에서 상승을 멈추고 하강을 준비하는 戊土 일간(日干)이 상승하고 확산하는 甲木을 편관(偏官)으로 삼아, 상승 확산하는 성향이므로 사업을 키우고 확장하는 사업 기획이나 사업 추진 업무가 적합하다. 편관(偏官)이므로 업무 환경이나 업무량이 일시적, 집중적인 프리랜서나 계약직 같은 비정규직이 어울린다.

戊甲 편관격(偏官格)은 신도심이나 신도시처럼 새롭게 시작하는 신규 부서에서 계약직이나 프리랜서로 근무하며 사업 기획이나 사업 추진 등 성장과 발전을 추구하는 업무를 수행하는 것이 적합하다.

⑧ 戊乙 정관격(正官格)의 특성과 활동

戊乙 정관격(正官格)은 정상에서 상승을 멈추고 하강을 준비하는 戊土 일간(日干)이 보이지 않게 하강 수축하는 乙木을 정관(正官)으로 삼아, 하강과 수축의 성향이므로 일의 질이나 평가에 중점을 두는 품질 관리와 같은 역할에 적합하다. 정관(正官)이므로 업무 환경이나 업무량이 안정적이고 지속적인 정규직이 어울린다.

戊乙 정관격(正官格)은 한물간 구도심이나 중소도시처럼 전통은 있지만 주목받지 못하는 부서에서 안정된 정규직으로 근무하며 업무의 질을 향상하기 위한 품질 관리나 평가, 감사 등의 업무에 적합하다.

⑨ 丙戊 편인격(偏印格)의 특성과 활동

丙戊 편인격(偏印格)은 정상에서 상승을 멈추고 하강을 준비하는 戊土 일간(日干)이 더 상승하고 더 확산하려는 丙火를 편인(偏印)으로 삼아, 상승 확산하려는 성향이 매우 강하므로 관심을 받으며 활발히 학문이나 연구를 하는 것이 적합하다. 편인(偏印)이므로 일반적이지 않은 독특하고 특이한 특정 분야의 학문이나 기술을 일시적, 집중적으로 연구하는 것이 어울린다.

丙戊 편인격(偏印格)은 화려한 번화가처럼 드러나게 주목을 받는 곳에서 대중적이거나 일반적이지 않은 특정 분야의 학문이나 연구를 일시적이고 집중적으로 수행하는 것이 적합하다.

⑩ 丁戊 정인격(正印格)의 특성과 활동

丁戊 정인격(正印格)은 정상에서 상승을 멈추고 하강을 준비하는 戊土 일간(日干)이 보이지 않게 더 하강하고 수축하는 丁火를 정인(正印)으로 삼아, 하강 수축하려는 성향이 강하므로 드러나지 않게 조용히 학문이나 연구를 하는 것이 적합하다. 정인(正印)이므로 대중적이고 일반적인 인기 있는 학문이나 기술을 안정적, 지속적으로 연구하는 것이 어울린다.

丁戊 정인격(正印格)은 변두리나 시골처럼 조용하고 한적한 곳에서 드러나지 않게 대중적이고 일반적인 학문이나 연구를 안정적이고 지속적으로 수행하는 것이 적합하다.

6. 己土 일간(日干)의 격국(格局)

① 己己 비견격(比肩格)의 특성과 활동

己己 비견격(比肩格)은 보이지 않게 저점에서 하강을 멈추고 상승을 준비하는 己土 일간(日干)이 같은 성향의 己土를 비견(比肩)으로 삼아, 하강, 수축의 기운을 유지하려는 성향이 더욱 강해지므로 외형보다 실리를 중시하고 줄이는 활동성이 뛰어나 차분하게 내실을 기하는 분야에서 성과를 낼 수 있다. 비견(比肩)이므로 자기 주관이 강하고 자신의 기록과 싸우는 달리기 선수처럼 선의의 경쟁을 하여 협동심과 상부상조 정신이 돋보인다.

己己 비견격(比肩格)은 시골이나 한적한 변두리처럼 조용하고 드러나지 않은 곳에서 주도적으로 차분하게 내실을 기할 수 있는 알차고 실속 있는 경쟁력이 뛰어나다.

② 己戊 겁재격(劫財格)의 특성과 활동

己戊 겁재격(劫財格)은 보이지 않게 저점에서 하강을 멈추고 상승을 준비하는 己土 일간(日干)이 정상에서 상승을 멈추고 하강을 준비하는 戊土를 겁재(劫財)로 두어, 하강 수축의 기운과 상승 확산의 기운이 서로 충돌하므로 도전하고 경쟁하는 분야에서 두각을 나타낼 수 있다. 겁재(劫財)이므로 상대를 쓰러뜨려야 이기는 권투 선수처럼 승부욕과 투쟁심이 강하여 수단과 방법을 가리지 않고 이기려고 하는 경쟁심과 도전 정신이 돋보인다.

己戊 겁재격(劫財格)은 중심가나 중앙통처럼 인기 있고 바쁜 곳에서 활발하게 솔선수범하여 보이게 키우고 확산하는 경쟁력이 뛰어나다.

③ 己辛 식신격(食神格)의 특성과 활동

己辛 식신격(食神格)은 보이지 않게 저점에서 하강을 멈추고 상승을 준비하는 己土 일간(日干)이 보이지 않게 상승하고 확산하는 辛金을 식신(食神)으로 삼아, 상승 확산하려는 성향이 강하다. 창의력과 혁신성을 바탕으로 자기가 하고 싶은 일을 하는데 그럴듯하게 보이게 키우고 확산하는 분야가 적합하다. 식신(食神)이므로 기존의 질서를 무시하지는 않지만 바꿔서라도 자신이 하고 싶은 일을 하고자 하는데 키우고 확산하는 전문성 있는 일을 하는 것이 어울린다.

己辛 식신격(食神格)은 신도심이나 신도시처럼 새롭게 시작하는 곳에서 청소년층이나 시작하는 계층을 대상으로 자신이 하고 싶은 일을 하는데 창의성과 혁신성을 바탕으로 키우고 확산하는 전문성 있는 분야가 적합하다.

④ 己庚 상관격(傷官格)의 특성과 활동

己庚 상관격(傷官格)은 보이지 않게 저점에서 하강을 멈추고 상승을 준비하는 己土 일

간(日干)이 하강, 수축하는 庚金을 상관(傷官)으로 삼아, 하강 수축하려는 성향이 강하다. 창의력과 혁신성을 바탕으로 자기가 하고 싶은 일을 하는데 알차고 실속 있게 내실을 기하는 분야가 적합하다. 상관(傷官)이므로 자신이 하고 싶은 일을 하기 위하여 기존 질서를 무시하고 수단과 방법을 가리지 않는 경향이 있으며, 다양성 있는 일을 하는 것이 어울린다.

己庚 상관격(傷官格)은 오래된 중소도시나 구도심처럼 한물간 곳에서 중년층이나 안정된 계층을 대상으로 자기가 하고 싶은 일을 하는데 창의성과 혁신성을 바탕으로 내실을 기하는 다양성 있는 분야가 적합하다.

⑤ 己癸 편재격(偏財格)의 특성과 활동

己癸 편재격(偏財格)은 보이지 않게 저점에서 하강을 멈추고 상승을 준비하는 己土 일간(日干)이 보이지 않게 더 상승, 더 확산하는 癸水를 편재(偏財)로 삼아, 상승 확산하려는 성향이 강하므로 키우고 확산하는 재물 활동이 적합하다. 편재(偏財)이므로 일시적, 집중적으로 돈을 벌 때는 많이 벌고 망할 때는 망하는 투기성 재물 활동이 어울린다.

己癸 편재격(偏財格)은 도심이나 번화가처럼 인기 있고 드러난 곳에서 청년층이나 성장을 주도하는 계층을 대상으로 키우고 확산하는 투기성 재물 활동이 적합하다.

⑥ 己壬 정재격(正財格)의 특성과 활동

己壬 정재격(正財格)은 보이지 않게 저점에서 하강을 멈추고 상승을 준비하는 己土 일간(日干)이 더 하강, 더 수축하는 壬水를 정재(正財)로 두어, 하강 수축하려는 성향이 강하므로 드러나지 않게 조용히 실리를 추구하는 재물 활동이 적합하다. 정재(正財)이므로 고정적, 지속적으로 꾸준히 돈을 버는 안정성 재물 활동이 어울린다.

己壬 정재격(正財格)은 변두리나 시골처럼 드러나지 않은 한적한 곳에서 노년층이나 마무리하는 계층을 대상으로 알차고 실속 있는 안정성 재물 활동을 하는 것이 적합하다.

⑦ 己乙 편관격(偏官格)의 특성과 활동

己乙 편관격(偏官格)은 보이지 않게 저점에서 하강을 멈추고 상승을 준비하는 己土 일간(日干)이 보이지 않게 하강 수축하는 乙木을 편관(偏官)으로 삼아, 하강과 수축의 성향이므로 일의 질이나 평가에 중점을 두는 품질 관리와 같은 역할에 적합하다. 편관(偏官)이므로 일이 있을 때는 매우 바쁘고 일이 없을 때는 한가한 특성을 가지는 프리랜서나 계약직에 어울린다.

己乙 편관격(偏官格)은 한물간 구도심이나 중소도시처럼 전통은 있지만 주목받지 못하는 부서에서 계약직이나 프리랜서로 근무하며 외형 확장보다 내실을 기하는 평가, 검사, 품질 관리 등의 업무에 적합하다.

⑧ 己甲 정관격(正官格)의 특성과 활동

己甲 정관격(正官格)은 보이지 않게 저점에서 하강을 멈추고 상승을 준비하는 己土 일간(日干)이 상승, 확산하는 甲木을 정관(正官)으로 삼아, 성장과 확장을 추구하므로 사업을 키우고 발전시키는 사업 기획이나 사업 추진 같은 성장을 중시하는 업무에 적합하다. 정관(正官)이므로 업무 환경이나 업무량이 안정적이고 지속적인 정규직이 어울린다.

己甲 정관격(正官格)은 신도심이나 신도시처럼 새롭게 시작하는 신규 부서에서 안정된 정규직으로 근무하며 사업을 꾸준히 성장, 발전시키기 위한 사업 기획이나 사업 추진 업무에 적합하다.

⑨ 丁己 편인격(偏印格)의 특성과 활동

丁己 편인격(偏印格)은 보이지 않게 저점에서 하강을 멈추고 상승을 준비하는 己土 일간(日干)이 보이지 않게 더 하강, 더 수축하는 丁火를 편인(偏印)으로 두어, 하강 수축하려는 성향이 강하므로 드러나지 않게 조용히 학문이나 연구를 하는 것이 적합하다. 편인(偏印)이므로 독특하고 특이한 특정 분야의 학문이나 기술을 일시적, 집중적으로 연구하는 것이 어울린다.

丁己 편인격(偏印格)은 변두리나 시골처럼 조용하고 한적한 곳에서 대중적이거나 일반

적이지 않은 특정 분야의 학문이나 연구를 일시적이고 집중적으로 수행하는 것이 적합하다.

⑩ 丙己 정인격(正印格)의 특성과 활동

丙己 정인격(正印格)은 보이지 않게 저점에서 하강을 멈추고 상승을 준비하는 己土 일간(日干)이 더 상승하고 더 확산하는 丙火를 정인(正印)으로 삼아, 상승 확산하려는 성향이 강하므로 관심을 받으며 활발히 학문이나 연구를 하는 것이 적합하다. 정인(正印)이므로 대중적이고 일반적인 인기 있는 분야의 학문이나 기술을 안정적, 지속적으로 연구하는 것이 어울린다.

丙己 정인격(正印格)은 도심이나 번화가처럼 드러나게 관심을 받는 곳에서 대중적이고 일반적인 인기 있는 학문이나 연구를 안정적이고 지속적으로 수행하는 것이 적합하다.

7. 庚金 일간(日干)의 격국(格局)

① 庚庚 비견격(比肩格)의 특성과 활동

庚庚 비견격(比肩格)은 하강, 수축하는 庚金 일간(日干)이 같은 성향의 庚金을 비견(比肩)으로 삼아, 하강, 수축하는 성향이 더욱 강해지므로 외형보다 실리를 중시하고 줄이는 활동성이 뛰어나 차분하게 내실을 기하는 분야에서 성과를 낼 수 있다. 비견(比肩)이므로 자기 주관이 강하고 자신의 기록과 싸우는 달리기 선수처럼 선의의 경쟁을 하여 협동심과 상부상조 정신이 돋보인다.

庚庚 비견격(比肩格)은 구도심이나 오래된 중소도시처럼 한물간 곳에서 주도적으로 차분하게 내실을 기할 수 있는 알차고 실속 있는 경쟁력이 뛰어나다.

② 庚辛 겁재격(劫財格)의 특성과 활동

庚辛 겁재격(劫財格)은 하강, 수축하는 庚金 일간(日干)이 보이지 않게 상승, 확산하는 辛金을 겁재(劫財)로 두어, 하강 수축의 기운과 상승 확산의 기운이 서로 충돌하므로 도전하고 경쟁하는 분야에서 두각을 나타낼 수 있다. 겁재(劫財)이므로 상대를 쓰러뜨려야

이기는 권투 선수처럼 승부욕과 투쟁심이 강하여 수단과 방법을 가리지 않고 이기려는 경쟁심과 도전 정신이 돋보인다.

庚辛 겁재격(劫財格)은 신도심이나 신도시처럼 새롭게 시작하는 곳에서 활발하게 솔선 수범하여 키우고 확산하는 경쟁력이 뛰어나다.

③ 庚壬 식신격(食神格)의 특성과 활동

庚壬 식신격(食神格)은 하강, 수축하는 庚金 일간(日干)이 더 하강, 더 수축하는 壬水 를 식신(食神)으로 두어, 하강 수축하려는 성향이 강하다. 창의력과 혁신성을 바탕으로 자기가 하고 싶은 일을 하는데 알차고 실속 있게 내실을 기하는 분야가 적합하다. 식신 (食神)이므로 기존의 질서를 무시하지는 않지만 바꿔서라도 자신이 하고 싶은 일을 하고 자 하는데 전문성 있는 일을 하는 것이 어울린다.

庚壬 식신격(食神格)은 조용한 변두리나 시골처럼 한가하고 드러나지 않는 곳에서 노 년층이나 마무리하는 계층을 대상으로 자기가 하고 싶은 일을 하는데 창의성과 혁신성 을 바탕으로 내실을 기하는 전문성 있는 분야가 적합하다.

④ 庚癸 상관격(傷官格)의 특성과 활동

庚癸 상관격(傷官格)은 하강, 수축하는 庚金 일간(日干)이 보이지 않게 더 상승, 더 확 산하는 癸水를 상관(傷官)으로 두어, 상승 확산하려는 성향이 강하다. 창의력과 혁신성 을 바탕으로 자기가 하고 싶은 일을 하는데 그럴듯하게 보이게 키우고 확산하는 분야가 적합하다. 상관(傷官)이므로 자신이 하고 싶은 일을 하기 위하여 기존 질서를 무시하고 수단과 방법을 가리지 않는 경향이 있으며, 다양성 있는 일을 하는 것이 어울린다.

庚癸 상관격(傷官格)은 화려하고 번화한 도심처럼 인기 있고 드러난 곳에서 청년층이 나 성장을 주도하는 계층을 대상으로 자기가 하고 싶은 일을 하는데 창의성과 혁신성을 바탕으로 키우고 확산시키는 다양성 있는 활동이 적합하다.

⑤ 庚甲 편재격(偏財格)의 특성과 활동

庚甲 편재격(偏財格)은 하강, 수축하는 庚金 일간(日干)이 상승, 확산하는 甲木을 편재(偏財)로 삼아, 상승 확산하려는 성향이 강하므로 드러나게 키우고 확산하는 재물 활동이 적합하다. 편재(偏財)이므로 일시적, 집중적으로 돈을 벌 때는 많이 벌고 망할 때는 망하는 투기성 재물 활동이 어울린다.

庚甲 편재격(偏財格)은 신도심이나 신도시처럼 새롭게 시작하는 곳에서 청소년층이나 시작하는 계층을 대상으로 키우고 확산하는 투기성 재물 활동이 적합하다.

⑥ 庚乙 정재격(正財格)의 특성과 활동

庚乙 정재격(正財格)은 하강, 수축하는 庚金 일간(日干)이 보이지 않게 하강, 수축하는 乙木을 정재(正財)로 두어, 하강 수축하려는 성향이 강하므로 드러나지 않게 조용히 실리를 추구하는 재물 활동이 적합하다. 정재(正財)이므로 고정적, 지속적으로 꾸준히 돈을 버는 안정성 재물 활동이 어울린다.

庚乙 정재격(正財格)은 오래된 중소도시나 구도심처럼 한물간 곳에서 중년층이나 안정된 계층을 대상으로 알차고 실속 있는 안정성 재물 활동을 하는 것이 적합하다.

⑦ 庚丙 편관격(偏官格)의 특성과 활동

庚丙 편관격(偏官格)은 하강, 수축하는 庚金 일간(日干)이 더 상승, 더 확산하는 丙火를 편관으로 삼아, 상승 확산하는 성향이 매우 강하므로 사업을 키우고 확장하는 사업 기획이나 사업 추진 업무가 적합하다. 편관(偏官)이므로 업무 환경이나 업무량이 일시적이고 집중적인 프리랜서나 계약직 같은 비정규직이 어울린다.

庚丙 편관격(偏官格)은 화려한 번화가처럼 주목을 받는 주요 부서에서 계약직이나 프리랜서로 근무하며 성장과 발전을 추구하는 사업 기획이나 사업 추진 등의 업무를 일시적이고 집중적으로 수행하는 것이 적합하다.

⑧ 庚丁 정관격(正官格)의 특성과 활동

庚丁 정관격(正官格)은 하강, 수축하는 庚金 일간(日干)이 보이지 않게 더 하강, 더 수축하는 丁火를 정관(正官)으로 삼아, 하강과 수축의 성향이 강하므로 업무의 질이나 평가에 중점을 두는 품질 관리와 같은 역할에 적합하다. 정관(正官)이므로 업무 환경이나 업무량이 안정적이고 지속적인 정규직이 어울린다.

庚丁 정관격(正官格)은 변두리나 시골처럼 한가하고 한적한 주목을 받지 못하는 부서에서 안정된 정규직으로 근무하며 업무의 질을 향상하기 위한 품질 관리나 평가, 감사 등의 업무에 적합하다.

⑨ 戊庚 편인격(偏印格)의 특성과 활동

戊庚 편인격(偏印格)은 하강, 수축하는 庚金 일간(日干)이 정상에서 상승을 멈추고 하강을 준비하는 戊土를 편인(偏印)으로 두어, 상승 확산의 기운을 유지하려는 성향이 강하므로 관심을 받으며 학문이나 연구를 하는 것이 적합하다. 편인(偏印)이므로 일반적이지 않은 독특하고 특이한 특정 분야의 학문이나 기술을 일시적, 집중적으로 연구하는 것이 어울린다.

戊庚 편인격(偏印格)은 중심가나 중앙통처럼 드러나게 관심을 받는 곳에서 대중적이거나 일반적이지 않은 특정 분야의 학문이나 연구를 일시적이고 집중적으로 수행하는 것이 적합하다.

⑩ 己庚 정인격(正印格)의 특성과 활동

己庚 정인격(正印格)은 하강, 수축하는 庚金 일간(日干)이 보이지 않게 저점에서 하강을 멈추고 상승을 준비하는 己土를 정인(正印)으로 삼아, 하강 수축의 기운을 유지하려는 성향이 강하므로 드러나지 않게 조용히 학문이나 연구를 하는 것이 적합하다. 정인(正印)이므로 대중적이고 일반적인 인기 있는 학문이나 기술을 안정적, 지속적으로 연구하는 것이 어울린다.

己庚 정인격(正印格)은 변두리나 시골처럼 조용하고 한가한 곳에서 대중적이고 일반적

인 학문이나 연구를 안정적이고 지속적으로 수행하는 것이 적합하다.

8. 辛金 일간(日干)의 격국(格局)

① 辛辛 비견격(比肩格)의 특성과 활동

辛辛 비견격(比肩格)은 보이지 않게 상승 확산하는 辛金 일간(日干)이 같은 성향의 辛金을 비견(比肩)으로 삼아, 상승과 확산의 기운이 배가되므로 명분을 중시하고 키우는 활동성이 뛰어나 성장하고 확산하는 분야에서 두각을 나타낼 수 있다. 비견(比肩)이므로 자기 주관이 강하고 자신의 기록과 싸우는 달리기 선수처럼 선의의 경쟁을 하여 협동심과 상부상조 정신이 돋보인다.

辛辛 비견격(比肩格)은 신도심이나 신도시처럼 새롭게 시작하는 곳에서 주도적으로 활발하게 솔선수범하여 키우고 확산하는 경쟁력이 뛰어나다.

② 辛庚 겁재격(劫財格)의 특성과 활동

辛庚 겁재격(劫財格)은 보이지 않게 상승 확산하는 辛金 일간(日干)이 하강, 수축하는 庚金을 겁재(劫財)로 두어, 상승 확산의 기운과 하강 수축의 기운이 서로 충돌하므로 도전하고 경쟁하는 분야에서 두각을 나타낼 수 있다. 겁재(劫財)이므로 상대를 쓰러뜨려야 이기는 권투 선수처럼 승부욕과 투쟁심이 강하여 수단과 방법을 가리지 않고 이기려고 하는 경쟁심과 도전 정신이 돋보인다.

辛庚 겁재격(劫財格)은 구도심이나 오래된 중소도시처럼 한물간 곳에서 알차고 실속 있게 내실을 기하는 경쟁력이 뛰어나다.

③ 辛癸 식신격(食神格)의 특성과 활동

辛癸 식신격(食神格)은 보이지 않게 상승 확산하는 辛金 일간(日干)이 보이지 않게 더 상승하고 더 확산하는 癸水를 식신(食神)으로 삼아, 상승 확산하려는 성향이 강하다. 창의력과 혁신성을 바탕으로 자기가 하고 싶은 일을 하는데 그럴듯하게 보이게 키우고 확산하는 분야가 적합하다. 식신(食神)이므로 기존의 질서를 무시하지는 않지만 바꿔서라

도 자신이 하고 싶은 일을 하고자 하는데 키우고 확산하는 전문성 있는 일을 하는 것이 어울린다.

辛癸 식신격(食神格)은 화려하고 번화한 도심처럼 인기 있고 드러난 곳에서 청년층이나 성장을 주도하는 계층을 대상으로 자신이 하고 싶은 일을 하는데 창의성과 혁신성을 바탕으로 키우고 확산하는 전문성 있는 분야가 적합하다.

④ 辛壬 상관격(傷官格)의 특성과 활동

辛壬 상관격(傷官格)은 보이지 않게 상승 확산하는 辛金 일간(日干)이 더 하강하고 너 수축하는 壬水를 상관(傷官)으로 쓰니, 하강 수축하려는 성향이 강하다. 창의력과 혁신성을 바탕으로 자기가 하고 싶은 일을 하는데 알차고 실속 있게 내실을 기하는 분야가 적합하다. 상관(傷官)이므로 자신이 하고 싶은 일을 하기 위하여 기존 질서를 무시하고 수단과 방법을 가리지 않는 경향이 있으며, 다양성 있는 일을 하는 것이 어울린다.

辛壬 상관격(傷官格)은 조용한 변두리나 시골처럼 한가하고 드러나지 않는 곳에서 노년층이나 마무리하는 계층을 대상으로 자기가 하고 싶은 일을 하는데 창의성과 혁신성을 바탕으로 내실을 기하는 다양성 있는 분야가 적합하다.

⑤ 辛乙 편재격(偏財格)의 특성과 활동

辛乙 편재격(偏財格)은 보이지 않게 상승 확산하는 辛金 일간(日干)이 보이지 않게 하강 수축하는 乙木을 편재(偏財)로 삼아, 하강 수축하려는 성향이 강하므로 드러나지 않게 실리적이고 실용적인 재물 활동이 적합하다. 편재(偏財)이므로 일시적, 집중적으로 돈을 벌 때는 많이 벌고 망할 때는 망하는 투기성 재물 활동이 어울린다.

辛乙 편재격(偏財格)은 구도심이나 오래된 중소도시처럼 한물간 곳에서 중년층이나 안정된 계층을 대상으로 현실적이고 실리적인 투기성 재물 활동을 펼치는 것이 적합하다.

⑥ 辛甲 정재격(正財格)의 특성과 활동

辛甲 정재격(正財格)은 보이지 않게 상승 확산하는 辛金 일간(日干)이 상승 확산하는

甲木을 정재(正財)로 두어, 상승 확산하려는 성향이 강하므로 드러나게 키우고 확산하는 재물 활동이 적합하다. 정재(正財)이므로 안정적, 지속적으로 꾸준히 돈을 버는 재물 활동이 어울린다.

辛甲 정재격(正財格)은 신도심이나 신도시처럼 새롭게 시작하는 곳에서 청소년층이나 시작하는 계층을 대상으로 키우고 확산하는 안정성 재물 활동을 하는 것이 적합하다.

⑦ 辛丁 편관격(偏官格)의 특성과 활동

辛丁 편관격(偏官格)은 보이지 않게 상승 확산하는 辛金 일간(日干)이 보이지 않게 더 하강, 더 수축하는 丁火를 편관(偏官)으로 삼아, 하강과 수축의 성향이 강하므로 일의 질이나 평가에 중점을 두는 품질 관리와 같은 역할에 적합하다. 편관(偏官)이므로 일이 있을 때는 있고 없을 때는 없는 프리랜서나 계약직 형태로 자유롭게 업무를 하는 것이 어울린다.

辛丁 편관격(偏官格)은 변두리나 시골처럼 드러나지 않은 한가한 부서에서 계약직이나 프리랜서로 근무하며 품질 관리나 평가, 감사 등 내실을 기하는 업무가 적합하다.

⑧ 辛丙 정관격(正官格)의 특성과 활동

辛丙 정관격(正官格)은 보이지 않게 상승 확산하는 辛金 일간(日干)이 더 상승, 더 확산하는 丙火를 정관(正官)으로 삼아, 성장과 확장을 추구하는 성향이 매우 강하므로 사업을 키우고 발전시키는 사업 기획이나 사업 추진 같은 성장을 중시하는 업무에 적합하다. 정관(正官)이므로 업무 환경이나 업무량이 안정적이고 지속적인 정규직이 잘 어울린다.

辛丙 정관격(正官格)은 화려한 번화가처럼 주목을 받는 본사나 주요 부서에서 정규직으로 근무하며 사업을 꾸준히 성장, 발전시키기 위한 사업 기획이나 사업 추진 업무에 적합하다.

⑨ 己辛 편인격(偏印格)의 특성과 활동

己辛 편인격(偏印格)은 보이지 않게 상승 확산하는 辛金 일간(日干)이 보이지 않게 저

점에서 하강을 멈추고 상승을 준비하는 己土를 편인(偏印)으로 두어, 하강 수축의 기운을 유지하려는 성향이 강하므로 드러나지 않게 조용히 학문이나 연구를 하는 것이 적합하다. 편인(偏印)이므로 일반적이지 않은 독특하고 특이한 특정 분야의 학문이나 기술을 일시적, 집중적으로 연구하는 것이 어울린다.

己辛 편인격(偏印格)은 변두리나 시골처럼 조용하고 한적한 곳에서 대중적이거나 일반적이지 않은 특정 분야의 학문이나 연구를 일시적이고 집중적으로 수행하는 것이 적합하다.

⑩ 戊辛 정인격(正印格)의 특성과 활동

戊辛 정인격(正印格)은 보이지 않게 상승 확산하는 辛金 일간(日干)이 정상에서 상승을 멈추고 하강을 준비하는 戊土를 정인(正印)으로 삼아, 상승 확산의 기운을 유지하려는 성향이 강하므로 관심을 받으며 활발히 학문이나 연구를 하는 것이 적합하다. 정인(正印)이므로 대중적이고 일반적인 인기 있는 분야의 학문이나 기술을 안정적, 지속적으로 연구하는 것이 어울린다.

戊辛 정인격(正印格)은 중심지나 중앙통처럼 드러나게 관심을 받는 곳에서 대중적이고 일반적인 인기 있는 학문이나 연구를 안정적이고 지속적으로 수행하는 것이 적합하다.

9. 壬水 일간(日干)의 격국(格局)

① 壬壬 비견격(比肩格)의 특성과 활동

壬壬 비견격(比肩格)은 더 하강, 더 수축하는 壬水 일간(日干)이 자신과 같은 성향의 壬水를 비견(比肩)으로 삼아, 하강, 수축하는 성향이 극대화되므로 외형보다 실리를 중시하고 줄이는 활동성이 뛰어나 차분하게 내실을 기하는 분야에서 성과를 낼 수 있다. 비견(比肩)이므로 자기 주관이 강하고 자신의 기록과 싸우는 달리기 선수처럼 선의의 경쟁을 하여 협동심과 상부상조 정신이 돋보인다.

壬壬 비견격(比肩格)은 변두리나 시골처럼 한적하고 드러나지 않은 곳에서 주도적으로 차분하게 내실을 기할 수 있는 알차고 실속 있는 경쟁력이 뛰어나다.

② 壬癸 겁재격(劫財格)의 특성과 활동

壬癸 겁재격(劫財格)은 더 하강, 더 수축하는 壬水 일간(日干)이 보이지 않게 더 상승, 더 확산하는 癸水를 겁재(劫財)로 두어, 하강 수축의 기운과 상승 확산의 기운이 서로 충돌하므로 도전하고 경쟁하는 분야에서 두각을 나타낼 수 있다. 겁재(劫財)이므로 상대를 쓰러뜨려야 이기는 권투 선수처럼 승부욕과 투쟁심이 강하여 수단과 방법을 가리지 않고 이기려고 하는 경쟁심과 도전 정신이 돋보인다.

壬癸 겁재격(劫財格)은 화려하고 번화한 도심처럼 인기 있고 바쁜 곳에서 활발하게 키우고 확산하는 경쟁력이 뛰어나다.

③ 壬甲 식신격(食神格)의 특성과 활동

壬甲 식신격(食神格)은 더 하강, 더 수축하는 壬水 일간(日干)이 상승 확산하는 甲木을 식신(食神)으로 두어, 상승 확산하려는 성향이 강하다. 창의력과 혁신성을 바탕으로 자기가 하고 싶은 일을 하는데 그럴듯하게 보이게 키우고 확산하는 분야가 적합하다. 식신(食神)이므로 기존의 질서를 무시하지는 않지만 바꿔서라도 자신이 하고 싶은 일을 하고자 하는데 키우고 확산하는 전문성 있는 일을 하는 것이 어울린다.

壬甲 식신격(食神格)은 신도심이나 신도시처럼 새롭게 시작하는 곳에서 청소년층이나 시작하는 계층을 대상으로 내가 하고 싶은 일을 하는데 창의성과 혁신성을 바탕으로 새롭게 시작하고 성장하는 전문성이 있는 분야가 적합하다.

④ 壬乙 상관격(傷官格)의 특성과 활동

壬乙 상관격(傷官格)은 더 하강, 더 수축하는 壬水 일간(日干)이 보이지 않게 하강하고 수축하는 乙木을 상관(傷官)으로 삼아, 하강 수축하려는 성향이 강하다. 창의력과 혁신성을 바탕으로 자기가 하고 싶은 일을 하는데 알차고 실속 있게 내실을 기하는 분야가 적합하다. 상관(傷官)이므로 자신이 하고 싶은 일을 하기 위하여 기존 질서를 무시하고 수단과 방법을 가리지 않는 경향이 있으며, 다양성 있는 일을 하는 것이 어울린다.

壬乙 상관격(傷官格)은 구도심이나 오래된 중소도시처럼 한물간 곳에서 중년층이나 안

정된 계층을 대상으로 자기가 하고 싶은 일을 하는데 창의성과 혁신성을 바탕으로 내실을 기하는 다양성 있는 분야가 적합하다.

⑤ 壬丙 편재격(偏財格)의 특성과 활동

壬丙 편재격(偏財格)은 더 하강, 더 수축하는 壬水 일간(日干)이 더 상승, 더 확산하는 丙火를 편재(偏財)로 삼아, 상승 확산하려는 성향이 강하므로 드러나게 키우고 확산하는 재물 활동이 적합하다. 편재(偏財)이므로 일시적, 집중적으로 돈을 벌 때는 많이 벌고 망할 때는 망하는 투기성 재물 활동이 어울린다.

壬丙 편재격(偏財格)은 도심이나 번화가처럼 인기 있고 드러난 곳에서 청년층이나 성장을 주도하는 계층을 대상으로 키우고 확산하는 투기성 재물 활동을 하는 것이 적합하다.

⑥ 壬丁 정재격(正財格)의 특성과 활동

壬丁 정재격(正財格)은 더 하강, 더 수축하는 壬水 일간(日干)이 보이지 않게 더 하강, 더 수축하는 丁火를 정재(正財)로 두어, 하강 수축하려는 성향이 강하므로 드러나지 않게 조용히 실리를 추구하는 재물 활동이 적합하다. 정재(正財)이므로 안정적, 지속적으로 꾸준히 돈을 버는 재물 활동이 어울린다.

壬丁 정재격(正財格)은 변두리나 시골처럼 드러나지 않고 조용한 곳에서 노년층이나 마무리하는 계층을 상대로 알차고 실속 있는 안정성 재물 활동을 하는 것이 적합하다.

⑦ 壬戊 편관격(偏官格)의 특성과 활동

壬戊 편관격(偏官格)은 더 하강, 더 수축하는 壬水 일간(日干)이 정상에서 상승을 멈추고 하강을 준비하는 戊土를 편관(偏官)으로 두어, 상승 확산의 기운을 유지하려는 성향이 강하므로 사업을 키우고 확장하는 사업 기획이나 사업 추진 업무가 적합하다. 편관(偏官)이므로 업무 환경이나 업무량이 일시적이고 집중적인 프리랜서나 계약직 같은 비정규직이 잘 어울린다.

壬戊 편관격(偏官格)은 번잡한 중심가나 중앙통처럼 주목을 받는 본사나 주요 부서에

서 프리랜서나 계약직으로 근무하며 성장, 발전을 위한 일시적이고 집중적인 프로젝트 기반의 업무를 수행하는 역할에 적합하다.

⑧ 壬己 정관격(正官格)의 특성과 활동

壬己 정관격(正官格)은 더 하강, 더 수축하는 壬水 일간(日干)이 보이지 않게 저점에서 하강을 멈추고 상승을 준비하는 己土를 정관(正官)으로 삼아, 하강과 수축의 기운을 유지하려는 성향이 강하므로 일의 질이나 평가에 중점을 두는 품질 관리와 같은 역할에 적합하다. 정관(正官)이므로 업무 환경이나 업무량이 안정적이고 지속적인 정규직이 잘 어울린다.

壬己 정관격(正官格)은 시골이나 변두리처럼 주목받지 않는 조용하고 한가한 부서에서 안정된 정규직으로 근무하며 업무의 질을 향상하기 위한 품질 관리나 평가, 감사 등의 업무가 적합하다.

⑨ 庚壬 편인격(偏印格)의 특성과 활동

庚壬 편인격(偏印格)은 더 하강, 더 수축하는 壬水 일간(日干)이 하강, 수축하는 庚金을 편인(偏印)으로 삼아, 하강 수축하려는 성향이 강하므로 드러나지 않게 조용히 학문이나 연구를 하는 것이 적합하다. 편인(偏印)이므로 독특하고 특이한 특정 분야의 학문이나 기술을 일시적, 집중적으로 연구하는 것이 어울린다.

庚壬 편인격(偏印格)은 구도심이나 오래된 중소도시처럼 한물간 연구기관에서 실속 있게 대중적이거나 일반적이지 않은 특정 분야의 학문이나 연구 등을 일시적, 집중적으로 수행하는 것이 적합하다.

⑩ 辛壬 정인격(正印格)의 특성과 활동

辛壬 정인격(正印格)은 더 하강, 더 수축하는 壬水 일간(日干)이 보이지 않게 상승 확산하는 辛金을 정인(正印)으로 두어, 상승 확산하려는 성향이 강하므로 관심을 받으며 활발히 학문이나 연구를 하는 것이 적합하다. 정인(正印)이므로 대중적이고 일반적인 인

기 있는 분야의 학문이나 기술을 안정적, 지속적으로 연구하는 것이 어울린다.

辛壬 정인격(正印格)은 신도심이나 신도시처럼 새롭게 시작하는 곳에서 대중적이고 일반적인 인기 있는 학문이나 연구를 안정적이고 지속적으로 수행하는 것이 적합하다.

10. 癸水 일간(日干)의 격국(格局)

① 癸癸 비견격(比肩格)의 특성과 활동

癸癸 비견격(比肩格)은 보이지 않게 더 상승, 더 확산하는 癸水 일간(日干)이 같은 성향의 癸水를 비견(比肩)으로 삼아, 상승과 확산의 기운이 극대화되므로 명분을 중시하고 키우는 활동성이 뛰어나 성장하고 확산하는 분야에서 두각을 나타낼 수 있다. 비견(比肩)이므로 자기 주관이 강하고 자신의 기록과 싸우는 달리기 선수처럼 선의의 경쟁을 하여 협동심과 상부상조 정신이 돋보인다.

癸癸 비견격(比肩格)은 도심이나 번화가처럼 인기 있고 바쁜 곳에서 주도적으로 활발하게 키우고 확산하는 경쟁력이 뛰어나다.

② 癸壬 겁재격(劫財格)의 특성과 활동

癸壬 겁재격(劫財格)은 보이지 않게 더 상승, 더 확산하는 癸水 일간(日干)이 더 하강, 더 수축하는 壬水를 겁재(劫財)로 두어, 상승 확산의 기운과 하강 수축의 기운이 서로 충돌하므로 도전하고 경쟁하는 분야에서 두각을 나타낼 수 있다. 겁재(劫財)이므로 상대를 쓰러뜨려야 이기는 권투 선수처럼 승부욕과 투쟁심이 강하여 수단과 방법을 가리지 않고 이기려고 하는 경쟁심과 도전 정신이 돋보인다.

癸壬 겁재격(劫財格)은 한적한 변두리나 시골처럼 조용하고 드러나지 않은 곳에서 알차고 실속 있게 내실을 기하는 경쟁력이 뛰어나다.

③ 癸乙 식신격(食神格)의 특성과 활동

癸乙 식신격(食神格)은 보이지 않게 더 상승, 더 확산하는 癸水 일간(日干)이 보이지 않게 하강 수축하는 乙木을 식신(食神)으로 삼아, 하강 수축하려는 성향이 강하다. 창의

력과 혁신성을 바탕으로 자기가 하고 싶은 일을 하는데 알차고 실속 있게 내실을 기하는 분야가 적합하다. 식신(食神)이므로 기존의 질서를 무시하지는 않지만 바꿔서라도 자신이 하고 싶은 일을 하고자 하는데 내실을 기하는 전문성 있는 일을 하는 것이 어울린다.

癸乙 식신격(食神格)은 구도심이나 오래된 중소도시처럼 한물간 곳에서 중년층이나 안정된 계층을 대상으로 자기가 하고 싶은 일을 하는데 창의성과 혁신성을 바탕으로 내실을 기하는 전문성 있는 분야에 적합하다.

④ 癸甲 상관격(傷官格)의 특성과 활동

癸甲 상관격(傷官格)은 보이지 않게 더 상승, 더 확산하는 癸水 일간(日干)이 상승하고 확산하는 甲木을 상관(傷官)으로 삼아, 상승 확산하려는 성향이 강하다. 창의력과 혁신성을 바탕으로 자기가 하고 싶은 일을 하는데 그럴듯하게 보이게 키우고 확산하는 분야가 적합하다. 상관(傷官)이므로 자신이 하고 싶은 일을 하기 위하여 기존 질서를 무시하고 수단과 방법을 가리지 않는 경향이 있으며, 다양성 있는 일을 하는 것이 어울린다.

癸甲 상관격(傷官格)은 신도심이나 신도시처럼 새롭게 시작하는 곳에서 청소년층이나 시작하는 계층을 대상으로 자기가 하고 싶은 일을 하는데 창의성과 혁신성을 바탕으로 시작하고 성장하는 다양성 있는 분야가 적합하다.

⑤ 癸丁 편재격(偏財格)의 특성과 활동

癸丁 편재격(偏財格)은 보이지 않게 더 상승, 더 확산하는 癸水 일간(日干)이 보이지 않게 더 하강, 더 수축하는 丁火를 편재(偏財)로 삼아, 하강 수축하려는 성향이 강하므로 드러나지 않게 실리적이고 실용적인 재물 활동이 적합하다. 편재(偏財)이므로 일시적, 집중적으로 돈을 벌 때는 많이 벌고 망할 때는 망하는 투기성 재물 활동이 어울린다.

癸丁 편재격(偏財格)은 변두리나 시골처럼 한가하고 조용한 곳에서 노년층이나 마무리하는 계층을 대상으로 알차고 실속 있는 투기성 재물 활동을 하는 것이 적합하다.

⑥ 癸丙 정재격(正財格)의 특성과 활동

癸丙 정재격(正財格)은 보이지 않게 더 상승, 더 확산하는 癸水 일간(日干)이 더 상승하고 더 확산하는 丙火를 정재(正財)로 삼아, 상승 확산하려는 성향이 강하므로 드러나게 키우고 확산하는 재물 활동이 적합하다. 정재(正財)이므로 고정적, 지속적으로 꾸준히 돈을 버는 안정성 재물 활동이 어울린다.

癸丙 정재격(正財格)은 도심이나 번화가처럼 인기 있고 드러난 곳에서 청년층이나 성장을 주도하는 계층을 대상으로 키우고 확산하는 안정성 재물 활동을 하는 것이 적합하다.

⑦ 癸己 편관격(偏官格)의 특성과 활동

癸己 편관격(偏官格)은 보이지 않게 더 상승, 더 확산하는 癸水 일간(日干)이 보이지 않게 저점에서 하강을 멈추고 상승을 준비하는 己土를 편관(偏官)으로 삼아, 하강과 수축의 성향이 강하므로 일의 질이나 평가를 중시하는 품질 관리와 같은 역할에 적합하다. 편관(偏官)이므로 업무 환경이나 업무량이 일시적이고 집중적인 프리랜서나 계약직 같은 비정규직이 어울린다.

癸己 편관격(偏官格)은 변두리나 시골처럼 주목받지 않는 한가한 부서에서 일이 있을 때는 많고, 없을 때는 없는 프리랜서나 계약직으로 근무하며, 업무의 질을 향상하기 위한 일시적이고 집중적인 프로젝트 기반의 업무를 수행하는 것이 적합하다.

⑧ 癸戊 정관격(正官格)의 특성과 활동

癸戊 정관격(正官格)은 보이지 않게 더 상승, 더 확산하는 癸水 일간(日干)이 정상에서 상승을 멈추고 하강을 준비하는 戊土를 정관(正官)으로 삼아, 성장과 확장을 추구하는 성향이 강하므로 사업을 키우고 발전시키는 사업 기획이나 사업 추진 같은 성장을 중시하는 업무에 적합하다. 정관(正官)이므로 업무 환경이나 업무량이 안정적이고 지속적인 정규직이 어울린다.

癸戊 정관격(正官格)은 도심이나 중앙통처럼 주목을 받는 주요 부서에서 안정된 정규직으로 근무하며 사업을 꾸준히 성장, 발전시키기 위한 사업 기획이나 사업 추진 업무에

적합하다.

⑨ 辛癸 편인격(偏印格)의 특성과 활동

辛癸 편인격(偏印格)은 보이지 않게 더 상승, 더 확산하는 癸水 일간(日干)이 보이지 않게 상승, 확산하는 辛金을 편인(偏印)으로 삼아, 상승 확산하려는 성향이 강하므로 관심을 받으며 활발히 학문이나 연구를 하는 것이 적합하다. 편인(偏印)이므로 일반적이지 않은 독특하고 특이한 특정 분야의 학문이나 기술을 일시적, 집중적으로 연구하는 것이 어울린다.

辛癸 편인격(偏印格)은 신도심이나 신도시처럼 새롭게 시작하는 곳에서 대중적이거나 일반적이지 않은 특정 분야의 학문이나 연구를 일시적이고 집중적으로 수행하는 것이 적합하다.

⑩ 庚癸 정인격(正印格)의 특성과 활동

庚癸 정인격(正印格)은 보이지 않게 더 상승, 더 확산하는 癸水 일간(日干)이 하강 수축하는 庚金을 정인(正印)으로 두어, 하강 수축하려는 성향이 강하므로 실리적이고 실속 있게 학문이나 연구를 하는 것이 적합하다. 정인(正印)이므로 대중적이고 일반적인 인기 있는 학문이나 기술을 안정적, 지속적으로 연구하는 것이 어울린다.

庚癸 정인격(正印格)은 구도심이나 오래된 중소도시처럼 한물간 곳에서 대중적이고 일반적인 학문이나 연구를 안정적, 지속적으로 수행하는 것이 적합하다.

제26장

왕상휴수(旺相休囚)란

왕상휴수(旺相休囚)의 개요

1. 왕상휴수(旺相休囚) 정의

왕상휴수(旺相休囚)는 사주명리학(四柱命理學)에서 오행(五行)의 상태를 나타내는 중요한 개념으로, 오행(五行)의 힘이 계절의 변화에 따라 강해지거나 약해지는 과정을 설명하는 이론이다. 이 이론은 각 오행(五行)이 사주팔자에서 어떠한 시기에 강하게 작용하고, 언제 약해지는지를 파악하는 데 중요한 기준이 된다.

2. 왕상휴수(旺相休囚)의 각 단계와 의미

① 왕(旺)

왕(旺)은 오행(五行)의 기운이 가장 왕성한 시기를 의미한다. 오행(五行)과 같은 계절에 해당하며, 최고의 자리에서 활발하게 일을 하고 성과를 내는 시기이다. 오행(五行)의 에너지가 극대화되어 모든 힘을 발휘하는 상태로, 오행(五行)의 속성이나 영향력이 강하게 드러난다.

② 상(相)

상(相)은 오행(五行)의 기운이 왕성해지기 전의 단계로, 오행(五行)의 기운이 점점 커지고 있는 시기를 의미한다. 다음에 오행(五行)과 같은 계절이 올 상태이며, 일을 하기 위해 출근을 하고 준비를 하는 시기이다. 오행(五行)이 자라나고 활력을 얻는 시기로, 왕성함에 가까워지는 시기라고 할 수 있다.

③ 휴(休)

휴(休)는 오행(五行)의 왕성한 시기가 지나 휴식의 단계로 들어가는 시기를 뜻한다. 오행(五行)과 같은 계절이 지나간 상태이며, 일을 마치고 퇴근하는 시기이다. 이 단계에서는 오행(五行)이 이미 많은 에너지를 사용하여 점차 기운이 약해지는 시기라고 할 수 있다.

④ 수(囚)

수(囚)는 오행(五行)의 기운이 쇠약해져서 활동력을 잃고 힘을 발휘할 수 없는 상태를 나타낸다. 오행(五行)의 반대 계절에 해당하며, 보이지 않게 잠을 자고 휴식을 취하는 시기이다. 마치 감옥에 갇힌 것처럼 오행(五行)의 에너지가 작용할 수 없는 시기로, 오행(五行)의 영향력을 발휘할 수 없는 시기이다.

3. 왕상휴수(旺相休囚)의 활용

왕상휴수(旺相休囚) 이론을 통하여 사주에서 특정 오행(五行)의 왕성한 시기와 쇠약한 시기를 파악함으로써, 인생에서 중요한 시기를 예측할 수 있다.

예를 들어, 사주에서 특정 오행(五行)이 '왕(旺)'에 해당하는 시기라면 그 오행(五行)의 능력이나 특성이 강하게 발휘될 가능성이 크고, 반대로 '수(囚)'의 상태라면 그 오행(五行)의 성향을 드러내거나 강하게 발휘하기 어려울 것이다.

왕상휴수(旺相休囚) 이론을 통해 오행(五行)의 힘이 강해지는 시기에는 이를 잘 활용하고, 약해지는 시기에는 이에 맞춰 행동을 조절함으로써 편안하고 행복한 삶을 살 수 있다.

오행(五行)의 계절별 왕상휴수(旺相休囚)

1. 목행(木行)의 계절별 왕상휴수(旺相休囚)

목행(木行)은 상승 확산의 기운이 시작하는 단계로, 봄에 왕(旺)하고 겨울에 상(相)하며, 여름에 휴(休)하고 가을에 수(囚)한다.

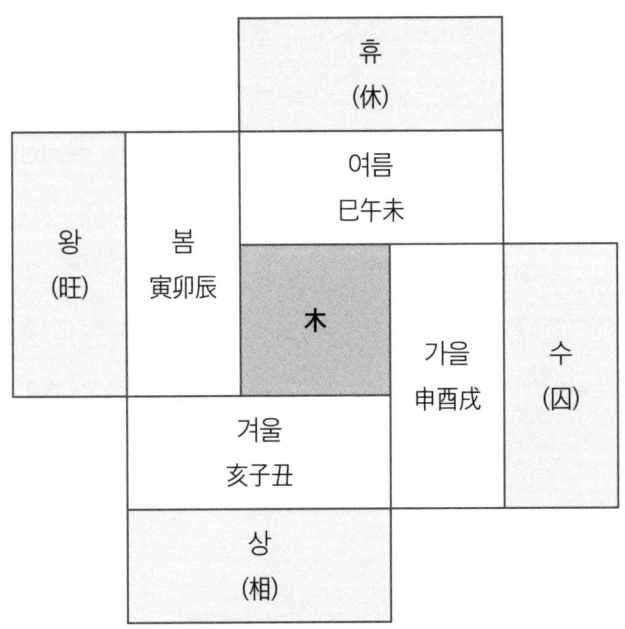

2. 화행(火行), 토행(土行)의 계절별 왕상휴수(旺相休囚)

화행(火行)과 토행(土行)은 상승 확산의 기운이 절정에 달하는 단계와 정상에서 상승 확산을 멈추고 하강 수축을 준비하는 단계로, 여름에 왕(旺)하고 봄에 상(相)하며, 가을에 휴(休)하고 겨울에 수(囚)한다.

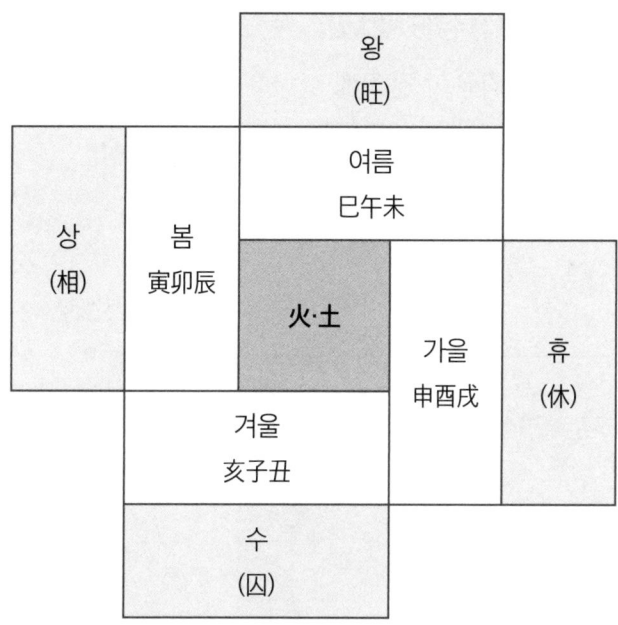

3. 금행(金行)의 계절별 왕상휴수(旺相休囚)

금행(金行)은 하강 수축을 시작하는 단계로, 가을에 왕(旺)하고 여름에 상(相)하며, 겨울에 휴(休)하고 봄에 수(囚)한다.

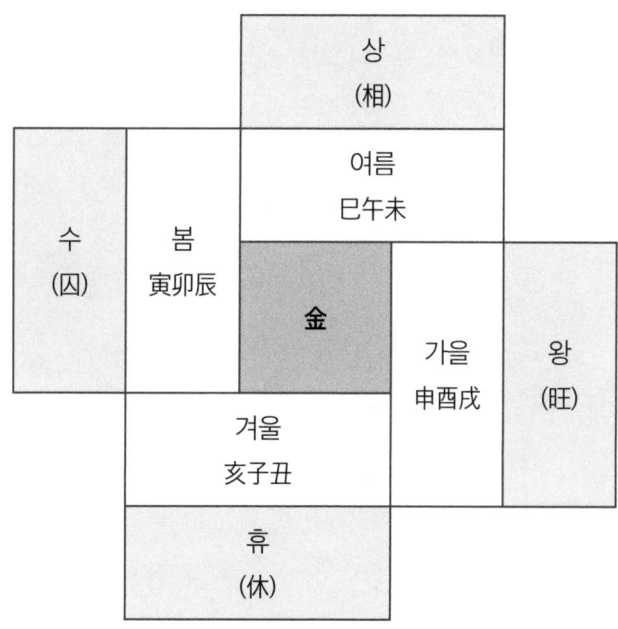

4. 수행(水行)의 계절별 왕상휴수(旺相休囚)

수행(水行)은 하강 수축의 기운이 절정에 달하는 단계로, 겨울에 왕(旺)하고 가을에 상(相)하며, 봄에 휴(休)하고 여름에 수(囚)한다.

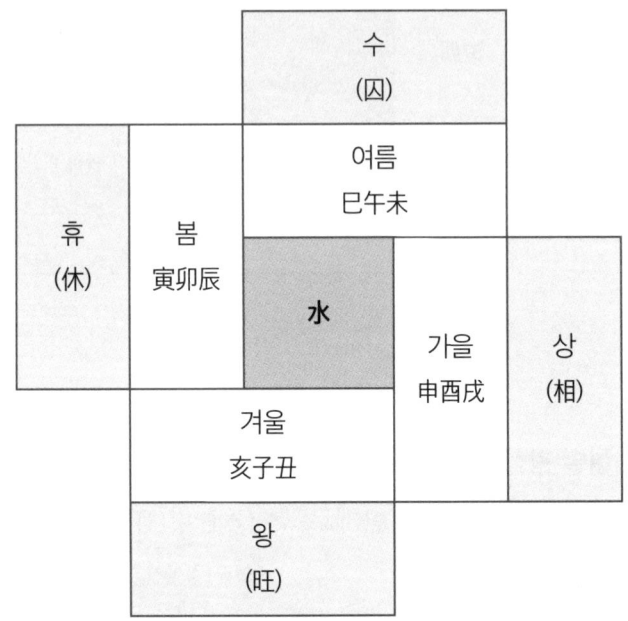

계절별 오행(五行)의 왕상휴수(旺相休囚)

1. 봄의 오행(五行) 왕상휴수(旺相休囚)

봄은 木의 기운이 가장 왕성하여 왕(旺)하고, 火와 土의 기운은 점차 강해지는 상(相)한 상태이며, 水의 기운은 전성기를 지나 점차 약해지는 휴(休)한 상태이고, 金의 기운은 가장 약하여 활동할 수 없는 수(囚)한 상태이다.

2. 여름의 오행(五行) 왕상휴수(旺相休囚)

여름은 火와 土의 기운이 가장 왕성하여 왕(旺)하고, 金의 기운은 점차 강해지는 상(相)한 상태이며, 木의 기운은 전성기를 지나 점차 약해지는 휴(休)한 상태이고, 水의 기운은 가장 약하여 활동할 수 없는 수(囚)한 상태이다.

3. 가을의 오행(五行) 왕상휴수(旺相休囚)

가을은 金의 기운이 가장 왕성하여 왕(旺)하고, 水의 기운은 점차 강해지는 상(相)한 상태이며, 火와 土의 기운은 전성기를 지나 점차 약해지는 휴(休)한 상태이고, 木의 기운은 가장 약하여 활동할 수 없는 수(囚)한 상태이다.

4. 겨울의 오행(五行) 왕상휴수(旺相休囚)

겨울은 水의 기운이 가장 왕성하여 왕(旺)하고, 木의 기운은 점차 강해지는 상(相)한 상태이며, 金의 기운은 전성기를 지나 점차 약해지는 휴(休)한 상태이고, 火와 土의 기운은 가장 약하여 활동할 수 없는 수(囚)한 상태이다.

왕상휴수(旺相休囚) 이론 검토

1. 왕상휴수(旺相休囚) 이론 요지

오행(五行)의 기운이 계절의 변화에 따라 강해지거나 약해지는 과정을 설명하는 이론이다.

2. 왕상휴수(旺相休囚) 이론 오류

① 오행(五行)의 계절적 상태 기준

왕상휴수(旺相休囚) 이론은 오행(五行)의 계절적 상태를 보여 준다. 사주와 운(運)은 오행(五行)을 음양(陰陽)으로 나눈 열 개의 천간(天干)으로 구성되어 있는데, 왕상휴수(旺相休囚) 이론은 木火土金水 오행(五行)의 계절에 따른 왕성함과 쇠약함을 표현하는 방식이다. 따라서 이 방식은 오행(五行)을 음양(陰陽)으로 구분한 천간(天干)의 계절적 상태를 모두 포괄하지 못한다는 한계가 있다.

예를 들어, 木에는 양(陽)의 木인 甲木과 음(陰)의 木인 乙木이 있지만, 왕상휴수(旺相休囚) 이론에서는 甲木이든 乙木이든 모두 봄에 왕성한 상태로 간주하며 구분하지 않는다.

② 오행(五行)의 속성은 천간(天干)의 양간(陽干)이 대변

오행(五行)의 각 속성은 눈에 보이는 양간(陽干)이 대변하고, 보이지 않는 음간(陰干)은 오행의 속성을 대변하지 못한다. 목행(木行)의 속성은 甲木, 화행(火行)의 속성은 丙火, 토행(土行)의 속성은 戊土, 금행(金行)의 속성은 庚金, 수행(水行)의 속성은 壬水와 같이 보이는 양간(陽干)이 대변한다. 목행(木行)의 乙木, 화행(火行)의 丁火, 토행(土行)의 己土, 금행(金行)의 辛金, 수행(水行)의 癸水와 같이 보이지 않는 음간(陰干)은 오행(五行)의 속성을 대변하지 못한다.

따라서 오행(五行)의 왕상휴수(旺相休囚)로 사주를 해석하는 것은 10천간(天干) 중 음간(陰干)은 무시하고 양간(陽干)만으로 사주를 해석하는 오류를 범하게 된다.

3. 사주 상담에서의 활용도와 한계

왕상휴수(旺相休囚)는 오행(五行)의 계절별 왕쇠(旺衰)를 나타내는데, 이는 양간(陽干)의 계절별 왕쇠(旺衰)와는 부합하지만, 음간(陰干)의 계절별 왕쇠(旺衰)와는 부합하지 않는다. 사주 상담 시 왕상휴수(旺相休囚)는 양간(陽干)과 음간(陰干)을 구분하지 않기 때문에, 甲木과 乙木은 모두 봄철 지지(地支)인 寅卯辰에서 왕성한 것으로 간주한다.

이처럼 왕상휴수(旺相休囚) 이론은 양간(陽干)의 계절적 특성은 잘 반영하지만, 음간(陰干)의 계절적 특성은 반영하지 못하는 구조적 한계가 존재한다.

제27장

기존 십이운성
(十二運星)이란

기존 십이운성(十二運星)의 개요

1. 십이운성(十二運星)의 정의

십이운성(十二運星)은 사주명리학(四柱命理學)에서 천간(天干)이 지지(地支)와의 관계 속에서 어떻게 성장하고 변화하는지를 설명하는 이론이다. 십이운성(十二運星)은 천간(天干)이 지지(地支)에 따라 변하는 모습을 12단계로 나누는데, 사람이 잉태되고 태어나 성장하여 장성했다가 쇠하여 병들고 죽어 묘지에 들어가 흔적도 없이 사라지는 과정을 표현한 것으로 절(絶), 태(胎), 양(養), 장생(長生), 목욕(沐浴), 관대(冠帶), 건록(建祿), 제왕(帝旺), 쇠(衰), 병(病), 사(死), 묘(墓)가 있다.

십이운성(十二運星)은 개인의 삶의 흐름과 운세를 분석하는 데 중요한 이론이다. 특정 시점에서 십신(十神)의 상태를 통해 한 사람의 미래를 예측할 수 있기 때문이다.

2. 기존 십이운성(十二運星)의 배치 기준

① 양간(陽干)과 음간(陰干) 구분 없이 배치

기존 십이운성(十二運星)의 배치는 양간(陽干)과 음간(陰干)을 따로 구분하지 않고, 천간(天干)의 오행(五行)과 같은 계절의 지지(地支)에는 건록(建祿)과 제왕(帝旺)을 배치하고, 천간(天干)의 오행(五行)과 반대 계절의 지지(地支)에는 절(絶)과 태(胎)를 배치한다.

천간(天干)의 오행(五行)과 같은 계절이면서 음양(陰陽)이 같은 지지(地支)에는 건록(建祿)을 배치하고, 음양(陰陽)이 다른 지지(地支)에는 제왕(帝旺)을 배치한다. 예를 들어, 甲木과 乙木의 경우 목행(木行)의 자기 계절인 봄의 지지(地支)에 건록(建祿)과 왕지(旺地)를 배치하는 데, 음양(陰陽)이 같은 지지(地支)는 건록(建祿)이 되고, 음양(陰陽)이 다른 지지(地支)는 왕지(旺地)가 된다.

천간(天干)의 오행(五行)과 반대 계절이면서 음양(陰陽)이 같은 지지(地支)에는 절(絶)을 배치하고, 반대 계절이면서 음양(陰陽)이 다른 지지(地支)에는 태(胎)를 배치한다. 예를 들어, 甲木과 乙木의 경우 목행(木行)의 반대 계절인 가을의 지지(地支)에 절지(絶地)

와 태지(胎地)를 배치하는 데, 음양(陰陽)이 같은 지지(地支)는 절지(絶地)가 되고, 음양(陰陽)이 다른 지지(地支)는 태지(胎地)가 된다.

② 양간(陽干)은 순행(順行), 음간(陰干)은 역행(逆行)

양간(陽干)의 십이운성(十二運星)은 지지(地支)의 순서대로 순행(順行)한다. 양간(陽干)의 십이운성(十二運星)의 단계는 생(生), 목욕(沐浴), 관대(冠帶), 건록(建祿), 제왕(帝旺), 쇠(衰), 병(病), 사(死), 묘(墓), 절(絶), 태(胎), 양(養)이 된다.

음간(陰干)의 십이운성(十二運星)은 지지(地支)의 순서와 반대로 역행(逆行)한다. 음간(陰干)의 십이운성(十二運星) 단계는 생(生), 양(養), 태(胎), 절(絶), 묘(墓), 사(死), 병(病), 쇠(衰), 제왕(帝旺), 건록(建祿), 관대(冠帶), 목욕(沐浴)이 된다.

③ 양간(陽干)의 생지(生地)는 음간(陰干)의 사지(死地)

기존 십이운성(十二運星)에서 양간(陽干)의 생지(生地)는 음간(陰干)의 사지(死地)이며, 음간(陰干)의 생지(生地)는 양간(陽干)의 사지(死地)이다. 예를 들어, 양간(陽干)인 甲의 생지(生地)는 亥로, 음간(陰干)인 乙에게는 亥가 사지(死地)가 되며, 반대로 음간(陰干)인 乙의 생지(生地)는 午로, 양간(陽干)인 甲에게는 午가 사지(死地)가 된다.

④ 록지(祿地)와 절지(絶地), 왕지(旺地)와 태지(胎地)는 반대

록지(祿地)와 절지(絶地), 왕지(旺地)와 태지(胎地)는 서로 반대편에 있다. 예를 들어, 甲의 록지(祿地)가 寅일 때, 寅과 반대편의 지지(地支) 申은 절지(絶地)에 해당하며, 왕지(旺地)가 卯일 때, 卯와 반대편의 지지(地支) 酉는 태지(胎地)에 해당한다.

(기존 십이운성 생지 암기법)

"을오(乙/午)가 계모(癸/卯) 병문안(丙戌/寅)을 갔는데 임신(壬/申) 전기유(丁己/酉)란다. 나이가 해갑(甲/亥)인데 신자(辛/子)식을 보니 경사(庚/巳)났다."

기존 십이운성(十二運星) 이론 검토

1. 기존 십이운성(十二運星) 배치 기준의 한계

기존 십이운성(十二運星)은 천간(天干)의 음양(陰陽)을 구분하지 않고 오행(五行) 중심으로 배치하는 방식을 취한다.

甲木과 乙木을 같은 木으로, 丙火, 戊土와 丁火, 己土를 같은 火土로, 庚金과 辛金을 같은 金으로, 壬水와 癸水를 같은 水로 묶어 같은 계절에는 십이운성(十二運星)의 건록(建祿)과 제왕(帝旺)을 배치하고, 반대 계절에는 절(絕)과 태(胎)를 배치한다. 예를 들어, 甲木과 乙木은 모두 봄(寅, 卯)에 건록(建祿)과 제왕(帝旺)을 배치하고, 가을(申, 酉)에 절(絕)과 태(胎)를 배치하는 방식이다.

그러나 양간(陽干)과 음간(陰干)을 구분하지 않고 오행(五行) 중심으로 십이운성(十二運星)을 배치하는 방식은 보이는 양간(陽干)은 오행(五行)과 같은 운동을 하지만, 보이지 않는 음간(陰干)은 오행(五行)과 다른 운동을 하므로, 음간(陰干) 부분에서 오류가 발생한다. 다시 말하면, 기존 십이운성(十二運星)의 배치는 양간(陽干)의 특성은 반영하지만, 음간(陰干)의 특성은 제대로 반영하지 못하여 오행(五行)의 계절별 상태를 나타내는 왕상휴수(旺相休囚) 이론의 수준을 벗어나지 못한다.

이로 인해 상담 시 기존 십이운성(十二運星)을 활용하고 싶어도 음간(陰干)의 정합성이 떨어져 제대로 활용하지 못하는 일이 발생하고 있는 실정이다.

2. 양간(陽干)과 음간(陰干)의 운동성 차이 미반영

양간(陽干)과 음간(陰干)은 오행(五行) 운동, 운동 방향, 활동 방식 등에서 뚜렷한 차이를 보인다.

양간(陽干)은 오행(五行) 운동을 시작하고 왕성하게 만들지만, 음간(陰干)은 오행(五行) 운동을 정리하고 마무리한다. 양간(陽干)은 밖에서 드러나게 보이는 활동을 하고, 음간(陰干)은 안에서 드러나지 않게 보이지 않는 활동을 한다.

이처럼 양간(陽干)과 음간(陰干)은 운동성에서 뚜렷한 차이가 있음에도, 기존의 십이운성(十二運星)은 이를 구분하지 않고 오행(五行)으로 분류하여 배치함으로써 양간(陽干)과 음간(陰干)의 차이점을 반영하지 못하기 때문에 오류가 발생하는 것이다.

3. 새로운 십이운성(十二運星) 이론의 필요성

살펴본 바와 같이 기존 십이운성(十二運星) 이론은 천간(天干)의 음양(陰陽)을 구분하지 않고 오행(五行) 중심으로 십이운성(十二運星)을 배치하여 음간(陰干)의 특성을 제대로 반영하지 못하는 한계를 안고 있다.

따라서 양간(陽干)과 음간(陰干)의 차이를 명확히 구분할 수 있도록 십이운성(十二運星)의 배치 기준을 재정립하는 것은, 사주 해석의 정확성을 높일 뿐만 아니라, 실제 사주 상담 시 십이운성(十二運星)의 활용 가치를 증대시키고, 사주명리학(四柱命理學) 이론의 발전에도 크게 기여할 것이다.

제28장

새로운 십이운성 (十二運星)이란

새로운 십이운성(十二運星)의 기본 원리

1. 양간(陽干)과 음간(陰干)의 운동성

십이운성(十二運星)은 사주명리학(四柱命理學)에서 천간(天干)과 지지(地支)의 관계를 통해 인간의 운명을 해석하는 중요한 틀이다. 특히 양간(陽干)과 음간(陰干)의 운동성을 이해하는 것은 십이운성(十二運星)을 해석하는 데 필수적이다.

① 오행(五行) 운동은 양간(陽干)이 시작, 음간(陰干)이 마무리

오행(五行)의 운동은 양간(陽干)이 시작하고 음간(陰干)이 마무리한다. 이는 자연의 순환 원리를 반영하며, 양간(陽干)이 시작한 것을 음간(陰干)이 마무리함으로써 다시 양간(陽干)이 시작할 수 있는 순환 구조를 형성한다. 木 운동은 甲木이 시작하고 乙木이 마무리하며, 火·土 운동은 丙火·戊土가 시작하고 丁火·己土가 마무리한다. 金 운동은 庚金이 시작하고 辛金이 마무리하며, 水 운동은 壬水가 시작하고 癸水가 마무리한다.

② 양간(陽干)과 음간(陰干)의 상반된 운동성

양간(陽干)이 상승 확산하면 음간(陰干)은 하강 수축하고, 양간(陽干)이 하강 수축하면 음간(陰干)은 상승 확산하며 균형을 맞춘다. 甲木이 상승 확산으로 시작하면 乙木은 하강 수축으로 마무리하고, 丙火·戊土가 더 상승, 더 확산으로 시작하면 丁火·己土는 더 하강, 더 수축으로 마무리한다. 庚金이 하강 수축으로 시작하면 辛金은 상승 확산으로 마무리하고, 壬水가 더 하강, 더 수축으로 시작하면 癸水는 더 상승, 더 확산으로 마무리한다.

③ 양간(陽干)은 보이는 운동, 음간(陰干)은 보이지 않은 운동

양간(陽干)은 보이는 운동을 하고, 음간(陰干)은 보이지 않는 운동을 한다. 甲木은 보이는 상승 확산 운동을 하고 乙木은 보이지 않는 하강 수축 운동을 하며, 丙火·戊土는 보이는 더 상승, 더 확산 운동을 하고 丁火·己土는 보이지 않는 더 하강, 더 수축 운동을 한다. 庚金은 보이는 하강 수축 운동을 하고 辛金은 보이지 않는 상승 확산 운동을 하며, 壬水는 보이는 더 하강, 더 수축 운동을 하고 癸水는 보이지 않는 더 상승, 더 확산 운동을 한다.

④ 양간(陽干)은 나오는 운동, 음간(陰干)은 들어가는 운동

양간(陽干)은 보이게 안에서 밖으로 나오는 운동을 하고, 음간(陰干)은 보이지 않게 밖에서 안으로 들어가는 운동을 한다. 甲木은 보이게 안에서 밖으로 나오는 운동을 하고, 乙木은 보이지 않게 밖에서 안으로 들어가는 운동을 한다. 丙火·戊土는 보이게 안에서 밖으로 나오는 운동을 하고, 丁火·己土는 보이지 않게 밖에서 안으로 들어가는 운동을 한다. 庚金은 보이게 안에서 밖으로 나오는 운동을 하고, 辛金은 보이지 않게 밖에서 안으로 들어가는 운동을 한다. 壬水는 보이게 안에서 밖으로 나오는 운동을 하고, 癸水는 보이지 않게 밖에서 안으로 들어가는 운동을 한다.

2. 천간(天干)의 지지(地支)에 따른 변화

천간(天干)은 지지(地支)의 환경에 따라 모양이나 형태가 변화한다. 같은 나무라도 봄의 나무와 가을의 나무는 모양이나 형태가 다르고, 같은 태양이라도 여름의 태양과 겨울의 태양은 모양이나 형태가 다르다.

천간(天干)이 지지(地支)에 따라 형태가 변화한다는 것은 십신(十神)이 지지(地支)에 따라 형태가 변화한다는 것이므로, 사주 해석에 있어서 매우 중요한 의미가 있다. 지지(地支)에 따라 십신(十神)의 모양과 형태가 달라짐으로써 다양한 해석이 가능해진다. 사주명리학(四柱命理學)에서 천간(天干)의 지지(地支)에 따른 변화를 설명하는 대표적인 이론으로 십이운성(十二運星), 왕상휴수(旺相休囚), 격국(格局) 등이 있다.

① 양간(陽干)과 음간(陰干)의 상반된 운동

양간(陽干)과 음간(陰干)은 지지(地支)를 만났을 때 서로 반대되는 운동을 한다. 양간

(陽干)이 강해지는 지지(地支)에서는 음간(陰干)이 약해지고, 양간(陽干)이 약해지는 지지(地支)에서는 음간(陰干)이 강해지는 현상이 나타난다. 예를 들어, 甲木이 강해지는 지지(地支)에서는 乙木이 약해지고, 丙火가 강해지는 지지(地支)에서는 丁火가 약해지는 식이다.

② 천간(天干)의 활동 시기

- 甲木은 가을(酉)에 활동을 시작하여 봄(卯)에 절정을 이룬다. 봄(寅卯辰)에는 甲木의 활동이 활발하므로 乙木은 보이지 않는 곳에서 휴식하며 준비를 해야 한다.
- 乙木은 봄(卯)에 활동을 시작하여 가을(酉)에 절정을 이룬다. 가을(申酉戌)에는 乙木의 활동이 활발하므로 甲木은 보이지 않는 곳에서 휴식하며 준비를 해야 한다.
- 丙火, 戊土는 겨울(子)에 활동을 시작하여 여름(午)에 절정을 이룬다. 여름(巳午未)에는 丙火와 戊土의 활동이 활발하므로 丁火와 己土는 보이지 않는 곳에서 휴식하며 준비를 해야 한다.
- 丁火, 己土는 여름(午)에 활동을 시작하여 겨울(子)에 절정을 이룬다. 겨울(亥子丑)에는 丁火와 己土의 활동이 활발하므로 丙火와 戊土는 보이지 않는 곳에서 휴식하며 준비를 해야 한다.
- 庚金은 봄(卯)에 활동을 시작하여 가을(酉)에 절정을 이룬다. 가을(申酉戌)에는 庚金의 활동이 활발하므로 辛金은 보이지 않는 곳에서 휴식하며 준비를 해야 한다.
- 辛金은 가을(酉)에 활동을 시작하여 봄(卯)에 절정을 이룬다. 봄(寅卯辰)에는 辛金의 활동이 활발하므로 庚金은 보이지 않는 곳에서 휴식하며 준비를 해야 한다.
- 壬水는 여름(午)에 활동을 시작하여 겨울(子)에 절정을 이룬다. 겨울(亥子丑)에는 壬水의 활동이 활발하므로 癸水는 보이지 않는 곳에서 휴식하며 준비를 해야 한다.
- 癸水는 겨울(子)에 활동을 시작하여 여름(午)에 절정을 이룬다. 여름(巳午未)에는 癸水의 활동이 활발하므로 壬水는 보이지 않는 곳에서 휴식하며 준비를 해야 한다.

천간(天干)은 계절에 따라 활동 형태가 달라진다. 봄(寅卯辰)과 여름(巳午未)에 활동하는 천간(天干)은 키우는 일(상승, 확산 운동)을 하고, 가을(申酉戌)과 겨울(亥子丑)에 활동하는 천간(天干)은 줄이는 일(하강, 수축 운동)을 한다.

예를 들어, 식상(食傷)이나 재성(財星)이 甲木, 辛金, 丙火, 戊土, 癸水이면, 상승 확산하는 봄(寅卯辰)과 여름(巳午未)에 활동성이 좋은 천간(天干)이므로 사업을 키워서 외형을 확대해야 하고, 식상(食傷)이나 재성(財星)이 庚金, 乙木, 壬水, 丁火, 己土이면, 하강 수축하는 가을(申酉戌)과 겨울(亥子丑)에 활동성이 좋은 천간(天干)이므로 사업의 외형을 줄여서 내실을 기하고 실속을 챙겨야 한다.

• 목행(木行)

甲木은 봄(寅卯辰)에 활동하므로 키우는 일(상승 확산 운동)을 하고, 乙木은 가을(申酉戌)에 활동하므로 줄이는 일(하강 수축 운동)을 한다.

• 화토행(火土行)

丙火와 戊土는 여름(巳午未)에 활동하므로 키우는 일(상승 확산 운동)을 하고, 丁火와 己土는 겨울(亥子丑)에 활동하므로 줄이는 일(하강 수축 운동)을 한다.

• 금행(金行)

庚金은 가을(申酉戌)에 활동하므로 줄이는 일(하강 수축 운동)을 하고, 辛金은 봄(寅卯辰)에 활동하므로 키우는 일(상승 확산 운동)을 한다.

• 수행(水行)

壬水는 겨울(亥子丑)에 활동하므로 줄이는 일(하강 수축 운동)을 하고, 癸水는 여름(巳午未)에 활동하므로 키우는 일(상승 확산 운동)을 한다.

④ 사주 원국의 천간(天干)과 월지(月支)의 관계

사주 원국의 천간(天干)은 월지(月支)에 따라 다르게 활동한다.

- **자기 계절:** 사주 원국의 양간(陽干)은 월지(月支)가 오행(五行)의 자기 계절이면 밖에서 드러나게 활발히 활동하지만, 음간(陰干)은 월지(月支)가 오행(五行)의 자기 계절이면 안에서 보이지 않게 조용히 있어야 한다.
- **반대 계절:** 사주 원국의 양간(陽干)은 월지(月支)가 오행(五行)의 반대 계절이면 밖에서 드러나지 않게 조용히 있어야 하지만, 음간(陰干)은 월지(月支)가 오행(五行)의 반대 계절이면 안에서 보이지 않게 활발히 활동한다.

⑤ 사주 원국의 천간(天干)과 운(運)의 지지(地支)의 관계

사주 원국의 천간(天干)은 운(運)의 지지(地支)에 따르되, 본래의 특성은 유지한다.

- 사주 원국의 양간(陽干)은 운(運)의 지지(地支)가 오행(五行)의 자기 계절이면, 밖에서 드러나게 활발히 활동하되, 본래의 특성은 유지한다.
- 사주 원국의 음간(陰干)은 운(運)의 지지(地支)가 오행(五行)의 자기 계절이면, 보이지 않게 안에서 조용히 있되, 본래의 특성은 유지한다.
- 사주 원국의 양간(陽干)은 운(運)의 지지(地支)가 오행(五行)의 반대 계절이면, 밖에서 드러나지 않게 조용히 있되, 본래의 특성은 유지한다.
- 사주 원국의 음간(陰干)은 운(運)의 지지(地支)가 오행(五行)의 반대 계절이면, 안에서 보이지 않게 활발히 활동하되, 본래의 특성은 유지한다.

3. 양간(陽干)과 음간(陰干)의 운동량

양간(陽干)과 음간(陰干)의 운동량은 같다. 다만, 양간(陽干)은 밖에서 보이는 운동을 하고, 음간(陰干)은 안에서 보이지 않는 운동을 한다.

① 甲木과 乙木

甲木은 봄(寅卯辰)에 밖에서 보이게 상승 확산 운동을 하고, 乙木은 가을(申酉戌)에 안에서 보이지 않게 하강 수축 운동을 하는데, 甲木과 乙木의 운동량은 같다.

② 丙火, 戊土와 丁火, 己土

丙火, 戊土는 여름(巳午未)에 밖에서 보이게 더 상승, 더 확산 운동을 하고, 丁火, 己土는 겨울(亥子丑)에 안에서 보이지 않게 더 하강, 더 수축 운동을 하는데, 丙火, 戊土와 丁火, 己土의 운동량은 같다.

③ 庚金과 辛金

庚金은 가을(申酉戌)에 밖에서 보이게 하강 수축 운동을 하고, 辛金은 봄(寅卯辰)에 안에서 보이지 않게 상승 확산 운동을 하는데, 庚金과 辛金의 운동량은 같다.

④ 壬水와 癸水

壬水는 겨울(亥子丑)에 밖에서 보이게 더 하강, 더 수축 운동을 하고, 癸水는 여름(巳午未)에 안에서 보이지 않게 더 상승, 더 확산 운동을 하는데, 壬水와 癸水의 운동량은 같다.

4. 양간(陽干)과 반대 계절의 음간(陰干)의 운동성

양간(陽干)과 반대 계절의 음간(陰干)은 운동성이 같다. 다만, 양간(陽干)은 밖에서 보이는 운동을 하고, 음간(陰干)은 안에서 보이지 않는 운동을 한다.

① 甲木과 辛金의 운동성이 같다

甲木과 반대 계절의 음간(陰干)인 辛金은 봄(寅卯辰)에 상승 확산 운동을 하는데, 甲木은 밖에서 보이게, 辛金은 안에서 보이지 않게 상승 확산 운동을 한다.

② 丙火, 戊土와 癸水의 운동성이 같다

丙火, 戊土와 반대 계절의 음간(陰干)인 癸水는 여름(巳午未)에 더 상승, 더 확산 운동을 하는데, 丙火, 戊土는 밖에서 보이게, 癸水는 안에서 보이지 않게 더 상승, 더 확산 운동을 한다.

③ 庚金과 乙木의 운동성이 같다

庚金과 반대 계절의 음간(陰干)인 乙木은 가을(申酉戌)에 하강 수축 운동을 하는데, 庚金은 밖에서 보이게, 乙木은 안에서 보이지 않게 하강 수축 운동을 한다.

④ 壬水와 丁火, 己土의 운동성이 같다

壬水와 반대 계절의 음간(陰干)인 丁火, 己土는 겨울(亥子丑)에 더 하강, 더 수축 운동을 하는데, 壬水는 밖에서 보이게, 丁火, 己土는 안에서 보이지 않게 더 하강, 더 수축 운동을 한다.

5. 양간(陽干)과 음간(陰干)의 활동 환경

양간(陽干)은 양지(陽地)에서 음간(陰干)은 음지(陰地)에서 강하다. 인간은 음양(陰陽) 모두를 가지려 하지만, 음양(陰陽)은 서로 반대되는 기운이므로 동시에 사용할 수는 없다, 따라서 타고난 자질 중 강한 것을 잘 활용하는 것이 중요하다.

① 양간(陽干)

양간(陽干)은 보이는 특성을 가지므로 실외에서 육체를 쓰는 양지(陽地) 사업에 적합하다. (건축업, 토목업, 현장 영업, 스포츠 활동 등)

② 음간(陰干)

음간(陰干)은 보이지 않는 특성을 가지므로 실내에서 정신을 쓰는 음지(陰地) 사업에 적합하다. (인터넷, 종교, 연구 활동 등)

새로운 십이운성(十二運星)의 개요

1. 새로운 십이운성(十二運星) 정의

십이운성(十二運星)은 하늘의 기운인 천간(天干)이 지구의 환경인 지지(地支)와 만났을 때 어떻게 작용하는가를 나타낸 것이다.

십이운성(十二運星)은 하나의 천간(天干)이 지지(地支)에 따라 변화하는 모습을 사람이 잉태되고 태어나 왕성했다가 죽어 흔적도 없이 사라지는 형태로 나타낸 것이다. 십이운성(十二運星)은 천간(天干)의 지지(地支)에서의 상태에 따라 태(胎), 양(養), 장생(長生), 목욕(沐浴), 관대(冠帶), 건록(建祿), 제왕(帝旺), 쇠(衰), 병(病), 사(死), 묘(墓), 절(絶)의 12단계로 나뉜다.

2. 새로운 십이운성(十二運星)의 특징

첫째, 사주 원국에서 가장 강한 기운인 월지(月支)를 기준으로 십이운성(十二運星)을 판단한다. 이는 월지(月支)가 사주 전체의 기운을 주도한다는 관점에 기반을 둔다.

둘째, 양간(陽干)과 음간(陰干)의 특성을 구분하여 해석한다. 양간(陽干)은 오행(五行) 운동을 시작하고 밖에서 보이는 기운을 상징하며, 음간(陰干)은 오행(五行) 운동을 마무리하고 안에서 보이지 않는 기운을 상징하므로, 같은 지지(地支)라도 그 영향력이 다르게 나타난다.

셋째, 운(運)의 흐름에 따라 십이운성(十二運星)도 함께 변한다는 것을 중요하게 고려한다. 운(運)은 사주 원국이 살아갈 환경이므로, 운(運)의 변화에 따라 개인의 운명도 변하는 것이다.

3. 새로운 십이운성(十二運星)을 정하는 기준

① 사주 원국에서의 십이운성(十二運星)

• 사주(四柱) 원국의 새로운 십이운성(十二運星)은 사주팔자(四柱八字)에서 가장 강한

기운인 월지(月支)를 기준으로 정한다.

- 사주(四柱) 원국의 월지(月支)가 자기 계절이면, 양간(陽干)의 십이운성(十二運星)은 건록(建祿), 제왕(帝旺), 쇠(衰)가 되고, 음간(陰干)의 십이운성(十二運星)은 절(絶), 태(胎), 양(養)이 된다.
- 사주(四柱) 원국의 월지(月支)가 반대 계절이면, 양간(陽干)의 십이운성(十二運星)은 절(絶), 태(胎), 양(養)이 되고, 음간(陰干)의 십이운성(十二運星)은 건록(建祿), 제왕(帝旺), 쇠(衰)가 된다.
- 사주(四柱) 원국의 월지(月支)가 자기 계절을 향해 다가오는 지지(地支)이면, 양간(陽干)의 십이운성(十二運星)은 장생(長生), 목욕(沐浴), 관대(冠帶)가 되고, 음간(陰干)의 십이운성(十二運星)은 병(病), 사(死), 묘(墓)가 된다.
- 사주(四柱) 원국의 월지(月支)가 자기 계절을 거쳐 지나온 지지(地支)이면, 양간(陽干)의 십이운성(十二運星)은 병(病), 사(死), 묘(墓)가 되고, 음간(陰干)의 십이운성(十二運星)은 장생(長生), 목욕(沐浴), 관대(冠帶)가 된다.

② 사주(四柱)와 운(運)의 관계에서의 십이운성(十二運星)

- 사주(四柱)와 운(運)의 관계에서 새로운 십이운성(十二運星)은 운(運)의 지지(地支)를 기준으로 정한다.
- 운(運)에서 오는 지지(地支)가 자기 계절이면, 양간(陽干)의 십이운성(十二運星)은 건록(建祿), 제왕(帝旺), 쇠(衰)가 되고, 음간(陰干)의 십이운성(十二運星)은 절(絶), 태(胎), 양(養)이 된다.
- 운(運)에서 오는 지지(地支)가 반대 계절이면, 양간(陽干)의 십이운성(十二運星)은 절(絶), 태(胎), 양(養)이 되고, 음간(陰干)의 십이운성(十二運星)은 건록(建祿), 제왕(帝旺), 쇠(衰)가 된다.
- 운(運)에서 오는 지지(地支)가 자기 계절을 향해 다가오는 지지(地支)이면, 양간(陽干)의 십이운성(十二運星)은 장생(長生), 목욕(沐浴), 관대(冠帶)가 되고, 음간(陰干)의 십이운성(十二運星)은 병(病), 사(死), 묘(墓)가 된다.

• 운(運)에서 오는 지지(地支)가 자기 계절을 거쳐 지나온 지지(地支)이면, 양간(陽干)의 십이운성(十二運星)은 병(病), 사(死), 묘(墓)가 되고, 음간(陰干)의 십이운성(十二運星)은 장생(長生), 목욕(沐浴), 관대(冠帶)가 된다.

천간(天干)별 새로운 십이운성(十二運星)

1. 甲木과 辛金의 새로운 십이운성(十二運星)

① 기본 원리

甲木은 양간(陽干)이므로 木 운동을 시작하는 상승 확산 운동을 하고, 辛金은 음간(陰干)이므로 金 운동을 마무리하는 상승 확산 운동을 하므로, 甲木과 辛金은 음양(陰陽)이 다르지만, 십이운성(十二運星)은 같다.

② 甲木과 辛金 지지(地支)별 십이운성(十二運星)

- **申酉戌(가을)**: 양간(陽干)인 甲木의 반대 계절로 절(絶), 태(胎), 양(養)에 해당하며, 일을 할 수 없는 시기로 휴식을 취하고 잠을 자야 하는 시기이다.
- **亥子丑(겨울)**: 양간(陽干)인 甲木의 자기 계절을 향해 다가오는 계절로 장생(長生), 목욕(沐浴), 관대(冠帶)에 해당하며, 일을 하기 위해 출근을 하는 시기이다.
- **寅卯辰(봄)**: 양간(陽干)인 甲木의 자기 계절로 건록(建祿), 제왕(帝旺), 쇠(衰)에 해당하며, 일을 열심히 하여 성과를 내는 시기이다.
- **巳午未(여름)**: 양간(陽干)인 甲木의 자기 계절을 지나온 계절로 병(病), 사(死), 묘(墓)에 해당하며, 일을 마치고 퇴근하는 시기이다.

③ 甲木과 辛金의 활동

甲木과 辛金 두 천간 모두 寅卯辰 운(運)을 사용하는데, 甲木은 밖에서 상승하고 확산하는 활동을 하므로 보이게 키우는 활동을 한다. 辛金은 안에서 상승하고 확산하는 활동을 하므로 보이지 않게 키우는 활동을 한다.

예시)

시주	일주	월주	년주
O	辛	甲	O
O	O	寅	O

(해석)

사주 원국에서 辛 일간(日干)과 甲 정재(正財)는 월지(月支)가 寅이므로 건록에 해당하여 辛 일간(日干)은 안에서 보이지 않게, 甲 정재(正財)는 밖에서 보이게 키우는 활동을 한다. 申酉戌 운(運)이 오면, 辛 일간(日干)과 甲 정재(正財)의 환경이 절태양(絶胎養)이므로 보이지 않는 해외나 시골에서 조용히 정재(正財) 활동을 해야 한다.

2. 丙火, 戊土, 癸水의 새로운 십이운성(十二運星)

① 기본 원리

丙火, 戊土는 양간(陽干)이므로 火, 土 운동을 시작하는 더 상승, 더 확산 운동을 하고, 癸水는 음간(陰干)이므로 水 운동을 마무리하는 더 상승, 더 확산 운동을 하여, 丙火, 戊土와 癸水는 음양(陰陽)이 다른 천간(天干)이지만 동일한 십이운성(十二運星) 변화를 보인다.

② 丙火, 戊土, 癸水의 지지(地支)별 십이운성(十二運星)

- **亥子丑(겨울):** 양간(陽干)인 丙火의 반대 계절로 절(絶), 태(胎), 양(養)에 해당하며, 일을 할 수 없는 시기로 휴식을 취하고 잠을 자야 하는 시기이다.
- **寅卯辰(봄):** 양간(陽干)인 丙火의 자기 계절을 향해 다가오는 계절로 장생(長生), 목욕(沐浴), 관대(冠帶)에 해당하며, 일을 하기 위해 출근을 하는 시기이다.
- **巳午未(여름):** 양간(陽干)인 丙火의 자기 계절로 건록(建祿), 제왕(帝旺), 쇠(衰)에 해당하며, 일을 열심히 하여 성과를 내는 시기이다.
- **申酉戌(가을):** 양간(陽干)인 丙火의 자기 계절을 지나온 계절로 병(病), 사(死), 묘

(墓)에 해당하며, 일을 마치고 퇴근하는 시기이다.

③ 丙火, 戊土, 癸水의 활동

丙火, 戊土, 癸水는 모두 巳午未 운(運)을 사용하는데, 丙火, 戊土는 밖에서 더 상승하고 더 확산하는 활동을 하므로 보이게 키우는 활동을 한다. 癸水는 안에서 더 상승하고 더 확산하는 활동을 하므로 보이지 않게 키우는 활동을 한다.

예시)

시주	일주	월주	년주
O	丙	癸	O
O	O	巳	O

(해석)

사주 원국에서 丙 일간(日干)과 癸 정관(正官)은 월지(月支)가 巳이므로 건록(建祿)에 해당하여 丙 일간(日干)은 밖에서 보이게, 癸 정관(正官)은 안에서 보이지 않게 키우는 활동을 한다. 亥子丑 운(運)이 오면, 丙 일간(日干)과 癸 정관(正官)의 환경이 절태양(絕胎養)이므로 보이지 않게 한적한 부서에서 정관(正官) 활동을 해야 한다.

3. 庚金과 乙木의 새로운 십이운성(十二運星)

① 기본 원리

庚金은 양간(陽干)이므로 金 운동을 시작하는 하강 수축 운동을 하고, 乙木은 음간(陰干)이므로 木 운동을 마무리하는 하강 수축 운동을 하여, 庚金과 乙木은 음양(陰陽)이 다른 천간(天干)이지만 십이운성(十二運星)이 같다.

② 庚金, 乙木의 지지(地支)별 십이운성(十二運星)

• 寅卯辰(봄): 양간(陽干)인 庚金의 반대 계절로 절(絕), 태(胎), 양(養)에 해당하며, 일

을 할 수 없는 시기로 휴식을 취하고 잠을 자야 하는 시기이다.

- **巳午未(여름):** 양간(陽干)인 庚金의 자기 계절을 향해 다가오는 계절로 장생(長生), 목욕(沐浴), 관대(冠帶)에 해당하며, 일을 하기 위해 출근을 하는 시기이다.

- **申酉戌(가을):** 양간(陽干)인 庚金의 자기 계절로 건록(建祿), 제왕(帝旺), 쇠(衰)에 해당하며, 일을 열심히 하여 성과를 내는 시기이다.

- **亥子丑(겨울):** 양간(陽干)인 庚金의 자기 계절을 지나온 계절로 병(病), 사(死), 묘(墓)에 해당하며, 일을 마치고 퇴근하는 시기이다.

③ 庚金, 乙木의 활동

庚金과 乙木은 모두 申酉戌 운(運)을 사용하는데, 庚金은 밖에서 하강하고 수축하는 활동을 하므로 보이게 줄이는 활동을 한다. 乙木은 안에서 하강하고 수축하는 활동을 하므로 보이지 않게 줄이는 활동을 한다.

예시)

시주	일주	월주	년주
O	丙	乙	O
O	O	申	O

(해석)

사주 원국에서 乙 정인(正印)은 월지(月支)가 申이므로 건록(建祿)에 해당하여, 乙 정인(正印)은 안에서 활발히 정인(正印) 활동을 한다. 寅卯辰 운(運)이 오면, 乙 정인(正印)의 환경이 절태양(絶胎養)이므로 보이지 않게 조용히 정인(正印) 활동을 해야 한다.

4. 壬水, 丁火, 己土의 새로운 십이운성(十二運星)

① 기본 원리

壬水는 양간(陽干)이므로 水 운동을 시작하는 더 하강, 더 수축 운동을 하고, 丁火와

己土는 음간(陰干)이므로 火, 土 운동을 마무리하는 더 하강, 더 수축 운동을 하여 壬水
와 丁火, 己土는 음양(陰陽)이 다르지만, 십이운성(十二運星)은 같다.

② 壬水, 丁火, 己土의 지지(地支)별 십이운성(十二運星)

- 巳午未(여름): 양간(陽干)인 壬水의 반대 계절로 절(絶), 태(胎), 양(養)에 해당하며,
  일을 할 수 없는 시기로 휴식을 취하고 잠을 자야 하는 시기이다.
- 申酉戌(가을): 양간(陽干)인 壬水의 자기 계절을 향해 다가오는 계절로 장생(長生),
  목욕(沐浴), 관대(冠帶)에 해당하며, 일을 하기 위해 출근을 하는 시기이다.
- 亥子丑(겨울): 양간(陽干)인 壬水의 자기 계절로 건록(建祿), 제왕(帝旺), 쇠(衰)에 해
  당하며, 일을 열심히 하여 성과를 내는 시기이다.
- 寅卯辰(봄): 양간(陽干)인 壬水의 자기 계절을 지나온 계절로 병(病), 사(死), 묘(墓)
  에 해당하며, 일을 마치고 퇴근하는 시기이다.

③ 壬水, 丁火, 己土의 활동

壬水, 丁火, 己土는 모두 亥子丑 운(運)을 사용하는데, 壬水는 밖에서 더 하강하고 더
수축하는 활동을 하므로 보이게 줄이는 활동을 한다. 丁火, 己土는 안에서 더 하강하고
더 수축하는 활동을 하므로 보이지 않게 줄이는 활동을 한다.

예시)

시주	일주	월주	년주
O	壬	丁	O
O	O	亥	O

(해석)

사주 원국에서 丁 정재(正財)는 월지(月支)가 亥이므로 건록(建祿)에 해당하여 丁 정재
(正財)는 안에서 활발히 정재(正財) 활동을 한다. 巳午未 운(運)이 오면, 丁 정재(正財)의
환경이 절태양(絶胎養)이므로 보이지 않게 조용히 정재(正財) 활동을 해야 한다.

십이운성(十二運星)별 특성

1. 절지(絶地)

절지(絶地)는 십이운성(十二運星) 중 천간(天干)의 기운이 지지(地支)에서 가장 약해진 상태를 의미한다. 이는 생명력의 단절과 소멸을 상징하며, 동시에 새로운 시작을 위한 잠재력을 품고 있는 시기이다. 절지(絶地)는 천간(天干)의 기운이 극도로 약해져 생명력이 끊어지거나 사라지는 시기로, 기운이 완전히 소멸한 상태이기에 형체도 없고 보이지 않게 숨어 지내는 시기로 비유되기도 한다. 번영과 안정을 의미하는 록지(祿地)와는 반대되는 개념이다.

절지(絶地)는 한 생명의 순환이 끝나는 시점으로, 성장이 멈추고 다음 생을 준비하는 단계이다. 따라서 이 시기에는 신체적, 정신적으로 약해질 수 있으며, 큰 변화를 맞이할 가능성이 크다.

2. 태지(胎地)

사주에서 태지(胎地)는 십이운성(十二運星) 중 천간(天干)의 기운이 지지(地支)에서 새로운 생명을 형성하기 시작하는 단계를 의미한다. 이는 마치 태아가 잉태되는 것처럼, 내부적으로 중요한 변화가 이루어지는 시기이다. 태지(胎地)는 천간(天干)의 기운이 지지에서 생명을 잉태하는 초기 단계이다. 생명의 시작이 이루어지고 성장이 준비되는 시기로, 마치 엄마의 자궁에 착상된 태아처럼 보호가 필요하고, 조용히 숨어 지내는 기간이라고 볼 수 있다. 기운이 가장 왕성한 시기인 왕지(旺地)와는 반대되는 개념이다.

태지(胎地)는 실질적인 활동보다는 준비의 시기이며, 외부로 표출되지 않은 잠재력이 내면에 쌓이는 때이다. 새로운 시작을 준비하는 중요한 단계이므로, 조용히 내면의 힘을 키워야 한다.

3. 양지(養地)

사주에서 양지(養地)는 십이운성(十二運星) 중 천간(天干)의 기운이 지지(地支)에서 본격적인 성장을 준비하며 영양분을 흡수하는 단계를 의미한다. 이는 마치 엄마 뱃속에서 아이가 양육받으며 기초 체력을 다지는 것과 유사하다. 양지(養地)는 잉태된 생명이 보호받고 양육되는 시기로, 에너지가 점차 강해지면서 생명이 활발하게 자라나는 때이다. 엄마 뱃속에서 길러지는 것처럼 세심한 보호가 필요한 상태이다. 기운이 쇠퇴하기 시작히는 쇠지(衰地)와는 반대되는 개념이다.

양지(養地)는 성장을 위한 영양분을 받아들이는 단계로, 기초 체력을 다지고 점차 자신의 힘을 키워 가는 시기이다. 따라서 양지(養地)의 시기에는 자신의 기초를 다지고, 향후의 발전을 위한 준비를 충실히 하는 것이 중요하다.

4. 장생지(長生地)

사주에서 장생지(長生地)는 십이운성(十二運星) 중 천간(天干)의 기운이 지지(地支)에서 새롭게 태어나 본격적인 성장을 시작하는 단계를 의미한다. 장생지(長生地)는 기운이 탄생하여 외부로 발현되는 시기로, 새로운 생명의 성장이 본격적으로 시작된다. 새로운 계획이나 아이디어가 실현되기 시작하며, 힘차고 강하게 뻗어 나가는 초기의 활동적인 단계이다. 이 시기는 독립보다는 보호를 받아야 하며, 동업은 가능하다. 기운이 쇠약해지는 시기인 병지(病地)와는 반대되는 개념이다.

장생지(長生地)는 아직 성숙하진 않지만 활발한 활동이 시작되므로 모든 것이 새롭고 빠르게 변화하며 활력이 넘친다. 새로운 기회를 잡거나 도전을 시작하기에 적합하다.

5. 목욕지(沐浴地)

사주에서 목욕지(沐浴地)는 십이운성(十二運星) 중 천간(天干)의 기운이 지지(地支)에서 세상과 본격적으로 접촉하며 성장하는 시기를 의미한다. 이는 인간의 청소년기에 비유되며, 욕망과 감정이 활발하게 표출되기 시작하는 시기이다. 목욕지(沐浴地)는 열정과 욕망이 강하게 드러나는 시기로, 외부 활동이 활발해지고, 새로운 시도를 하려는 경향이 강하다. 기운이 소멸하는 시기인 사지(死地)와는 반대되는 개념이다.

목욕지(沐浴地)는 독립보다는 보호가 필요하지만, 아르바이트나 동업은 가능하다. 목욕지(沐浴地)는 새로운 것을 시도하는 데 주저함이 없지만, 감정적, 충동적 결정이 많을 수 있다.

6. 관대지(冠帶地)

사주에서 관대지(冠帶地)는 십이운성(十二運星) 중 천간(天干)의 기운이 지지(地支)에서 더욱 왕성하게 성장하는 단계를 의미한다. 이는 마치 청소년기 교육을 마치고 사회에 첫발을 내딛는 시기이다. 관대지(冠帶地)는 미숙함을 벗고 사회생활을 시작하는 시기로, 신입 사원처럼 홀로 설 힘이 생기지만 적응의 어려움과 스트레스도 따른다. 완전히 성숙하진 않았지만 독립하여 취직이나 자영업 운영이 가능한 시기이다. 기운이 소멸하는 묘지(墓地)와는 반대되는 개념이다.

관대지(冠帶地)는 성숙을 앞둔 마지막 준비 단계로, 책임과 부담을 동반하며, 신입 사원처럼 안정적이지만 익숙하지 않아 어려움에 부딪힐 수 있다.

7. 건록지(建祿地)

사주에서 건록지(建祿地)는 십이운성(十二運星) 중 천간(天干)의 기운이 지지(地支)에서 가장 성숙하고 안정된 상태를 나타내는 단계이다. 이는 사회의 중추로서 치열한 경쟁 속에서 가장 바쁘고 열심히 살아가는 시기이다. 건록지(建祿地)는 천간(天干)의 기운이 지지(地支)에서 온전히 발휘되며, 안정적으로 자리 잡아 성과를 내는 단계이다. 사회의 중추로서 바쁘게 살아가는 시기로, 기운이 성숙하여 사회적으로 인정받거나 중요한 역할을 맡게 된다. 기운이 소멸하는 절지(絶地)와는 반대되는 개념이다.

건록지(建祿地)는 기운이 가장 성숙하고 안정된 상태를 상징하며, 사회적으로 인정받고 중요한 성과를 이루는 시기이다. 인생에서 중요한 위치나 역할을 맡거나 성취를 이루는 시점에 해당한다.

8. 제왕지(帝旺地)

사주에서 제왕지(帝旺地)는 십이운성(十二運星) 중 천간(天干)의 기운이 지지(地支)에서 가장 활발하고 강력하게 발휘되는 절정의 단계이다. 이는 기운이 절정에 달하고 모든 가능성이 최대한으로 발휘되는 시기를 의미한다. 제왕지(帝旺地)는 기운이 가장 강력하고 왕성한 상태를 나타내며, 인생에서 최고의 시기이자 성공의 정점이다. 최고의 위치에 올라 최고의 성과를 거두는 시기로, 자신감과 역량이 최고조에 달하며 사회적 및 개인적 성취를 이룬다. 새로운 기운이 잉태되는 시기인 태지(胎地)와는 반대되는 개념이다.

이 시기는 천간(天干)의 기운이 지지(地支)에서 제 역할을 다하고 최대의 효과를 발휘하는 절정의 상태이다. 에너지가 극대화되어 강력한 영향력을 발휘할 수 있으므로 자신의 능력이나 자원을 최대한으로 활용할 수 있다.

9. 쇠지(衰地)

사주에서 쇠지(衰地)는 십이운성(十二運星) 중 천간(天干)의 기운이 지지(地支)에서 점차 힘을 잃고 약해지기 시작하는 단계를 의미한다. 이는 절정에 달했던 시기를 지나 쇠퇴기로 접어드는 시기이다. 쇠지(衰地)는 성숙 이후 기운이 감소하고 성과가 줄어드는 단계이다. 최고의 자리에서 물러나 전관예우를 받는 시기로, 사회적, 물질적으로 아직 영향력을 행사할 수 있다. 기운이 점차 강해지는 양지(養地)와는 반대되는 개념이다.

쇠지(衰地)는 기운이 약해지면서 변화와 전환을 맞이하는 단계이다. 이 시기에는 이전의 성취를 유지하고 보존하며, 변화를 인정하고 대비하는 것이 중요하다.

10. 병지(病地)

사주에서 병지(病地)는 십이운성(十二運星) 중 천간(天干)의 기운이 지지(地支)에서 약해지고 문제나 장애를 겪기 시작하는 단계를 의미한다. 이는 기력이 쇠하고 육체적으로 힘든 시기이다. 병지(病地)는 에너지가 불안정하고 약해진 상태로, 신체적인 약화나 어려움이 발생할 수 있는 시기로, 육체는 병들고 정신적으로 발달하기 시작하는 때이다. 기운이 왕성하게 발현되기 시작하는 생지(生地)와는 반대되는 개념이다.

이 시기에는 기운이 약하여 성과를 내기 어렵고, 다양한 문제와 장애에 직면할 가능성이 크다. 문제를 해결하고 어려움을 극복하는 과정에서 많은 인내와 지혜가 요구된다.

11. 사지(死地)

사주에서 사지(死地)는 십이운성(十二運星) 중 천간(天干)의 기운이 지지(地支)에서 극도로 약해져 소멸 직전에 이른 상태를 의미다. 모든 것이 종결되고 마무리되는 시기이다. 사지(死地)는 에너지가 고갈되어 새로운 시작을 위해 현재 상태를 정리하는 시기로, 육체적인 활동은 제한되지만, 정신적인 발달이 두드러진다. 활발한 욕망과 감정이 표출되는 목욕지(沐浴地)와는 반대되는 개념이다.

사지(死地)는 기운이 약해 중요한 일이 진행되기 어렵거나 성공하기 힘든 시기이다. 새로운 도전을 시작하기보다 현재 상황을 유지하고 문제를 최소화하려는 노력이 중요하다.

12. 묘지(墓地)

사주에서 묘지(墓地)는 십이운성(十二運星) 중 천간(天干)의 기운이 지지(地支)에서 완전히 소멸하여 묻히는 단계를 의미한다. 묘지(墓地)는 기운이 극도로 쇠퇴하여 모든 것이 종결되는 상태로, 생명력의 끝을 상징하며 재탄생을 준비하는 시기로 육체적 활동이 어렵고 정신적인 활동은 가능하다. 성장이 절정에 이르는 관대지(冠帶地)와는 반대되는 개념이다.

묘지(墓地)는 기운이 거의 소진된 상태이므로 진행 중인 일이 끝나가거나 성과를 내기 힘든 상황이다. 이 시기는 종결과 마무리에 적합하며, 새로운 일을 시작하기보다는 현재 진행 중인 일을 정리하는 데 집중해야 한다.

새로운 십이운성(十二運星) 활용

1. 사주 해석의 정합성 제고

십이운성(十二運星)은 천간(天干)이 각 지지(地支)를 만나면서 실현되고 거두어지는 정도를 나타내는 이론이다. 이는 지구의 사계절 순환에 따른 천간(天干)의 변화를 정밀하게 표현한 것으로, 사주명리학(四柱命理學)에서 중요한 역할을 한다.

하지만 기존의 십이운성(十二運星) 이론은 음간(陰干)과 양간(陽干)을 명확하게 구분하지 않아 음간(陰干)의 정합성이 떨어진다.

새로운 십이운성(十二運星) 이론은 음간(陰干)과 양간(陽干)의 특성을 명확히 구분하고, 사계절 순환에 따른 천간(天干)의 변화를 십이운성(十二運星)에 정확하게 배치함으로써, 음간(陰干)의 정합성을 향상하여 기존 십이운성(十二運星)의 문제점을 해결하였다.

2. 다양한 십신(十神)의 상태 파악 가능

십이운성(十二運星)은 천간(天干)의 각 지지(地支)별 왕쇠(旺衰)를 보는 것으로, 일간(日干)뿐만 아니라 다른 십신(十神)도 지지(地支)에 대입하여 볼 수 있다. 또한, 사주(四柱)에 있는 십신(十神)뿐만 아니라, 사주에 없는 십신(十神)도 지지(地支)에 대입하여 활용할 수 있다.

십이운성(十二運星)은 천간(天干)과 지지(地支)의 관계를 나타내므로 사주(四柱) 원국뿐만 아니라 대운(大運), 세운(歲運), 월운(月運), 일진(日辰)에도 대입하여 운(運)에서의 십신(十神)의 상태도 파악할 수 있다.

3. 십이운성(十二運星)에 따른 십신(十神)의 해석

① 십이운성(十二運星)의 상태가 힘이 있는 시기인 장생(長生), 목욕(沐浴), 관대(冠帶), 건록(建祿), 제왕(帝旺), 쇠(衰)에 있으면, 도시나 본사 등 바쁘고 인기 있는 곳에서 보이게 활동해야 한다.

예시)

시주	일주	월주	년주
O	壬	甲	戊
O	O	寅	O

(해석)

寅 월지(月支)는 십이운성(十二運星)으로 甲 식신(食神)의 건록(建祿)에 해당하므로 도시나 본사 등 바쁘고 인기 있는 곳에서 보이게 식신(食神) 활동을 해야 한다.

② 십이운성(十二運星)의 상태가 힘이 약한 시기인 병(病), 사(死), 묘(墓), 절(絶), 태(胎), 양(養)에 있으면, 시골이나 지사 등 한가하고 인기 없는 곳에서 보이지 않게 활동해야 한다.

예시)

시주	일주	월주	년주
O	壬	甲	戊
O	O	申	O

(해석)

申 월지(月支)는 십이운성(十二運星)으로 甲 식신(食神)의 절지(絶地)에 해당하므로 보이지 않게 시골이나 지사 등 한가하고 인기 없는 곳에서 보이지 않게 식신(食神) 활동을 활동해야 한다.

4. 천간(天干)의 월지(月支)에 따른 운동성

① 월지(月支)가 자기 계절인 천간(天干)

사주 원국에서 월지(月支)가 천간(天干)의 자기 계절이면, 양간(陽干)은 록왕쇠(祿旺衰)에 해당하므로 밖에서 드러나게 활발히 활동하지만, 음간(陰干)은 절태양(絶胎養)에 해당하므로 안에서 활동을 멈추고 보이지 않게 조용히 있어야 한다.

예시)

시주	일주	월주	년주
○	甲	庚	○
○	○	申	○

(해석)

庚 편관(偏官)은 양간(陽干)이고 월지(月支)가 자기 계절이므로 드러나게 밖에서 하강 수축 활동을 한다. 프리랜서나 계약직으로 근무하며, 드러나게 활발히 지도, 단속 등의 활동을 한다.

② 월지(月支)가 반대 계절인 천간(天干)

사주 원국에서 월지(月支)가 천간(天干)의 반대 계절이면, 양간(陽干)은 절태양(絶胎養)에 해당하므로 밖에서 활동을 멈추고 보이지 않게 조용히 있어야 하지만, 음간(陰干)은 록왕쇠(祿旺衰)에 해당하므로 안에서 활발히 활동해야 한다.

예시)

시주	일주	월주	년주
○	甲	庚	○
○	申	寅	○

(해석)

庚 편관(偏官)은 양간(陽干)이고 월지(月支)가 반대 계절이므로 활동을 멈추고 보이지 않게 조용히 있어야 한다. 프리랜서나 계약직으로 근무하며, 드러나지 않게 조용히 지도, 단속 등의 활동을 한다.

5. 사주와 운(運)의 관계에서 십이운성(十二運星)

사주(四柱)는 그 사람의 타고난 자질과 성향을 나타내고, 운(運)은 사주(四柱)가 처한 환경과 현실을 나타낸다. 따라서 운(運)에서의 십이운성(十二運星)을 먼저 활용하되, 운(運)의 환경 속에서도 변하지 않는 사주(四柱) 원국의 십이운성(十二運星)을 함께 고려하여 해석한다.

운(運)은 외부 환경의 변화이지만, 그 속에서도 개인의 타고난 본성인 사주(四柱)의 십이운성(十二運星)은 일정한 성향을 유지하게 되므로, 두 가지를 함께 활용하는 것이 정확한 해석을 돕는다. 예를 들어, 국어 공부를 잘하는 사람이라도 시간표가 수학 시간이라면 그 시간에는 수학 공부를 해야 하는데, 수학 공부를 하는 중에도 지문 해석이나 문제 파악처럼 국어 공부를 잘하는 자질을 활용할 수 있다는 것이다.

예시 1)

시주	일주	월주	년주
○	壬	丁	戊
○	○	亥	○

(해석)

사주 원국에서 월지(月支)가 亥이므로 丁 정재(正財)가 건록(建錄)에 해당하여 안에서 활발히 정재(正財) 활동을 하는 자질을 가진다. 巳 운(運)이 오면, 戊 편관(偏官)이 건록(建錄)에 해당하므로, 戊 편관(偏官) 활동을 하면서 丁 정재(正財)의 자질을 활용할 수 있다. 戊 편관(偏官) 활동 환경이 타고난 자질과 맞지 않아 불편하다.

예시 2)

시주	일주	월주	년주
○	庚	甲	乙
○	寅	寅	○

(해석)

사주 원국에서 월지(月支)가 寅이므로 甲 편재(偏財)가 건록(建祿)에 해당하여 밖에서 보이게 활발히 편재(偏財) 활동을 하는 자질을 가진다. 寅卯辰 운에는 甲 편재(偏財)의 자기 계절이므로 보이게 도시, 번화가에서 활발히 편재(偏財) 활동을 하는 환경이다. 甲 편재(偏財) 활동의 환경이 타고난 성향과 같아 편안하고 행복하다. .

예시 3)

시주	일주	월주	년주
O	庚	甲	乙
O	寅	寅	O

(해석)

사주 원국에서 월지(月支)가 寅이므로 甲 편재(偏財)가 건록(建祿)에 해당하여 밖에서 보이게 활발히 편재(偏財) 활동을 하는 자질을 가진다. 申酉戌 운(運)에는 甲 편재(偏財)의 반대 계절이므로 보이지 않게 해외나 시골에서 편재(偏財) 활동을 해야 하는데, 사주 원국의 甲 편재(偏財)는 자기 계절이므로 그곳에서는 바쁘게 활발히 활동한다. 甲 편재(偏財) 활동 환경이 타고난 성향과 다르므로 불편하다.

6. 십신(十神)의 십이운성(十二運星)별 활동성

십이운성(十二運星)은 십신(十神)의 활동성을 판단하는 중요한 기준이다. 십신(十神)은 십이운성(十二運星)에 따라 그 활동 양상을 달리해야 하며, 이는 사주(四柱) 해석의 핵심이다.

① 절태양(絶胎養) 상태에 있는 십신(十神)

천간(天干)이 십이운성(十二運星)으로 절태양(絶胎養) 상태에 있으면, 해당 십신(十神)은 보이지 않는 곳에서 휴식을 취하며 미래를 준비하는 시기이다. 활동보다는 조용히 내면의 성장에 집중해야 한다. 해당 십신(十神)이 잠을 자고 휴식을 취하는 시기이다.

② 생욕(生浴) 상태에 있는 십신(十神)

천간(天干)이 십이운성(十二運星)으로 생욕(生浴) 상태에 있으면, 해당 십신(十神)은 활동을 시작하는 단계이지만, 아직 독립적인 활동은 어려운 상태이다. 주변의 도움을 받으며 점차 활동 범위를 넓혀 가야 하는 시기이다. 해당 십신(十神)이 일을 하기 위해 준비하고 출근하는 시기이다.

③ 대(帶) 상태에 있는 십신(十神)

대(帶) 단계에 있는 십신(十神)은 스스로의 힘으로 독립적으로 일할 수 있는 시기이다. 십신(十神)이 충분한 에너지를 가지고 있으며, 외부 환경에서 혼자서도 주도적인 역할을 수행할 수 있다.

④ 록왕(祿旺) 상태에 있는 십신(十神)

천간(天干)이 십이운성(十二運星)으로 록왕(祿旺) 상태에 있으면, 해당 십신(十神)은 가장 왕성한 활동력을 보이고 성과를 거두는 시기이다. 능동적으로 일을 주도하며 적극적인 활동을 펼쳐야 한다. 십신(十神)이 열심히 일하여 성과를 거두는 시기이다.

⑤ 쇠(衰) 상태에 있는 십신(十神)

십신(十神)이 쇠(衰) 단계에 있으면 전성기를 지나 경험과 지혜로 안정적으로 업무를 관리하는 시기로, 직접적인 성과보다는 기존의 기틀을 유지하고 정리하는 데 집중한다. 전관예우를 받는 위치에 있으므로, 실무보다는 경험을 바탕으로 하는 역할을 수행한다.

⑥ 병사묘(病死墓) 상태에 있는 십신(十神)

천간(天干)이 십이운성(十二運星)으로 병사묘(病死墓) 상태에 있으면, 해당 십신(十神)은 적극적인 활동보다는 안정적으로 현 상태를 유지하고 마무리하는 단계이다. 새로운 시도보다는 기존의 성과를 정리하며, 에너지를 수렴하는 방어적인 자세가 필요하다. 이 시기에는 안정과 내실을 추구하며 마무리하는 활동이 바람직하다. 해당 십신(十神)이 일을 마무리하고 퇴근을 하는 시기이다.

7. 양간(陽干)과 음간(陰干)의 물상적 비유

① **甲木과 乙木:** 甲木은 봄에 쑥쑥 크는 새싹이나 전나무와 같고, 乙木은 가을에 단단해지는 열매 속 작은 씨눈과 같다.

② **丙火와 丁火:** 丙火는 낮이나 여름에 작열하는 태양과 같고, 丁火는 밤이나 겨울에 빛나고 따뜻하게 하는 촛불이나 난로와 같다.

③ **戊土와 己土:** 戊土는 여름에 무성한 큰 산과 같고, 己土는 겨울에 꽁꽁 얼어붙은 계곡과 같다.

④ **庚金과 辛金:** 庚金은 가을에 단단히 영글어 가는 열매와 같고, 辛金은 봄에 쑥쑥 자라는 나무줄기의 심지와 같다.

⑤ **壬水와 癸水:** 壬水는 겨울에 꽁꽁 얼어붙은 호수나 쪼그라드는 씨앗과 같고, 癸水는 여름에 솟아오르는 수증기, 땀, 수액과 같다.

제29장

기존 십이신살 (十二神殺)이란

기존 십이신살(十二神殺) 개요

1. 기존 십이신살(十二神殺)의 정의

십이신살(十二神殺)은 사주명리학(四柱命理學)에서 지지(地支)와 지지(地支) 사이의 변화를 통해 인간의 운명을 해석하는 중요한 개념이다. 십이신살(十二神殺)은 지지(地支)끼리의 변화를 나타내므로, 이는 생각이나 마음과는 관계없이 현실에서 발생하는 변화를 의미한다.

2. 기존 십이신살(十二神殺)의 기준

① 년지(年支) 또는 일지(日支)를 기준으로 결정

기존 십이신살(十二神殺)은 사주 원국의 년지(年支) 또는 일지(日支)를 기준으로 결정된다. 년지(年支) 기준은 과거 띠를 중심으로 운명을 판단하던 방식에서 유래된 것으로 추정되며, 일지(日支) 기준은 일간(日干) 중심으로 해석하는 명리학의 흐름과 맥락을 같이한다. 운(運)의 십이신살(十二神殺)은 년지(年支)를 기준으로 결정한다.

② 삼합(三合)으로 묶어 결정

기존 십이신살(十二神殺)은 년지(年支) 또는 일지(日支)를 기준으로 삼합(三合)으로 묶어 결정한다. 寅·午·戌, 巳·酉·丑, 申·子·辰, 亥·卯·未 삼합(三合)은 각기 다른 지지(地支)로 구성되지만, 삼합(三合)으로 묶여 십이신살(十二神殺)이 같다.

3. 십이신살(十二神殺)의 종류

십이신살(十二神殺)은 지지(地支)와 지지(地支) 간의 변화이므로 12개의 신살(神殺)로 이루어지며, 겁살(劫殺), 재살(災殺), 천살(天殺), 지살(地殺), 년살(年殺), 월살(月殺), 망신살(亡身殺), 장성살(將星殺), 반안살(攀鞍殺), 역마살(驛馬殺), 육해살(六害殺), 화개살(華蓋殺)이 있다. 십이신살(十二神殺)은 지지(地支)의 순서대로 진행된다.

4. 기존 십이신살(十二神殺)의 배치

기존 십이신살(十二神殺)은 년지(年支) 또는 일지(日支)가 속한 삼합(三合)을 기준으로 결정된다. 삼합(三合)의 첫 글자는 지살(地殺), 가운데 글자는 장성살(將星殺), 마지막 글자는 화개살(華蓋殺)로 정하며, 지지(地支) 순서에 따라 배치된다.

예를 들어 년지(年支) 또는 일지(日支)가 亥, 卯, 未에 해당하면 亥는 지살(地殺), 卯는 장성살(將星殺), 未는 화개살(華蓋殺)을 기준으로 하여 지지(地支) 순서대로 亥는 지살(地殺), 子는 년살(年殺), 丑은 월살(月殺), 寅은 망신살(亡身殺), 卯는 장성살(將星殺), 辰은 반안살(攀鞍殺), 巳는 역마살(驛馬殺), 午는 육해살(六害殺), 未는 화개살(華蓋殺), 申은 겁살(劫殺), 酉는 재살(災殺), 戌은 천살(天殺)이 된다.

5. 기존 십이신살(十二神殺)의 위치별 해석

년주(年柱)에 있는 신살(神殺)은 조상이나 부모, 출생지와 관련하여 영향을 미치며, 월주(月柱)에 있는 신살(神殺)은 직장, 사회적 위치, 부모와의 관계에 영향을 준다. 일주(日柱)에 있는 신살(神殺)은 자신과 배우자 관계에 영향을 주고, 시주(時柱)에 있는 신살(神殺)은 자녀와 말년 운(運), 그리고 인생 후반기에 영향을 미칠 수 있다.

※ 기존 십이신살(十二神殺)표

년지 일지	겁살	재살	천살	지살	년살	월살	망신	장성	반안	역마	육해	화개
寅午戌	亥	子	丑	寅	卯	辰	巳	午	未	申	酉	戌
巳酉丑	寅	卯	辰	巳	午	未	申	酉	戌	亥	子	丑
申子辰	巳	午	未	申	酉	戌	亥	子	丑	寅	卯	辰
亥卯未	申	酉	戌	亥	子	丑	寅	卯	辰	巳	午	未

기존 십이신살(十二神殺) 이론 검토

　기존 십이신살(十二神殺)은 사주명리학(四柱命理學)에서 지지(地支) 간의 관계를 통해 운명을 해석하는 중요한 도구이지만, 몇 가지 문제점이 있다. 이러한 문제점들은 십이신살(十二神殺) 이론의 신뢰도와 활용도를 저하하고, 학문으로서의 위상을 흔드는 요인이 되고 있다.

1. 모호한 적용 기준

　십이신살(十二神殺)은 사주명리학(四柱命理學)에서 지지(地支) 간의 관계를 통해 운명을 해석하는 중요한 도구이다. 하지만 기존 십이신살(十二神殺)을 결정하는 기준에 대해서는 오랫동안 논쟁이 이어져 왔다. 바로 년지(年支)를 기준으로 할 것인지, 일지(日支)를 기준으로 할 것인지에 대한 문제이다.

① **년지(年支) 기준:** 년지(年支) 기준은 과거 띠를 중심으로 운명을 판단하던 전통적인 방식에서 유래되었다. 이는 띠만으로 간편하게 운명을 판단할 수 있다는 장점이 있지만, 일간(日干)을 중심으로 하는 현대 명리학 이론을 반영하지 못한다는 한계가 있다.

② **일지(日支) 기준:** 현대 사주명리학(四柱命理學)에서는 일간(日干)을 중심으로 사주 전체를 분석하는 방식이 주류를 이루고 있다. 일지(日支)는 일간(日干)과 가장 밀접한 관계를 가지므로, 일지(日支)를 기준으로 십이신살(十二神殺)을 판단하는 방식은 현대 명리학의 흐름과 맥락을 같이한다 할 수 있다. 하지만, 이런 접근이 명확한 논리적 근거를 가진 것은 아니다.

　이처럼 기존 십이신살(十二神殺)은 적용 기준이 모호해 상담가마다 다르게 해석하거나, 같은 상담가라도 상황에 따라 기준을 달리 적용하여 주관적으로 해석하는 문제가 있다. 이로 인해 십이신살(十二神殺) 이론은 일관성을 잃고, 학문으로서도 제대로 인정받지 못하고 있는 실정이다.

2. 삼합(三合)으로 묶어 적용

기존 십이신살(十二神殺)은 년지(年支) 또는 일지(日支)를 삼합(三合)으로 묶어, 그 삼합(三合)에 속한 지지(地支)를 모두 동일한 십이신살(十二神殺)로 해석한다. 그러나 이러한 방식은 지지(地支)별 고유한 특성을 반영하지 못하여 해석의 신뢰도를 떨어뜨리는 요인이 된다.

① 지지(地支) 특성 무시

삼합(三合)으로 묶인 지지(地支) 중 생지(生地)와 묘지(墓地)는 계절과 특성이 다름에도 불구하고 왕지(旺地)를 기준으로 하는 십이신살(十二神殺)을 갖게 된다. 이는 지지(地支) 간의 변화를 나타내는 십이신살(十二神殺)의 기본 원리에 부합하지 않는다.

② 신뢰도 저하

십이신살(十二神殺)을 삼합(三合)으로 묶어 해석하는 것은 전 인류의 1/4에 해당하는 사람들이 같은 십이신살(十二神殺)을 갖게 되는 결과를 초래한다. 이는 십이신살(十二神殺) 이론의 변별력을 떨어뜨리고 신뢰도를 저하시킨다.

③ 장성살(將星殺)의 계절 불일치

십이신살(十二神殺)에서 장성살(將星殺)은 최고의 힘을 가진 정상의 자리를 의미하지만, 삼합(三合)으로 묶어 적용하는 방식은 이러한 의미에 모순된다.

- **계절적 모순**: 사주에서는 월지(月支)가 가장 강한 힘을 가지지만, 기존 십이신살(十二神殺)에서는 년지(年支) 또는 일지(日支)가 속한 삼합(三合) 중 왕지(旺地)를 가장 강한 장성살(將星殺)로 본다. 이는 자기 계절에 가장 강한 힘을 갖게 되는 자연의

법칙에 어긋나는 모순이다.

- **이론적 모순:** 기존 십이신살(十二神殺)은 삼합(三合)을 기준으로 묶이기 때문에, 사주의 년지(年支) 또는 일지(日支)가 생지(生地)나 묘지(墓地)에 해당할 경우, 본인과 직접적인 관련이 없는 지지(地支)를 장성살(將星殺)로 갖게 된다. 이는 사주에서 가장 강한 지지(地支)를 장성살(將星殺)로 본다는 십이신살(十二神殺)의 기본 원리와 모순된다.

3. 십이신살(十二神殺) 적용 기준 재정립 필요

기존 십이신살(十二神殺) 이론은 모호한 적용 기준과 삼합(三合)으로 묶어 해석하는 문제 등 여러 논리적 한계를 지니고 있다. 이러한 문제는 십이신살(十二神殺)을 명리학적(命理學的) 학문으로 인정받기 어렵게 하며, 단순한 점술로 오해받게 만든다. 따라서 자연의 법칙에 따라 지지(地支)의 고유한 특성을 반영할 수 있도록 십이신살(十二神殺)의 적용 기준을 재정립하는 것은, 십이신살(十二神殺)의 실질적인 활용 가치를 높이고, 사주 해석의 신뢰도를 향상시킬 뿐만 아니라, 사주명리학(四柱命理學)의 학문적 발전에도 크게 기여할 것이다.

제30장

새로운 십이신살 (十二神殺)이란

새로운 십이신살(十二神殺)의 기준

1. 월지(月支)와 운(運)에서 오는 지지(地支) 기준

새로운 십이신살(十二神殺) 이론에서는 사주 원국 내에서의 십이신살(十二神殺)은 월지(月支)를 기준으로 하고, 사주와 운(運)의 상호 작용을 분석할 때는 운(運)에서 오는 지지(地支)를 기준으로 삼는다.

새로운 십이신살(十二神殺) 이론은 사주에서 가장 강력한 힘을 가진 월지(月支)나 운(運)의 지지(地支)를 십이신살(十二神殺)의 최고 자리인 장성살(將星殺)로 설정하고, 이를 기준으로 다른 지지(地支)의 십이신살(十二神殺)을 결정한다.

2. 장성살(將星殺) 기준으로 십이신살(十二神殺) 결정

새로운 십이신살(十二神殺)은 월지(月支)나 운(運)의 지지(地支)를 장성살(將星殺)로 정하고, 장성살(將星殺)을 기준으로 지나간 지지(地支)는 반안살(攀鞍殺), 다가올 지지(地支)는 망신살(亡身殺)이 된다. 장성살(將星殺)이 될 지지(地支)의 순서대로 망신살(亡身殺), 월살(月殺), 년살(年殺), 지살(地殺)이 되며, 장성살(將星殺)을 지나간 지지(地支)의 순서대로 반안살(攀鞍殺), 역마살(驛馬殺), 육해살(六害殺), 화개살(華蓋殺)이 된다. 또한, 장성살(將星殺)의 반대편 지지(地支)는 재살(災殺)이 된다.

예를 들어, 월지(月支)나 운(運)의 지지(地支)가 子이면, 子는 장성살(將星殺)이 되고, 지나간 지지(地支)인 亥는 반안살(攀鞍殺)이 되며, 다가올 지지(地支)인 丑은 망신살(亡身殺)이 된다. 子의 반대 지지(地支)인 午는 재살(災殺)이다.

3. 기존 십이신살(十二神殺)과 차이

기존의 십이신살(十二神殺)은 사주 원국의 년지(年支) 또는 일지(日支)를 기준으로 삼합(三合)의 왕지(旺地)에 해당하는 글자를 장성살(將星殺)로 고정하고, 이를 바탕으로 사주 원국의 다른 지지(地支)나 운(運)에서 오는 지지(地支)의 십이신살(十二神殺)을 판단한다.

하지만 새로운 십이신살(十二神殺)은 사주 원국 내에서는 가장 강력한 영향력을 지닌 월지(月支)를 장성살(將星殺)로 설정하고, 이를 기준 삼아 다른 지지(地支)들의 십이신살(十二神殺)을 결정한다.

또한, 사주 원국과 운(運)의 관계에서는 운(運)의 지지(地支)를 장성살(將星殺)로 보고, 이를 기준으로 사주 원국에 있는 각 지지(地支)의 십이신살(十二神殺)을 결정한다. 사주는 그 사람이 타고난 자질이지만, 운(運)은 사주가 살아갈 환경에 해당하여 운(運)의 흐름이 개인의 삶에 미치는 강력한 영향력을 반영한 것이다.

4. 새로운 십이신살 암기법

① 같은 반장망, 반대 천재겁, 오는 월년지, 지난 화육역

월지(月支)나 운(運)의 지지(地支)와 같은 쪽의 세 개 지지(地支)는 반장망(반안살, 장성살, 망신살), 반대 쪽의 세 개 지지(地支)는 천재겁(천살, 재살, 겁살), 오는 쪽 세 개 지지(地支)는 월년지(월살, 년살, 지살), 지나간 쪽 세 개 지지(地支)는 화육역(화개살, 육해살, 역마살)이 된다.

예를 들어, 월지(月支)나 운(運)의 지지(地支)가 亥이면, 같은 쪽의 세 개 지지(地支)인 戌亥子는 반장망(반안살, 장성살, 망신살), 반대 쪽의 세 개 지지(地支)인 辰巳午는 천재겁(천살, 재살, 겁살), 오는 쪽의 세 개 지지(地支)인 丑寅卯는 월년지(월살, 년살, 지살), 지나간 쪽 세 개 지지(地支)인 未申酉는 화육역(화개살, 육해살, 역마살)이 된다.

② 월지(月支)나 운(運)의 삼합(三合)은 화(華) 장(將) 지(地)

월지(月支)나 운(運)의 지지(地支)가 속한 삼합(三合)의 글자를 나열하여, 월지(月支)나 운(運)의 지지(地支)는 장성살(將星殺), 앞 글자는 화개살(華蓋殺), 뒷글자는 지살(地殺)이 된다.

예를 들어, 월지(月支)나 운(運)의 지지(地支)가 申이면, 申이 속한 申子辰 삼합(三合)의 글자를 나열하여 申의 앞 글자 辰은 화개살(華蓋殺), 申은 장성살(將星殺), 申의 뒷글자 子는 지살(地殺)이 된다.

지지(地支)별 새로운 십이신살(十二神殺)

1. 월지(月支)나 운(運)의 지지(地支)가 寅일 때의 십이신살(十二神殺)

월지(月支) 또는 운(運)의 지지(地支)가 寅이면, 寅은 십이신살(十二神殺)의 최고 자리인 장성살(將星殺)이 된다. 寅과 같은 쪽의 세 개 지지(地支) 丑寅卯는 반장망(丑 반안살, 寅 장성살, 卯 망신살), 반대 쪽의 세 개 지지(地支) 未申酉는 천재겁(未 천살, 申 재살, 酉 겁살), 오는 쪽의 세 개 지지(地支) 辰巳午는 월년지(辰 월살, 巳 년살, 午 지살), 지나간 쪽의 세 개 지지(地支) 戌亥子는 화육역(戌 화개살, 亥 육해살, 子 역마살)이 된다.

또한, 寅은 寅午戌 삼합(三合)에 해당하므로, 寅의 앞글자인 戌은 화개살(華蓋殺)이 되고, 寅의 뒷글자인 午는 지살(地殺)이 되며, 장성살(將星殺)인 寅과 반대 지지(地支)인 申은 재살(災殺)이 된다.

예시)

시주	일주	월주	년주
○	○	○	○
辰	酉	寅	未

(해석)

사주 원국의 월지(月支)가 寅일 때, "丑寅卯 반장망, 未申酉 천재겁, 辰巳午 월년지, 戌亥子 화육역"이므로, 월지 寅은 장성살, 일지 酉는 겁살, 년지 未는 천살, 시지 辰은 월살이 된다. 卯 운(運)이 오면, "寅卯辰 반장망, 申酉戌 천재겁, 巳午未 월년지, 亥子丑 화육역"이므로 卯가 장성살이 되고, 년지 未는 지살, 월지 寅은 반안살, 일지 酉는 재살, 시지 辰은 망신살이 된다.

2. 월지(月支) 또는 운(運)의 지지(地支)가 卯일 때의 십이신살(十二神殺)

월지(月支) 또는 운(運)의 지지(地支)가 卯이면, 卯는 십이신살(十二神殺)의 최고 자리인 장성살(將星殺)이 된다. 卯와 같은 쪽의 세 개 지지(地支) 寅卯辰은 반장망(寅 반안살, 卯 장성살, 辰 망신살), 반대 쪽의 세 개 지지(地支) 申酉戌은 천재겁(申 천살, 酉 재살, 戌 겁살), 오는 쪽의 세 개 지지(地支) 巳午未는 월년지(巳 월살, 午 년살, 未 지살), 지나 간 쪽의 세 개 지지(地支) 亥子丑은 화육역(亥 화개살, 子 육해살, 丑 역마살)이 된다.

또한, 卯는 亥卯未 삼합(三合)에 해당하므로, 卯의 앞글자인 亥는 화개살(華蓋殺)이 되고, 卯의 뒷글자인 未는 지살(地殺)이 되며, 장성살(將星殺)인 卯와 반대 계절인 酉는 재살(災殺)이 된다.

예시)

시주	일주	월주	년주
O	O	O	O
申	午	卯	戌

(해석)

사주 원국의 월지(月支)가 卯일 때, "寅卯辰 반장망, 申酉戌 천재겁, 巳午未 월년지, 亥子丑 화육역"이므로, 월지 卯는 장성살, 일지 午은 년살, 년지 戌은 겁살, 시지 申은 천살이 된다. 亥 운(運)이 오면, "戌亥子 반장망, 辰巳午 천재겁, 丑寅卯 월년지, 未申酉 화육역"이므로 亥가 장성살이 되고, 년지 戌은 반안살, 월지 卯는 지살, 일지 午는 겁살, 시지 申은 육해살이 된다.

3. 월지(月支) 또는 운(運)의 지지(地支)가 辰일 때의 십이신살(十二神殺)

월지(月支) 또는 운(運)의 지지(地支)가 辰이면, 辰은 십이신살(十二神殺)의 최고 자리인 장성살(將星殺)이 된다. 辰과 같은 쪽의 세 개 지지(地支) 卯辰巳는 반장망(卯 반안살, 辰 장성살, 巳 망신살), 반대 쪽의 세 개 지지(地支) 酉戌亥는 천재겁(酉 천살, 戌 재살, 亥 겁살), 오는 쪽의 세 개 지지(地支) 午未申은 월년지(午 월살, 未 년살, 申 지살), 지나 간 쪽의 세 개 지지(地支) 子丑寅은 화육역(子 화개살, 丑 육해살, 寅 역마살)이 된다.

또한 辰은 申子辰 삼합(三合)에 해당하므로, 辰의 앞글자인 子는 화개살(華蓋殺)이 되고, 辰의 뒷글자인 申은 지살(地殺)이 되며, 장성살(將星殺)인 辰과 반대 계절인 戌은 재살(災殺)이 된다.

예시)

시주	일주	월주	년주
○	○	○	○
申	午	辰	戌

(해석)

사주 원국의 월지(月支)가 辰일 때, "卯辰巳 반장망, 酉戌亥 천재겁, 午未申 월년지, 子丑寅 화육역"이므로, 월지 辰은 장성살, 일지 午은 월살, 년지 戌은 재살, 시지 申은 지살이 된다. 申 운(運)이 오면, "未申酉 반장망, 丑寅卯 천재겁, 戌亥子 월년지, 辰巳午 화육역"이므로 申이 장성살이 되고, 년지 戌은 월살, 월지 辰은 화개살, 일지 午는 역마살, 시지 申은 장성살이 된다.

4. 월지(月支) 또는 운(運)의 지지(地支)가 巳일 때의 십이신살(十二神殺)

월지(月支) 또는 운(運)의 지지(地支)가 巳이면, 巳는 십이신살(十二神殺)의 최고 자리인 장성살(將星殺)이 된다. 巳와 같은 쪽의 세 개 지지(地支) 辰巳午는 반장망(辰 반안살, 巳 장성살, 午 망신살), 반대 쪽의 세 개 지지(地支) 戌亥子는 천재겁(戌 천살, 亥 재살, 子 겁살), 오는 쪽의 세 개 지지(地支) 未申酉는 월년지(未 월살, 申 년살, 酉 지살), 지나간 쪽의 세 개 지지(地支) 丑寅卯는 화육역(丑 화개살, 寅 육해살, 卯 역마살)이 된다.

또한, 巳는 巳酉丑 삼합(三合)에 해당하므로, 巳의 앞글자인 丑은 화개살(華蓋殺)이 되고, 巳의 뒷글자인 酉는 지살(地殺)이 되며, 장성살(將星殺)인 巳와 반대 계절인 亥는 재살(災殺)이 된다.

시주	일주	월주	년주
O	O	O	O
子	寅	巳	酉

(해석)

사주 원국의 월지(月支)가 巳일 때, "辰巳午 반장망, 戌亥子 천재겁, 未申酉 월년지, 丑寅卯 화육역"이므로, 월지 巳는 장성살, 일지 寅은 육해살, 년지 酉는 지살, 시지 子는 겁살이 된다. 丑 운(運)이 오면, "子丑寅 반장망, 午未申 천재겁, 卯辰巳 월년지, 酉戌亥 화육역"이므로 丑이 장성살이 되고, 년지 酉는 화개살, 월지 巳는 지살, 일지 寅은 망신살, 시지 子는 반안살이 된다.

5. 월지(月支) 또는 운(運)의 지지(地支)가 午일 때의 십이신살(十二神殺)

월지(月支) 또는 운(運)의 지지(地支)가 午이면, 午는 십이신살(十二神殺)의 최고 자리인 장성살(將星殺)이 된다. 午와 같은 쪽의 세 개 지지(地支) 巳午未는 반장망(巳 반안살, 午 장성살, 未 망신살), 반대 쪽의 세 개 지지(地支) 亥子丑은 천재겁(亥 천살, 子 재살, 丑 겁살), 오는 쪽의 세 개 지지(地支) 申酉戌은 월년지(申 월살, 酉 년살, 戌 지살), 지나간 쪽의 세 개 지지(地支) 寅卯辰은 화육역(寅 화개살, 卯 육해살, 辰 역마살)이 된다.

또한, 午는 寅午戌 삼합(三合)에 해당하므로, 午의 앞글자인 寅은 화개살(華蓋殺)이 되고, 午의 뒷글자인 戌은 지살(地殺)이 되며, 장성살(將星殺)인 午와 반대 계절인 子는 재살(災殺)이 된다.

예시)

시주	일주	월주	년주
O	O	O	O
申	卯	午	子

(해석)

사주 원국의 월지(月支)가 午일 때, "巳午未 반장망, 亥子丑 천재겁, 申酉戌 월년지, 寅卯辰 화육역"이므로, 월지 午는 장성살, 일지 卯는 육해살, 년지 子는 재살, 시지 申은 월살이 된다. 子 운(運)이 오면, "亥子丑 반장망, 巳午未 천재겁, 寅卯辰 월년지, 申酉戌 화육역"이므로 子가 장성살이 되고, 년지 子는 장성살, 월지 午는 재살, 일지 卯는 년살, 시지 申은 화개살이 된다.

6. 월지(月支) 또는 운(運)의 지지(地支)가 未일 때의 십이신살(十二神殺)

월지(月支) 또는 운(運)의 지지(地支)가 未이면, 未는 십이신살(十二神殺)의 최고 자리인 장성살(將星殺)이 된다. 未와 같은 쪽의 세 개 지지(地支) 午未申는 반장망(午 반안살, 未 장성살, 申 망신살), 반대 쪽의 세 개 지지(地支) 子丑寅은 천재겁(子 천살, 丑 재살, 寅 겁살), 오는 쪽의 세 개 지지(地支) 酉戌亥는 월년지(酉 월살, 戌 년살, 亥 지살), 지나간 쪽의 세 개 지지(地支) 卯辰巳는 화육역(卯 화개살, 辰 육해살, 巳 역마살)이 된다.

또한, 未는 亥卯未 삼합(三合)에 해당하므로, 未의 앞글자인 卯는 화개살(華蓋殺)이 되고, 未의 뒷글자인 亥는 지살(地殺)이 되며, 장성살(將星殺)인 未와 반대 계절인 丑은 재살(災殺)이 된다.

예시)

시주	일주	월주	년주
○	○	○	○
子	丑	未	巳

(해석)

사주 원국의 월지(月支)가 未일 때, "午未申 반장망, 子丑寅 천재겁, 酉戌亥 월년지, 卯辰巳 화육역"이므로, 월지 未는 장성살, 일지 丑은 재살, 년지 巳는 역마살, 시지 子는 천살이 된다. 酉 운(運)이 오면, "申酉戌 반장망, 寅卯辰 천재겁, 亥子丑 월년지, 巳午未 화육역"이므로 酉가 장성살이 되고, 년지 巳는 화개살, 월지 未는 역마살, 일지 丑은 지살, 시지 子는 년살이 된다.

7. 월지(月支) 또는 운(運)의 지지(地支)가 申일 때의 십이신살(十二神殺)

월지(月支) 또는 운(運)의 지지(地支)가 申이면, 申은 십이신살(十二神殺)의 최고 자리인 장성살(將星殺)이 된다. 申과 같은 쪽의 세 개 지지(地支) 未申酉는 반장망(未 반안살, 申 장성살, 酉 망신살), 반대 쪽의 세 개 지지(地支) 丑寅卯은 천재겁(丑 천살, 寅 재살, 卯 겁살), 오는 쪽의 세 개 지지(地支) 戌亥子는 월년지(戌 월살, 亥 년살, 子 지살), 지나간 쪽의 세 개 지지(地支) 辰巳午는 화육역(辰 화개살, 巳 육해살, 午 역마살)이 된다.

또한, 申은 申子辰 삼합(三合)에 해당하므로, 申의 앞글자인 辰은 화개살(華蓋殺)이 되고, 申의 뒷글자인 子는 지살(地殺)이 되며, 장성살(將星殺)인 申과 반대 계절인 寅은 재살(災殺)이 된다.

예시)

시주	일주	월주	년주
O	O	O	O
戌	辰	申	子

(해석)

사주 원국의 월지(月支)가 申일 때, "未申酉 반장망, 丑寅卯 천재겁, 戌亥子 월년지, 辰巳午 화육역"이므로, 월지 申은 장성살, 일지 辰은 화개살, 년지 子는 지살, 시지 戌은 월살이 된다. 戌 운(運)이 오면, "酉戌亥 반장망, 卯辰巳 천재겁, 子丑寅 월년지, 午未申 화육역"이므로 戌이 장성살이 되고, 년지 子는 월살, 월지 申은 역마살, 일지 辰은 재살, 시지 戌은 장성살이 된다.

8. 월지(月支) 또는 운(運)의 지지(地支)가 酉일 때의 십이신살(十二神殺)

월지(月支) 또는 운(運)의 지지(地支)가 酉이면, 酉는 십이신살(十二神殺)의 최고 자리인 장성살(將星殺)이 된다. 酉와 같은 쪽의 세 개 지지(地支) 申酉戌은 반장망(申 반안살, 酉 장성살, 戌 망신살), 반대 쪽의 세 개 지지(地支) 寅卯辰은 천재겁(寅 천살, 卯 재살, 辰 겁살), 오는 쪽의 세 개 지지(地支) 亥子丑은 월년지(丑 월살, 子 년살, 丑 지살), 지나간 쪽의 세 개 지지(地支) 巳午未는 화육역(巳 화개살, 午 육해살, 未 역마살)이 된다.

또한, 酉는 巳酉丑 삼합(三合)에 해당하므로, 酉의 앞글자인 巳는 화개살(華蓋殺)이 되고, 酉의 뒷글자인 丑은 지살(地殺)이 되며, 장성살(將星殺)인 酉와 반대 계절인 卯는 재살(災殺)이 된다.

예시)

시주	일주	월주	년주
○	○	○	○
亥	巳	酉	丑

(해석)

사주 원국의 월지(月支)가 酉일 때, "申酉戌 반장망, 寅卯辰 천재겁, 亥子丑 월년지, 巳午未 화육역"이므로, 월지 酉는 장성살, 일지 巳는 화개살, 년지 丑은 지살, 시지 亥는 월살이 된다. 寅 운(運)이 오면, "丑寅卯 반장망, 未申酉 천재겁, 辰巳午 월년지, 戌亥子 화육역"이므로 寅이 장성살이 되고, 년지 丑은 반안살, 월지 酉는 겁살, 일지 巳는 년살, 시지 亥는 육해살이 된다.

9. 월지(月支) 또는 운(運)의 지지(地支)가 戌일 때의 십이신살(十二神殺)

월지(月支) 또는 운(運)의 지지(地支)가 戌이면, 戌은 십이신살(十二神殺)의 최고 자리인 장성살(將星殺)이 된다. 戌과 같은 쪽의 세 개 지지(地支) 酉戌亥는 반장망(酉 반안살, 戌 장성살, 亥 망신살), 반대 쪽의 세 개 지지(地支) 卯辰巳는 천재겁(卯 천살, 辰 재살, 巳 겁살), 오는 쪽의 세 개 지지(地支) 子丑寅은 월년지(子 월살, 丑 년살, 寅 지살), 지나간 쪽의 세 개 지지(地支) 午未申은 화육역(午 화개살, 未 육해살, 申 역마살)이 된다.

또한 戌은 寅午戌 삼합(三合)에 해당하므로, 戌의 앞글자인 午는 화개살(華蓋殺)이 되고, 戌의 뒷글자인 寅은 지살(地殺)이 되며, 장성살(將星殺)인 戌과 반대 계절인 辰은 재살(災殺)이 된다.

예시)

시주	일주	월주	년주
O	O	O	O
亥	巳	戌	丑

(해석)

사주 원국의 월지(月支)가 戌일 때, "酉戌亥 반장망, 卯辰巳 천재겁, 子丑寅 월년지, 午未申 화육역"이므로, 월지 戌은 장성살, 일지 巳는 겁살, 년지 丑은 년살, 시지 亥는 망신살이 된다. 午 운(運)이 오면, "巳午未 반장망, 亥子丑 천재겁, 申酉戌 월년지, 寅卯辰 화육역"이므로 午가 장성살이 되고, 년지 丑은 겁살, 월지 戌은 지살, 일지 巳는 반안살, 시지 亥는 천살이 된다.

10. 월지(月支) 또는 운(運)의 지지(地支)가 亥일 때의 십이신살(十二神殺)

월지(月支) 또는 운(運)의 지지(地支)가 亥이면, 亥는 십이신살(十二神殺)의 최고 자리인 장성살(將星殺)이 된다. 亥와 같은 쪽의 세 개 지지(地支) 戌亥子는 반장망(戌 반안살, 亥 장성살, 子 망신살), 반대 쪽의 세 개 지지(地支) 辰巳午는 천재겁(辰 천살, 巳 재살, 午 겁살), 오는 쪽의 세 개 지지(地支) 丑寅卯는 월년지(丑 월살, 寅 년살, 卯 지살), 지나간 쪽의 세 개 지지(地支) 未申酉는 화육역(未 화개살, 申 육해살, 酉 역마살)이 된다.

또한 亥는 亥卯未 삼합(三合)에 해당하므로, 亥의 앞글자인 未는 화개살(華蓋殺)이 되고, 亥의 뒷글자인 卯는 지살(地殺)이 되며, 장성살(將星殺)인 亥와 반대 계절인 巳는 재살(災殺)이 된다.

예시)

시주	일주	월주	년주
O	O	O	O
寅	巳	亥	丑

(해석)

사주 원국의 월지(月支)가 亥일 때, "戌亥子 반장망, 辰巳午 천재겁, 丑寅卯 월년지, 未申酉 화육역"이므로, 월지 亥는 장성살, 일지 巳는 재살, 년지 丑은 월살, 시지 寅은 년살이 된다. 巳 운(運)이 오면, "辰巳午 반장망, 戌亥子 천재겁, 未申酉 월년지, 丑寅卯 화육역"이므로 巳가 장성살이 되고, 년지 丑은 화개살, 월지 亥은 재살, 일지 巳는 장성살, 시지 寅은 육해살이 된다.

11. 월지(月支) 또는 운(運)의 지지(地支)가 子일 때의 십이신살(十二神殺)

월지(月支) 또는 운(運)의 지지(地支)가 子이면, 子는 십이신살(十二神殺)의 최고 자리인 장성살(將星殺)이 된다. 子와 같은 쪽의 세 개 지지(地支) 亥子丑은 반장망(亥 반안살, 子 장성살, 丑 망신살), 반대 쪽의 세 개 지지(地支) 巳午未는 천재겁(巳 천살, 午 재살, 未 겁살), 오는 쪽의 세 개 지지(地支) 寅卯辰은 월년지(寅 월살, 卯 년살, 辰 지살), 지나간 쪽의 세 개 지지(地支) 申酉戌은 화육역(申 화개살, 酉 육해살, 戌 역마살)이 된다.

또한, 子는 申子辰 삼합(三合)에 해당하므로, 子의 앞글자인 申은 화개살(華蓋殺)이 되고, 子의 뒷글자인 辰은 지살(地殺)이 되며, 장성살(將星殺)인 子와 반대 계절인 午는 재살(災殺)이 된다.

예시)

시주	일주	월주	년주
O	O	O	O
巳	午	子	辰

(해석)

사주 원국의 월지(月支)가 子일 때, "亥子丑 반장망, 巳午未 천재겁, 寅卯辰 월년지, 申酉戌 화육역"이므로, 월지 子는 장성살, 일지 午는 재살, 년지 辰은 지살, 시지 巳는 천살이 된다. 辰 운(運)이 오면, "卯辰巳 반장망, 酉戌亥 천재겁, 午未申 월년지, 子丑寅 화육역"이므로 辰이 장성살이 되고, 년지 辰은 장성살, 월지 子는 화개살, 일지 午는 월살, 시지 巳는 망신살이 된다.

12. 월지(月支) 또는 운(運)의 지지(地支)가 丑일 때의 십이신살(十二神殺)

월지(月支) 또는 운(運)의 지지(地支)가 丑이면, 丑은 십이신살(十二神殺)의 최고 자리인 장성살(將星殺)이 된다. 丑과 같은 쪽의 세 개 지지(地支) 子丑寅은 반장망(子 반안살, 丑 장성살, 寅 망신살), 반대 쪽의 세 개 지지(地支) 午未申은 천재겁(午 천살, 未 재살, 申 겁살), 오는 쪽의 세 개 지지(地支) 卯辰巳는 월년지(卯 월살, 辰 년살, 巳 지살), 지나간 쪽의 세 개 지지(地支) 酉戌亥는 화육역(酉 화개살, 戌 육해살, 亥 역마살)이 된다.

또한, 丑은 巳酉丑 삼합(三合)에 해당하므로, 丑의 앞글자인 酉는 화개살(華蓋殺)이 되고, 丑의 뒷글자인 巳는 지살(地殺)이 되며, 장성살(將星殺)인 丑과 반대 계절인 未는 재살(災殺)이 된다.

예시)

시주	일주	월주	년주
○	○	○	○
午	未	丑	申

(해석)

사주 원국의 월지(月支)가 丑일 때, "子丑寅 반장망, 午未申 천재겁, 卯辰巳 월년지, 酉戌亥 화육역"이므로, 월지 丑은 장성살, 일지 未는 재살, 년지 申은 겁살, 시지 午는 천살이 된다. 未 운(運)이 오면, "午未申 반장망, 子丑寅 천재겁, 酉戌亥 월년지, 卯辰巳 화육역"이므로 未가 장성살이 되고, 년지 申은 망신살, 월지 丑은 재살, 일지 未는 장성살, 시지 午는 반안살이 된다.

십이신살(十二神殺)의 특성

1. 겁살(劫殺)의 특성과 영향

① 겁살(劫殺)의 특성

겁살(劫殺)은 해당 지지(地支)의 기운이 마치 숨어서 떠돌아다니는 상태와 같다. 이 기운은 마치 도피 중인 상황처럼, 보이지 않게 숨어 있으며 겉으로는 조용하지만, 내면의 활동성은 매우 강한 특성이 있다. 겁살(劫殺)은 적극적인 사회생활보다는 보이지 않는 곳에서 조용히 지내야 한다. 드러나는 활동은 극히 제한되지만, 정신적인 활동은 매우 활발하게 움직인다.

겁살(劫殺)의 반대 기운은 망신살(亡身殺)로, 최고 자리에 오르기 위해 열정적으로 활동하는 기운을 상징한다.

② 겁살(劫殺)의 영향

겁살(劫殺)은 숨어 지내는 시기인데, 드러나게 활동을 지속하면, 예상치 못한 재물 손실이나 사고, 인간관계에서의 갈등을 겪을 가능성이 크다. 이는 사업이나 투자와 같은 경제 활동에서도 어려움을 초래할 수 있으며, 일상에서 예기치 않은 불행한 사건이 발생할 수도 있다.

결론적으로, 겁살(劫殺)은 외부적으로 위축되고 불안정한 시기를 의미하며, 재물 손실, 사고, 인간관계의 어려움 등 다양한 부정적인 영향을 가져올 수 있다. 따라서 겁살(劫殺)의 영향을 받는 시기에는 매사에 신중하게 대처하고, 겸손한 태도를 유지하며 인간관계에 주의를 기울이고, 불필요한 투자를 자제하는 등 신중한 처신이 요구되는 시기이다.

2. 재살(災殺=囚獄殺)의 특성과 영향

① 재살(災殺)의 특성

재살(災殺)은 수옥살(囚獄殺), 관재수(官災數)라고도 칭하며, 이는 해당 지지(地支)의 기운이 마치 감옥에 갇힌 것과 같이 모든 활동이 제약되고 억압된 상태를 의미한다. 마치 감옥에 갇힌 사람이 외부와 단절된 채 홀로 생각에 잠기거나 책을 읽으며 시간을 보내듯, 재살(災殺)을 가진 사람 역시 외부 활동보다는 보이지 않는 곳에서 조용히 자신의 내면을 탐구하고 정신적인 성장을 이루려는 경향이 있다.

재살(災殺)의 반대 기운은 장성살(將星殺)로, 목표를 성취하고 최고의 자리에서 부와 권력을 누리는 기운을 상징한다.

② 재살(災殺)의 영향

재살(災殺)은 마치 감옥에 갇힌 듯 외부 활동을 자제하고 조용히 지내는 시기인데, 드러나게 활동을 지속하면, 재앙, 불행, 사고 등 예기치 않은 부정적인 사건들이 일어날 수 있다. 일상생활에서 교통사고, 화재, 도난 등 다양한 형태의 사고나 관재(官災), 송사(訟事) 등 재난을 겪을 수 있고, 예상치 못한 사건들로 인해 경제적인 불안정을 겪을 수도 있다.

결론적으로, 재살(災殺)은 내면에 강한 정신력과 지혜를 잠재하고 있지만, 외부적으로는 예기치 않은 어려움과 불운을 동반할 수 있다. 따라서 재살(災殺)의 영향을 받는 시기에는 법을 지키고, 말을 조심하는 등 더욱 신중한 자세를 가져야 한다.

3. 천살(天殺)의 특성과 영향

① 천살(天殺)의 특성

천살(天殺)은 해당 지지(地支)의 기운이 감옥으로부터는 벗어났으나, 아직 스스로의 힘으로는 살아갈 방도를 찾지 못하여 막막한 심정으로 하늘만 쳐다보는 시기에 비유된다. 천살(天殺)은 억압된 상황에서 벗어나 새로운 출발을 모색해야 하지만, 아직 그럴 힘이 부족하여 미래를 위한 준비와 기다림이 필요한 시점임을 의미한다. 천살(天殺)은 생각은 많지만, 현실적으로 이를 실현할 수 없는 답답한 상황에 놓이기 쉽다.

천살(天殺)의 반대 기운은 반안살(攀鞍殺)로, 최고의 자리에서 물러나 이전의 공을 인정받으며 편안한 노후를 보내는 기운을 상징한다.

② 천살(天殺)의 영향

천살(天殺)은 미래를 위한 준비와 기다림이 필요한 시기인데, 적극적으로 일을 벌이면, 주로 인간의 힘으로는 어찌할 수 없는 불가항력적인 사건이 발생할 수 있다. 지진, 홍수, 태풍과 같은 자연재해로 인해 피해를 입을 수 있으며, 질병, 사고, 재정적 손실 등 예기치 않은 변화와 위기에 직면할 수 있다.

결론적으로, 천살(天殺)은 억압된 상황에서 벗어나 새로운 시작을 준비하는 단계이지만, 동시에 외부적인 어려움과 어쩔 수 없는 사건에 노출될 수 있다. 따라서 천살(天殺)의 영향을 받는 시기에는 겸허한 마음으로 미래를 준비하고, 예상치 못한 어려움에 대비하는 지혜로운 자세와 신중한 처신이 요구된다.

4. 지살(地殺)의 특성과 영향

① 지살(地殺)의 특성

지살(地殺)은 해당 지지(地支)의 기운이 정체된 상태에서 벗어나 새로운 활로를 모색하며 스스로 이동하고 활동하는 시기를 의미한다. 지살(地殺)의 가장 큰 특징은 스스로의 의지에 의한 이동과 변화이다. 해당 지지(地支)의 기운이 비로소 활동을 재개하여 자기 일을 찾아 나서는 능동적인 움직임을 나타낸다. 따라서 이 시기에는 새로운 환경이나 땅에서 삶의 기반을 새롭게 구축하려는 움직임이 활발하다.

지살(地殺)의 반대 기운은 역마살(驛馬殺)로, 사회적인 활동을 마무리하고 은퇴하거나 떠나야 하는 기운을 상징한다.

② 지살(地殺)의 영향

지살(地殺)은 정체된 상태에서 벗어나 새로운 활로를 모색하는 과정에서 긍정적인 측면과 더불어 부정적인 영향 또한 내포하고 있다. 지살(地殺)의 영향을 받는 시기에는 예기치 않은 사건들이 다양한 형태로 나타날 수 있으며, 이로 인해 심각한 정신적 스트레스와 심리적 불안정을 일으킬 수 있다.

결론적으로, 지살(地殺)은 새로운 시작과 능동적인 이동을 의미하지만, 동시에 예측

불가능한 재난이나 사고로 인해 개인의 삶에 심각한 불안정을 초래할 수 있는 양면성을 지닌다. 따라서 지살(地殺)의 영향을 받는 시기에는 새로운 기회를 적극적으로 모색하는 동시에, 주변 환경에 대한 주의를 기울이고 예상치 못한 재난에 대비하는 신중한 자세가 필요하다.

5. 년살(年殺=桃花殺)의 특성과 영향

① 년살(年殺=桃花殺)의 특성

년살(年殺)은 도화살(桃花殺)이라고도 칭하며, 이는 해당 지지(地支)의 기운이 사회라는 무대에 첫발을 내딛기 위해 자신을 적극적으로 어필하는 시기에 비유할 수 있다. 마치 새로운 직장을 얻기 위해 면접에 참여하여 자신의 매력과 능력을 최대한으로 드러내려는 모습과 흡사하다. 년살(年殺)의 가장 두드러진 점은 자신을 돋보이게 하고 타인의 시선을 사로잡으려는 강한 욕구이다. 이러한 자기 과시와 매력 발산은 자연스럽게 대중의 관심을 끌고 인기를 얻는 결과로 이어지기도 한다.

년살(年殺)의 반대 기운은 육해살(六害殺)로, 정신적, 육체적으로 쇠약해져 더 이상 아무것도 할 수 없는 무기력한 상태를 의미하는 기운을 상징한다.

② 년살(年殺=桃花殺)의 영향

년살(年殺)은 사회라는 무대에 첫발을 내딛기 위해 자신을 적극적으로 어필하는 시기인데, 그 과정에서 심리적으로 불안정한 상태에 놓이기 쉬우며, 과도한 스트레스로 인해 어려움을 겪을 수도 있다.

결론적으로, 년살(年殺)은 자신을 적극적으로 드러내고 매력을 발산하여 타인의 주목과 인기를 얻을 수 있는 긍정적인 측면과 심리적인 불안정을 경험할 수 있는 양면성을 지닌다. 따라서 년살(年殺)의 영향을 받는 시기에는 자신의 매력을 긍정적으로 활용하되, 신중하게 처신하는 등 지혜로운 자세가 필요하다.

6. 월살(月殺=枯草殺)의 특성과 영향

① 월살(月殺=枯草殺)의 특성

월살(月殺)은 고초살(枯草殺)이라고도 하며, 해당 지지(地支)의 기운이 비로소 사회라는 새로운 터전에 발을 내디디고 첫출발을 시작하는 시기에 비유된다. 이는 마치 오랜 준비 끝에 어렵게 취업에 성공한 신입 사원이 낯선 환경과 업무에 적응하기 위해 고군분투하는 모습과 유사하다. 모든 것이 새롭고 서툴기에 어려움을 느끼고 매사에 조심스러울 수밖에 없는 시기이다. 월살(月殺)의 가장 큰 특징은 새로운 시작의 낯섦과 그로 인한 어려움이다.

월살(月殺)의 반대 기운은 화개살(華蓋殺)로, 모든 활동을 마무리하고 내면으로 수렴하는 기운을 상징한다.

② 월살(月殺=枯草殺)의 영향

월살(月殺)은 사회라는 새로운 터전에 발을 내디디고 첫출발을 시작하는 시기인데, 새로운 직장을 얻어 사회생활을 시작하게 되므로, 낯설고 서툴러 계획했던 일들이 순조롭게 진행되지 않거나 예상치 못한 장애물에 부딪힐 가능성이 크다. 또한, 인간관계에서 소통의 부재나 오해로 갈등을 겪을 수 있다.

결론적으로, 월살(月殺)은 새로운 시작의 설렘과 어려움이 공존하는 시기이며, 감정적인 불안정과 인간관계의 어려움, 업무적인 차질 등을 경험할 수 있다. 따라서 월살(月殺)의 영향을 받는 시기에는 신중하게 처신하며, 원만한 인간관계를 유지하기 위한 노력이 필요하다.

7. 망신살(亡身殺)의 특성과 영향

① 망신살(亡身殺)의 특성

망신살(亡身殺)은 해당 지지(地支)의 기운이 사회생활의 중추적인 역할을 담당하는 중견 사원으로 성장하여, 숙련된 업무 처리 능력과 그에 따른 강한 자신감을 드러내는 시기에 비유된다. 망신살(亡身殺)의 가장 뚜렷한 특징은 능숙한 업무 처리 능력과 괄목할 만한 성과를 창출함에 따른 충만한 자신감이다. 그러나 이러한 넘치는 자신감은 때로는 자만심으로 변질되어 예상치 못한 실수나 잘못을 범하게 하고, 결국에는 망신스러운 상황에 부닥칠 수 있는 위험성을 내포하고 있다.

망신살(亡身殺)의 반대 기운은 겁살(劫殺)로, 마치 수배 중인 사람처럼 불안감에 휩싸여 자신의 존재를 숨기려 하는 기운을 상징한다.

② 망신살(亡身殺)의 영향

망신살(亡身殺)은 사회생활의 중추적인 역할을 담당하는 중견 사원으로 성장하여, 숙련된 업무 처리 능력과 그에 따른 강한 자신감을 드러내는 시기인데, 그 과정에서 개인의 명예 손상과 관련된 부정적인 영향을 가져올 수 있다. 이는 사회적인 지위나 평판에 심각한 타격을 입을 수 있으며, 자신의 체면이나 신뢰를 잃는 상황에 직면할 수도 있다.

결론적으로, 망신살(亡身殺)은 개인의 능력이 최고조에 달하고 목표 달성을 눈앞에 둔 시점에서 자만심으로 인해 명예가 실추되거나 사회적으로 어려움을 겪을 수 있는 시기이다.

8. 장성살(將星殺)의 특성과 영향

① 장성살(將星殺)의 특성

장성살(將星殺)은 해당 지지(地支)의 기운이 마침내 최고의 정점에 우뚝 서서 목표를 성공적으로 달성하는 시기를 의미한다. 장성살(將星殺)은 드넓은 전장에서 수많은 승리를 거머쥔 장수가 마침내 최고의 지위에 올라 자신의 모든 역량을 마음껏 펼치며 빛나는 업적을 쌓아 올리는 모습과 비견될 수 있다. 장성살(將星殺)은 탁월한 지도자적 기질을 발휘하여 주변 사람들을 자연스럽게 이끌고 확고한 지위를 구축하여 성과를 창출한다.

장성살(將星殺)의 반대 기운은 재살(災殺)로, 감옥에 갇힌 것과 같이 모든 외부 활동이 제약되는 억압된 기운을 상징한다.

② 장성살(將星殺)의 영향

장성살(將星殺)은 직장이나 사회생활에서 최고의 성과를 거두어 주변의 존경과 신뢰를 받으며, 사회적 성공과 명예를 누릴 수 있게 한다. 그 과정에서 과도한 권위로 인해 자존심이 강해지고, 독단적이며 다른 사람의 의견을 무시하는 경향을 보일 수 있다.

결론적으로, 장성살(將星殺)은 최고의 권위와 리더십을 바탕으로 능력을 최고조로 발휘하여 목표를 달성하고 주변으로부터 존경과 신뢰를 받으며 사회적 성공과 명예를 얻는 시기인데, 그 과정에서 다른 사람의 의견을 무시하는 독단적, 독선적 경향을 보일 수 있다.

9. 반안살(攀鞍殺)의 특성과 영향

① 반안살(攀鞍殺)의 특성

반안살(攀鞍殺)은 해당 지지(地支)의 기운이 최고 정점의 자리에서 내려와 활동력은 이전만 못하지만, 그동안 쌓아 온 공로와 명성을 바탕으로 명예직 활동이나 자문 등의 형태로 전관예우를 받으며 편안하고 안정된 시기를 보내는 것에 비유된다. 반안살(攀鞍殺)은 최고 권위의 자리에서 물러났지만, 명예직이나 자문위원 등으로 사회에 기여할 수 있으며, 정상의 자리에서 물러나면서 받게 되는 퇴직금이나 연금 등의 경제적인 기반은 안정되고 편안한 노후 생활을 보장해 준다.

반안살(攀鞍殺)의 반대 기운은 천살(天殺)로, 옥에서 풀려났으나 여전히 미래가 불투명하여 막막한 심정으로 하늘만 쳐다보는 기운을 상징한다.

② 반안살(攀鞍殺)의 영향

반안살(攀鞍殺)은 최고 정점의 자리에서 내려와 활동력은 이전만 못하지만, 전관예우를 받으며 편안하고 안정된 시기를 보내는 것이다. 그 과정에서 과도한 욕심이 생길 위험이 있으며, 최고의 권력과 명예의 자리에서 물러나 이에 따른 스트레스가 증가할 가능성도 있다.

결론적으로, 반안살(攀鞍殺)은 오랜 기간 꾸준한 노력으로 사회적 성공을 이루고, 은퇴 후에도 풍요로운 경제력과 사회적 존경 속에서 안정적인 삶을 누릴 수 있는 기운이다.

10. 역마살(驛馬殺)의 특성과 영향

① 역마살(驛馬殺)의 특성

역마살(驛馬殺)은 해당 지지(地支)의 기운이 기존의 사회적 관계나 활동 영역에서 더 이상 그 필요성을 잃어 부득이하게 새로운 환경으로 이동하거나 변화를 모색해야 하는 상태를 의미한다. 역마살(驛馬殺)의 가장 뚜렷한 특징은 능동적인 선택이 아니라 기존의 환경으로부터 밀려나듯 이동이 이루어지는 것이다. 더 이상 현재의 자리에 머무를 이유가 없어지거나, 외부적인 요인에 의해 불가피하게 삶의 터전을 옮기거나 직업을 바꾸는 등의 변화를 겪게 된다.

역마살(驛馬殺)의 반대 기운은 지살(地殺)로, 자기 일을 찾아 나서는 능동적인 움직임을 나타내는 기운을 상징한다.

② 역마살(驛馬殺)의 영향

역마살(驛馬殺)은 새로운 환경으로 이동하거나 변화를 모색하면서 다양한 기회를 만날 수도 있고, 새로운 환경과 직업에 적응하면서 변화에 능숙하게 대처하는 힘을 키울 수도 있다. 그러나 어쩔 수 없이 이동해야 하는 환경에서 심리적 안정감을 잃기 쉬우며, 안정적인 삶을 유지하는 것이 어려울 수 있다.

결론적으로, 역마살(驛馬殺)은 단순히 활동적인 성향이나 잦은 이동을 의미하는 것이 아니라, 기존의 사회적 역할이나 환경에서의 필요성을 상실하여 불가피하게 새로운 곳으로 이동해야 하는 상태를 의미한다. 이는 개인에게는 안정된 삶의 터전을 떠나야 하는 변화를 의미하지만, 때로는 새로운 기회를 제공하기도 한다.

11. 육해살(六害殺)의 특성과 영향

① 육해살(六害殺)의 특성

육해살(六害殺)은 해당 지지(地支)의 기운이 쇠잔(衰殘)하여 더 이상 사회적으로 어떠한 역할도 수행하기 어려운 무력한 상태를 의미한다. 이는 마치 생명력을 잃어버린 고목처럼 정신적으로나 육체적으로 극심한 피로감과 고통에 시달리며, 스스로는 아무것도

할 수 없어 주변 사람들에게 의존하려는 나약한 상황에 비유될 수 있다. 육해살(六害殺)의 가장 뚜렷한 특징은 극심한 무력감과 그로 인한 주변에 대한 강한 의존성이다.

육해살(六害殺)의 반대 기운은 년살(年殺)로, 사회에 첫발을 내딛기 위해 자신을 적극적으로 어필하는 기운을 상징한다.

② 육해살(六害殺)의 영향

육해살(六害殺)은 스스로 할 수 있는 일이 거의 없어 주변 사람들에게 매달리고 의지하며 힘겨운 시기를 보내게 된다. 인간관계에서 갈등과 마찰을 초래할 가능성이 크고, 재정적 손실로 인해 삶의 안정성을 잃을 위험이 있으며, 정신적 피로가 커질 수 있다.

결론적으로, 육해살(六害殺)은 해당 지지(地支)의 기운이 생명력을 다하여 소진된 상태를 의미하며, 이는 개인의 능동적인 대처 능력을 저하하고 타인에게 의존하게 만든다. 따라서 육해살(六害殺)이 작용하는 시기에는 자기 관리와 더불어 주변 사람들과의 관계를 신중하게 유지하고, 무리한 투자나 사업 확장을 자제하며, 건강 관리에 유념하여야 한다.

12. 화개살(華蓋殺)의 특성과 영향

① 화개살(華蓋殺)의 특성

화개살(華蓋殺)은 해당 지지(地支)의 기운을 마무리하고 모든 것을 감추어 씨앗처럼 내면에 깊이 숨기는 상태를 나타낸다. 이는 과거의 화려했던 모든 활동을 조용히 거두어들이고 내면의 세계로 집중하는 모습에 비유될 수 있다. 외부적인 활동보다는 가장 작고 깊은 공간에 핵심적인 기운을 씨앗처럼 보존하고 저장하는 특징을 지닌다. 화개살(華蓋殺)은 풍부한 예술적 감수성과 독창적인 창의력을 지니고 있다.

화개살(華蓋殺)의 반대 기운은 월살(月殺)로, 새롭게 사회생활을 시작하여 모든 것이 서툴고 힘겨운 기운을 상징한다.

② 화개살(華蓋殺)의 영향

화개살(華蓋殺)의 시기에는 창의성과 예술적 영감을 통해 예술과 철학적 사고를 필요로 하는 영역에서 높은 성취를 이룰 수 있지만, 다른 사람들과의 교류를 피하여 사회적 고립감을 느낄 수 있으며, 종교, 철학에 몰두하여 현실적 문제를 외면하거나 현실과의 괴리가 생길 수도 있다.

결론적으로, 화개살(華蓋殺)은 외부 활동보다는 뛰어난 창의력과 독특한 예술적 감각, 그리고 깊이 있는 정신세계를 특징으로 한다. 화려한 과거를 감추고 혼자만의 시간을 통해 내면을 탐구하고 정신적인 성장을 이루며 독창적인 예술적 성취를 이루어 낼 수 있는 잠재력을 지니고 있다.

제31장

신살(神殺)이란

신살(神殺)의 개요

1. 신살(神殺)의 정의

신살(神殺)은 인간의 운명에 영향을 미치는 특별한 기운을 의미하며, 긍정적인 영향을 주는 길신(吉神)과 부정적인 영향을 미치는 흉신(凶神)으로 나뉜다.

이 신살(神殺)은 사주팔자(四柱八字)에서 천간(天干)과 지지(地支)의 조합에 따라 결정되며, 개인의 운명과 성격, 사건 등을 해석하는 데 있어 중요한 역할을 한다. 신살(神殺)은 마치 사주(四柱)의 장식품과 같아서 없어도 사주의 해석이 가능하지만, 사주 전체에 영향을 미칠 수도 있고 그렇지 않을 수도 있다. 신살(神殺)에는 마치 자동차의 추가 옵션과 같은 좋은 작용을 하는 길신(吉神)도 있고, 자동차의 리콜 대상과 같은 나쁜 작용을 하는 흉신(凶神)도 있다. 사주명리학(四柱命理學)에서 신살(神殺)은 그동안 수많은 경험과 통계를 바탕으로 한 성격이 강하지만, 학문적으로는 논리성과 합리성을 충분히 갖추지 못한 분야로 평가될 수 있다.

2. 사주(四柱) 원국의 신살(神殺)

사주(四柱) 원국에 있는 신살(神殺)은 운(運)에서 그 요소를 자극할 때 발동될 수 있다. 사주(四柱) 내에 신살(神殺)이 있으면, 그 신살(神殺)은 발동할 수 있는 잠재력이 있는 것이며, 평상시에는 신살(神殺)이 있기는 하지만 실제로 발동하지는 않으나, 세운(世運)이나 월운(月運)에서 신살(神殺)과 같은 오행(五行)이 오거나 신살(神殺)과 형충(刑沖)이 되는 오행(五行)이 들어오면 발동할 수 있다. 신살(神殺)은 오행(五行)의 태과(太過)나 편중(偏重), 혼잡(混雜)으로 인해 조후(調侯)가 이루어지지 않을 때 발동하기 쉽다고 한다.

3. 사주(四柱)와 운(運)의 글자 간 신살(神殺)

사주(四柱) 원국에 있는 글자가 운(運)에서 오는 글자와 신살(神殺)을 이루게 되면 즉시 발동할 수 있다. 사주(四柱) 원국에 있는 글자가 세운(世運)이나 월운(月運)에서 오는 글자와 신살(神殺)을 이루면 즉시 신살(神殺)이 작용할 수 있다.

4. 신살(神殺)의 위치에 따른 작용력

신살(神殺)은 일주(日柱)에 위치할 때 가장 강력한 작용력을 발휘하며, 일주(日柱) 다음으로 월주(月柱), 시주(時柱), 년주(年柱) 순으로 작용한다고 한다. 또한 사주(四柱) 원국에 신살(神殺)이 있으면, 신살(神殺)이 무서운 줄도 알고, 피할 줄도 알게 되어 신살(神殺)에 대한 대응 능력을 갖추게 되므로 경쟁력을 높이는 요소로 작용할 수 있다. 그러나 방심할 때는 오히려 그 신살(神殺)로 인하여 예상치 못한 불이익을 당할 수도 있다.

5. 신살(神殺)의 분석과 활용

사주(四柱) 내에 있는 신살(神殺)을 분석하고 운(運)의 흐름을 읽어 신살(神殺)의 작용 시기를 예측할 수 있으며, 좋은 작용을 하는 신살(神殺)은 잘 활용하여 발전의 기회로 삼고, 나쁜 작용을 하는 신살(神殺)은 조심하고 피하여 그 영향을 최소화하는 것이 중요하다.

신살(神殺)의 긍정적인 요소는 강화하고, 부정적인 요소는 완화하는 방향으로 삶을 계획하고 실천함으로써 편안하고 행복한 삶을 영위할 수 있다.

6. 신살(神殺)의 위치별 해석

신살(神殺)이 특정 위치에 있을 때 위치와 관련된 삶의 영역에서 다양한 영향을 받을 수 있다고 해석한다. 년주(年柱)에 신살(神殺)이 있으면, 조상이나 부모, 출생지와 관련된 문제나 변화를 겪을 수 있다. 월주(月柱)에 신살(神殺)이 있으면, 직업, 사회적 위치, 부모와의 관계에 영향을 미칠 수 있으며, 일주(日柱)에 신살(神殺)이 있으면, 자신과 배우자 관계에 영향을 미칠 수 있고, 시주(時柱)에 신살(神殺)이 있으면, 자녀와 말년 운(運), 후반기 인생에 영향을 미칠 수 있다.

천을귀인(天乙貴人)

1. 천을귀인(天乙貴人)의 개요

천을귀인(天乙貴人)은 어려운 상황에서 귀인의 도움을 받아 문제를 해결할 수 있다는 의미를 지닌다. "천을(天乙)"은 좋은 시기가 찾아오는 것을, "귀인(貴人)"은 귀한 사람을 만나는 것을 뜻하므로, 천을귀인(天乙貴人)은 좋은 시기에 귀한 사람을 만나 도움을 받는 운(運)을 나타낸다.

천을귀인(天乙貴人)은 사주팔자(四柱八字)에서 일간(日干)과 특정 지지(地支)와의 관계로 형성되는 신살(神殺)이며, 길신(吉神)이다.

※ 일간(日干)별 천을귀인(天乙貴人)

日干	甲戊庚	乙己	丙丁	辛	壬癸
天乙貴人	丑未	子申	亥酉	午寅	卯巳

(암기법)

천을귀인이 갑 묵고 경기해(甲戊庚) 몸은 축이 나지만(丑未) 을기(乙己)는 자신(子申) 있다고 병정(丙丁) 놀이 해유(亥酉). 새로운(辛) 오인(午寅)은 인계(壬癸) 시 묘사(卯巳)해 두거라.

2. 천을귀인(天乙貴人)의 특성

천을귀인(天乙貴人)은 사주에서 좋은 운(運)을 불러일으키며, 사람의 삶에서 길한 영향을 미친다. 천을귀인(天乙貴人)이 사주에 있으면 인생 전반에 걸쳐 길한 운(運)을 가지며, 중요한 순간마다 귀인(貴人)의 도움을 받아 성공할 가능성이 크다.

천을귀인(天乙貴人)이 있는 경우, 흉(凶)한 글자의 영향은 줄어들고 길(吉)한 글자는 더욱 긍정적으로 작용한다. 일지(日支)가 천을귀인(天乙貴人)이면, 일귀격(日貴格)이라고 하며 사주에 있는 모든 살(殺)을 소멸시킬 수 있으며, 천을귀인(天乙貴人)이 형(刑),

충(沖), 공망(空亡) 상태에 놓이면 그 기운이 약해질 수 있다.

3. 천을귀인(天乙貴人)의 활용

중요한 결정을 내릴 때나 사업, 계약과 같은 중대한 일을 계획할 때 천을귀인(天乙貴人)이 있는 시기를 선택하면 더 나은 결과를 기대할 수 있다.

① 비겁(比劫)이 천을귀인(天乙貴人)이면, 좋은 형제나 친구를 만나 서로 도울 수 있다고 한다.
② 식상(食傷)이 천을귀인(天乙貴人)이면, 자신의 능력을 잘 발휘할 수 있으며 먹을 복이 있다고 한다.
③ 재성(財星)이 천을귀인(天乙貴人)이면, 재물과 인연이 있으며, 남자는 좋은 처를 만난다고 한다.
④ 관성(官星)이 천을귀인(天乙貴人)이면, 직장에서 출세하고, 여자는 좋은 남편을 만난다고 한다.
⑤ 인성(印星)이 천을귀인(天乙貴人)이면, 학문과 인연이 있으며, 좋은 어머니를 만난다고 한다.

월덕귀인(月德貴人)

1. 월덕귀인(月德貴人)의 개요

월덕귀인(月德貴人)은 사주팔자(四柱八字)에서 귀인(貴人)의 도움과 복을 상징하는 신살(神殺)로 길신(吉神)이다. 월덕귀인(月德貴人)은 인간관계에서 도움을 받을 수 있는 기운을 나타내며, 주로 인간관계, 사회적 지위, 명예와 관련하여 귀인(貴人)의 도움을 받아 긍정적인 영향을 미칠 수 있다.

월덕귀인(月德貴人)은 월지(月支)의 삼합(三合)이 추구하는 천간(天干)이다.

※ 월덕귀인(月德貴人) 표

월덕귀인(月德貴人)	壬	甲	丙	庚
월지(月支)	申子辰	亥卯未	寅午戌	巳酉丑

2. 월덕귀인(月德貴人)의 특성

월덕귀인(月德貴人)은 귀인(貴人)의 도움을 상징하며, 어려운 상황에서도 도움을 받을 수 있는 기운이므로 삶의 다양한 분야에서 긍정적인 영향을 받을 수 있다. 월덕귀인(月德貴人)은 복(福)과 덕(德)을 상징하여 도덕적이고 윤리적인 삶을 살 수 있도록 돕는다. 월덕귀인(月德貴人)을 지닌 사람은 긍정적인 인간관계를 형성하여 사회적 지위와 명예를 얻고(,) 사람들의 사랑과 존경을 받을 가능성이 크다. 전반적으로 행운이 따르기 때문에 다양한 방면에서 긍정적인 변화를 경험할 수 있다.

천덕귀인(天德貴人)

1. 천덕귀인(天德貴人)의 개요

천덕귀인(天德貴人)은 하늘의 덕을 상징하는 신살(神殺)로, 복과 행운을 가져다주는 길신(吉神)이다. 천덕귀인(天德貴人)은 높은 도덕성과 윤리의식을 갖춘 사람에게 복과 덕을 가져다주며, 어려운 상황에서도 귀인(貴人)의 도움을 받아 문제를 해결할 수 있는 기운을 나타낸다.

천덕귀인(天德貴人)은 새로운 십이운성(十二運星)으로, 양간(陽干)의 묘지(墓地), 음간(陰干)의 병지(病地)에 해당한다.

※ 천덕귀인(天德貴人) 표

천덕귀인(天德貴人)	甲	乙	丙	丁	庚	辛	壬	癸
월지(月支)	未	亥	戌	寅	丑	巳	辰	申

2. 천덕귀인(天德貴人)의 특성

천덕귀인(天德貴人)은 귀인(貴人)의 도움을 상징하며, 어려운 상황에서도 도움을 받을 수 있는 기운으로 전반적으로 행운이 따른다. 천덕귀인(天德貴人)을 가진 사람은 긍정적인 인간관계를 형성하여 사회적으로 높은 지위에 오르거나 명예를 얻을 수 있으며, 사람들에게 사랑과 존경을 받을 수 있다. 천덕귀인(天德貴人)은 도덕적이고 윤리적인 삶을 통해 다른 사람들에게 다양한 방면에서 긍정적인 영향을 미칠 수 있다.

문창성(文昌星)

1. 문창성(文昌星)의 개요

문창성(文昌星)은 사주팔자(四柱八字)에서 학문, 지혜, 재능을 상징하는 매우 긍정적인 기운으로, 개인의 삶에 지적 능력과 예술적 재능을 부여하는 중요한 신살(神殺)이다. 이 신살(神殺)은 학문적 또는 예술적 분야에서 번성하는 기운을 나타내는 길신(吉神)이다.

문창성(文昌星)은 일간(日干)의 식신(食神)에 해당하는 지지(地支)이며, 다만 丙丁 일간(日干)의 경우에는 편재(偏財)에 해당하는 지지(地支)이다.

※ 문창성(文昌星) 표

일간(日干)	甲	乙	丙戊	丁己	庚	辛	壬	癸
문창성(文昌星)	巳	午	申	酉	亥	子	寅	卯

2. 문창성(文昌星)의 특성

문창성(文昌星)은 지적 능력이 뛰어나 학문적 성취를 이루기 쉬우며, 연구나 공부에서 두각을 나타낼 수 있는 기운이다. 이 신살(神殺)은 총명하고 창의력, 기억력, 표현력 등이 우수하여 학문과 예술 분야에서 특출한 재능을 발휘할 수 있다. 문창성(文昌星)은 학습과 자기계발을 통해 더욱 발전할 수 있으며, 아이디어가 많아 창의적인 작업에서 두각을 나타낼 수 있다. 문창성(文昌星)의 기운이 강한 사람은 특정 분야의 전문가로 성공할 가능성이 커서 교수, 작가, 예술가 등으로 두각을 나타낼 수 있다.

천문성(天門星)

1. 천문성(天門星)의 개요

천문성(天門星)은 하늘의 문(門)을 상징하며, 고귀하고 높은 기운을 나타내는 신살(神殺)이다. 천문성(天門星)은 하늘의 문을 열어 주는 힘을 가지므로 사주팔자에 천문성(天門星)이 있으면 학문적 성취나 사회적 성공을 이룰 가능성이 크다.

천문성(天門星)은 하늘의 문(門)을 상징하므로, 주역에서 하늘을 뜻하는 건괘(乾卦)와 같은 서북 방향인 戌이나 亥가 있으면 천문성(天門星)이다. 또한, 하늘을 비추는 연못을 뜻하는 태괘(兌卦)와 같은 서쪽 방향인 酉나 나무를 상징하는 寅, 卯, 未가 사주에 두 개 이상 있으면 천문성(天門星)으로 간주한다.

2. 천문성(天門星)의 특성

천문성(天門星)은 고귀하고 높은 기운을 상징하며, 명예와 권위를 나타낸다. 사주에 천문성(天門星)이 있으면 학문적 성취를 이루기 쉽고 지적 능력이 뛰어나 사회적으로 높은 지위에 오를 가능성이 크다. 또한, 천문성(天門星)이 있는 사람은 높은 도덕성과 윤리 의식을 지닌 성품으로 주변 사람들에게 존경받을 수 있다. 천문성(天門星)이 있는 사람은 하늘의 뜻을 잘 파악하고 해석하여 예지력과 직관력이 뛰어나 명리학, 심리상담, 철학 등 운명과 관련된 학문이나 연구 분야에서 두각을 나타낼 수 있다. 또한, 천문성(天門星)을 가진 사람은 생명을 살리는 활인업에 종사하는 것이 좋다고 한다.

공망(空亡)

1. 공망(空亡)의 개요

공망(空亡)은 특정한 시간이나 상황에서 비어 있거나 사라지는 상태를 의미하며, 천간 (天干)과 지지(地支)의 짝이 맞지 않아 발생한다. 천간(天干)은 오행(五行)을 음양(陰陽) 으로 나누어 총 10자이지만, 지지(地支)는 사계절을 초기, 절정기, 전환기로 나누어 총 12자이므로 짝이 맞지 않아 공망(空亡)이 발생한다. 천간(天干)과 지지(地支)를 하나씩 짝지으면, 甲子 乙丑 丙寅 丁卯 戊辰 己巳 庚午 辛未 壬申 癸酉로, 천간(天干)은 끝나지 만 지지(地支)는 戌亥가 남는다. 이때 천간(天干)과 짝짓지 못한 지지(地支)인 戌亥가 공 망(空亡)이 되는 것이다.

공망(空亡)은 일주(日柱)를 기준으로 하되, 일지(日支) 공망(空亡)은 년주(年柱)를 기준 으로 하며, 세운(世運)과 일진(日辰)에는 공망(空亡)이 있지만, 대운(大運)과 월운(月運) 에는 공망(空亡)이 없다. 대운(大運)과 월운(月運)은 계절에 해당하며, 계절은 건너뛰는 법이 없기 때문이다.

2. 공망(空亡) 쉽게 찾는 법

① 甲乙木 일간(日干)

甲乙木 일간(日干)일 때는 역순으로 甲 일주(日柱) 앞의 지지(地支) 두 글자가 공망(空 亡)이다. 예를 들어, 乙丑 일주는 甲子 앞의 지지(地支) 두 개인 戌亥가 공망(空亡)이다.

② 丙丁火 일간(日干)

丙丁火 일간(日干)일 때는 지지(地支) 삼합(三合) 세 글자 중 앞에 있는 글자를 포함한 두 개의 지지(地支)가 공망(空亡)이 된다. 예를 들어, 丁丑 일주(日柱)의 경우, 丑의 삼합 (三合)은 巳酉丑이므로 丑의 앞 글자 酉를 포함한 두 글자 申酉가 공망(空亡)이다.

③ 戊己土 일간(日干)

戊己土 일간(日干)일 때는 일지(日支)와 충(沖)이 되는 글자를 포함한 두 개의 지지(地支)가 공망(空亡)이다. 예를 들어, 己丑 일주(日柱)의 경우, 축미충(丑未沖)이므로 未를 포함한 午未가 공망(空亡)이다.

④ 庚辛金 일간(日干)

庚辛金 일간(日干)일 때는 지지(地支) 삼합(三合) 세 글자 중 뒤에 있는 글자를 포함한 두 개의 지지(地支)가 공망(空亡)이다. 예를 들어, 辛丑 일주(日柱)의 경우, 丑의 삼합(三合)은 巳酉丑이므로 丑의 뒷글자 巳를 포함한 두 글자 辰巳가 공망(空亡)이다.

⑤ 壬癸水 일간(日干)

壬癸水 일간(日干)일 때는 순행으로 癸 일주(日柱)의 다음 지지(地支) 두 글자가 공망(空亡)이다. 예를 들어, 壬辰 일주(日柱)의 경우, 癸巳 다음 지지(地支) 두 글자 午未가 공망(空亡)이다.

3. 공망(空亡)의 일반적 특성

공망(空亡)이 있는 시기나 상황에서는 특정 기운이 비어 있거나 결핍될 수 있다. 공망(空亡)이 있으면 목표를 이루기 어렵거나 계획이 예상대로 진행되지 않을 가능성이 있다. 따라서 사주(四柱)에 필요 없는 글자가 공망(空亡)이면 좋다고 할 수 있고, 사주(四柱)에 필요한 글자가 공망(空亡)이면 좋지 않다고 할 수 있다.

공망(空亡)이 있으면 실체는 있지만 내가 통제할 수 없고, 노력에도 불구하고 성과를 이루지 못해 공치고 망했다는 무력감을 느낄 수 있다. 또한 공망(空亡)이 있으면 구멍 난 부분을 메우기 위해 노력하지만, 결과적으로 다른 곳에서 결실을 보기도 한다. 따라서 공망(空亡) 방향으로 이사는 피하는 게 좋다고 한다. 또한, 공망(空亡)이 같은 사람은 전생의 인연이 있어 코드가 잘 맞고 친밀하게 지낼 수 있다고 한다.

생왕공망(生旺空亡)은 강한 월지(月支)가 공망(空亡)을 맞은 것으로 작용력이 약하고,

사절공망(死絶空亡)은 약한 지지(地支)가 공망(空亡)을 맞은 것으로 완전 공망(空亡)에 해당한다.

공망(空亡)이 합(合)을 이루면 할 일이 생길 수 있으며, 충(沖)이 발생하면 공망(空亡) 작용이 해소될 수 있다.

4. 사주(四柱) 원국에 있는 공망(空亡)의 특성

공망(空亡)이 사주 원국에 있으면, 비어 있는 상태로 인해 완전히 채워지지는 않지만 사용할 수는 있다. 예를 들어, 식신(食神)이 공망(空亡)이라면 구멍 난 도넛이나 술빵 장사를 잘할 수 있다고 한다. 또한, 사주 원국에 공망(空亡)이 있을 때 세운(世運)에서 다시 공망(空亡)이 오면 구멍을 메우고 공망(空亡)이 해소된다고 한다. 태과(太過)하거나 혼잡된 간지(干支)가 공망(空亡)이면 편중이나 혼잡을 완화하여 좋은 방향으로 작용할 수도 있다. 예를 들어, 비겁(比劫)이 태과(太過)할 때 공망(空亡)은 주변 사람을 정리해 주는 역할을 한다.

5. 운(運)에서 오는 공망(空亡)의 특성

세운(世運)에서 공망(空亡)을 맞으면 그해에는 정신적인 것은 충족할 수 있으나, 물질적이고 육체적인 것과는 인연이 약해질 수 있다. 따라서 공망(空亡)을 맞은 해에는 공부하며 사업 준비를 하는 것이 좋다. 또한 세운(世運)이 공망(空亡)인 해에는 그동안 해결되지 않았던 문제들을 털어 버릴 기회가 될 수도 있다. 공망(空亡) 해에는 운(運)이 정상적으로 작용하지 않고 혼란스러운 요소가 발생할 수 있으며, 경쟁에서 뒤처지거나 혼란이 올 수 있다. 시험, 취직, 승진 등은 연기하는 것이 좋으며, 상대방의 공망(空亡)은 오히려 활용할 필요가 있다. 일진(日辰)이 공망(空亡)이면 실수하기 쉬우므로 중요한 일은 피하는 게 좋다.

삼재(三災)

1. 삼재(三災)의 개요

삼재(三災)는 사주팔자(四柱八字)에서 9년 주기로 찾아오는 세 가지 재난이나 어려움을 의미한다. 삼재(三災)에는 도둑이나 재산의 손실과 관련된 재난을 뜻하는 도살(盜殺), 질병과 관련된 재난을 의미하는 병살(病殺), 그리고 사고나 재해와 관련된 재난을 의미하는 재살(災殺)이 포함된다.

삼재(三災)는 년지(年支)를 기준으로 하며, 년지(年支) 삼합(三合)이 추구하는 천간(天干)의 병지(病地), 사지(死地), 묘지(墓地)에 해당하는 해이다.

※ 삼재(三災) 표

년지(年支)	추구하는 천간(天干)	삼재(三災)
亥, 卯, 未	甲	巳(病), 午(死), 未(墓)
寅, 午, 戌	丙	申(病), 酉(死), 戌(墓)
巳, 酉, 丑	庚	亥(病), 子(死), 丑(墓)
申, 子, 辰	壬	寅(病), 卯(死), 辰(墓)

2. 삼재(三災)의 주기

삼재(三災)는 9년 주기로 3년 동안 지속한다. 삼재(三災)가 시작되는 첫해는 들삼재 또는 입삼재(入三災)라 하고, 새로운 어려움이 시작되는 해이다. 삼재(三災)의 둘째 해는 눌삼재 또는 본삼재(本三災)라 하고, 삼재(三災)가 절정에 이르러 가장 큰 어려움과 고난이 닥치는 시기이다. 삼재(三災)의 셋째 해는 삼재(三災)가 끝나는 해로 날삼재 또는 출삼재(出三災)라 하고 어려움이 점차 사라지고 운(運)이 회복되는 해이다.

3. 삼재(三災)의 특성

삼재(三災) 기간에는 재물, 건강, 재해, 인간관계 등 여러 방면에서 어려움을 겪을 수 있다. 삼재(三災)의 재난 정도는 눌삼재가 가장 심하고, 그다음이 들삼재, 마지막으로 날삼재 순이다. 이 시기에는 질병이나 사고로 인한 건강 문제 발생 가능성이 높아지며, 도난, 사기, 무리한 투자, 사업 실패 등으로 인해 재정적 어려움이나 손실을 겪을 수 있다. 특히, 삼재(三災)는 삼합(三合)이 추구하는 기운이 힘든 시기이므로 사회생활에서 문제가 생길 수 있다. 이로 인해, 친구, 동료, 선후배 등과의 인간관계에서 갈등이 발생할 수 있으며, 스트레스, 불안, 우울증 등 심리적 고통을 겪을 가능성도 크다.

4. 삼재(三災)를 예방하는 전통 비방

삼재(三災)를 극복하기 위한 전통적인 방법으로는 주로 부적(符籍)이나 양법(禳法)을 활용한다. 가장 오래되고 전통적인 방법은 부적(符籍)을 몸에 지니어 신성한 기운을 통해 재난을 막는 것이다. 신에게 기도하여 재앙을 물리치는 양법(禳法)에는 삼재(三災)에 해당하는 사람의 옷을 태워 삼거리에 묻거나, 첫 번째 인일(寅日)이나 오일(午日)에 밥 세 그릇과 삼색 과일을 차려 놓고 비는 방법 등이 있다고 한다.

삼재(三災) 기간 동안에는 무엇보다 사회생활에서 구설이나 물의를 빚지 않도록 모나거나 튀는 행동을 삼가야 한다.

간여지동(干如地同)

1. 간여지동(干如地同) 개요

간여지동(干如地同)은 천간(天干)과 지지(地支)가 같은 오행(五行)으로 이루어진 것을 의미한다. 이는 하늘의 뜻이 땅에서도 실현되는 것으로, 사람의 생각이나 마음이 현실에서도 이루어지는 상태를 나타낸다. 사주팔자(四柱八字)에서 간여지동(干如地同)은 매우 강한 에너지를 나타내며, 개인의 강한 성향, 일관성, 집중력 등을 상징한다.

2. 간여지동(干如地同)의 특성

간여지동(干如地同)은 천간(天干)과 지지(地支)가 같은 오행(五行)이므로 자기 생각이나 마음을 현실에서 실현하려는 강한 의지를 나타내며, 사주에 이를 가진 사람은 남들이 갖지 못하는 능력이나 힘을 지니고 있다고 볼 수 있다. 간여지동(干如地同)은 일관된 성향을 보이므로 특정 분야에 깊이 몰입하고 집중하여 전문성을 발휘할 수 있다.

간여지동(干如地同)은 강한 의지와 고집스러운 성향을 나타낼 수 있으며, 이는 특정 분야에 깊이 몰입하고 일관성 있게 추구하는 성향으로 나타나 성공할 가능성이 크다. 그러나 고집과 완고함은 인간관계에서 신뢰를 얻을 수 있지만, 갈등을 초래할 수도 있다. 따라서 간여지동(干如地同)을 잘 활용하면 성격, 능력, 삶의 방향 등에 긍정적인 영향을 미칠 수 있지만, 기운이 지나치면 다른 사람과의 조화가 어려워질 수도 있다.

간여지동(干如地同)을 가진 사람은 생각대로 실천하려는 강한 의지를 지니며, 실천력이 뛰어나고 말과 행동이 일치하는 경향이 있다. 이러한 사람들은 자기 생각을 주도적으로 끌고 가려는 경향이 있어 타인의 의견을 수용하는 데 어려움을 겪고 융통성이 부족할 수 있다. 특히 일주(日柱)가 간여지동(干如地同)일 경우, 배우자의 의견을 무시하고 자신의 의견을 고집해 결혼 생활에서 불화가 생길 수 있다.

3. 간여지동(干如地同) 극복 방법

간여지동(干如地同)의 긍정적인 면을 극대화하고 부정적인 면을 최소화하기 위해서는 자기 생각을 실천하기 전에 상대방 이야기를 들어 주는 것이다.

예를 들어, 남편이 부인에게 상의도 없이 자기 마음대로 일을 저지르면 부부간 불화가 생길 수 있지만, 일을 저지르기 전에 부인 이야기를 들어 주고 남편이 미처 생각지 못한 부분이 있다면 반영하여 실천하면 불화가 생기지 않는 것이다. 직장에서도 임원이 일방적으로 지시를 하면 독단적이라는 소리를 들을 수 있지만 부장회의를 소집하여 의견을 들은 후 지시하면 같은 지시를 하더라도 독단적이라는 소리를 듣지 않을 수 있다.

백호살(白虎殺)

1. 백호살(白虎殺)의 개요

백호살(白虎殺)은 하얀 호랑이를 의미하며, 강력하고 위험한 기운을 상징하는 대표적인 흉살(凶殺) 중 하나로, 백호대살(白虎大殺)이라고도 불린다. 백호살(白虎殺)은 사주팔자에서 특정한 글자 조합으로 나타나며, 丁丑, 癸丑, 丙戌, 壬戌, 甲辰, 戊辰, 乙未 등이 이에 해당한다. 백호살(白虎殺)은 상담 시 신살(神殺)을 중시하는 신점을 보는 사람이나 무속인들 사이에서 가장 많이 활용하는 흉살(凶殺)이다.

(암기법)

백호(白虎)가 정계출(丁丑, 癸丑)마 한다고 병임술(丙戌, 壬戌)먹고 가무까지 진(甲辰, 戊辰)하게 했는데 얼마(乙未)여?

2. 백호살(白虎殺)의 특성

백호살(白虎殺)이 있는 사람은 하얀 호랑이를 옆구리에 끼고 있는 것과 같아 호랑이에게도 지지 않으려는 강한 경쟁심, 투쟁심, 승부욕을 가지고 있다. 백호살(白虎殺)은 어려운 상황에서도 굴하지 않고 극복하려는 의지를 보이며, 자신의 의견을 굽히지 않고 단호하게 나아가는 성향이 있다. 현대 사회는 경쟁이 치열하기 때문에 백호살(白虎殺)이 있는 사람은 경쟁력을 갖추어 오히려 장점이 될 수 있다. 하지만 이러한 성향이 지나치면 대인관계에서 불화를 초래할 수 있으므로, 주변 사람들과의 관계에서 배려와 소통이 필요하다. 자신의 강한 기운을 잘 조절하여 긍정적인 방향으로 활용한다면, 백호살은 단점이 아니라 강점이 될 수 있다.

또한, 백호살(白虎殺)은 이름처럼 흰 호랑이의 기운을 지니고 있어, 질병이나 사고와 밀접하게 관련이 있다. 사주에 백호살(白虎殺)이 두 개 이상 있으면 그 작용력이 더욱 강하게 나타날 수 있으며, 특히, 일주(日柱)에 있을 때 가장 강력한 영향을 미친다고 한다.

따라서 백호살(白虎殺)이 있으면 교통사고나 안전사고 등 신체적인 위험에 노출될 가능성이 크므로, 흉터가 남을 만한 사고를 특히 주의해야 한다.

괴강살(魁罡殺)

1. 괴강살(魁罡殺)의 개요

괴강살(魁罡殺)은 북쪽 하늘의 우두머리 별을 상징하며, 강력하고 고귀한 기운을 지닌 신살(神殺)로 사람의 성격, 운명, 삶의 방향에 큰 영향을 미칠 수 있다. 괴강살(魁罡殺)은 특히 강력한 리더십과 결단력, 카리스마를 나타내며, 중요한 사회적 역할을 맡게 되는 경우가 많다.

괴강살(魁罡殺)은 무진(戊辰), 경진(庚辰), 임진(壬辰), 무술(戊戌), 경술(庚戌), 임술(壬戌)로 구성된 신살(神殺)이다.

(암기법)
괴강은 甲丙이 빠진 辰戌이다.

2. 괴강살(魁罡殺)의 특성

괴강살(魁罡殺)이 있는 사람은 우두머리 별의 기운을 받아 리더의 자질을 갖추어 머리가 총명하고, 의지와 신념이 매우 강하다. 괴강살(魁罡殺)은 사람을 이끄는 강력한 리더십과 냉철한 판단력, 추진력, 희생정신을 지니며, 카리스마가 돋보인다. 또한, 결단력과 자존심이 강하고, 어떠한 압력에도 굽히지 않는 강한 의지와 신념을 가지고 있다. 괴강살(魁罡殺)이 있는 사람은 리더십이 뛰어나지만, 강한 성격으로 인해 주변 사람들과의 조화가 어려워 갈등이 발생할 수도 있다.

특히, 괴강살(魁罡殺)을 가진 사람은 타인과 대화 시 상대방의 말을 중간에 자를 수 있다. 이렇게 상대방의 말을 자르면 감정이 상하게 되므로 말도 안 되는 소리, 쓸데없는 소리라도 끝까지 들어 주는 여유를 가져야 한다.

현침살(懸針殺)

1. 현침살(懸針殺)의 개요

현침살(懸針殺)은 바늘처럼 날카롭고 매달린 상태의 불행이나 재난을 상징하는 신살(神殺)이다. 이 신살(神殺)은 글자 모양이 바늘처럼 뾰쪽하게 생긴 甲, 申, 卯, 午, 辛, 未로 구성된 간지(干支)이며, 甲午, 甲申, 辛卯, 辛未가 있다. 이 신살(神殺)은 날카로운 기운과 불안정한 요소를 내포하고 있어, 삶에서 다양한 형태의 어려움과 장애를 겪을 수 있다.

2. 현침살(懸針殺)의 특성

현침살(懸針殺)을 가진 사람은 송곳이나 침을 하나 가지고 태어난 사람과 같아 예리한 관찰력과 날카로운 분석력을 갖추었다고 할 수 있다. 따라서 현침살(懸針殺)을 가진 사람은 날카롭고 비판적인 성향이 있을 수 있으며, 이로 인해 주변 사람들에게 경계심을 불러일으킬 수 있다. 이처럼 현침살(懸針殺)을 가진 사람은 눈썰미가 좋고 맡은 분야에서 뛰어난 능력을 발휘할 수 있지만, 지나치게 비판적이고 예민한 언행으로 관재나 사고를 초래할 수도 있다. 현침살(懸針殺)의 비판적인 성향은 의료계나 기술계, 언론계 등에서 능력을 발휘할 수 있다.

현침살(懸針殺)이 있는 사람은 자신도 모르게 말투나 표현이 침이나 송곳처럼 날카롭게 튀어나올 수 있다. 따라서 가까운 사람으로부터 말투에 대해 지적을 받으면, 본인은 의도하지 않았기 때문에 억울하겠지만 인정하고 표현 방법이나 말투를 순화해야 한다.

양인살(羊刃殺)

1. 양인살(羊刃殺)의 개요

양인살(羊刃殺)은 칼을 한 자루 가지고태어난 것처럼 강한 의지력과 결단력, 과감한 행동으로 강력한 리더십을 발휘할 수 있지만 지나치면 폭력적이거나 충동적 행동을 보일 수 있다.

양인살(羊刃殺)은 십이운성(十二運星)에서 양일간(陽日干)의 왕지(旺地)에 해당하는 지지(地支)이다. 예를 들어, 甲木 일간의 卯, 丙火와 戊土 일간의 午, 庚金 일간의 酉, 壬水 일간의 子 등이 양인살(羊刃殺)에 해당한다. 이 중, 월지(月支)에 양인살(羊刃殺)이 있을 때 그 영향이 가장 강하게 나타난다.

2. 양인살(羊刃殺)의 특성

양인살(羊刃殺)은 십이운성(十二運星)으로 일간(日干)의 왕지(旺地)에 해당하는 최고의 자리에 있으니 최고의 역량과 능력을 갖춘다. 양인살(羊刃殺)은 칼을 휘두르는 장수처럼 강한 자신감과 추진력으로 리더십을 발휘하며, 강력한 의지와 결단력으로 주저함 없이 행동하는 경향이 있다. 그러나 양인살(羊刃殺)의 기운이 지나치게 강하면 충동적이거나 공격적인 행동으로 이어질 위험이 있다. 반대로 양인살(羊刃殺)이 긍정적으로 작용할 경우 리더십과 추진력이 요구되는 분야에서 두각을 나타낼 수 있다.

양인살(羊刃殺)을 가진 사람은 칼을 휘두르는 것처럼 권한과 권력을 휘두를 수 있지만, 내가 가진 칼에 의해 나도 다칠 수 있으므로 권력이나 권한 행사 시 대응 능력을 갖추어야 한다.

원진살(怨嗔殺)

1. 원진살(怨嗔殺)의 개요

원진살(怨嗔殺)은 괜히 미워하고 싫어하는 기운으로 사람들 간의 갈등, 불화, 배신, 원한 등을 상징하는 신살(神殺)이다. 원진살(怨嗔殺)이 사주에 있으면 인간관계에서 다양한 형태의 불화와 갈등을 겪을 수 있는 부정적인 기운을 나타낸다.

원진살(怨嗔殺)은 子未, 丑午, 寅酉, 卯申, 辰亥, 巳戌이며, 양(陽)의 지지(地支)는 충(沖)의 뒷글자, 음(陰)의 지지(地支)는 충(沖)의 앞 글자에 해당한다.

(암기법)
- 子未: 쥐(子)는 깨끗한 척하는 양(未)을 싫어한다.
- 丑午: 소(丑)는 놀고먹는 말(午)을 싫어한다.
- 寅酉: 호랑이(寅)는 닭(酉) 우는 소리를 싫어한다.
- 卯申: 토끼(卯)는 재주 많은 원숭이(申)를 싫어한다.
- 辰亥: 용(辰)은 못생긴 돼지(亥)를 싫어한다.
- 巳戌: 뱀(巳)은 개(戌) 짖는 소리를 싫어한다.

2. 원진살(怨嗔殺)의 특성

원진살(怨嗔殺)은 괜히 미워하고 싫어하는 기운이니, 사람 간의 갈등과 불화를 상징하며, 인간관계에서 문제를 일으킬 수 있는 기운을 나타낸다. 이 신살(神殺)이 사주에 있으면 배신이나 사기를 당하여 사람에게 실망을 경험할 가능성이 크다. 원진살(怨嗔殺)은 심리적으로 불안정한 상태를 초래하여 스트레스나 불안을 증가시킬 수 있으며, 인간관계에서 이별이나 단절을 의미할 수도 있다. 원진살(怨嗔殺)은 내가 모르게 나를 해코지하는 기운이므로 구설에 오르거나 억울한 소리를 들을 수 있으며, 사기를 당하거나 재물손실을 초래할 수도 있다.

원진살(怨嗔殺)은 가족 간의 갈등이나 부모, 형제자매와의 불화, 연인이나 배우자와 갈등이나 이별, 직장 동료나 친구와의 불화를 일으킬 수 있다.

특히, 원진살(怨嗔殺)은 남녀 간 궁합에서 부부간에 이유 없이 미워하는 기운으로 작용할 수 있으므로 꺼려진다. 궁합을 볼 때는 남녀의 년지(年支), 월지(月支), 일지(日支), 시지(時支)를 비교하여 원진살(怨嗔殺)을 확인한다.

3. 원진살(怨嗔殺)의 작용

사주 원국에 원진살(怨嗔殺)이 있으면, 세운(世運)이나 월운(月運)에서 원진살(怨嗔殺)과 같은 오행(五行)이 오거나 형충(刑沖) 관계가 형성되면 원진살(怨嗔殺)이 발동할 수 있다. 또한, 운(運)에서 오는 글자가 사주 원국의 글자와 결합하여 원진살(怨嗔殺)이 이루어질 때 그 작용이 나타날 수 있다.

원진살(怨嗔殺)이 작용하면 억울한 소리를 듣거나 구설에 오를 수 있으며, 물질적으로 사기를 당할 수 있다. 따라서 원진살(怨嗔殺)이 작용하는 해에는 가까운 사람이라도 큰 돈은 빌려주지 말고, 믿을 만한 사람이 소개하더라도 남에게는 투자하지 않는 것이 좋다. 보이스피싱 같은 사기에도 조심해야 한다.

귀문살(鬼門殺)

1. 귀문살(鬼門殺)의 개요

귀문살(鬼門殺)은 정신적, 심리적 상태와 연관된 신살(神殺)로, 신비로운 기운, 영적 문제, 초자연적 현상 등을 상징한다. 귀문살(鬼門殺)은 "귀신이 출입하는 문"이라는 의미로, 영적인 능력, 직감, 예지력과 깊은 관계가 있다.

귀문살(鬼門殺)에는 子酉, 丑午, 寅未, 卯申, 辰亥, 巳戌이 있다.

(암기법)

- 子酉: 쥐(子)는 쪼는 닭(酉)을 싫어한다.
- 丑午: 소(丑)는 놀고먹는 말(午)을 싫어한다.
- 寅未: 호랑이(寅)는 죽은 양(未)을 싫어한다.
- 卯申: 토끼(卯)는 재주 많은 원숭이(申)를 싫어한다.
- 辰亥: 용(辰)은 못생긴 돼지(亥)를 싫어한다.
- 巳戌: 뱀(巳)은 개(戌) 짖는 소리를 싫어한다.

2. 귀문살(鬼門殺)의 특성

귀문살(鬼門殺)이 있으면 직감이 뛰어나고 예지력이나 영적인 능력을 발휘할 수 있다. 그러나 심리적 불안과 스트레스를 증가시켜 정신적 고통을 초래할 수도 있다. 사주에 귀문살(鬼門殺)이 있는 사람은 감정의 기복이 심하고, 사회적 고립이나 인간관계의 어려움이 있을 수 있으므로 주위에 있는 사람과 조화로운 관계 유지를 위해 노력해야 한다.

귀문살(鬼門殺)은 예술적, 창의적 분야에서 뛰어난 능력을 발휘할 수 있으며, 사상가나 예술가로서 새로운 관점을 제시하는 데 기여할 수 있다.

3. 귀문살(鬼門殺)의 작용

사주 원국에 귀문살(鬼門殺)이 있으면, 세운(世運)이나 월운(月運)에서 귀문살(鬼門殺)과 같은 오행(五行)이 오거나 형충(刑沖) 관계가 형성되면 귀문살(鬼門殺)이 발동할 수 있다. 또한, 운(運)에서 오는 글자가 사주 원국의 글자와 결합하여 귀문살(鬼門殺)이 이루어질 때 그 작용이 나타날 수 있다.

귀문살(鬼門殺)의 부정적 영향을 최소화하기 위해서는 명상, 요가, 운동 등을 통해 정신적 안정과 스트레스 관리를 하고, 가족이나 직장 동료, 친구들과의 원만한 관계를 유지하고 사회적 고립을 방지해야 한다. 또한, 예술적, 창의적 활동을 통해 에너지를 긍정적으로 발산하고, 어려움이 있을 때는 전문가의 조언을 구해야 한다.

비인살(飛刃殺)

1. 비인살(飛刃殺)의 정의

비인살(飛刃殺)은 날카롭고 빠르게 움직이는 칼날과 같은 기운을 상징하며, 개인의 성격, 운명, 삶에 영향을 미칠 수 있다. 주로 사고, 질병, 갈등 등의 부정적 영향을 나타내는 경우가 많다.

비인살(飛刃殺)은 양일간(陽日干)의 양인(羊刃)을 충(沖)하는 지지(地支)로 태지(胎地)에 해당한다.

※ 비인살(飛刃殺) 표

일간(日干)	甲	丙·戊	庚	壬
비인살(飛刃殺)	酉	子	卯	午

2. 비인살(飛刃殺)의 특성

비인살(飛刃殺)은 양일간(陽日干)의 반대 계절이므로 태지(胎地)에 해당하여 보이지 않는 곳에 조용히 머무는 기운이다. 비인살(飛刃殺)은 일간(日干)이 육체적으로 약하여 쉽게 지치고 지속력이 부족해 포기하는 경향이 있다.

비인살(飛刃殺)은 정신적으로는 강하고 예리하지만, 육체적인 추진력이나 실행력은 떨어져 타인과의 갈등과 충돌을 유발할 가능성이 있다.

비인살(飛刃殺)이 있으면, 신체적으로 부정적 영향을 미쳐 질병이나 사고에 주의가 필요하다. 또한, 대인관계에서 갈등을 초래할 수 있으므로 말다툼과 오해를 피하려고 노력해야 한다.

홍염살(紅艶殺)

1. 홍염살(紅艶殺)의 개요

홍염살(紅艶殺)은 강렬한 매력과 아름다움을 상징하며, 애정운에 큰 영향을 미친다. 이성 관계와 대인관계에서 중요한 역할을 하며, 홍염살(紅艶殺)을 가진 사람은 다른 사람에게 매력적으로 보일 가능성이 크다. 홍염살(紅艶殺)은 긍정적인 측면과 아울러 과도한 매력으로 인한 부정적인 측면도 내포하고 있다. 일간(日干)을 기준으로 지지(地支)에 홍염살(紅艶殺)에 해당하는 글자가 하나라도 있으면 홍염살(紅艶殺)로 간주하고, 홍염살(紅艶殺)에 해당하는 글자가 많을수록 그 기운이 강하다고 할 수 있다.

※ 홍염살(紅艶殺) 표

일간(日干)	甲	乙	丙	丁	戊	己	庚	辛	壬	癸
홍염살(紅艶殺)	午申	午	寅	未	辰	辰	戌申	酉	子申	申

2. 홍염살(紅艶殺)의 특성

홍염살(紅艶殺)은 다른 사람에게 매력적이고 아름답게 보이는 기운을 가지고 있으므로, 이성 관계에서 긍정적인 영향을 미치며 인기를 끌 수 있다. 또한, 대인관계에서 호감을 얻기 쉬워 사회적 성공의 발판이 되기도 하며, 예술적 재능이 뛰어나 예술이나 디자인 관련 분야에서 두각을 나타낼 수 있다. 그러나 과도한 매력은 타인의 질투와 시기를 유발할 수 있으며, 불륜이나 삼각관계 등 부정적인 상황을 초래할 위험이 있다.

고란살(孤鸞殺)

1. 고란살(孤鸞殺)의 개요

고란살(孤鸞殺)은 여자에게만 해당하는 신살(神殺)이며, 고독살(孤獨殺), 공방살(空房煞), 신음살(呻吟殺)이라고도 한다. 고란살(孤鸞殺)은 고독과 외로움을 상징하며, 특히 연애나 결혼 생활에서 어려움을 나타낸다. 고란살(孤鸞殺)이 있는 사람은 결혼이 늦어지거나 결혼 생활이 순탄하지 않을 가능성이 크다.

고란살(孤鸞殺)은 여자 사주의 일주(日柱)가 乙巳, 丁巳, 戊申, 甲寅, 辛亥인 경우에 해당한다.

(암기법)

고란(孤鸞)이랑 얼싸(乙巳)안고 정사(丁巳)해 놓고 무신(戊申) 소리여. 갑은(甲寅) 신해(辛亥)가 치른다고?

2. 고란살(孤鸞殺)의 특성

고란살(孤鸞殺)은 인생에서 고독과 외로움을 경험할 가능성이 크다. 이 살(殺)이 있으면 연애에 어려움을 겪거나 이성과의 관계가 원활하지 않을 수 있다. 고독과 외로움을 통해 내적으로 성숙해지는 계기가 될 수도 있지만, 연애와 결혼 생활에서는 고독과 어려움을 겪을 수 있어 심리적으로 불안정한 상태가 될 가능성이 있다. 현대 사회에서는 고란살(孤鸞殺)이 있는 여성들이 업무 능력과 사회적 처세술이 뛰어나고, 경제적으로도 독립적인 경우가 많다.

과숙살(寡宿殺)

1. 과숙살(寡宿殺)의 개요

과숙살(寡宿殺)은 상부살(喪夫殺)이라고도 불리며, 과부와 같은 고독과 외로움을 상징한다. 과숙살(寡宿殺)이 있으면, 연애에 어려움을 겪거나 결혼이 늦어지고, 결혼 생활이 순탄치 않은 경우가 많다.

과숙살(寡宿殺)은 여자 사주 년지(年支)의 방합(方合) 앞 글자가 일지(日支)나 시지(時支)에 있는 경우이다. 여자 사주의 년지(年支)가 寅卯辰이면 丑, 巳午未이면 辰, 申酉戌이면 未, 亥子丑이면 戌이 일지(日支)나 시지(時支)에 있으면 과숙살(寡宿殺)이다.

(암기법)

년지의 방합 앞에 가면 과하고(과숙살) 뒤에 오면 고달프다(고신살).

2. 과숙살(寡宿殺)의 특성

과숙살(寡宿殺)이 있는 사람은 인생에서 고독과 외로움을 느낄 가능성이 크다. 과숙살(寡宿殺)은 이성과의 관계가 원활하지 않아 연애에서 어려움을 겪거나 결혼 생활이 불안정할 수 있다. 과숙살(寡宿殺)을 가진 사람은 독립적이고 자기중심적인 성향이 강해 자기 주도적인 삶을 살아가게 되므로, 결혼 생활에서 남편과의 갈등이 생길 수 있다.

과숙살(寡宿殺)이 있는 사람은 연애와 결혼 생활에서는 인내심을 가지고 상대방과 소통하고 배려하여 안정된 관계를 유지하려고 노력해야 한다.

고신살(孤身殺)

1. 고신살(孤身殺)의 개요

고신살(孤身殺)은 상처살(喪妻殺)이라고도 하며, 홀아비와 같이 외롭고 고독한 운세를 상징한다. 고신살(孤身殺)이 있는 사람은 인생에서 고독과 외로움을 느낄 가능성이 크며, 개인적으로 고립감을 느낄 수 있다.

고신살(孤身殺)은 남자 사주 년지(年支)의 방합(方合) 뒷글자가 일지(日支)나 시지(時支)에 있는 경우이다. 남자 사주의 년지(年支)가 寅卯辰이면 巳, 巳午未이면 申, 申酉戌이면 亥, 亥子丑이면 寅이 일지(日支)나 시지(時支)에 있으면 고신살(孤身殺)이다.

(암기법)

년지의 방합 앞에 가면 과하고(과숙살) 뒤에 오면 고달프다(고신살).

2. 고신살(孤身殺)의 특성

고신살(孤身殺)이 있는 사람은 인생에서 고독과 외로움을 느낄 가능성이 크다. 고신살(孤身殺)을 가진 사람은 남성적인 추진력이 약해 부부 인연이 박하고 외로움을 느낄 수 있다. 연애나 결혼 생활에서 외로움과 어려움을 겪어 심리적으로 불안정해질 가능성이 있으며, 사회적 관계에서 고립되거나 갈등을 경험할 수 있다. 현대 사회에서 고신살(孤身殺)을 가진 남성은 다정다감하고 여성스러운 성품을 갖는 경우가 많다.

고신살(孤身殺)이 있으면 적극적으로 상대방과 소통하고 배려하여 안정된 관계를 유지하려고 노력해야 한다.

전지살(轉止殺)

1. 전지살(轉止殺)의 개요

　전지살(轉止殺)은 사주나 운(運)에서 또 다른 내가 들어오는 기운을 의미한다. 이는 일주(日柱)와 같은 간지(干支)가 사주나 운(運)에서 오는 경우를 가리킨다.

　일주(日柱)와 같은 간지(干支)가 사주의 년주(年柱), 월주(月柱), 시주(時柱)에 있으면 전지살(轉止殺)에 해당한다. 또한 일주(日柱)와 같은 간지(干支)가 세운(世運)이나 월운(月運)에서 들어오는 경우도 전지살(轉止殺)로 본다.

2. 전지살(轉止殺)의 특성

　전지살(轉止殺)이 작용하게 되면 또 다른 나의 존재로 인해 집중력이 저하되고, 일이 원활하게 진행되지 않아 속도가 더뎌질 수 있다. 또한 전지살(轉止殺)이 있는 경우 하는 일이 제대로 이루어지지 않아 스스로를 원망하거나 자책하는 경향이 나타날 수 있다. 사주에 전지살(轉止殺)이 있으면, 세운(世運)이나 월운(月運)에서 전지살(轉止殺)을 건드리는 기운이 오면 작용할 수 있다. 사주에서 전지살(轉止殺)이 작용하면 집중력이 분산되고 결정 장애가 생길 수 있다. 전지살(轉止殺)이 작용하는 동안에는 중심을 잡지 못하고 갈팡질팡하게 되어 가정 내에서도 불화가 발생할 수 있다.

　전지살(轉止殺)이 작용하는 시기에는 중요한 의사 결정을 내릴 때 더욱 신중히 처리하는 것이 바람직하다.

천라지망(天羅地網)

1. 천라지망(天羅地網)의 개요

천라지망(天羅地網)은 하늘과 땅에 걸친 그물이라는 뜻으로, 사람의 인생에서 얽히고 설킨 어려움과 장애를 상징한다. 천라지망(天羅地網)이 있는 사람은 하는 일마다 그물에 걸린 듯이 모든 일이 뜻대로 풀리지 않을 가능성이 크다.

천라지망(天羅地網)은 사주 원국에 戌亥나 辰巳가 붙어 있거나, 사주 원국의 지지(地支)와 대운(大運)이나 세운(世運)에서 오는 지지(地支)가 戌亥나 辰巳를 이루면 천라지망(天羅地網)이 형성된다.

2. 천라지망(天羅地網)의 특성

천라지망(天羅地網)이 있는 사람은 개인의 삶에서 제한과 장애를 경험하게 되며, 심리적, 사회적, 물질적 측면에서 다양한 어려움을 겪을 수 있다. 천라지망(天羅地網)은 인간관계에서 얽히고설킨 문제를 경험하게 하며, 심리적으로 억압된 상태를 느낄 수 있다.

천라지망(天羅地網)이 부정적으로 작용하면 남성에게는 체포나 구금, 여성에게는 과부와 같은 어려움을 의미할 수 있다. 반면에 긍정적으로 작용하면 남자는 판검사, 경찰, 군인 등의 직업을 가질 수 있고, 여자는 힘 있는 좋은 남편을 만날 수 있다.

탕화살(湯火殺)

1. 탕화살(湯火殺)의 개요

탕화살(湯火殺)은 뜨거운 열기나 불과 관련된 재난이나 사고를 상징하는 신살(神殺)이다. 탕화살(湯火殺)이 있는 경우 화재나 화상, 폭발 등과 같은 불과 연관된 사고를 겪을 가능성이 크다. 탕화살(湯火殺)은 일지(日支)가 특정 지지(地支)와 결합할 때 성립된다. 예를 들어, 일지(日支)가 寅일 때 다른 지지(地支)에 寅, 巳, 申이 있으면 탕화살(湯火殺)이 성립된다.

※ 탕화살(湯火殺) 표

일지(日支)	寅	午	丑
탕화살(湯火殺)	寅, 巳, 申	丑, 辰, 午	午, 未, 戌

2. 탕화살(湯火殺)의 특성

탕화살(湯火殺)이 있는 사람은 화재나 화상 사고를 당할 가능성이 크다. 이로 인해 불이나 뜨거운 물, 증기와 관련된 사고를 겪을 위험이 있으며, 폭발이나 화학 물질과 관련된 재난에도 노출될 수 있다. 탕화살(湯火殺)은 특히 열기나 고온과 관련된 다양한 위험 상황을 경험하게 할 수 있다. 탕화살(湯火殺)이 있는 사람은 화재나 화상으로 인한 신체적 상해와 재산 피해가 발생할 수 있다. 또한, 화재나 화상 사고로 인한 심리적 불안을 느끼며, 정신적으로 위축될 가능성도 크다.

탕화살(湯火殺)이 있는 사람은 화재보험에 가입하고, 응급 처치와 소방 교육을 받아 사고에 대한 대비를 해야 한다.

삼살방(三煞方)

1. 삼살방(三煞方)의 개요

삼살방(三煞方)은 한 해 동안 삼재(三災)가 발생할 수 있는 방향을 의미한다.

삼살방(三煞方)은 세운(世運)의 삼합(三合)의 왕지(旺地)를 기준으로 겁살(劫殺), 재살(災殺), 천살(天殺) 방향을 가리킨다. 예를 들어, 亥卯未년의 경우 삼합(三合)의 왕지(旺地)인 卯를 기준으로 겁살(劫殺), 재살(災殺), 천살(天殺)에 해당하는 申, 酉, 戌 방향이므로 서쪽이 삼살방(三煞方)이 된다.

※ 삼살방(三煞方) 표

세운(世運)	亥卯未	寅午戌	巳酉丑	申子辰
삼살방(三煞方)	申酉戌方	亥子丑方	寅卯辰方	巳午未方

2. 삼살방(三煞方)의 특성

삼살방(三煞方)은 모든 사람에게 일률적으로 적용되며, 한 해 동안 삼재(三災)가 발생할 가능성이 큰 방향이므로, 해당 방향에는 여러 가지 주의가 필요하다. 삼살방(三煞方)의 첫 번째 특성은 재물 손실이나 도둑이 발생할 가능성이 크다. 두 번째로, 삼살방(三煞方) 방향에서는 질병이나 건강상의 문제가 발생할 가능성이 있다. 세 번째로는 삼살방(三煞方) 방향에서는 사고나 재해 발생의 위험이 크다. 따라서 삼살방(三煞方) 방향으로는 이사하거나 여행하는 것을 피하고, 집을 짓거나 묘(墓)를 쓰지 않으며, 사업을 하는 것도 피해야 한다.

대장군방(大將軍方)

1. 대장군방(大將軍方)의 개요

대장군방(大將軍方)은 특정 시기에 대장군이 존재하는 방향을 의미하며, 강력한 보호력과 힘을 상징한다.

대장군방(大將軍方)은 해당 연도의 세운(世運)을 기준으로 이전 방합(方合) 방향을 가리킨다. 대장군방(大將軍方)은 방합(方合)을 기준으로 하므로 3년에 한 번씩 방향이 바뀐다. 예를 들어, 辛丑년의 경우, 현재 방합(方合)인 亥子丑을 기준으로 이전 방합(方合)인 申酉戌 방향이므로 서쪽이 대장군방(大將軍方)이 된다.

※ 대장군방(大將軍方) 표

세운(世運)	寅卯辰	巳午未	申酉戌	亥子丑
대장군방(大將軍方)	亥子丑方	寅卯辰方	巳午未方	申酉戌方

2. 대장군방(大將軍方)의 특성

대장군방(大將軍方)은 대장군이 머무는 장소로 여겨지기 때문에 강한 보호력과 안정성을 상징하는 방(方)이다. 따라서 대장군의 권위와 보호력, 안정성을 해치는 건축, 수리, 이동, 이장 등의 활동을 피해야 한다. 또한, 대장군방(大將軍方)의 긍정적인 에너지를 끌어내기 위해 해당 방향을 깨끗하고 정리·정돈된 상태로 유지하는 것이 바람직하다. 대장군방(大將軍方)은 보호력과 안정성을 상징하는 만큼, 불필요한 변화는 최대한 피하는 것이 좋다.

인동살(忍冬殺)

1. 인동살(忍冬殺)의 개요

인동살(忍冬殺)은 "추운 겨울을 견뎌야 한다"는 뜻으로, 조상의 잘못된 업보를 후손이 물려받아 겪는 고난과 어려움을 상징하는 흉살(凶殺)이다. 이는 음력 생일의 끝자리가 1일, 3일, 8일, 11일, 13일, 18일, 21일, 23일, 28일에 태어난 사람이 해당한다.

2. 인동살(忍冬殺)의 특성

인동살(忍冬殺)을 가진 사람은 조상의 잘못된 업보를 물려받아 인생에서 예기치 않은 어려움을 경험한다고 한다. 주로 대인관계에서 어려움을 겪으며 불안정한 면을 보일 수 있다. 또한, 인동살(忍冬殺)이 있는 사람은 특정한 시기에 운명적으로 큰 변화나 어려움을 겪을 가능성이 크다.

① **인연의 박함:** 좋은 배우자를 만나기 어렵거나 결혼이 성사되지 않는 경우가 많다.
② **대인관계의 어려움:** 인덕이 부족해 배신을 자주 당하고, 대인관계가 원만하지 못하다.
③ **구설과 시비:** 인간관계로 인한 구설, 시비, 송사 등의 풍파를 겪기 쉽다.
④ **재물 손실:** 마음이 여리고 눈물이 많아 사기를 잘 당하며, 재물에 대한 손실이 잦다.
⑤ **횡액과 재해:** 태풍, 홍수, 화재, 교통사고 등의 재해나 횡액을 당하기 쉽다.
⑥ **자녀 문제:** 부부가 모두 인동살(忍冬殺)을 가지고 있으면, 기형아나 미숙아, 지적장애인, 자폐아 등을 출산할 가능성이 있으며 자녀의 건강 문제나 결혼, 취업 등이 잘 이루어지지 않을 수 있다.

그러나 위와 같은 인동살(忍冬殺)은 살(殺)이 있는 모든 사람에게 작용하는 것이 아니라, 인동살(忍冬殺)을 극복하고 긍정적인 삶을 살아가는 사람도 있다고 한다.

3. 인동살(忍冬殺)의 예방책 및 극복 방법

① 인동살(忍冬殺)의 영향을 줄이기 위해서는 타인과의 소통을 중시하여 인간관계의 어려움을 개선하고, 모든 일에 신중하며 과도한 욕심을 부리지 않아야 한다.

② 음력 생일 끝자리가 9, 19, 29일인 사람과 결혼하면 인동살(忍冬殺)이 소멸된다고 전해진다.

③ 인동살(忍冬殺)을 푸는 방법으로는 지장 기도, 살풀이 굿, 인동살(忍冬殺) 소멸 부적 등이 있다.

4. 인동살(忍冬殺)은 고전 문헌상 근거가 없는 신살(神殺)

"음력 1·3·8일에 태어난 사람은 조상의 잘못된 업보를 물려받은 인동살(忍冬殺)"이라는 주장은 주로 민간 역학이나 유튜브·블로그 등에서 주로 다루어지는 내용으로, 고전 명리의 표준 신살(神殺) 체계나 명리학(命理學) 고전 문헌에서 그 근거를 확인할 수 없는 신살(神殺)이다.

특히 인동살(忍冬殺)은 일부 역술가나 점술가, 무당, 사이비 종교인 등에 의해 부적판매나 지장 기도, 살풀이 굿 등을 권유하는 돈벌이 수단으로 악용되는 사례가 있으므로 주의가 필요하다.

참고 문헌

맹기옥, 『나이스 사주명리』, 서울: 상원문화사, 2019.

맹기옥, 『다시 쓰는 명리학』, 서울: 상원문화사, 2022.

양원석, 『백민의 명리학개론』, 서울: 백민역학연구원, 2014.

박청화, 『신사주학 춘·하·추·동』, 부산: 청화학술원, 2017.

이석영, 『사주첩경 권 1 ~ 6』, 서울: 한국역학교육학원, 2010.

박주현, 『적천수이해(滴天髓理解)』, 충남 논산: 삼명, 2016.

황대식, 『사주명리학여행』, 서울: 상원문화사, 2017.

이수, 『자평진전 리뷰 Ⅰ·Ⅱ』, 서울: 장서원, 2008.

맹기옥, 『나이스 적천수 상·하』, 서울: 상원문화사, 2018.

이진우, 『난강망』, 경기 고양: 좋은땅, 2018.

박재완, 『명리사전(命理辭典)』, 경기 양평: 역문관, 1978.